本书得到中国社会科学院学科登峰计划"海外中国学研究"优势学科资助

国外中国学研究丛书
何培忠 唐磊 ◎ 主编

DeAo ZhongGuo XueJiaFang TanLu

德奥中国学家访谈录（上）

［德］项佳谷 ◎ 编
石之瑜 文旭 唐磊

中国社会科学出版社

图书在版编目（CIP）数据

德奥中国学家访谈录：全二册/（德）项佳谷等编.
—北京：中国社会科学出版社，2020.8
（国外中国学研究丛书）

ISBN 978-7-5203-6315-0

Ⅰ.①德… Ⅱ.①项… Ⅲ.①中国学—专家—访问记—德国
②中国学—专家—访问记—奥地利 Ⅳ.①K835.165.41②KK835.215.41

中国版本图书馆 CIP 数据核字（2020）第 065128 号

出 版 人	赵剑英
责任编辑	郭晓鸿
特约编辑	张金涛
责任校对	张依婧
责任印制	戴 宽

出　　版	中国社会科学出版社
社　　址	北京鼓楼西大街甲 158 号
邮　　编	100720
网　　址	http://www.csspw.cn
发 行 部	010-84083685
门 市 部	010-84029450
经　　销	新华书店及其他书店
印　　刷	北京明恒达印务有限公司
装　　订	廊坊市广阳区广增装订厂
版　　次	2020 年 8 月第 1 版
印　　次	2020 年 8 月第 1 次印刷
开　　本	710×1000　1/16
印　　张	55.25
字　　数	896 千字
定　　价	268.00 元（全二册）

凡购买中国社会科学出版社图书，如有质量问题请与本社营销中心联系调换
电话：010-84083683
版权所有　侵权必究

丛书总序

国外中国学研究是中国社会科学院开创和长期坚持的跨学科研究领域。

20世纪70年代中后期，在已故著名学者孙越生先生的倡议下，中国社会科学院在当时的情报研究所下设立了国外中国学研究室，这是我国大陆地区第一个专门研究国外中国学的机构。该研究室成立后编辑出版了一系列研究成果，如《国外中国研究》辑刊（1977）、《美国的中国学家》（1977年初版）、《外国研究中国》辑刊（1978—1980）、《美国中国学手册》（1981）、《俄苏中国学手册》（1986）等，带动了我国学术界20世纪80年代至90年代国外中国学（海外汉学）研究的发展。直至今天，这些出版物仍是我国学术界开展国外中国学研究的重要参考文献。

面对20世纪80年代后国外出现的中国研究热潮，2001年，中国社会科学院文献信息中心研究部开展了"改革开放以来国外的中国研究（院A类重大课题，课题负责人何培忠研究员）"，对20世纪80年代后的各国中国研究进行了全面梳理，并出版了专著《当代国外中国学研究》（2006），使中国社会科学院的国外中国学研究又上了一个台阶。

随着中国经济的快速发展和中国国力的不断增强，"中国学"在国外越来越受到重视，成为一门引人注目的"显学"。为了加强对国外中国学的研究，2004年，中国社会科学院成立了院级非实体研究机构"国外中国学研究中心"，由汝信副院长、黄长著学部委员挂帅。此事引起国内外学术界和媒体的广泛关注。这是因为，国外中国学研究在中国社会科学院创立之后，虽然一直受到学术界的关注，但后来国外中国学研究室被撤销，成为学术界的憾事。而国外中国学研究中心的成立，则被学术界看作是中国社会科学院重启这一领域研究的标志性事件，就连国外学者也因他们的研究开始受到中国社会科学院的重视而深受鼓舞，许多学者借来华的机会到研究中心访问，做学术报告，进行学术交流。2012年，出于进一步推动国外中国学研究领域发展的考虑，中心更名为国际中国学研究中心，后者虽只有一字之差，但它更强调不同国家、地区中国研究传统的多样性及其比较价值。

中国社会科学院的国外中国学研究以资料积累丰富和对前沿研究状况反应迅速见长，现已初步建成了"国外中国学家数据库""国外中国学机构团体数据库""国外中国学期刊数据库""国外中国学论著题录库"和"国外智库中国研究资料库"等数据库。同在这一年，当中国社会科学院启动新一轮重点学科资助计划时，在院领导的关注下，"国外中国学研究"被列入"特殊学科（负责人何培忠研究员）"，使这一学科的发展有了一定的保障。2015年，在上一轮学科建设基础上，"海外中国学研究"成功申报作为中国社会科学院重点扶持的40余个优势学科之一（负责人张树华、唐磊），标志着该学科的地位得到进一步确立。

为继续积累有利于国外中国学研究的基础性资料，深化有关领域的研究，回应国外学术界的种种观点，我们决定继续组织"国际中国学研究丛书"（原"国外中国学研究丛书"）的编纂与出版工作。该丛书涵盖面广泛，有对国外中国学家治学历程的描述，有对国外中国焦点问题研究的辨析，有关于国外中国研究学科发展历史的记述，也有国外学者研究成果的直接译介等。我们衷心希望从事这一领域研究的学者和广大读者关注本丛书的出版，献计献策献力，使其成为我国学界研究国外中国学的一个园地。

何培忠

2011年7月28日原序

2019年1月18日修订

前　言

汉学家口述史是台湾大学政治学系"中国学知识社群之跨国研究"计划的一部分，中国社会科学院国际中国学研究中心在十多年前也参与到该计划中，负责组织口述史成果在大陆地区的出版。该计划迄今已在20多个国家和地区对汉学家和从事中国研究与教学的学者进行了访谈并出版了多部访谈录。2016年我去台湾参加学术会议时，该研究计划主要负责人石之瑜教授询问我是否愿意在德国和奥地利进行这一项目，经过一番考虑，我接受了这项工作。参与这一项目主要出于以下考虑。

德国汉学家傅海波（Herbert Franke）和鲍吾刚（Wolfgang Franke）教授是最早对欧洲汉学史进行研究的学者。① 关于德国和奥地利汉学的学科史，马汉茂（Helmut Martin）教授及其助手汉雅娜女士编辑、于1999年在汉堡出版的《中国学在德国的发展：历史、人物和视角》② 无疑是研究德国汉学史的重要文献，回顾了德国汉学研究某些阶段的历史发展，介绍了该领域的历史人物。也有学者认为，这一学科的发展史尚无完整、系统的著作，不同年代的有关汉学发展状况的文章散见于各种杂志中。③ 2001年傅熊（Bernhard

---

① Herbert Franke, *Sinologie an deutschen Universitäten*, Wiesbaden, 1968, *Zur Geschichte der Westlichen Sinologie*, Colloquium Verlag, 1980; Wolfgang Franke, *Die Entwicklung der Chinakunde in der letzten 50 Jahren*, NO – AG, 1952.

② Helmut Martin und Christiane Hammer（Hrsg.）, *Chinawissenschaften. Deutschsprachige Entwicklungen. Geschichte, Personnen, Perspektiven*. Hamburg, 1999. 中文版《德国汉学：历史、发展、人物与视角》, 张西平译, 大象出版社2005年版。

③ 关山：《德国汉学的历史与现状》，《国外社会科学》2005年第2期，第57页。此前曾有张国刚的《德国的汉学研究》（中华书局1994年版）；此后何寅、许光华主编的《国外汉学史》中有"德国汉学的确立和发展"的章节（上海外语教育出版社2002年版）；另有李雪涛《日耳曼学术谱系中的汉学：德国汉学之研究》（外语教学与研究出版社2008年版）和许杜美《德国汉学起源：17至19世纪德国汉学研究》（中国社会出版社2013年版）。

Führer）出版了《忘与亡：奥地利汉学史》（Vergessen und Verloren）一书，介绍了奥地利汉学研究的历史以及不同时代的汉学家，重点介绍历史人物；2011年臧健出版的《德国女汉学家口述实录》介绍了21位德国女汉学家，中国的一些报纸、杂志也不时出现对一些汉学家的介绍，但迄今尚无对更多当代德国汉学家的综合介绍。德国及奥地利的汉学和中国学研究有其自己的特点，采访当代的德国和奥地利的汉学家，了解和介绍他们的个人发展、学术研究和工作重点、研究方法和理论，对了解德国、奥地利乃至欧洲汉学、中国学的发展和现状很有价值。这部口述史或许可以填补一些空白，为德国、奥地利汉学发展史及其最新发展的研究提供素材。

　　随着中国国力和国际影响的提高，越来越多的国家和研究机构投入大量资金和人力拓展汉学和中国学研究，在有些国家甚至成为热门研究课题。汉学研究影响到了世界各国对中国、中国人和中国文化观念的认识，甚至对华政策的制定。与此同时，中国学界对海外汉学的关注也在日益增长，不仅成立了很多相应的研究机构，还出版了一些书籍，创办了一些专业刊物。1995年创刊的《国际汉学》曾以书代刊20年，2014年改为一年四期的学术期刊。① 1998年创刊的《世界汉学》出版四期后曾因资金不济而停刊，2009年又以以书代刊的形式继续出版。② 中国海外汉学研究界与国外的汉学和中国研究界加强了交流。中国国家汉办和中国人民大学共同举办的世界汉学大会，自2007年首届会议以来已经举办了五届。③德语区汉学史国际研讨会也在中德双方的共同主持下召开了两届。④在这一领域，近期的一个对话活动是中德双方2017年7月在柏林共同举办的"中国与全球化：新阶段、新挑战"研讨会。海外汉学研究在中国已逐渐成为一门受到重视的学科，这样一部口述史或可增进中方研究人员对德、奥汉学界和研究现状的了解，为中国的海外汉学研究所用。

---

① 北京外国语大学中国海外汉学研究中心主办，张西平主编，外语教学与研究出版社出版。
② 原由刘梦溪任主编，任大援任副主编，2009年后由中国人民大学汉学研究所接手出版（迄今已有2009年的第5卷至2016年的第16卷），耿幼壮等主编。
③ http://hantui.ruc.edu.cn/index.php?s=/Index/lists1/cid/5.html.
④ 首届德语区汉学史国际研讨会于2005年12月由北京外国语大学海外汉学研究中心和德国埃尔兰根-纽伦堡大学中东远东语言学院及中国人民大学在北京联合主办，第二届于2008年在德国纽伦堡举行。

前言

对于什么是汉学（Sinology），什么是中国学（China Studies），迄今尚无权威的定义。学界关于汉学的性质和范围的定义及历史也历来难以统一。德国汉学家、德国第一个汉学教授傅兰克（Otto Franke）的定义最为宽泛，也得到了比较广泛的认同：汉学是一门研究中国人和中国文化的学科。①具有共识的是，西方汉学研究起源于欧洲，一个多世纪以后才有了美国的中国研究。有学者认为，在欧洲，专业汉学于1814年在法国诞生，以法兰西学院正式设立汉语、鞑靼—满语语言和文学的教席为标志。至19世纪下半叶，欧洲学者奠定了现代汉学研究的基础。② 在德语地区，1887年柏林东方语言研究所成立并讲授汉语课程；1909年汉堡殖民学院设立第一个汉学教授职位，1912年柏林大学成立汉学系。③ 一般认为这是德国汉学研究机制化开始的标志。也有人提出，这个标志应该是1878年莱比锡大学设立东亚语言副教授职位。④ 在奥地利，虽然对中国的个人兴趣和研究开始于16世纪的传教士，而且早在1894年奥驻中国和日本的公使卡勒其（Heinrich Reichsgraf Coudenhove - Kalergi）就提出在维也纳大学设立汉学教授职位，但直到近80年后，即1972年才实施了这一计划并成立了汉学系。⑤

与其他欧洲国家一样，德、奥早期汉学研究侧重于古代汉语和古典文献的翻译和诠释。美国专业教席的设立大大晚于欧洲，但二战后的全球战略为美国汉学的勃兴提供了独特的契机和背景。其汉学研究不再限于语言、历史、文化和思想，而是发展为主要针对当代中国的全面研究，并且逐渐在全世界的中国研究中占据了领先的地位。如果说传统的汉学侧重传统、文本和历史研究，中国学则是对当代中国政治、经济、社会、文化等各方面的研究。德国和奥地利的汉学研究在20世纪60—70年代就开始超越了传统的范畴，并

---

① http://hantui.ruc.edu.cn/sjhxdh/displaynews.asp?id=98.

② 张西平：《欧美汉学研究的历史与现状》中引自 Wolfgang Franke, *Die Entwicklung der Chinakunde in der letzten 50 Jahren*, NO - AG, 1952, 大象出版社2006年版, 第3页。

③ Helmut Martin und Christiane Hammer (Hrsg.), *Chinawissenschaften. Deutschsprachige Entwicklungen. Geschichte, Personen, Perspektiven*. Hamburg, 1999, S. 1 - 16.

④ http://sinologie.gko.uni - leipzig.de/institut/geschichte/hans - georg - conon - von - der - gabelentz.

⑤ Bernhard Führer, *Vergessen und verloren*, *Die Geschichte der österreichischen Chinastudien*, Projekt Verlag, Bochum, 2001, S. 291.

逐渐在没有放弃传统研究内容的同时，更多关注现代中国的各个方面。从这个理解来看，将此书称为"汉学家"口述史似乎不太恰当，但正如欧洲很多大学仍将研究中国的院系称为或简称为"汉学系"一样，我们不妨在此对"汉学家"作一个比傅兰克更宽泛的理解，既包括从事传统汉学研究，也包括当代中国研究的人员。

此外，德语区尤其是德国和奥地利之间学术界人员交流情况十分普遍，一个奥地利的学者可能一生中大部分时间在德国的大学就职，如本书里的瓦格纳教授，而维也纳大学汉学系目前仅有的两个正教授（本书中的魏格林教授和顾克礼教授）又都是德国人。[①] 维也纳大学汉学系的学生里有为数不少的德国学生是常见的现象。因此，将德国和奥地利的汉学家和汉学研究放在一起是十分合理的。

在确定访谈范围时，我将其主要划定为资深或年长的汉学家、中国学家。他们终身致力于这一领域的工作，在学术研究和培养下一代研究人员和与中国交流的人员方面做出了很大的贡献。而汉学在欧洲很长时间里属于比较边缘的学科，很多汉学家默默无闻地为这个研究和教学奉献了一生。近年来，随着中国国际地位的提高，中国研究走到了前台，受到社会的关注，而这些年长的汉学家却随着年龄的增长渐渐退出舞台。我感到，应该有人把他们的历史、他们的故事写下来，留给后人。他们的经历是德国、奥地利汉学历史的重要部分。也是出于这个原因，访谈对象虽然主要是大学和研究机构的研究人员，也有终生从事汉语教学和对华文化交流的"铺路石"。此外，一些选中的被访者因高龄或其他原因未参与这个项目，而一些不算年长但在一些方面很有特色或贡献的汉学家、中国学者也应邀加入了我们的项目。

我一共采访了二十八位汉学家（其中一位由我的助手采访），此外，这部口述史还收录了十二位前几年由其他学者采访的口述笔录，并作了更新和修改。四十位汉学家的口述经整理、编辑形成这部口述史（上、下两册）。他们的口述不仅涉及汉学研究和教学、个人的学术发展道路，同时，谈及汉学在德国和奥地利的发展和演变、古汉语和现代汉语的作用、汉学在社会科学和社会上的地位，以及今后的发展，其中不乏见解不同的观点。

[①] 亦请见傅熊《忘与亡：奥地利汉学史》，王艳、儒丹墨译，华东师范大学出版社2011年版。

感谢西南大学外语学院院长文旭教授和中国社会科学院国际中国学研究中心副主任唐磊的加盟，感谢西南大学外语学院的老师及同学们的合作。

本书中的照片除个别标明出处的以外，均为被访者本人提供。

项佳谷（Jiagu Richter）

2018年5月于维也纳

中国研究专家口述治学史的知识意义

当代中国研究面临的知识挑战

当代的中国研究中,曾出现过几个涉及知识论的争议,虽然没有掀起惊涛骇浪,但却对于中国研究的意义,提出了许多发人深省的挑战。这些争议,涉及中国研究的方法论问题、中国研究学界与主流社会科学的关系问题,研究课题的问题意识是否正当以及意识形态如何影响并介入学术研究等。这些发自中国研究界内部的反省,只是零零星星地出现,在过去几十年周期往返般地若隐若现,并没有真正对从事研究的人造成重大冲击。不过,近年来由于学术环境的变迁,中国作为研究对象本身也经历了堪称剧烈的变动,适逢新兴的文化研究将身份研究从人文学界输出到社会科学界,除大量具有中国身份的研究者加入学术界的对话,动摇了原本欧美学者观察中国时为自己所预设的客观基础,更有四面八方关于社会科学知识论的研究正随着全球化的进程逐渐浮现。换言之,研究对象与研究者都发生了自我认识上的困惑。原本各有其所的知识主体与知识客体之间,关系出现混淆。在这样的背景中,中国研究遭到的挑战,其巨大的潜能与严肃的程度都是不言而可喻的。

第一个挑战,是如何面对过去已经完成的学术成果。

倘若过去的研究建立在一个今天已经受到质疑的问题意识上,或已经动摇的知识主客体关系上,是不是或该不该将这些已有的研究一笔抹杀?在各别的中国研究学界,这一类问题并不是第一次碰到。包括战前日本支那学界受到的质疑,也包括战后当社会科学研究方法引介到欧美的中国研究学界时,学术殿堂中充斥着这样义无反顾地姿态,认为既有的人文研究,对建立跨越时空的理论没有贡献,甚至应予抛弃。社会科学家这种居高临下的先进地位,固然曾经引起辩论,其实并没有完全排斥既有学术成果继续受到重视与参考。不过,当前关于知识主客体关系的怀疑,却因为针对了中国是什么的根本问题,几乎与过去多数不曾有过这种质疑的研究之间无法对话,不但是因为本体论的迥异而无法对话,也因为态度上的相互疑虑而无法对话。

第二个挑战,是今后要如何设定研究课题的问题。

既然知识主体与知识客体之间存在相互影响与相互构成的关系,谁在研究谁的循环现象使问题意识与研究课题的设定都不能避免出现武断,这种认识,使研究工作不能在一个心安理得的基础上进行。尤其当研究者意识到自己观察位置的相对性之后,研究工作的意义就显得漂浮不定。既然任何研究课题都难免对研究对象产生操弄与宰制,研究者如何自持?是不是只要有意识地承认,自己研究工作中隐含了意识形态主张、身份主张或关系主张,就可以大言不惭地继续下去?而能永远不怀疑自己的主张因为是来自片面的历史经验,不能成就知识的普遍性,因此也没有超乎自我的知识意义?于是乎,本来中国研究是在研究所谓的中国,但当前却变成是自我揭露的马脚。旁人透过自己对中国研究作品字里行间的蛛丝马迹,而取得对自己早有立场的证据。

上述两大挑战共同影响中国研究的知识伦理。如何面对这些挑战,是中国研究作为学科领域的生存关键,也是中国研究者与作为研究对象的中国,如何或是否能继续相互构成的关键。处理这个关键的方法,是探究不同性质的知识彼此间的关系,姑且称之为"知识体系的伦理关系"。对此伦理关系的反省与掌握,是让不同知识假设及其生产过程取得本体论与知识论层次上的联系,从而容许每一位研究者,根据这个伦理关系,界定自己的位置,也判断旁人的位置。再根据旁人对我与对他做出的判断,相互比较,作为决定自己下一波研究课题移动方向的参考。简言之,知识伦理体系的勾勒,以及未来此体系的开展,与个别研究者在其中位置的界定与迁移,共同赋予研究者一种赖以自我定位的空间意识，使研究者对自己所同意或不同意的知识立场，对之掌握到某种伦理上的相对关系。这个知识伦理体系中的位置，足使研究者产生好奇心，能依循伦理关系中的相关位置，前往自己不熟悉或所曾抗拒的知识立场，也邀请其他研究者，进入自己的研究位置，彼此相访，但不会彼此威胁。伦理关系随着时代而变迁，因而不能有固定的方面，应当依照当事人的体验来开展或关闭某些新的或旧的方面。所以，关于知识伦理系统应有的方面，在探讨时只能采用归纳的方式，而不宜采用推论的方式，亦即应当根据中国研究学界已经提出的、意识到的、关心的且尚未被遗忘的那些方面，来处理不同知识论与本体论之间的关系。

根据这样一个原则，可以讨论三个方面，第一是涉及欧洲中心与中国中心两种知识之间的关系，第二是涉及普世研究与历史研究之间的关系，第三涉及结构性知识与诠释性知识之间的关系。这三个方面，各自将中国研究既有的知识分解，若不加以疏通，势必继续造成理论之间无法相互沟通，甚至试图沟通时，还会引起否定自己研究课题的解构效果，毕竟不同知识立场所采取的语言与推论过程，没有共通的本体论作为依据，一旦相互碰撞，就产生抹杀掉彼此知识本体的尴尬。

早在"文化大革命"时期，欧美学界就曾针对中国研究中的帝国主义观点进行批判，认为欧美的中国研究，过多地从现代化史观出发，在现代化史观之下，认为中国的近代化，必须依赖来自欧美的刺激，俨然帝国主义是拯救中国的良方。批判者从而期许一种中国中心的知识，鼓励今后研究者能在中国发现历史。所谓从中国发现历史，就是在中国找寻促成近代化的因素，从明清以降的历史发展中，整理中国自身变迁的动力，以推翻中国必须依赖帝国主义的说法。这些因素包括国家汲取能力的衰退，人口的增长，公共领域的出现等等，也包括对中国作为一个旧帝国，其内生的解放力量何在的探究。新近犹有更深层的反思，甚至开始质疑这些所谓中国中心的研究，其实依旧停留在欧美中心研究课题上回答问题，因为他们想要找寻的，还是中国迈向欧美现代化模式的动力，只不过认为中国自己有其动力而已。从质疑欧美中心到主张中国中心，再到质疑中国中心，不同研究者对于自己与研究对象处于什么关系，各有假设。不同的假设之间，似乎有一个看似不可逾越的鸿沟，在妨碍他们相互阅读各自所发表的中国研究成果。

中国研究学界另外一个自我反省的角度，在于中国研究有多大程度能被主流社会科学接纳为一种科学知识。科学知识的要求，是能够将适用于中国的行为规律的理论，与人类普遍性的行为规律理论衔接。如果一项关于中国社会现象的发现，不能对普遍性规律有所启示，则这个发现似乎只能是一种伪知识。衔接之道，最初是将社会科学主流的理论应用到中国，将中国作为例子，之后有学者大胆主张，可以在中国的经验中，发现新的、过去未曾发现过的普遍性行为规律。社会科学对普遍性知识的要求，以及引导研究者脱离中国的历史环境，改用抽象概念表达的理论，并不为中国学界完全接纳，反而认为从中国的历史演变中，所汲取的特定知识，对于了解中国更有帮助。这个科学与历史的分歧，类似国际关系学界中行为主义与英国学派的差异。在冷战时期，因为有关中国的信息不易取得，所以靠着对中共党政军有亲身经历的研究员，或在香港齐聚，就近窥视，探访难民之类的手段，据以判断北京政策发展的所谓北京学，独占鳌头。在中国实施改革开放之后，中国可以作为一个供比较的案例，因此科学方法成为主流，所有的事件或对象都视为是在跨时空的法则之下，受单一行为结构的制约。但另一方面，也出现有意识地在中国的历史脉络中整理通则的努力，港台学者较早着墨于此，21世纪后对中国模式的探究更在大陆知识界蔚为潮流。但是，这个努力并不追求与普遍性理论对话，于是就使得科学知识与历史知识之间的领域，阻挠了彼此间的阅读与理解。

文化研究兴起之后，第三个对知识性质的分歧也随之在中国研究学界出现，将知识视为一种身份策略的再呈现，等于根本质疑客观知识的存在，其目的是想说明，研究对象的存在状态会如何因应知识的内涵而不断地调整。这个挑战，从本体论上推翻了客观科学规律的可能性，针对一般社会科学研究课题上的语言与观念，进行特定环境与历史脉络的再诠释，根据历史时期与人物环境，赋予这些概念迥然不同的含义，从而否定了所有科学命题皆应跨越时空的宣告。如此一来，研究对象如何诠释自己的环境，才是知识的来源，研究者没有资格站在外于研究对象的观测角度，武断地解说研究对象某项行为的原因。但是研究者要进入研究对象的环境谈何容易，因此即使是诠释性的理论，也不能避免理论基础，故而也就不能避免武断。在这样的知识论之下，研究者与研究对象之间有一种协商关系，共同在参与知识生产的过程，每每他们任何一方对自我的理解发生转变，或身份策略有所调整，则行为意义的解释就随之不同，如此一来，知识内涵当然就发生变化。可见，在诠释性的知识方面，研究者本人的身份是构成知识内容的重要元素，没有一项知识能脱离研究者的身份，所以研究者的性别、族群、阶级与家庭、人格、经历等特质，都牵涉自己观察研究对象时的情感波动与研究态度。与科学知识相比，后者建立行为规律所依赖的，是能够发现某项行为背后起制约作用的外在社会结构，这些结构具有高度的物质性，也就是不依研究者而转移的客观性，如此与诠释性的知识强调知识没有固定不变的基础，就属于南辕北辙的立场。

资深学者口述史的知识意义

对中国学家知识生涯口述史的研究，旨在促进中国学研究过程中，能免于将知识生产过程客观化，因而采取个人化的知识史再现方式，透过个人知识史的整理与比较研究，最能说明知识意义的多元性，因时空与人心而有不同。由于个人知识史涉及访谈对象与访谈者的互动，也涉及与其他访谈对象的比较，故而足以提醒研究者，此一个人知识史的再现，主要是当代意义脉络下的再现，而不是个人知识史的所谓客观描述。此何以文本分析所引入的诠释研究，有助于避免以真假与否的态度，窥视或检查口述历史的内容，而是借由口述历史，反映资深研究者在衔接过去问题意识与当代问题意识时，决定采用什么论述脉络，从而反映出中国学的一种可能意义。口述历史帮助研究者发掘各种意义的可能性，是凸显研究者、研究对象与研究结果之间相互构成关系的适当途径，而不必是访谈对象知识成长的客观描述。

口述历史访谈的推动，由项目主持人、协同主持人偕同国外合作之主持人共同推动。透过对资深学者的访谈，了解知识社群的文化、历史脉络，以及他们所处的当代环境，如何是他们所生产的知识的重要内涵，对于该知识社群认识到自己所生产的知识具有什么意义，会有极为重大的贡献，也同时对于其他知识社群在阅读该知识社群的作品时，有能力将这些作品放进特定的文化历史时空中，更关键的是，培养其他知识社群进行同样反省的意愿，于是协助所有的知识社群，都能彼此认识到自己的知识视角，从何而来，彼此如何相互影响，相互修正，相互误解。基于这个原因，必须邀请所研究的对象社群，共同参与研究。在社会科学的方法论中，为了解研究对象，而对研究社群进行研究，本研究计划堪称首见，更是中国研究主流所从来没有设想到的，因为在既有中国研究之中，被研究的所谓中国人，不论是正面或负面意义的参与，都只是对象。现在，借由研究社群共同参与检讨，让研究者也能从这样的方法中，体会自己的研究对象，让对象在自己的研究课题上参与知识建构。

不必宣称个别资深学者的学思历程具备这样或那样的代表性，故选择或不选择他们作为口述历史的受访者，是基于研究团队成员的机遇、巧合与情感，但是受访者的学术活动无不隐然说明了一种对中国进行想象的结构。正是这个结构的想象性（而不是代表性），使每份访谈具有独特的意义，促使受访者、访者与读者必须通过反思来进行意义上的选择，从而有意或无意地修正而后对这个结构的想象空间。这些受访学者的生涯，均有部分是坐落在某种隐而不显的位置，那可能是多数人或多或少经历的位置，即某个同时处在所谓中国与所谓亚洲之间以及所谓东方与所谓西方之间的位置。这个容许多方面、多出发点的中国研究过程，因而形成的边界模糊的场域，在此之中，各种涉及中国的概念、意识或表征，可以被研究者不断挪用与再挪用，以至于同时又永远保留了某种再开展的可能性，故研究者得以不断地从群体与个人出发，在有意识或意识不足的身份抉择中，来开展自我认识。

在地缘、语言与时间上，受访学者所处的角度非常不同。他们分别来自不同的社群，在不同的地方工作，主要本职所在的国度可能较为集中一地，但无不深刻涉及其他社群。中国研究不可避免地镶嵌在受访者内摄的文化与地理的多元性中。从这个角度来看，与中国特殊性有关的新近主张诸如"崛起""天下""中国特色"等所代表的，是某种具有本质的中国，不再是研究必然的前提。故除非认为民族国家是当代主要文明的唯一有效载具，不然亨廷顿（Samuel Huntington）的文明冲突论就不会可信。无论是承认或否认中国的特殊性，都已经预设了一个关于中国的身份选择，因此也就没有必要用学术或政治中立的要求彼此检证，因为中国是否具有特殊性或是否在扩张，都必然涉及中国是什么或中国的范畴何在的认同与政治实践。

当然，受访者不可能完全掌握这个有时隐而不显的立场，更可能的情况是，他们也不充分了解自己以中国为主题的学术作品与个人认同，究竟是被什么决定的？学者们既不能控制他们已经或正在遭遇的政治社会情境，也同样不能控制这个隐而不显的概念场域的形成。例如，他们所操持的学术语言，对于任何一个本身就已具有另一种通用语言的学术社群而言，都有不可回避的意义，毕竟能不能或如何分享他们的英语文本，是必须在意识上加以处理的问题，因为每一个群体都各有因应英语化的中国文本之道，并以此反映出他们既有论述结构之间的差异。然而，个人如何具体根据这种论述结构的差异来进行语言与文本的选择或不选择，就不再是既有论述结构可以说明的，如此，研究者与多种论述文本的遭遇以及遭遇之后的抉择，是中国研究得以发生的两个主要机制。

简言之，中国研究所涉及的是关于中国的论述及其如何从既定的脉络中形成的可能性，故而是在已有的知识中，通过研究者的选择而开启的另一种知识生产。对于研究者本人而言，这后一种生产过程是不全可见的，因为在研究者意识中所能掌握的，只有指向课题（即中国）的单一知识过程而已。必须通过反思受访者的问题意识概念，才能将这个隐而不显的过程以归纳方式整理出头绪。受访者所处的历史脉络当然无法完全说明他们的学术选择，除了他们有意识地于知识生产时的当下做出的立即选择之外，还有另一种更深层而可界定受访者自己与研究课题之间关系的选择存在。因此，这里讨论的选择也包括一种后设的，不一定在直觉中可被研究主体第一时间所把握的选择，可以称之为对只是对象的本体概念选择，是以访谈与论述分析所回溯出的一个给予研究者立场的空间，如此研究者的立场便必然属于其自身存在方式的合理选择，旁人无由妄加褒贬。于是，有必要区分两个层次的中国研究：第一个层次是在遭遇与选择两个机制中实践的可观察的中国研究，第二种是口述历史访谈尝试归纳的一种没有办法在论者的研究开始进行之前被决定的中国研究，也就是等待论者可意识到的研究过程展开后，才能回溯其意义的另一种知识生产过程。

石之瑜执笔

目　录

我与德国和奥地利当代中国学研究的发展
　　——魏格林教授访谈录 ………………………………………… 1

反思与创新中的汉学研究
　　——罗梅君教授访谈录 ………………………………………… 27

持之以恒：从汉语实用语言学扩展到中国研究
　　——特里尔大学乔伟教授访谈录 ……………………………… 58

国际关系与中国研究密切相关
　　——艾伯哈德·桑德教授访谈录 ……………………………… 91

在中国发现真实与中国研究的兴起
　　——杜伊斯堡—埃森大学东亚研究所原所长
　　　托马斯·海贝勒教授访谈录 ………………………………… 108

中国研究的重要性不在于我们如何看待中国
　　——施耐德教授访谈录 ………………………………………… 137

模型、数据方式和理论研究：中国研究的方式
　　——顾克礼教授访谈录 ………………………………………… 158

中国传统文化与当代经济发展的关系值得研究
　　——何梦笔（Carsten Herrmann – Pillath）教授访谈录 …… 178

探索深刻与快速的变化
　　——谢妮教授访谈录 …………………………………………… 190

汉学研究还是要以汉语学习为基础
　　——韦荷雅（Dorothea Wippermann）教授访谈录 ………… 202

为中德城市化发展的经验交流搭建桥梁
　　——曲溪乐（Johannes Küchler）教授访谈录 …………… 247

汉学研究与社会学在中国
　　——柯兰君教授访谈录 ………………………………… 259

摆脱欧洲中心论，汉学才会有更好的发展
　　——文浩教授访谈录 …………………………………… 276

探索现代汉语教学的新方法
　　——石德曼（Klaus Sterman）先生访谈录 …………… 296

汉学不是我的谋生之道，却是我终身兴趣所在
　　——汉学家、目录学家魏汉茂（Hartmut Walravens）访谈录 …… 311

研究当代中国需要了解历史和古典文化
　　——汉斯·屈柏纳（Hans Kühner）教授访谈录 ……… 331

汉学跨学科交流：存异求同，事半功倍
　　——维也纳大学汉学系副教授
　　　石安娜（Agnes Schick-Chen）访谈录 ……………… 347

中国的美学、哲学和中西文化对话是我终身研究与兴趣所在
　　——卜松山（Karl-Heinz Pohl）教授访谈录 …………… 359

汉学之路与奥地利汉学研究的发展及对中国未来的展望
　　——欧普雷塔博士（Helmut Opletal）访谈录 ………… 387

桃李不言，下自成蹊——半世纪的中文教育之路
　　——胡思蒙访谈录 ……………………………………… 402

我与德国和奥地利当代中国学研究的发展
——魏格林教授访谈录

（魏格林 Susanne Weigelin-Schwiedrzik，维也纳大学东亚研究所汉学教授）

访谈人：Jiagu Richter
时间：2016年8月11日、2017年6月9日
地点：维也纳大学汉学系
整理人：Jiagu Richter

一 个人汉学学习和研究经历（由魏格林教授提供）

我对中国的兴趣开始于20世纪70年代初，那时我作为高中生到美国上一年学。当时因为越南战争，美国对亚洲的兴趣非常大，这在欧洲是看不到的。我到了美国之后才发现，亚洲是一个非常重要的地方。因为我的哥哥姐姐都参加了学生运动，对中国、苏联、社会主义这些概念比较感兴趣，受他们的影响，我对中国也有一个比较好的印象。在美国看到一篇激烈批评中国"文化大革命"的文章，觉得写得可能不对，我觉得原因可能是作者不懂汉语，于是产生了学习汉语，了解中国，写出更好的文章，向德国人介绍中国的想法。

我哥哥当时参加慕尼黑大学学生运动，是"左"派中的亲华派（另一派是亲苏派）。他知道我对中国感兴趣，送给我一份德文版的《北京周报》和基本初级汉语课本作为生日礼物。虽然是德文版的，但我看了好几遍也没看懂。这说明学习汉语还不能解决问题，好像中国人的想法和说话的方式跟我们德国人不一样。后来我就立下三个目标：学习汉语、到中国去、看懂像《北京

周报》上奇怪的文章。

开始我想自学汉语,但很快就知道,汉语自学是不行的,需要老师。中学毕业后,在父亲的参谋下我选择了汉学作为大学的专业。1973年冬季,我进入波恩大学,同时学习汉学、政治学和日本学,但实际上日本学学得非常少,主要学习汉语语言和政治学。我们班刚开始时有三十个学生,汉语太难学了,进度太快了!两个多月后就剩下了十来个人,第二个学期开学时只有三个人了。

学习了三个学期后,我得到了德意志学术交流中心(DAAD)派到中国学习的奖学金。1975年9月我们一行十五人到了中国。大部分德国同学都到北京语言学院去了,我觉得语言学院外国同学太多,就想办法能早一点到北京大学去学习。1976年1月我转到了北京大学哲学系。那时"文化大革命"还没结束,我们学习马列主义、毛泽东思想。哲学系的外国学生单独上课,但是和中国同学住在一起。我一共上了12个月哲学系的课,1977年1月结业后,北京大学又给了我一个单独做研究的机会,我可以自己选题目,他们安排老师指导我的研究。一开始我就对中国现代史特别感兴趣,提出要研究抗日战争。历史系成汉昌教授是我的导师,他每天给我单独讲两小时的课,有两三个月的时间,我天天跟成老师讨论抗日战争问题。

1977年3月,我回到波恩大学,但波恩大学除了语言外没有学习当代中国的条件,当时德国唯一能够学习和研究当代中国问题的就是波鸿大学。我因此转到了波鸿大学。波鸿大学当时有一批刚从中国回来的人。1976年中国发生了非常大的变化,我们这些人都经历或看到了这个变化,也引起了我们很多的思考:中国到底是怎么回事?1976年到底发生了什么样的事?1976年虽然我在中国,但一点儿没有想到会发生像打倒"四人帮"那样的事。就是说,我们再也不可能是虔诚的马列主义派,再也不可能是一个单纯地喜欢中国的人。虽然身在中国,但仍然没办法了解中国,这跟我原来的想法完全不一样。我懂汉语,能说汉语,能看很多中文的书,在中国待了一年半多,可我还是没法了解中国。从中国回来后的看法与去之前的完全相反,我们应该怎样去面对这个问题,是一个非常大的挑战。

这时,碰到了我最主要的老师魏博斗(Bodo Wiethoff)教授。他从认识论的角度跟我们讨论了在中国的经历以及一直困扰我们的问题,并向我们提出了"人们是怎样写自己的历史的"这个问题。我决定在他的指导下写硕士论文。我的硕士论文是关于鲁迅的。硕士论文写完之后,我就已经决定今后要搞研究了。有一天,在从波鸿回科隆的火车上,我突然找到博士论文的题目了,那就是"中国共产党怎样写党史"。这个题目难度很大,从来没有人写过这样的题目。中国人或者不能写,或者没有这种思维方式。而且我手里的资料非常少,只是脑子里有这个想法。

魏格林教授 照片1:与海德堡大学学生在上海

通过 DAAD 的帮助,1980 年我再一次去中国,在北京大学历史系成汉昌老师的指导下研究中国人怎么样写中国共产党历史。成老师对我帮助非常大,帮我跟所有当时有名的写党史的人见了面,包括胡华、缪楚黄、廖盖龙等。他们都以为我要研究中国共产党的历史。那个时候正好中国共产党党内准备通过《关于建国以来党的若干历史问题的决议》,廖先生给我说了关于这个决议起草的内容,但是他并不了解我到底在研究什么问题。我不是在研究中国共产党党史,我是要研究中国共产党是怎么样写自己的历史的。懂我问题的有两个教授,一个是李新,他是近代史研究所的,另一个是清华大学的刘桂生。刘给我讲了很多关于 1945 年党史决议的内容和后来写在教科书里面的内容有什么内在的联系。李新先生对我说,如果你真正懂得了我们怎么样写中国共产党党史,你应该研究史与论的关系。这句话不仅给了我一个写博士论文的方向,同时给我提供了一个写博士后论文的题目。

1982年12月15日,我躺在科隆医院妇产科的病床上进行了博士论文答辩,四个星期后我的第一个孩子出生了。不久后我收到美国加州伯克利大学的邀请,去做博士后。1987年我开始写教授论文,并到清华大学呆了六个月来收集资料。1988年12月18日,我收到聘请我为海德堡大学当代中国学教授的聘书。当时我刚33岁,得到比我年龄大得多而且是男性教授的认可是一件不易的事。

魏格林教授 照片2:任海德堡大学副校长时

1999年,我开始担任海德堡大学副校长。在这之前我是一步一步走过来的。除了在系里做教学、研究和管理工作之外,我还被选为协调女教授问题的代表,成为大学领导层的成员。1994—1997年,我担任过科学部部长顾问委员会的委员。但当上副校长之后,我发现自己真正喜欢的还是研究和教学工作。每次离开教室的时候,学生们都敲桌子表示赞赏(和中国的鼓掌一样),我也会讲得很兴奋。我虽然大部分时间用在了领导我们大学和调解很多矛盾的工作上,但是如果一个星期可以给学生讲两次课,我就高兴得不得了。

2001年以后,奥地利维也纳大学聘请我为汉学系的教授,我觉得对我来说是一个很好的机会。因为我十分希望改善我研究工作的条件,而海德堡大学一直要把我推向管理工作,也就是说,他们要我做的和我想要做的事正好相反。2002年我来到维也纳。到维也纳对我整个学术的发展是非常有帮助的,维也纳本身是一个非常国际化的城市,这是重要的原因之一。这里的中国人很多,系里也有很多中国老师,系里开会也可以用中文,这在海德堡从来没有过。我天天和中国人在一起,同时这些华裔学生也向我提出了一个新的课题,这就是移民认同问题。以前在海德堡不必去想这个问题,到了维也纳到处都可以看到这么多中国人,才感觉到原来还有这样的问题,所以,中国人移民问题摆在面前,成为我们研究的课题,这是我到维也纳之后一个新的收获。

魏格林教授 照片3:在授课

维也纳大学是个国立大学,但是在内部管理上和私立大学是一样的。让我高兴的是,我们人文学院被评为世界上最好的五十个人文学院之一,在德语地区我们是最好的十个之一。这是最近几年来的一个新的变化,以前不是这样的。这对维也纳大学来说是很高的评价。在学校的评价上,维也纳大学只排在184位。

到了这里之后的前两年我还没有做管理方面的工作,两年之后,校长请我当语言文化学院的副院长。这个学院有两万多名学生,跟原来当海德堡大学副校长时的学生规模一样。但令我高兴的是，我还可以继续做我的研究工作，并且比原来成功得多。2002 年我刚到维也纳的时候，汉学系有 200 多名学生，现在有 700 多名，包括研究生。每年能拿到学士学位的学生可能达到近 90 个，硕士学位的大约 30 个，我还带有 10 个博士生。2010 年我又从副院长走向了院长的职位。2011 年我开始担任维也纳大学主管学术研究和年轻科学家培养的副校长，这个职位一任又是四年。

二 新近发展和学术成果

问：2016 年 10 月，您离开维也纳大学副校长职位，回到汉学系，这之后您应该在中国学领域做得更多了，能不能谈谈 2016 年 10 月之后的情况？

答：我在做副校长的时候虽然大部分精力放在这个工作上，但我一直在指导中国学的博士生，还在给学士课程讲课。在对博士生进行指导时，我发现一个与我以前做的新疆的题目相联系的课题。也因为我曾在新疆做过这个题目，我的有些博士生对少数民族问题产生了强烈的兴趣。我从中得出一个结论：我们应该设定一个新的研究方向，对中华人民共和国这样一个多民族的国家做进一步了解。我觉得，我们作为汉学家有一个毛病，那就是，总是把中国当作一个汉民族的国家，把少数民族交给人类学家去研究。而人类学家主要是从文化、历史等角度来单独地研究少数民族，而一个少数民族与国家的关系，与其他民族的关系，特别是与汉族的关系，他们往往考虑得比较少。反过来讲，我们汉学家一直在汉族的范围内研究各种各样的问题，没有把这两个角度结合在一起。中国是一个多民族国家，与欧洲的单一民族国家概念不同。因为将其作为一个多民族国家研究比较难，所以很多人就避开这个问题，把中国当作一个仅为汉族的国家来对待。此后，我不仅指导博士生理解中国的多民族性，同时，自己也在探讨如何从理论和实际的研究中更好地理解中国的多民族特性。这是一个可开发的新的研究领域。

第二个很重要的研究领域是，从 2004 年开始，我一直提倡把中国放在东亚这个大范围内进行研究。汉学界的另外一个毛病是，因为中国本来就很大，容易把中国和周围的国家隔离开来，而日本学者、韩国学者也不把这些国家放在东亚的范围内。从 2004 年我发现，做这样的研究要做很多非常基础的工作。大概是2008年，德国的一个出版社请我和在日本的一位德国教授写一部东亚19—20世纪的历史。这给我提供了一个很好的研究的机会。我在当副校长的时候，一直同时在做这个研究。2016年离开副校长职位后，大部分精力放到了这个工作上。最近已写到19世纪初至19世纪末。我希望创造出东亚史这一学科。因为我觉得，虽然现在图书馆里有很多关于东亚的书，但对三个国家的研究是分裂的。我现在的想法是研究中日韩三国的交流、互相影响和比较，写一个地域史。

第三个是记忆方面。90年代后期，我还在海德堡时就开始做大饥荒方面的研究。2005年，台湾的一个同事请我写"文化大革命"方面的记忆。从此之后，我一直在做这方面的工作，特别是2016年"文化大革命"60周年，很多人请我写文章。我的博士生中一部分也是研究"文化大革命"的。我可以把我自己的"文化大革命"记忆研究和对他们研究的指导结合在一起。

第四个方面，如果讲东亚史，应该对东亚国家与国家之间的关系也有个了解。我认为了解朝贡体制不仅可帮助我们了解中国古代与其他国家的关系，也可帮助我们了解这个关系后来的发展。朝贡体制崩溃之后，中国的精英阶层，甚至日本和韩国的精英阶层都对东亚有这样的理解。我开始做这个研究的时候，很多人对此不理解。2004年我在中国的一个演讲中介绍天下观念和朝贡体制，很多人觉得很奇怪，但现在很多人对这个题目感兴趣。为什么呢？如果你看欧盟，国家之间是一个平等的关系，而朝贡体制中是中央与地方的关系，以中国为中心，周围国家是它的边缘。

问：但这实际上只是中国人当时的看法。朝贡体制之所以能维持，是因为它实际上是一种国际关系。很多国家只是遵从中国在礼仪上的要求，其实是把它当作一种他们需要的贸易关系，并不是把中国当成统治者。

答：对。我从2004年、2005年开始对朝贡体制做研究，后来因为对19世纪的国家关系感兴趣，觉得应该了解东亚国家20世纪的关系，与原来的朝贡体制没有关系，朝贡体制在19世纪崩溃后是完全失去作用的，还是对东亚人了解自己的地域有一定的作用？你如果看看我最近的报告，80%是与东亚国家之间的关系相关的。这与我研究东亚史有关，也因为如此，我对东亚当前的国际关系很感兴趣。我发现,汉学界在这个领域做研究的非常少。中国的崛起使它在世界上的影响越来越大,作为汉学家,我们对中国怎么看自己、看东亚、看世界如果没有研究,我们就没有完成任务。

这四个方面的一个共同点,在于我在观察汉学研究之后发现一些问题还没有解决,并且非常需要解决。而汉学界一般不太研究这些问题。

问:等于是找到汉学界原来忽略的一些问题,或者说介于汉学与其他学科之间的问题。

答:对。我一直比较注意这个问题。比如20世纪80、90年代,汉学界主流的研究题目是中国的城市社会、有无可能民主化、市民社会等,我当时就决定,他们都在研究城市的情况,我们还是要研究中国农村的情况。比如说公共医疗问题,很少有汉学家研究,但是我们发现,如果研究这个问题,这不仅是中国社会的一个重要的问题,通过这个研究,还可以理解很多其他问题,如中国社会保障制度、农村与城市的区别等。

问:这可以说是您的一个特点,您有超前意识。

答:对。虽然我在汉学界得到一定的承认,但没有多少同事可以对话、交流。因为我研究的问题别人还没觉得重要,只是在很久以后别人才开始做这方面的研究。因此,我和我的博士生、学生的关系很重要,因为他们常常提醒我,很多问题是在与他们讨论、研究的过程中提出的。

问:您主要的研究成果有哪些?

答:我最初的研究是以史学理论为主,因为我和我的博导魏博斗教授讨论怎么写一部中国史。他对理论、方法论问题非常重视,把这个任务交给我了。我们当时想打破"欧洲中心"的说法,看看中国人怎么写自己的历史。此外,一般欧洲人认为中国人对理论问题不感兴趣,而我们发现中国人一直在探讨一些理论问题,他们为什么对史与论的关系这么感兴趣?通过博士论文和教授论文可以介绍,中国从秦末至今一直在探讨,我们应该重视中国人自己的叙述。这是早期的重要研究成果。

改革开放之后,历史学界发生了比较大的变化。我观察到,中国有官方史学,也有非官方史学。不仅在题目上有很大的区别,在研究方式和占有资料上也有明显的区别。

当了教授之后,我需要讲很多其他方面的课。在文学上,我侧重研究鲁迅及鲁迅与尼采的关系。将鲁迅的一部分作品与他对尼采的理解和讨论结合起来。主要是分析鲁迅的《野草》,许多人对这部作品不能理解,但如果将其与尼采的思想结合起来,很多不可理解的东西就容易理解了。

问:就是说尼采对鲁迅是有影响的?

答:影响非常深刻。鲁迅大概从20世纪初开始直到1927年对马克思主义产生兴趣,一直对尼采很感兴趣,并且将尼采部分作品翻译成中文。他从未直接说过,但从他的作品中可以看出,他通过自己的作品讨论尼采的哲学和文学观点。理解他与尼采的关系是理解他作品的一个切入点。但是,我最近通过对他30年代的杂文分析,发现也带有尼采的痕迹,有一种内在的联系,如果不深刻地分析尼采和鲁迅是看不出来的。这是我1978年硕士论文的题目,当时尼采在中国是一个反面人物,将他与正面人物鲁迅联系在一起是不可思议的。当时我受到了写鲁迅传的学者的启发,他们只是发现鲁迅看过尼采作品这个情况,没有把鲁迅对尼采的兴趣联系到分析他的作品。我从这时开始一直在关注这个问题。把这些想法写成文章发表是在当了教授之后。

文学方面还有一个研究成果。还在海德堡的时候,我指导的一个博士生对莫言产生兴趣。后来也写过几篇分析莫言作品的文章。我的分析往往不同于主流评价。我认为,莫言拿到诺贝尔奖是合理的。这些文学方面的研究往往是出于教学的需要。

政治领域:政治学是我读大学时的副科,我一直在做这方面的研究。我主要研究国家与社会的关系。我提出一个观点:中国当代国家与农村社会保持一定的距离。这个距离对农民来说有好处也有坏处。当时我在海德堡,我带一批学生去上海郊区,做乡镇企业调查,从各个角度探讨乡镇企业为什么会产生,它在经济社会政治方面的作用。这个调查与研究让我们得出了国家与农村社会有一定距离的结论。我当时的一个博士生提出,应该从另外一个角度来进一步考察，并提出从公共医疗的侧面来验证这个结论。他以这个问题为出发点写了一篇很好的博士论文。到了维也纳之后，我们有个机会去新疆做公共医疗方面的研究。我们在主流学术杂志上发表了很多涉及这个问题的文章。我将少数民族问题作为一个研究重点也是从那时开始的。

魏格林教授 照片4：2009年与莫言在慕尼黑研讨会上

政治领域的第二个方面是中国的外交政策。我在波恩大学学汉学时，波恩大学十分重视外交和国际关系方面的研究，我也很受启发。后来对这个问题越来越感兴趣，也陆续发表了一些文章。这个领域最重要的一个研究成果在于，世界上有几个国家是历史上的大帝国，现在变成了民族国家。现在因为地位的变化，或者希望获得更高的国际地位，往往利用以前的帝国经验，应用到现在的政策上。土耳其、伊朗、中国、俄罗斯等在历史上都是一个大帝国，或者是大帝国的一个中心部分。这些国家现在都在崛起或在重新崛起的过程中，他们对自己在当前世界上地位的追求与他们曾经是帝国，是联系在一起的。

中国经济的发展我也一直在跟踪，因为这是教学的需求，但没有太多的研究成果。欧洲汉学界与美国不一样，美国汉学研究是将其分入各个不同的领域，作为政治学家研究中国政治，作为经济学家研究中国经济。但在德语地区还有汉学的概念，当代中国学也是汉学的一个组成部分。因此，大学和学生对我们的要求是，不能仅仅研究一个领域，还要范围更广一些。现在年青的一代已经或多或少接受了美国的方式，但我们那个年代还不一样。我当教授时，当代中国学在德语地区刚刚开始，每一个学校只设一个教授做一方面的研究。但是如果只讲政治，或文学，或历史，学生对中国就没有一个整体的概念。同时，作为一个研究者，如果不了解这个特殊领域之外中国的情况，也不可能在这个领域做出什么结论。很多美国同事对我不仅可以研究中国政治，同时还可以讲近现代史、古代史、文学甚至语言课觉得很奇怪，实际上，这都是教学的需要，我需要积累很多各方面的知识。在海德堡时我的领域比较有限，到了维也纳大学后，他们要求我讲各方面的课程。这对我来说是一个非常好的机会，我的知识可以因此比我的专业研究广得多。年龄越增长，我对新知识和新领域的兴趣越广。

我带过很多硕士生，有人批评我，说这样我自己就没有时间写东西了。尤其是当我的孩子还小的时候，我带了那么多的硕士生，肯定没有时间再写很多东西了。但现在老了之后，我发现当时虽然占了我很多时间，但通过带这么多硕士生，而且每个人都能自己选择题目，而不是由我来规定，他们研究什么，我就跟着在这方面做研究和指导，所以涉及的面特别广，对现在的研究很有用。比如现在教学和研究中碰到什么问题，我还可以想起 20 年前一个硕士生研究的题目。我带了 200 多个硕士生，他们的硕士论文题目我都能记得。如果现在有个硕士生要写一个题目，我会说，1994 年海德堡曾有篇硕士论文是关于这个题目的，你可以去看看。

问：您在好几所大学担任过领导职务：海德堡大学副校长、维也纳大学语言文学院院长和维也纳大学副校长，您担任这些职务对汉学研究和教学有没有促进作用？

答：这个问题比较难回答。因为为学校做管理方面的工作，不可能特殊照顾自己的专业。我为海德堡大学、维也纳大学的管理工作做过一些贡献，但对汉学本身，除了刚才提到的那些研究成果之外，我最大的贡献在于培养了一大批人。我在海德堡培养的 150 个硕士生当中，80%以上就职于德国与中国合作的大公司、外交部、新闻单位，他们可以用我教授的知识在中德关系上做出较大的贡献。我带的博士生大部分在学术领域继续发展，不少成为教授，以前带的博士只有一个在德国，其他都在别的国家获得教授职位，如比利时、丹麦、瑞典、瑞士等。在维也纳带的博士有两个在德国取得教授职位。博士生当中也有一部分人在经济领域任职，相当有成就。我为能带出这么多优秀的学生，并且为他们的成就和贡献而感到骄傲。

魏格林教授 照片 5：任维也纳大学副校长时参加学术庆典

问：用中文里的一句话说，就是"桃李满天下"。做这样的工作不像自己研究那样直接出成果，成果体现在别人的身上。这是为别人照明、指路的工作，是看不见的贡献，但是很大的贡献。

答：另一方面，我担任院长、副校长，虽然没有那么多研究的时间，但我觉得，通过管理工作，我学会了很多东西。因为我接触了很多其他领域的学者，观察到他们怎样取得成就。汉学领域太小，涉及的人太少，高层的管理工作打开了我的眼睛和耳朵，很有收获。所以，我从未觉得搞管理工作是浪费时间。很多人觉得我有管理方面的才能，但这不是我一再接受这些职位的原因。我回来后觉得理解汉学领域的一些事情的能力大有提高。在海德堡做了很多管理方面的工作，最大的贡献在于，把当代中国学作为与汉学有关但也有明显区别的领域，作为一个模型建立起来；到维也纳之后，作为语言文学院副院长、院长以及大学的副校长，我最大的贡献在于，对人文科学在学术领域的地位，将来怎么发展才能成为整个科学领域里很多重要的组成部分这方面。同时，由于我在培养年青一代方面比较有经验，在培养博士生和博士后制度方面做了一些创新。但这不仅是为了汉学专业。在汉学方面，我让大学在汉学系设了第二个教授的位置，这是我同意担任大学副校长时提出的要求。我2002年到维也纳时，整个东亚研究所只有两个正教授，现在有6个，这个增加是我在各种领导职位通过各种各样的方式争取到的。坦率地说，没有我的努力，这是不可能的。

问：这实际上是三层贡献。一是博士生、博士后制度方面的创新，这是跨人文和自然科学的，二是提高人文科学在整个科学领域的地位，三是为东亚研究争取更多的人力配备。

三 德国和德语区当代中国研究的发展和现状

问：您在不同的大学任过教，并且时间较长，您对德国和德语区对当代中国的研究有较深的了解。70年代仍然是以研究古代中国为主，到了80年代开始重视现代中国的研究。您怎么看这个发展，研究重点怎么分布？

答：我70年代开始学习中文时，德国汉学界研究和教学主要以古代哲学、历史、文学为主，语言学习培养以文言文为主。根据我的了解，当时只有很少几个地方可以认真地学习现代汉语，德国只有两个，整个德语区只有三个：波恩大学、波鸿大学和奥地利的维也纳大学。除了波恩大学以外，其他学校或多或少也有现代汉语课程，但水平不太高。图宾根大学是一个例外，那里有一个罗致德（Ladstätter）老师，但1973年他应聘去了维也纳大学当教授。维也纳大学从70年代中期开始有一个专门学习现代汉语的课程，并提供一点当代中国的信息。

柏林自由大学70年代后期，开始从研究古代中国转到当代中国。80年代，德语地区出现当代中国学热，但研究当代中国的机构非常少。最活跃的地方有三个：实力最强的是波鸿大学，Weber – Schäfer 研究东亚政治、马汉茂

（Helmut Martin）研究中国文学、魏博斗研究中国历史、Krauss 研究中国经济；第二位的是特里尔大学，乔伟教授研究语言学，一位副教授研究中国政治；第三是波恩大学，只有现代汉语课程，没有当代中国的研究。除了波鸿大学外，另有特里尔大学也涉及当代中国的课程。

到了 80 年代后期，不莱梅大学有一个经济语言课程，其中包括汉语。海德堡大学从 1989 年开始设立当代中国学的课程。苏黎世大学到了 2002 年才设立了一个研究当代中国学的教授职位。从学生角度来说，80 年代后期所谓的中国热已经过去，但从研究角度来说，对现代中国的兴趣出现了一个高峰。波鸿大学原有一个很强的东亚研究中心，后来成为东亚研究学院，但它隔壁的杜伊斯堡大学对东亚问题也很感兴趣，所以将研究当代中国的王海（Thomas Herberer）教授从特里尔聘了过来。王海教授直至近几年退休，一直在杜伊斯堡研究当代中国问题。

问：就是说，对当代中国的研究从 70 年代末开始，80 年代后期形成高峰？

答：对，是这样的。到了 90 年代，70—80 年代占比较重要地位的一些大学不能再继续。随着第一代教授退休并且没有合适的接替，波鸿大学 90 年代开始失去了研究当代中国第一位的位置。柏林自由大学也有这方面的困难。海德堡大学 80 年代后期开始在当代中国学的教学方面比较成功，我走了之后也没有能够继续下去，现在他们吸引的学生是来自中国的，而不是来自德国的。特里尔大学虽然坚持当代中国学的方向，但是他们的韩博天教授主要为 Mercator 研究中心工作。弗莱堡大学 90 年代聘请了一位教授叫胜雅律（Harro von Senger），既研究古代，也研究现代，但弗莱堡大学吸引的学生一直很少，所以 90 年代之前在整个汉学界的地位相当低。汉堡与中国关系很密切，所以汉堡大学一直重视有关当代中国的教学，但他们聘的教授都不是当代中国学方面的。汉堡原来有一个亚洲研究学院，后来成为德国全球和区域研究学院，这是德国全球化研究的中心。法兰克福与中国关系也很密切，法兰克福大学 20 世纪初设立汉学教授的位置，第一个是卫礼贤（Richard Wilhelm），90 年代后期，韦荷雅（Wippermann）也以语言学为主。法兰克福开始想专门培养一批汉语专家，后来发展比较快，也要有历史和政治方面的教授。历史方面的教授阿梅龙（Amelung），他研究中国的科技史，并以清末民初为主。政治方面的教授是从汉堡大学来的Holbig。

现在杜伊斯堡大学取代了波鸿大学，成为整个德语地区又搞研究又培养年轻一代的当代中国学的中心，他们的重点是当代中国政治研究。

哥廷根大学原有教授的位置，叫Rosner，他退休后哥廷根大学认为不需要汉学系，决定关掉汉学系，只留下一个教授Schmidt Glintzer，但这个人只是有哥廷根大学教授职位，工作是在另一个地方做德国图书馆的馆长。当时，哥廷根大学日耳曼系的教授Kasper‐Hehne曾在南京大学教过德文，她在哥廷根设立了一个跨文化日耳曼学课程，接收一些来自中国的学生，教授全球化课程。她与中国接触很多，大力主张恢复汉学系，但哥廷根大学没有这个经费，而大学周围的很多企业都认为应该加强中国研究，于是下萨克森州的一个中小企业给他们提供了一个教授职位的经费。Kasper‐Hehne后来成为哥廷根大学主管国际交流的副校长。她从2009年开始一直在做这个工作，并利用这个职位加强与中国汉办的合作，汉办因此给哥廷根大学提供了两个教授职位的经费，一个专门研究中国的劳动法，另一个从社会科学角度研究中国，汉办另提供一个汉语教学法讲师职位的经费。哥廷根大学现在对学生的吸引力比较大，但博士生比较少，在培养下一代研究者方面还没有起到重要的作用。在培养下一代研究人员方面起作用的原来是海德堡大学，后来在德国是杜伊斯堡大学，在奥地利是维也纳大学。

维尔茨堡大学80年代后期有了一个教授职位（Dieter Kuhn），研究中国科技史，并以宋代和明代为主，不关注当代中国的问题。但是这个教授很开明，他觉得如果要吸引学生，就应该设立一个涉及当代中国学的课程，这个课程大概是2005年或2006年开始设立的，并且设立了一个研究中国历史的教授职位。Kuhn教授退休后，接替他的是安晓波（Björn Alpermann），研究中国政治，另一个教授费多丽（Doris Fischer）研究中国经济。维尔茨堡对学生的吸引力比较大，因为他们向海德堡学了首先培养学生汉语能力再进行专业培养的方法，使学生能尽快用中文的文献进行研究，方法与海德堡不完全一样，因为现在欧洲的大学都在博洛尼亚体制之内，原海德堡强化班的方式不符合博洛尼亚体制，所以海德堡取消了，而维尔茨堡部分地引用了海德堡的模式。

德语区现在另一个比较重要的是弗莱堡大学。弗莱堡原本是一个很偏僻的地方，没法吸引很多的学生，但现在已经变成了研究中国当代史的一个中心。除历史系一个教授研究中国近现代史外，汉学系里有两个教授研究当代中国史，一个是史明（Spakowski）教授，她是罗梅君的学生，另一个是李塞（Daniel Leese），研究中国"文化大革命"后的平反问题，他是汉学界第一个拿到这个基金的人，第二个是德国人Spockmann，在莱顿大学教学，第三个是维也纳大学的Christian Göbel教授。

科隆大学从90年代初期开始设立一个跨学科研究生课程，当时做出了很大的努力，同时设立了四个教授职位，分别研究中国政治（Scharping）、法律（Reuser）、文学（Lutz Bieg）和古典汉学（Vittinghoff）。这个课程把汉学与其他学科合起来，比如汉学与政治学、法学、文学等。现在这些教授都退休了，接替他们的人有一个研究中国法学的年轻教授Ahn，一个搞当代历史研究的年轻教授文浩（Felix Wemheuer），另有一个Stefan Kramer接替Vittinghoff教授，从一般性的文化角度研究中国。现在教授位置从四个减少到三个。

图宾根大学在21世纪聘请了一个专门研究中国台湾的教授舒耕德（Gunter Schubert），并成立了德国唯一的台湾研究中心。

此外，德国还有两个专业学院有汉语教学。一个在路德维希港，专门培养懂汉语的经济领域的中等人才，但研究方面没有太大的贡献，那里的教授叫Rudolph；另一个专业学院在康茨坦斯，那里有经济语言课程。此外，斯图加特媒体大学里有一个德中印刷与媒体技术专业，也可以培养一部分与中国有关的学生；Reutling专业大学外语学院有一个Asia Pacific课程，可以培养懂汉语的中等人才。

两德统一之前，原东德有两个地方可以学汉学，涉及当代中国的是柏林洪堡大学，古典汉学在莱比锡大学。我在海德堡设立强化班等学习方法是向两德统一前的洪堡大学学的。因为洪堡在东德时期专门为外交部等培养口译及外交官等，他们有强化班的方式。但统一后，他们没有继续下去。他们原想聘海德堡大学教汉学的瓦格纳教授，但双方未谈成。后来聘到的唯一的正教授常志静（Florian Reiter）研究中国道教，从来没有太多的学生，最近退休了。还有一些原东德的教授在那儿继续工作，但都没有正教授的位置。洪堡大学因为不再能培养很高汉语水平的学生，很快失去了原有的特点，也没有吸引很多的学生。莱比锡原来与柏林或多或少有些矛盾，他们采取游击队的方式教汉学，不愿讨论政治，所以专门研究中国古代哲学。当时的教授叫Moritz，他退休时，决定设立东亚研究中心，聘请了一个研究日本和一个研究中国的教授，研究中国的教授叫Kramer（现在在科隆大学）。此外，还从美国聘请了一位Clark教授，研究中国宗教。莱比锡的研究内容有它的特点，但在培养学生和研究当代中国方面不占有很重要的地位。

问：您谈到在海德堡设强化班的方式教授中文，这是一种什么方式？

答：1989年，我拿到海德堡大学当代中国学教授位置之后，海德堡大学很快就成为当代中国学教学方面的一个中心。其中一个重要的原因是，海德堡大学的课程有一个特点，学生入学后在第一、二个学期专门学习汉语，使他们在第二学期结束时达到其他学校第六个学期的水平。因为我当时说服了大学校长，设立一个别的大学没有的强化班，每个星期20个小时汉语课，每天从早上8点到12点，下午复习，放假时间也减少，冬季学期10月15日开始一直学到2月15日，圣诞节只放两周假，不放寒假，复活节也只放两星期假。因为如果放假时间太长，他们会把学过的东西忘了。强化班的形式逼着学生一直学下去，并很快达到一定的水平。

问：这样的学法有学生吗？学生们愿意这么学吗？

答：当时是这样：第一个学期只有15个学生。学校领导问，以前有很多学生，你来后怎么减少了？我说，你们等等看，过一段时间之后，德国愿意学汉语的学生会发现，强化班的形式很符合他们的利益。但我们要求也很高，因此我们不用作任何挑选，愿意来这里的一定是动机特别强烈、对自己要求特别高的学生。这样，我们学生的数量慢慢提高，到90年代中期达到60多个新生，但真正能完成两个学期强化班学习的只有40—45个，因为有的学生觉得压力太大，不能坚持下去。但是毕业的学生都是质量很好的。

问：从 15 个增加到 60 个，增长了 4 倍，你们用什么方法，是不是要做什么宣传？

答：没有，一点宣传也没有做。90 年代，德国很多学生开始重视选择学习地点。这不仅是汉学，很多其他的专业也是这样。在德国，学生不一定在家庭所在地上大学。德国传统的习惯是，中学毕业后，找一个自己觉得有意思的城市或很好的大学去上学。从 90 年代开始，学生不仅看大学所在的城市，而且重视大学提供的课程。因此，想学习汉学的，并且想集中研究当代中国的人，就发现海德堡提供的课程特别好，所以学生从德国各地来。"冷战"结束后，除了全德各地的，还有东欧很多国家的学生来。以前苏联只有莫斯科可以学习汉语，苏联解体后，原加盟共和国独立出来，他们需要了解中国的自己的人才，但他们自己的学校没有师资，所以派了很多学生到西欧来学汉学。海德堡就有很多这样的学生。这也是从 15 个学生提高到 60 个学生的一个重要原因。

还有一个原因：90 年代时德国的报纸上宣传一个想法，学生要重视毕业后分配问题。学生们注意到，德国很多与中国有合资关系或项目的公司里有海德堡培养出来的学生。他们看到，海德堡的课程，一是强调培养短期内有较强的汉语能力，二是它与当代中国有密切关系，三是学生从这里毕业之后很容易在德国或德语区与中国有合资项目的国际公司里找到工作。1989—2002 年，海德堡培养出来的学生 80% 成为国际企业的职员，其中一部分人在这些公司有了较高的职位。本科生从事研究的不多。但是，我当时培养的大约 15 个博士中，只有两个没有从事研究，其中一个在德国经济部工作，另一个在 Boston Consulting 任该公司亚洲中心的主任。其他都在做研究，或在研究机构，比如 Stefan Friedrich 是 Adenauer Stiftung 亚洲部的负责人，或在欧洲各大学当教授。我的博士生中第一个被聘为教授的是施耐德（Axel Schneider），他 2000 年被聘为荷兰莱顿大学的教授，2010 年被哥廷根大学聘为教授，现在是哥廷根大学汉学系主任。当时 80% 和 20% 的比例，我认为是比较合理的。因为，当时德国需要汉学人才的主要还是公司，同时，我们虽然需要研究当代中国的人，但这些人必定是很少量的，因为德国整个的发展倾向还没有转到重视当代中国，各个大学提供的职位很少。

从上述发展过程可以看出：

1. 德国和奥地利一些大学发现中国越来越重要，一定要设立当代中国学的课程，但是因为培养能力（特别是在研究领域）不足，第一代研究人员退休后，在接班人问题上碰到很大的困难。只有几个例外，其中之一是维也纳大学，因为它从70年代初期开始一直专门教授当代中国的课程。学校也决心按这个方向继续发展，并做了很大努力把我从海德堡聘到这儿来。从2002—2012年，我是奥地利唯一的汉学教授，维也纳大学也是奥地利唯一研究当代中国学的地方。他们给我提供相当多博士后的位置，我可以大量地培养下一代。

这是德语区的一个很大的问题，一个重要原因是读博士和博士后的很少，而经济领域吸引人，很多人读完硕士学位后就在经济领域工作了，很少有人读博士、做研究。

2. 德国有20多所大学有汉学系，但是大部分学校还集中学习和研究古代的东西，现代方面的很少。

3. 德国很多拿到硕士学位的学生转到英语国家读博士，其中一部分，包括在德国学校拿到博士学位的人，也都在英语国家或欧洲其他国家做博士后，拿到教授职位。

我总的感觉是，虽然德语地区当代中国研究有了很大的发展，但与中国在当前世界上的地位仍不相符，与中国的重要性相比差得太远。

问：您认为，德国对中国当代研究不够，是不是因为仍然将中国古代研究作为重点？

答：德国现在很多正教授的位置由研究中国古代的人占据。由于有这样的需求，他们也要教授当代中国的课程，但他们不是这方面的专家。他们培养的人如果写当代中国的问题得不到很好的指导。很多博士生毕业后在研究领域找不到工作，所以离开学术到企业去找工作。这是德语区一个非常大的问题。

问：是不是正教授位置就应该是研究当代中国的，才能带出更符合要求的学生？

答：对。德国还有一个很大的问题就是，汉学研究是分散的，各个学校有两三个教授，但不集中，没有学术交流和发展的环境。而且博士生和博士后不是分开的，很多地方往往愿意招博士生，博士后的位置太少。博士论文写完后，很失望，找不到博士后的位置，只能离开研究。而维也纳之所以能培养出这么多的人，就因为我们既有博士生，也有博士后的位置。现在德国大学里两个研究当代中国的教授都是我在维也纳培养的。王海教授在杜伊斯堡培养出了顾克礼教授，罗梅君在柏林培养了史明教授，还有余凯思教授等，但总的说来比较有限。所以，有很多德国学生来维也纳学中国学。

波鸿曾是德国当代中国研究的发源地，但70—80年代老一代的教授退休后，他们聘任的都是搞古代研究的。整个德国除了几个大学之外，大多是这样。实际上，应该每一个汉学系，都要起码有一个搞古代的、一个搞当代研究的，因为研究古代的方式不能用于研究当代中国。

问：那么，原因是什么呢？德国的大学看不到这个问题吗，有没有解决的办法？

答：原因就是不重视。如果他们重视对当代中国的研究，马上就可以纠正。多设教授位置，既有研究古代，又有研究当代。每个教授多设点助手，既有博士生，又有博士后。

问：德语区当代中国研究不够，除了资金太少、重视不够之外，有没有受主流媒体、社会需求影响这样的问题？

答：当代中国学所面临的问题不仅仅是德语区，而是一个普遍的问题。我们在国外研究中国，对中国向我们提出的希望采取一个什么样的态度，是我们面临的一个非常大的问题。美国怎么对付这个问题呢？他们很大一部分年轻的研究人员都是中国大陆培养的，到美国读了博士、博士后，每个人都可以采取自己的方式来应对中国向我们提出的问题。欧洲没有那么多原来的中国人可以拿到教授位置，因此，欧洲的问题更难解决。现在越来越感觉到，我们的研究不仅有本国人观察，同时也有中国人观察。他们也通过各种各样直接和间接的方式，来向我们提出一些希望。怎么去应付这个挑战是我们要考虑的问题。这大概是中国崛起的一个副作用吧。

问：对当代中国的研究已经不够，并且对当代问题的研究也是很不均衡的，比如研究中国的经济、环境问题等热点问题很容易得到经费和支持，而其他问题就不同。你觉得是不是这样？

答：我们在奥地利能得到第三方提供经费的可能性非常小，这不仅因为他们觉得我们的项目没有意思，奥地利的科研促进基金总的说来对中国不感兴趣，而且害怕我们做这方面的研究可能与中国的期望不同，会引起和中国的冲突，他们想避免这样的冲突。我觉得无所谓，我们在人文科学领域，如果真正想研究问题，没有经费也可以做。我不需要考虑，如果拿不到经费支持，别人会认为我学术上做得不够好。我早就不再考虑这些。我虽然也在申请，但我主要是为了了解他们能不能支持我。很多非常重要的大学都是不理解的。

问：是不是与德国相比，在奥地利要想得到这样的支持更难？

答：对。这是因为第三方支持的经费与德国和瑞士相比非常有限。只有一个机构可以申请，德国有好几个机构。我所做的东亚研究可能是我一生中最重要的研究成果，但很久没有任何支持。

如果提出申请，本来应该先由本学科的人做出评价，但汉学界有一个特点，每一个人都认为自己是全世界最好的汉学家。一般总是采取批评的态度写评价，这样肯定不利于得到经费。

问：中国有句话叫"文人相轻"，这是不是一个普遍的问题？

答：自然科学领域不存在这样的问题。因为一个人做了这个研究工作，第二个人就不必再做，而是在这个基础上做进一步的研究。人文科学里其实不需要一人批人一起做研究工作，每一个人应该有自由和时间做他认为最重要的工作，而现在申请和获得经费的方式与人文科学研究的方式不符。我们现在申请项目往往是因为有一个硕士生、博士生或博士后，要给他一个工作的机会，所以申请经费。在人文科学领域，一个人的研究可能对其他人有用，也不一定有用，不是联系在一起，也不是团队工作，而是互相竞争的。做一个研究的原因是别人的研究中有一个空白，所以需要找别人的不足。因此，这种文化的特点是，批评别人是自己的立脚点。

这是一个普遍的问题，但德语地区比较突出，因为这个圈子很小。美国在这个领域确实超过欧洲。他们水平高的一个重要原因是他们很多大学对中国感兴趣，设置的研究职位比较多。他们竞争也很厉害，但是需要达到一个较高的水平才能拿到一个教授职位。他们的优点是能相互尊重。我觉得德国汉学界受中国的影响，山头主义，每个人有自己的"山头"。我希望下一代汉学家能克服这个缺陷。

四 德国的中国学研究：历史、发展和方法论

问：从德国和奥地利汉学研究来看，德语环境下的中国研究是不是有它的特色，是不是与美国的有所不同？

答：我觉得奥地利与德国还不太一样。这主要与我有关。

我认为，汉学没有自己的研究方法。因此，它与其他的学科交流十分困难。搞中国历史的不是历史学家，搞中国政治的不是政治学家，研究中国社会的不是社会学家。这是一个很大的问题，这与我们人手少有很大的关系。这里每个汉学系研究人员都很少。一个大学聘请一个中国方面的教授，就希望这个教授也能讲其他方面的课程，比如我主要是搞中国历史和政治的，但因为我是这里唯一的正教授，所以我还得讲中国文学、中国外交政策、中国古代史，等等，他们希望除了个人的研究领域外，整个汉学的课程都能讲。而美国有关中国的研究是在各学科里面的，在政治学里有一部分人是研究中国政治的，在经济学里有人研究中国经济，法律、社会等也是一样。他们的培养方向是以学科为主，把学科与中国研究结合起来。

波鸿大学向美国学习，以学科为主来研究中国，但他们没有把教授职位放在各学科里，而是给研究东亚的人设立一个东亚学院。他们设想的是，把德国的汉学传统与美国的方法结合起来，教授需要既懂学科专业，又要能研究中国，但60年代开设时，全德国没有这样的人才。所以，他们希望培养这样的学生，

既要学汉学，又要学其他相关专业，比如搞中国历史的，也要学历史学，这是波鸿的培养方向。这个方法只有杜伊斯堡接受了，科隆部分学习了这个模式。但其他学校的还都是主要学习汉语和有关中国的知识，但没有其他学科的知识和方法论培养。这是德国和德语区汉学领域的一个重大问题。

我的指导教授魏博斗在70年代初期出了两本书，有关中国近、现代史的，他一直强调，我们汉学研究应该注意到方法论问题。当时我在历史研究领域受魏博斗指导，但同时一直在继续政治学的学习。我一直认为，当代中国学应该离开汉学，应该强调每一门学科的方法论。但是方法论本身有这样一个问题，现在全世界各个研究领域的方法论都是在西方产生的，这些方法能否与中国的现实结合，来研究中国的问题，很多人对此有疑问。中国原本是一个典型的社会主义国家，后来成为一个转型国家，是一个混杂品，与原西方政治学和经济学等理论合不上。所以完全用西方的理论研究中国，可能也研究不出重要的成果。但是如果完全没有方法论，而只是一般性的、像搞古典汉学的人一样对中国的一些中文文本进行解释，这种方式就不能研究出分析、理解中国的重要成果。因此，我们面临的问题还是，要创造出一种符合中国的方法论，我们还没有达到这个目标。美国60—70年代一直走在我们的前面，在汉学研究方法上比欧洲任何国家都强得多。但1989年开始，美国主要的方向是培养来自中国大陆的年轻学者，因此，在研究方法方面也没有做出更大的贡献。因为这些年轻学者主要学的是西方在各个学科的理论、方法。他们比较单纯地将此运用到中国研究，写出他们的博士论文，因为美国没有像德国这样在当教授之前要写教授论文的传统。所以这些年轻学者在拿到博士论文后或者回到中国继续做研究，或者在美国找个偏僻的地方教书，这些地方，周围的人往往没有人对他们的研究感兴趣。我觉得，他们可能发现这些理论和方法不完全符合中国的特点。他们的解决方法是什么呢？就我的了解，他们中大部分就回到中国传统的研究方法或者说风俗习惯，对发展一个符合中国的研究方法没有做出太大的贡献。所谓欧洲中心主义，主要表现在以欧洲式或美国式的方法和理论进行研究，他们不是如此，便是以中国原有的方法研究。我认为，达到这个目标要先把理论问题搞清楚，才能把方法论问题搞清楚。实际上，我们现在所采取的方法往往是一种文本的研究，加上或多或少符合中国的理论,把这两个结合起来搞中国研究,我们还没有超出这个框架。中国人自己的研究,除了极少数人以外,还没有提出一套中国式的理论。他们的理论也是一种混杂品,部分地接受西方的理论,部分改变这个理论使其能够符合中国的情况。

我认为对当代中国理论的分析应该加强,我应该能做出贡献,过去做出过一定的贡献,但还不够。因为我们对当代中国的知识基础一方面不够,一方面很分散。分散的知识基础产生不出一种对中国社会、政治、历史进行解释的理论。

此外,很多理论都是以欧洲和美国为出发点,他们没有考虑到符不符合中国的情况。但他们认为其理论具有普遍性。我认为,如果一个理论没有考虑到是否能应用到中国,它就没有普遍性。因此,我们把一套理论运用到中国,发现对中国的一些情况没法解释,我们就应该大胆地提高、补充,为这个理论赋予普遍意义。现在我们有现成的理论,但往往不符合中国的情况。我们第一要在现有的基础上补充、提高。但也应该考虑到提出新的理论。比如说我研究国家与社会的关系,我们欧洲人往往认为这两者是对立的。美国人没有欧洲人这么强的国家观,他们往往不用"国家"这个词,而用"政府",他们认为政府和社会既有冲突又联系在一起。我提出的一个观点是,整个国家和农村社会不是对立的,也不是联结在一起的,而是有距离的。这个距离造成什么样的后果,国家对农村采取什么样的态度?这完全可以理论化。我不是唯一考虑这个问题的人,但我比较早就提出了这个观点。就是说,我们搞中国研究的也可能创造新的理论。我发现在中国有这样的一个距离,是否可以考虑在其他国家是不是也有类似的情况?我曾经给很多搞政治学的人介绍这个观点,一个研究奥地利和意大利政治的教授说,你这个理论应用到意大利就可以理解很多问题。但这个做法不是主流的,主流的做法是将现成的理论运用到中国。有时觉得没法解释的,就不解释;有时觉得不能解释,就改进这个理论。这是主流的做法。自己大胆地提出一套理论是很少有人做的。

我觉得中国与其他国家没有太大的区别,但也有它的特点。不仅中国,其他国家也都有它的特点。比如奥地利,虽然也都是欧盟成员国家,但与德国各方面有非常多的不同。民族国家从形式上都一样,民族国家的普遍性就在于每一个民族国家都有它的特殊性。我不认为中国有特殊性，而其他国家没有。我们作为汉学家，应该理解中国的特殊性产生的原因和它的后果，与其他国家的特殊性有什么不同。不能把特殊性绝对化。我是一个多元主义者，我很早就反对欧洲中心主义，欧洲的东西不可能成为衡量中国的标准，而中国的东西也不可能成为非洲的东西。汉族也要小心别把自己的标准当作其他少数民族都遵从的标准。

问：您曾担任过海德堡大学和维也纳大学两个大学的副校长，这样的位子由汉学研究出身的人担任很少，应该说本身就是提高了中国研究在社会科学研究中的地位。中国研究比较边缘化，它与中国地位的变化是矛盾的，这个矛盾怎么解决？

答：研究汉学出身的人担任大学副校长我并不是唯一的，还有慕尼黑大学副校长叶翰（Hans van Ess）、柏林自由大学副校长于凯思（Klaus Mühlhahn）以及美国哈佛大学的 Dean of Arts and Science 柯伟林（William Kirby）。原因是一些大学认为，找一个汉学家做副校长主管国际交流比较合适，他们认为，应该加强与中国的关系，请汉学家做这个工作肯定可以起到这个作用，实际上我觉得起不到这个作用。我成为维也纳大学主管学术和年轻科学家培养的副校长是比较例外的，因为汉学研究本身在大学里是一个比较边缘化的学科，从这个学科找一个对学校很重要的副校长比较例外，很难解释。

从整体看来，汉学边缘化的现象还没有改变。这里有一个矛盾，一方面中国越来越重要，另一方面欧洲对中国的研究不够。整个欧洲研究中国的人，包括古代和当代，一共四千多人，美国波士顿一个地方就有四千多人做这个方面的研究。这就非常能说明问题。欧洲大学的领导有时有这样的愿望，即突出有关中国的东西，但汉学界本身不能纠正被边缘化的问题。比如，我们海德堡培养出来的人基本上没有拿到大学里的职位，其中一个原因就是汉学界的人认为，当代中国学不太重要；另一个原因是，其他领域的人认为，如果突出中国研究，很多研究经费会被中国研究拿走。比如奥地利研究基金会，我们申请的项目一般拿不到，他们觉得我们的研究不重要，在做出决定的委员会里没有一个汉学家，由其他领域的人来决定给不给汉学研究经费。他们都来自其他领域，他们觉得如果给了中国研究，这个领域会越来越重要，使他们自己的研究领域拿不到以前那么多的经费。

我认为汉学的存在只是一个过渡阶段。将来每一个社会科学，包括人文科学都应该把中国当作一个理所当然的研究对象。现在边缘化的一个原因在于，他们看不出中国的重要性，也因为他们不懂汉学，研究中国会碰到很多问题。这是别人为什么边缘化中国学的原因。反过来，我们也把自己边缘化。因为我们非常害怕搞其他社会科学的人也会做中国研究，所以总说做中国研究必须讲汉语。

问：您认为不必要吗？

答：我认为有一部分人必要，也有一部分人没有这个必要。比如说我一直和一个同事合作做这一个环保方面的研究，他一句中文不懂，而很多他懂的我不懂，但我们合作得很好。又如我们在做一个台湾老年化的项目，我请了很多心理学、生物学、医学、法律等方面，与台湾从来没有接触的人，给他们介绍很多台湾的同事，他们非常感兴趣。在海德堡时，我带一批搞经济学的教授和学生去中国，他们在经济学领域的知识超过我们，而我们对中国的了解超过他们，比如我带一批学生到上海考察中国的银行制度，他们都是学金融的，每天到一个银行采访行长，我们的学生当翻译。去之前用一个学期让我们的学生学金融的基本知识，他们的学生学有关中国的基本知识，然后一起在中国待两周。这是一个很好的方式。现在我对中国银行制度的理解以及他们对此的理解都会超过汉学界搞这个问题研究的。这种合作是克服我们把自己边缘化的一个重要方法。其他学科应该了解到中国是这个世界一个很重要的组成部分，他就会把中国当成他们研究的一个本分，现在他们还把中国排除在外，我们也鼓励他们这么做，因为被排除在外才有我们自己的"山头"。

我们现在要培养学生的这种意识，即每一个领域都有其自己的理论和方法，到硕士时可选择最感兴趣的领域，进入这个领域，学习这个领域的理论方法，到博士时更要专业化。我的博士生都有自己的领域，或是人类学、政治学、历史学，都不是汉学家。这是我们的将来。

反思与创新中的汉学研究

——罗梅君教授访谈录①

（罗梅君 Mechthild Leutner，柏林自由大学东亚研究所汉学教授）

采访整理人：臧健

罗梅君教授 照片1

记得我从很小的时候，就看了一些关于亚洲、非洲的书。德国有一位很有名的探险作家、小说家卡尔·麦（Karl May，1842—1912），他一生写了一

---

① 本文原载于臧健《两个世界的媒介：德国女汉学家口述实录》，北京大学出版社2011年版，第72—86页。经罗梅君教授2017年7月核定、补充。

百多本书，除了幽默小说和有关他家乡的乡村故事之外，他还撰写异域探险故事，并因此非常有名。在写作这些故事的时候，他似乎并没有到过书中提到的这些国家，但他所描绘的自然风光和生活场景，却使读者感到他对这些国家非常了解。最重要的是其中有一本探险小说，讲欧洲人到很远的国家，碰到了很多危险，其中也提到了中国。这本书第一次出版是1889年。很多人都看过这本书，对孩子来说，这是很有趣、很刺激的故事。我从那时候起，就开始有兴趣了解其他国家的老百姓是怎么生活的。

去中国以前，1967年，我在波鸿大学开始学习中文。那时，所有的德国大学，一年级的汉学系学生都是从古代汉语开始学习的。教我们的一位教授，三四十年代曾在中国待过，他主要教古代汉语，也教现代汉语，但是现代汉语只讲了一个学期。当时还从台湾找了一位文学教授来教现代汉语，但也只是念文字，而不是学习说话，这就是六十年代末德国汉学教育的情况。为了学习语言，我自己制订了一个学习的计划，买到了1958年在北京出版的汉语课本，每天离开家到学校之前，我自己学一个小时。学了两本以后，我参加了读报纸的课。当时很多学生没有能继续学下去，没有汉语基础，看报纸也不行。可以说，那个年代的汉学系学生，都没有机会参加完整的、系统的汉语口语基础学习。70年代，在北京语言学院，我们的学习也主要是读课文、看书，上天安门参观就是我们的第一堂课，主要是看，没有机会说，没有口语课。口语还是后来在北大，和我的中国同屋张彦玲一起练习的。

1972年，联邦德国和中国建立了正式的外交关系，开始了学术交流，交换学生是第一个项目，每一年可以派十个人。因此，从1973年开始，德国学术交流中心（DAAD）在每一个汉学研究所作报告，告诉学生可以报名，申请到中国去留学。第一批我就申请了。那时，波鸿学汉语的学生不多，有十多个人，因为汉语太难，有的学生一学就没什么兴趣，而离开了汉学的专业。我申请以后，需要从波鸿到波恩去参加面试，还要写一封申请信。那时四十多个申请的人都到波恩去考试，应该10点到，结果路上不顺利，我11点才到，晚了一个小时，刚到马上就考试。考试都是口试，教授们问一些问题，让我们回答。那时，得到去中国的奖学金很不容易。另外，老一辈的教授们怕到中国去的学生都是毛泽东主义的，他们不要派这样的学生。后来我的申请成功了，我很高兴，我一定要去中国。

我第一次到中国就是来北京。那时，中国正是"文化大革命"的后期，1975年开始搞"批林批孔"运动。1974年1月11日，我们七个德国留学生到了北京机场，是从巴黎转的飞机，那时德国没有到北京的飞机。我们先被接到北京语言学院，当时语言学院有五六十个来自西方的留学生。来中国以前，我们都不知道中国具体是什么样的，在那里怎么样生活，是一个人一个房间，还是两个人？还是和中国人住在一起？都不知道，也不知道厕所、洗澡的情况，组织我们来中国的德国学术交流中心（DAAD）也不知道。那时语言学院的留学生中德国人不多，美国人基本没有，欧洲人有四十多人。当时来自社会主义国家的学生，比如罗马尼亚、南斯拉夫、阿尔巴尼亚、北朝鲜、越南的学生比较多。

70年代的北京很冷，比柏林冷。到北京三四个星期以后，我就生病了，发烧很厉害。我住进了北医三院，住了两个星期，和一个朝鲜女生住在一间病房，我们两个人用汉语说话，但是都说不太好。我记得大夫给我打盘尼西林退烧，我好一点以后，就坚持说不要，他后来同意停止了。我还记得有一次，我的牙齿出问题了，我觉得需要马上找一个牙科医生修补一下，不然会坏得更厉害。我立刻找到负责我们的老师，不是到机场接我们的齐老师，是另外一位姓卢的老师。那时我的汉语不好，他也不会说英语、德语，他说现在不行，可以明天或者后天再安排。我不同意，现在就要去，我一直在坚持，后来还是马上就去了首都医科大学的口腔医院。

北京生活的很多方面和德国不一样，冬天很冷，我穿了很多衣服还感觉冷。下午吃饭以后，我就躺在被子里。那时候留学生楼的暖气比中国人的好，但白天也有好几个小时没有暖气，我们上课的时候都穿了棉裤，感觉还可以克服寒冷。每天生活是不一样的，除了留学生食堂，我们也常常在路边的小饭馆吃饭。我一直记得北大旁边中国科学院的大院里，有一个卖糕点的商店，他们有很好的苹果派，还有酸奶。长安街边上有个国际俱乐部，他们那儿也有很好的苹果派，有时候我们留学生就骑自行车进城去买。那时没有出租车，我们习惯坐小公共汽车和骑自行车进城。打国际长途电话也要进城，很困难，在中国的15个月里，我只给家里人打过两次电话。写信寄过去要两个礼拜，回信还要两个礼拜，我今天写信，四个礼拜以后才知道是否有回信。

在70年代，如果有重要的德国政治家来北京访问，德国大使馆就请我们留学生参加大使馆的晚会，因为那时在北京的德国人很少，除了留学生以外，只有两三位记者和大使馆的人。我还记得那时赫尔穆特·科尔（Helmut Kohl）当德国基督教民主联盟（CDU）主席，但还不是德国总理，他和夫人一起来北京访问。我们参加完大使馆召开的欢迎晚会以后，几个德国学生和德国记者来到北京饭店。那时我们进城，只能到北京饭店去上厕所，其他的地方不容易找，也不太干净。晚上十点半左右，我们正在三楼等电梯，突然，科尔穿着睡衣，从后面匆匆走过来，因为在电梯旁边有个电话机。那时候北京饭店的房间里还没有电话机，有人从德国打电话找他，他就从房间走出来接电话（在德国，领导人穿睡衣出来是不可想象的）。老北京当时就是这样的。

1974年夏天，我回国待了六个星期，之后又回到中国，从语言学院转到北京大学，是1974年的9月，一直待到1975年3月。当时我是北大历史系的高级进修生，历史系是我选择的，因为我在德国是学历史专业的，学中国近代史。在语言学院和北大的时候，我开始看书，后来主要看关于中国近代史的书，非常努力地看。因为我在国内的时候，汉语没达到那个程度。我还记得历史系教我们的是张寄谦，她是一位很好的老师，一是她的基本知识很丰富，二是她教给我们的学习方法非常好。那个时候和张寄谦老师认识，学了很多东西。我们除了上中国近代史课，还有现代汉语课、古代汉语课，也用不多的时间学习哲学、毛主席思想，我还记得那时候的一些课很有意思。到北大之前，我已经开始准备我的硕士论文，题目是关于翦伯赞研究。我把他在1938年8月出版的《历史哲学教程》翻译成德文，并分析其中的内容。后来逐渐也了解了一些关于翦伯赞在"文化大革命"中的经历，以及他去世前后发生的事情。

那时在北大，我们和中国学生一起住在25楼，主要是我们要练习说汉语。70年代一般来说，到中国来的外国人很少，所以经常出现这样的情况，走在路上，或者在商店里，常常有人问我："你是哪个少数民族的？"他们都以为我是新疆维吾尔族的，我就告诉他们，我是从德国来的。那时，中国人不太愿意和我们说话，也不敢。但是时间长了，我们也接触了一些中国人，和他们聊天。也有一些外国人长期住在中国，他们给我们讲一些事，使我们慢慢了解了"文化大革命"到底发生了什么，是怎么回事，了解了当代中国社会的一些情况。在北大学习的时候，我认识了一位奥地利人，北大德语教研室的一位外国专家蔡斯伯格（Walter Zeisberger）先生，1993年他去世了。他的妻子是中国人，因为他是犹太人，30年代就离开了奥地利，之后一直在中国生活。他教我下围棋，很有意思。那时，我们和北大留学生办公室的柯高老师关系不错，他对留学生很好，常常和留学生一起聊天，告诉我们一些事情，给我们很多帮助。

70年代在北大时，留学生也参加开门办学，我们历史系的留学生去了二七机车车辆厂，住在那里两个星期。当时一方面是在工厂车间和工人一起工作、谈话，第二个是和一些参加"二七大罢工"的老工人座谈，这件事给我留下了很深刻的印象。除此以外，还在"二七"工人俱乐部和工人们一起联欢、唱歌，有两个人说相声提到"批林批孔"，给我的印象很深。除了开门办学，留学生办公室也组织我们去外地参观。我还记得有一次在广州，我和一位罗马尼亚的同学达妮娅，我们两个人出去，回来的时候是晚上七点半或者八点，不太晚，但是天已经黑了。我们上了一辆公共汽车，车走了很远还没有到，外面很黑，而且没有灯，车已经离开市中心到了郊区，旁边的中国人都说广东话，我们什么都听不懂，也越来越害怕。后来才发现，原来我们坐了完全相反的方向。现在来回忆那时候的生活，常常是第一天碰到不好的事，第二天可能碰到好的事情，如果发生不好的事情可以生气，但自己知道第二天可以发生好的事。对我来说，每天有一个新的、非常积极的经验。那时尽管也有一些问题，但是我学了不少东西，特别是在北大，我很喜欢我在北大的生活。

对我个人来说，来中国是非常重要的，这是很重要的经验。我们突然从中国的角度，一个新的角度、一个远的距离看德国，看德国的社会，我可以发现一个社会，它的组织是怎么样的。我看德国社会和德国人，都不再是唯一的和绝对的，知道很多事情都是复杂的，具有它的相对性。在北大，我们当时接触了一批西方留学生，他们非常相信毛泽东、"文化大革命"。当然，年轻人对其他的人要求比较高，总觉得自己个人的思想是对的，容易简单地分谁是朋友，谁是敌人，如果你是"左"派，就反对"右"派；如果你是"右"派，就反对"左"派。到了中国，在当时70年代特殊的情况之下，因为书上的知识和现实都不一样，在留学生当中，出现了三种不同的情况：有一些人，他们原来相信中国是最好的，崇拜毛主席，而且一直坚持这样的思想；有一些人，他们原来对中国有一种理想化的认识，但现实没有他们想象得那么好，因此，失望得很厉害；大部分的人，是利用这个机会，自己要亲自体会、了解这个社会、这个国家是什么样的，要自己去看。

罗梅君教授 照片2、3：《北京的生育婚姻和丧葬》德文和中文版

1975年回到德国，完成了我的硕士论文。然后开始准备写博士论文，题目是关于历史学发展理论的讨论，具体研究20世纪30年代和40年代中国马克思主义历史学的形成。1980年底，我在波鸿大学通过了博士考试。1997年，这篇博士论文在中国出版了中文版。① 在这之前的1978年，我已经到了柏林自由大学，在那里得到了一个助教的位子。我曾经有五年的时间在柏林自由大学东亚研究所当助教。从1983年开始，我在自由大学东亚所得到了一

---

① 罗梅君：《政治与科学之间的历史编纂——30和40年代中国马克思主义历史学的形成》，孙立新译，山东教育出版社1997年版。

个副教授的位子，工作了六年。1988年通过了教授资格的考试后，1991年，成为自由大学东亚研究所的教授，一直到现在。

在这期间，1978年我再到北大，但只是短期的。1980年4月到8月，在北大历史系，我听了陈庆华教授为研究生开的中国近代史课。在中国，我的大部分时间是在北大图书馆收集资料，向中国老师请教，得到他们的帮助。我的教授论文是从1982年开始准备的，那时我想找一个新的题目，决定要研究一下普通老百姓，他们的日常生活和思想发展过程。后来我选择了大方向，但是关于具体的题目还不能确定，我找了一些北大的老师讨论，特别是历史系的张芝联教授，他给了我很多关于选题和研究方法方面的指导和帮助。在他的建议下，最终我决定将"十九世纪到当代，北京的生育、婚姻和丧葬习俗的发展变化"作为我写作教授论文的题目。1982年我再次到北大，收集这方面的研究资料。1985年也来了两次，3月和10月。北大图书馆收藏有老的燕京大学图书馆的一些资料，还有一些民国时期的报纸和杂志，这些都是很重要的文献资料。此外，北大的老师还帮助我找了一些人，跟他们谈话，可以补充70—80年代的一些资料。这些都为我提供了很好的写论文的基础和条件，如果没有北大的帮助，我没办法写，因为有一些方面的资料不好找。1988年2月，我通过了教授论文的考试，并且在1989年出版了这篇论文。2001年，由北京中华书局出版了中文译本。①

1992年，蒂宾根大学要我到那边讲一个学期的课，所以我一个学期当中，每两个星期有一天，早上飞到那边，晚上回来，但是对我来说，很有意思，因为那边的学生和柏林的学生不太一样。他们那边有一些老师，一直到1992年还向学生说，中国大陆的研究不是什么学术，说中国现当代历史都是讲政治的，这样的看法比较不尊重中国学术界的研究。当然这种看法有一些是受"文化大革命"影响的结果。但是作为汉学家，不应该简单地给学生说中文的研究不重要，你看英文资料就可以，这样的想法和说法在柏林不存在。

谈到德国汉学研究的发展，有一些特点。第一个方面，是欧洲中心主义的思想比较强，像我刚刚提到的。第二个方面，老一辈汉学家当中，泛共产

---

① 罗梅君：《北京的生育婚姻和丧葬：19世纪至当代的民间文化和上层文化》，王燕生等译，中华书局2001年版，中文译本。

主义的思想影响非常强。怎么评价中国大陆的研究著作，也是属于这一部分的思想。他们当中，汉堡大学是一个例外，因为汉堡中国学派创始人傅吾康（Wolfgang Franke），是汉学家奥托·福兰阁（Otto Franke, 1863—1946）之子，他1936年到的中国，和中国人结了婚；1937—1945年，担任北京中德学会（Deutschland Institute）研究员、会长；1945—1946年在辅仁大学任教；1946—1948年任四川大学及华西大学中国文化研究所教授；1950年起，为汉堡大学教授，他主要研究中国历史。他和中国的关系非常好，比较尊重也比较注意五六十年代和当代中国的研究。第三个方面，五六十年代的德国汉学，包括到现在有的大学里，都是依靠一些古代中文的资料，看文言文的资料，利用这些资料来解释历史、文学的情况，认为这是从19世纪就沿袭下来的传统。而且认为，汉学家的任务就是把中文资料翻译成德文，不怎么看现代的东西，也不太注意当代社会科学研究的视角和方法。如果一个人研究中国政治，特别是当代中国政治，就会被认为那不属于汉学，而是属于政治学。政治学家、社会学家都不属于汉学，如果不是那个路子就不是真正的汉学。

但是我发现，这种对于汉学研究的理解，并不完全是19世纪的传统和特点。19世纪德国有五位汉学家，其中两位汉学家，他们解释中国的方法是老的方法，可以这样说，从语言出发，从文字出发，解释中国的情况。但是还有另外三个人，我看到的资料说明，角度完全不一样。如果现在看他们的著作，是非常现代化的，他们的研究角度都是看中国历史地位、中国文化史、中国文学，但都是从当时的一些问题出发来解释的，不是非常遵从古典的方法。这三个人当时属于德国民主派，19世纪的德国革命者，支持1848年的民主革命。他们对德国政治有这样的评论思想，对中国也是这样。比如说有一个人，他反对不把中国放在世界历史当中，他说这个不行。这三个人很有意思，一个人比较早被关在监狱，离开监狱以后没办法在德国找到工作，就到瑞士去了，完全改了行，以后搞德国文学。第二个人，他是第一个到中国去的德国汉学家，1829年到了广州。回来以后得到慕尼黑大学一个教授职位，是在历史系，因为支持1848年革命，政府就把他开除出去，不要他在大学教书。以后的汉学界里，有人说他不是汉学家。第三个人，他参加哥廷根大学1831年的革命活动，也是为了德国民主、德国统一，也是属于资产阶级革命民主派的。因为参加那个活动,他被关在监狱里面十二年,就自己学习中文,出来以后在慕尼黑社会科学院得到一个职位,写了很多很有意思的东西,都是关于中国古代诗歌、文化的,用了很多中文资料。但是后来很少有人看,因为他没有大学教授的职位,而且大家都知道他是革命派。现在说19世纪汉学就是表示"Philology",仅仅只是语言学或语文学,这是不对的。但是到现在,汉学界还有这个思想。

罗梅君教授 照片4:与熊秉真教授在台湾中央研究院

1972年,联邦德国和中国有了正式的外交关系之后,开始肯定中国,两国政治关系的变化也影响到汉学。70年代很重要的方面,是在汉学界新的学派产生出来。70年代中后期在柏林,我们已经开始重视区域研究的视角和方法,把汉学分为中国历史、社会、政治、经济、法律、文化六个方面。那时虽然没有那么多的教授可以囊括这些专业,但是每一个助教可以有这样的专业方向的分工,例如在自由大学,我们的博士生一个研究教育,一个研究经济,还有人研究历史、政治。总之,我们70年代以后从事汉学研究的人,想多跟其他专业,比如历史学、政治学、社会学、法学等都联系在一起,我们不要专门搞文字翻译、文字解释,而是要看其他的社会科学,有什么新的理论和研究方法。所以,如果一个学生学汉学,最后两年最多的课如果是在政治学方面，除了汉学毕业的文凭之外，可以得到一个我们系里的证明，证明他主要的研究方向是中国政治。因为在其他的大学也有汉学，我们要证明这个汉学和那个老的汉学概念是不一样的，是有区别的。自80年代以来，我的课和我的助教的课，以及我们与中国的合作研究都是比较新的。我们可以这样说，主要研究近现代和当代政治、历史情况，也包括经济的发展，妇女、文化的发展，殖民地的问题，帝国主义的问题，民国时期国民党和共产党，等等，这一类的问题都包括在内。比如说1949年以来的历史，也包括"文化大革命""大跃进"，八九十年代的改革开放、妇女运动、民族问题、人口问题等多方面。波鸿大学汉学系有四个教授的位子，他们也有分工，一个是中国语言和文学，一个是中国历史，一个是东亚经济，一个是东亚政治，这是分设的，但是其他大学的职位都只是汉学，不分具体的研究方向。

我不知道从什么时候开始，可能80年代已经开始，我对如何认识、解释汉学历史本身有一个怀疑的态度。我要想一想，汉学研究应该有什么样的作用？我不要把社会和学术分开，我们作为学术专家，不管是汉学还是其他学科，我们有一个社会的责任，对学生进行启蒙教育的责任。我们的任务当然还是给学生讲中国的情况，中国的历史、中国的政治，但是，我也把我们学者的作用、立场经常反思。在1998年召开的德国汉学年会上，我提到要用反思的态度来研究中国，要用反思的视角来考虑自己的出发点，怎么分析中国？从什么角度来分析？我们作为汉学家，当然第一要从一个批评的角度来分析、来评价中国的发展，要有一个反思的态度。但是第二，也要看自己的立场，因为我们的出发点也是跟我们当代的社会背景连在一起的。如果说有一个人有完全客观的态度，那是不可能的。汉学家要看人权的问题，关键是怎么评价。当然中国发展中出现的有些事情在政府方面、地方方面、人与人之间，我也不喜欢，我也批评。但是这个批评，和德国媒体对中国人权状况的批判完全不一样，因为他们的批判跟我的出发点不一样。

80年代在柏林自由大学，有汉学教授郭恒钰，他是中国人，他让我按照自己的想法办事情，这在德国不是那么普遍的，这个和六七十年代学生运动的影响有关系。那时有人说，如果一个柏林自由大学的"右"派到慕尼黑去，他可能是"左"派。在慕尼黑，在南方的大学，仍有很多教授和助教之间的不平等。在自由大学，我们五个助教，比较自由的，没有人告诉我们要讲什么课，我们完全可以自己考虑怎么改革课程，精神上很开放。我们从80年代开始研究中德关系，这是一个集体的研究项目，1989年、1991年、1994年，我们举办了三次关于中德关系的国际学术讨论会。1987年为了庆祝柏林建市750周年，在Kurfurstendam大街很大的百货店一层，办了一个关于中国的展览。在国际学术交流中，郭恒钰教授非常重视和中国的合作，非常强调这个方面。

柏林自由大学东亚研究所从1981年开始，就和北大历史系有了合作，和北大的关系一直非常好。一方面有北大的教授到我们汉学专业来讲课，早期有赵宝煦、叶斐生教授等，都是那个时候非常有名的教授，我们非常欢迎他们，他们一般在这里教课两个学期。同时，自由大学的德文系教授也到北大，讲德国文学和语言课。我个人以及自由大学与北京大学的关系，在90年代以后越来越密切，两校的合作更加深入。我在1991年成为自由大学的教授以后，1997年第一次、2004再次被北京大学聘为客座教授。几乎每一年，我都会抽时间到北大收集资料，参加研讨会，也曾为北京大学历史系的学生作专题讲座。自由大学汉学专业的老师和博士研究生，也都有机会到北大去，例如柯兰君、余凯斯、费海根、史明，都先后到北大进修和访问，收集他们的教授论文和博士论文的资料，听取中国教授的指导，和北大老师、研究生交换意见，得到他们的帮助，并在北大教授们的支持下完成了高质量的学术论文。这是开展国际合作的做法，是比较重要的培养研究生的途径。北大历史系张芝联、王晓秋、牛大勇、岳庆平、欧阳哲生等许多教授，也都曾分别在自由大学东亚研究所任课、做研究、参加研讨会等各类学术活动。90年代中期，我与北大历史系臧健合作，进行了关于"文化大革命"中女知青口述历史的研究，[①] 以后还协助她进行了德国女性汉学家研究生活的调研和访谈。

---

① 编者注：《青春方程式：50个北京女知青的自述》，北京大学出版社1995年版，罗梅君参与了此书的构思、组织稿件等讨论和研究。

罗梅君教授 照片5：2010年在北京蔡元培展览开幕式上

　　进入21世纪以来，我们与北京大学历史系、美国哈佛大学的William Kirby教授，伯克利大学的Yeh Wen-hsin教授一起多次共同举办研讨会，研讨中国国际化以及文化关系的理论和方法问题。这些研讨会分别在德国、美国、中国举行，吸引了很多学者和研究生参加，成为国际中国近现代史研究中很有影响力的学术活动。如2001年研讨会在柏林召开，邀请了北大的牛大勇和岳庆平教授参加；2004年在北大历史系成功举办了研讨会，出版了中英文论文集。北大同事的研究成果还在我主编的杂志《中国社会与历史》（Berliner China-Hefte）上发表，以方便西方读者阅读。我们在2005年还共同启动了一个规模宏大的关于19世纪中德关系史的研究项目。除北大历史系参与之外，还与中国第一历史档案馆和柏林普鲁士国家档案馆合作，发掘新史料，研究新问题，使中德关系的研究与合作进入了一个新阶段。

　　在我们与北大多年合作的基础上，在自由大学和北京大学校方的支持下，2006年4月，孔子学院在柏林自由大学成立了。这是北京大学和柏林自由大学共同承担的项目，得到了中国国家汉语办公室的支持。两所大学的领导和教师紧密、全面和卓有成效的合作取得了很大成就。我被推举担任柏林自由大学孔子学院德方院长，北大对外汉语教育学院是柏林自由大学孔子学院的合作伙伴，院长李晓琪担任孔子学院的中方院长。柏林自由大学孔子学院在2007年召开的第二届国际汉学研究大会上，被评为优秀孔子学院。2008年，再一次被评为优秀孔子学院。我们的孔子学院有一个特点，不是专门只进行汉语教学，而是同时重视组织文化和学术的活动，我们认为这三个方面是一个有机的结合体。我们的汉语教学课，一个重要的项目是对中学教师进行系统的培训。学术方面有专题讲座、讨论会，例如关于环境保护、中国当代经济发展、当代文学等方面的研究和讨论。在文化活动方面，我们举办展览，教气功和书法绘画，也举办音乐会。如果有人对语言有兴趣，他们同时可以参与各种学术讨论或文化活动，这些丰富多彩的活动使他们对学习汉语更加感兴趣。同时，也为自由大学和其他柏林大学的学生，以及社会各方面的人士，提供了更多的了解中国文化、历史以及当代社会情况的机会。[①]

我们汉学系现在一共有三百多名学生，德国教育制度改革之后，我们的学生也包括学士、硕士、博士三个类别。这里学生的气氛跟别的大学也不太一样，别的大学，比较多的都是当地人，柏林很少是这样，大部分是从外地来的学生。一般来说，他们学习的积极性比较高，因为他们离开家，为了学习，也为了柏林是一个很有意思的城市。我们的课程重点集中在近现代历史和当代的情况。学生第一年除了学习汉语课以外，都要参与中国古代、近代、现代、当代历史四门课，作为汉学学习的基础。在这个基础上，第二年和第三年，可以选择专题课，选择的方向有三个，第一是历史与文化，第二是社会与政治，第三是经济与法律。硕士研究生学习两年，也有类似的方向。博士研究生没有课程的限制，主要是举办一些讨论会，讨论研究题目，交流他们的研究方法。

成为教授以后，我的研究主要有几个方面：一个方面是女性研究。

---

① 编者注：2007年8月，罗梅君教授因在汉学研究方面的出色贡献，获得中国新闻出版署颁发的中华图书贡献奖。

1991年，我们在柏林召开了汉学界的中国妇女问题研讨会，参加会议的有来自德国的三十多位学者。会议决定出版通讯《中国与妇女》，我们这个会议也编辑了论文集。通过这次会议，我们希望鼓励更多的学生和博士生参与和关注女性研究。从那时开始，我们也不断增加女性学研究的课，一些硕士和博士论文都是在做这个方面的研究。2002年，我们召开了"民国时期的中国妇女"（Women in Republican China）国际研讨会，参加会议的有来自美国、英国、澳大利亚、荷兰、中国大陆与台湾等国家和地区的学者，会议出版了英文论文集，以后还在台湾出版了中文的论文集——《共和时代的中国妇女》。①

另一个方面是共产国际和中国革命关系的研究，这个主要是和俄罗斯社会科学院东方研究所合作。那时俄罗斯的档案刚刚开放，我们出版了大量莫斯科档案馆中一些新的资料，有俄文、德文和中文版。这些档案的出版，丰富了民国史研究的基本资料，给学者提供了民国史研究新的启发，给重新评价民国时期历史提供了重要的依据。1998年，我们也在柏林组织了国际研讨会，2001年会议的论文集由英国出版社正式出版：*The Chinese Revolution in the 1920ies. Between Triumph and Disaster*。

第三个方面是关于"德国人的中国观"的研究。我从80年代初，就开始有对于汉学反思的思想，对这个题目很有兴趣。关于这个研究，我写过几篇论文，谈到19世纪和20世纪德国学者、哲学家、传教士、旅行者等，他们怎么看和怎么描写中国历史和当代社会，也包括中国妇女在社会和家庭的地位。我特别有兴趣从这种描写中国的变化中来分析。从法国大革命以后，大部分的欧洲作者将中国描写为一个很有文化、很发达的国家，也提到和它类似的现象。19世纪殖民地时期，这样的看法完全变了，中国和中国人被欧洲人描写和评价得不高。德国人的中国观，经常和德国当时政策和舆论联系在一起，中国的情况和变化本身不是最重要的，往往和看中国的出发点连在一起。

还有一个方面是关于汉学学术史的研究，这个研究是和如何看"德国人的中国观"联系在一起的，因此也使我有兴趣了解汉学的发展历史。我对于

---

① 游鉴明、罗梅君、史明主编：《共和时代的中国妇女》，台湾左岸文化2007年版。

这个问题，也发表了一些论文，一个是关于德国1933年到1945年柏林东方学院在纳粹时代的情况，还有一些是对比较有影响的汉学家和他们在汉学界作用的研究，比如说关于 Otto Franke、Richard Wilhelm、Jan J. M. de Groot、Eduard Erkes 等，还有一篇是关于19世纪德国汉学的开拓和发展，以及关于柏林大学汉学的历史与发展的研究。我目前正在研究的题目，还包括恩斯特·莫里茨·阿恩德（Carl Arndt）的传记和著作，他是最早的德国驻北京大使馆的翻译，从1865年到1887年。1887年，他在柏林大学建立了东方语言学院，是第一位教现代汉语的教授。

从70年代开始，我学习和研究的出发点，是把理论和事实连在一起，尝试把一些西方的社会科学理论和方法，运用到分析中国历史和社会现实当中去。首先不能不考虑理论，但是我认为这些西方理论和方法不是绝对的，当用来分析不同社会的不同情况时，一定要改变一下。比如，不能百分之百地直接用来分析中国的问题，而是要重新考虑理论的含义和内容，怎样能更好地分析和解释中国特殊的历史和社会情况，同时相应地改变和发展了这个理论，使理论成为发展了的、更加适应各种不同情况的一个新的理论。由此也证明，理论是一个比较活跃的工具，而不是一个抽象的概念。

我负责出版了很多刊物，从80年代开始，我做主编，我们不定期地出版《柏林中国研究》（*Monographical Serial，Berliner China - Studien*）这本书，这是专题研究，有的时候是登载比较有水平的博士或硕士论文，有的时候是研讨会的论文集。我们还出版了《中国社会与历史》，这是期刊，每年出两期，每一期都有一个专题，除了专题研究的论文以外，还包括书评、会议报告和其他方面的论文。我做主编，每一期有不同的同事做责任编辑。我还和其他人共同编辑了殖民地历史丛书——*Schlaglichter der Kolonialgeschichte*，这是由学术界的人参与编写，但是以通俗易懂的写作方法，来讲述关于殖民地历史的很有趣的书。例如，我们已经出版了《1900年中国的殖民地战争》，在这本书里，我们不仅谈到义和团，还将反对义和团的八国联军的军事行动定义为殖民地战争。另外还出版了一本书《殖民地和妇女》，这本书不仅介绍当时在德国殖民地生活的当地中国或者非洲妇女，也包括一些在那里的德国妇女，以及德国国内妇女支持或反对殖民地的活动。这两本书出版以后都很受欢迎。

除了教学和科研工作以外，在自由大学从90年代初开始，我也担任了一些行政职务。一方面是当东亚、中东研究所的所长，两次在历史文化系当副主任；另一方面，在自由大学促进妇女平等委员会当委员和主任。几年以来，我也在柏林州做高校促进女性在教学科研中平等地位项目的主任。从90年代以来，柏林州为了提高女性教授的数量，在20世纪90年代，这个数字还不到10%，所以州政府每一年分配一些专门的钱给大学，这是特殊的钱，为了帮助和支持更多的女学生和女学者做研究、搞学术。自由大学配合州政府，将这笔钱专门用来支持女性。我们首先给年轻的女学生提供奖学金，后来逐渐和各个系合作，现在支持的范围已经扩大到女性博士后、女教授。我们这个委员会在其中起了很重要的作用，这个做法非常成功，到目前为止，自由大学女教授的比例已经超过20%，这是一个重要的成就，为此，自由大学曾两次得到了德国教育部的奖励。所以总体来说，自由大学在强调聘用女性助教、副教授、教授，推荐女性研究方面，做得比较好，是走在前面的。比如说2000年底，我们举办了一个大学妇女日。而且每一年，大学会颁发一个妇女奖，给有特殊成就的个人或者单位。

我们也试图开拓相关的研究项目。我和自由大学的史明（Nicola Spakowski）一起进行了三个较大的项目。我们在德国统一后，与柏林洪堡大学的女同事（Eva Mueller, Irmtraud Fessen–Henjes, Brigitte Scheibner）一起，倡议出版了《妇女与中国》通讯，后来改为《中国社会与历史》（*Berliner China Hefte*）。至今，我们一共出版了44期，其中有许多新的、有独立性的专题和研究课题。最新一卷介绍2013年柏林自由大学与北大一起举办的会议，题目是"跨学科的妇女与性别研究——德国和中国经验"。在方法上，我们要进一步推动妇女史与男女平等研究，促进德中双边跨学科的合作。

附：关于中国学在德国历史发展的十个论点

罗梅君

原载于德国《亚洲》期刊（2015年10月刊，第141—155页）

翻译：王烨、李丽丽
审校：Jiagu Richter，罗梅君

摘要：中国学的发展与政治密切相关，无论是在研究机制问题上，还是在研究内容及方法论上均是这样。德国现代中国学的机制化根源于1887年在柏林大学设立的东方语言学院。最初的中国学研究在1912年第一次关于区域研究概念化的讨论开始后，在魏玛共和国时期的各大学中展开。纳粹时期，汉学家受迫害和流亡国外使德国的中国学研究骤然中断。20世纪50—60年代，德国的中国学研究十分不发达，仅集中于文本阐释，60年代后期，西德开始应用美国区域研究的模式。随着20世纪90年代初德意志民主共和国汉学的消退，许多专业知识以及理论指导亦随之流逝。如今，全球化给中国学带来一系列全新的挑战——特别是在研究方法和切入点方面。

罗梅君是柏林自由大学汉学/中国学研究所的退休教授。她的研究领域是中国近现代史、中德关系以及德国汉学史。

引言

基于我对汉学史的研究和最新学科动态，我在文章中阐述了中国学/汉学①在德国的发展的十个论点。此外，我始终坚持学科历史必须与政治和历史紧密结合这一前提。这种挂钩的必要性不仅涉及学科的机制化，同时涉及内容和方法的形成以及人员需求及其所带来的后果，这对我们人员比较稀少的汉学学科过去以及现在的发展都有着决定性的作用。

---

① 对汉学和中国学这两个概念最新的全面分析见克莱姆2013年的专著。在本文中，我不是对这两个概念加以区分和分析，而是根据所涉内容选用某一概念。

论点一：德国现代汉学起始于普鲁士经济和政治利益以及 19 世纪中叶的德意志各邦国的需要

英国 1840—1842 年第一次鸦片战争后强迫中国签订不平等条约，成功打开了中国市场大门并获得政治特权，普鲁士为了在不平等条约的体系中分一杯羹，继法国、美国之后，也将战舰驶向东亚。1860—1861 年普鲁士成功地在第二次鸦片战争时对中国、日本和泰国等东亚地区进行考察，并借助政治施压以及军事力量的威胁，同样与中国签订了一个不平等条约，以便在各帝国主义强权不断在中国扩展的半殖民地体系中分得一份。为了保障和加强德国在中国的权益，同时也是针对其他强权，培养自己的中国学专家显得极为必要，也就是培养中文翻译和了解当代中国的专家。

德国在北京的公使馆，上海、天津以及其他商港的领事馆开始积累有实用价值的外交及领事知识，在这方面受雇于外交官的中国文秘提供了帮助。1871 年德意志帝国建立，1875 年驻华公使巴兰德推动强化以继续扩张为目的的政策，此后，不再只是积累实践经验，而且建立了使馆图书馆，并系统化地翻译培养以促进汉语中国历史和政治及与殖民相关的知识的发展。1865 年被派遣到中国使馆的翻译官卡尔·阿恩德（Carl Arendt）在其中发挥了重要的作用。他还参与了由在华外国人进行的关于中国的学术性研讨。

论点二：1887 年柏林大学东方语言学院的设立标志着现代汉学的机制化

1887 年由奥托·冯·俾斯麦（Otto v. Bismarck）建议成立的东方语言学院继续发展了在中国开始的知识积累并将其系统化。该学院教育目标旨在进行与实践当代事务有关的教学。东方语言学院的建立是一项旨在加强德国不断变化发展的环球强国计划的科学性政策举措，并且首先要从语言上以及科研内容上培养从事外事工作的官员。东方语言学院隶属外交部和普鲁士教育部。

当时除了汉语外，日语、土耳其语、阿拉伯语、波斯语、印度斯坦语以及非洲语言都设有独立的体系。这种针对外国以及单个国家的制度化教育第一次融入高校体系。而俄罗斯和法国翻译培训仅仅是外交官教育的一部分。然而，作为研究所的东方语言学院不像拥有自主管理权的院系一样隶属于高校，而是执行行政领导人法则。但至少对中国学而言，哲学系里已经有一名学科代表：威廉·绍特（Wilhelm Schott，1802—1889）。然而，当时汉学属于语文学的范畴，旨在发展语言学分析以及经典篇章的翻译。几十年前以慕尼黑大学的卡尔·弗里德里希·内曼（Karl Friedrich Neumann，1793—1870）和巴伐利亚科学院的约翰·海因里希·帕拉特（Johann Heinrich Plath，1802—1874）为代表的文化学不再继续流传。帕拉特身为科学院院士，但他曾因支持共和主张被关押多年，因此不在教育体系范围内。内曼也因为政治原因被免除教授职位。这两位以及因政治缘由被迫流亡的汉学家海因里希·库尔茨（Heinrich Kurz，1805—1873）由于拥护支持1830—1831年的共和运动和1848年的资产阶级民主革命，不能持久地作为汉学家在大学里任职［迪克豪夫（Dickerhof），1978；法兰克（Franke），1960；法兰克（Franke），1961；罗梅君，2001a；赖斯米勒（Reismüller），1916］。总之，隶属于当代东方语言学院中国学系的当代汉学的体系化同高校中以哲学和语文学为指向的现代汉学是相对立的。

论点三：中文课和中国学在阿恩德、桂林、潘飞声、欧风时和薛申的引导下在东方语言学院不断专业化

在东方语言学院现代汉语教学中首次系统地借助了语法和词汇分类的教学材料，后来阿恩德将这些材料出版为《中国北方日常用语手册》和《中国北方日常用语导论》。汉语课程被分为理论课程（阿恩德执教）和实用会话（中国老师执教）。除此之外，还设有实用课程，由阿恩德教授有关中国历史、地理和合约系统的基本知识。中文硕士学时两年，期间很多有意从事对外工作的学生①还在大学里辅修了法学或者其他学科。因此，东方语言学院成为德国中国专家和中国学学者/汉学家的人才培养中心。即语言学院从90年代开始引入其他的语言和学科——所谓的殖民学科——使得语言学院慢慢变成殖

---

① 一般来说在资料中学院的学生被称作"Schüler"（大学以下层次的学校的学生），而不是"Student"（大学生）。学院的概念和大学也是有明显不同的。

民学院，但这套教学系统一直到 1945 年都保留着其基本特点。中国学走向专业化的重要一步是东方语言学院专业杂志的创办——《东方语言学院汇报》。该杂志自 1898 年起每年出版，杂志的中国部主要出版有现实意义的文章（罗梅君 2013a；罗梅君 2013b）。

论点四：区域研究第一次概念化始于 1912 年，此后被纳入"民族学科"和"外国学科"的范畴得到广泛讨论

自 1912 年德国基于东方语言学院现状而开始了一场系统的有关外国学科的讨论，一个国家的政治、经济、文化关系研究，也就是"从整体看一个外域国家"的说法显得十分必要。不是仅像当时那样语言和实用课程以殖民利益为重点，而是更加注重在学科的学习中教授每一个国家的特点（彭马田，Palme 1914：8）①。同与民族有关的系统学科如历史学、经济学和政治学发展相似，由民族所决定的对一门学科的理解也产生了。首要的分类标准不是每一门学科最重要的分类学，而是这个民族统一的内在联系，因此设立专门的外国研究高等学校显得越来越重要。这不仅抛弃了曾经仅主要研究外国语言的方法，而且为把整个国家作为一个整体进行研究的国家学科的设立奠定了基础。对于东方语言学院转型为外国研究高等学校和外国学科的扩建，自 1913 年起引起了支持者和反对者公开的讨论。1916 年有人提出，将"外国民族学科"同所有的一般学科融合。这展现了一个范式的变化：由以前的研究语言和与殖民学有关的实用学科，到现在的研究国家和国家所使用的语言，也就是所谓的以政治学为导向的民族学和外国学。建立外国研究高等学校的想法在那个时候并不能实现。然而在一战失去殖民地之后，外国学在魏玛共和国新的环境下相继在各个大学设立。对当代中国的研究也被大学哲学系纳入学术教学与科研对象。

论点五：魏玛共和国时期汉学系的建立取得成功，而古典汉学和现代中国学一体化的尝试却失败了

奥托·傅兰克（Otto Franke，1863—1946）1923—1932 年在柏林大学担

---

① 这场论战详细的讨论和纪要：GStPK, I. HA A. Rep. 76 Va Sekt 2 Tit. I, Nr. 29, Bd. 2。

任汉学系教授,他在理论方法和学科内容理解中写道,"将把汉学院和东方语言学院的中国系合并成一个教学与研究的机构"。由于多方阻力,他没有实现这一目标,但他拓宽了汉学的研究领域,促进了与中国相关的教育和研究同系统化学科的联系。他在博士生论文指导和博士培养重心设置方面也实现了学科专业化和差别化。汉学系的学生一般会同时参加东方语言学院中国学系的语言课程和学术活动。

在魏玛共和国时期,除了柏林、莱比锡和汉堡,还有四所大学设立了汉学专业,或者开始为设立这一机制而努力。它们分别是哥廷根大学(1925)、波恩大学(1926—1927)、法兰克福大学(1925)和海德堡大学(1919)。这些大学在外国学科研究中设立了教授职位,或者由于资金不足并未设立教授职位,却至少提供了教师职位或计划外的汉学教授职位,然而基本上限于关于中国古代的研究领域。莱比锡却是个例外,自19世纪20年代起,莱比锡大学就同时将现代汉语列入教学计划中。

机制化的发展和专业知识内容方法的扩充还体现在专业杂志的创建上:除自1847年开始出版的《德国东方国家期刊》,自1898年出版的《东方语言学院汇报》,自1912年在柏林出版的《东亚期刊》以外,又出现了两种专业杂志:1920年由辛德勒(1882—1963)出版的莱比锡《亚洲学科》,为研究文化学的年轻一代汉学家提供了一个论坛平台,其出版的用英语写出的研究成果也得到了世界范围内的肯定。1925年卫礼贤(1873—1930)建立了专攻文化学的杂志《中国学》,由法兰克福的中国学院出版,后来由鲁雅文继续主持①。该杂志第一次刊载中国学者的文章,将他们融入中国以外的学术讨论中。

论点六:纳粹专政独裁下中国学学者受到迫害,移民国外对学科的发展意味着重大的转折和巨大的损失

纳粹时期的东方语言学院还是教学和研究现代中国最重要的学术机构,

---

① 自1897年起东方语言学院每年出版《东方语言学院通讯》,由东亚系中文日文讲师负责编辑。

其对现代中国的研究也像对汉学的研究一样，由于纳粹迫害和很多学者被迫移民而遭遇重创。

纳粹上台后东方语言学院和所有大学开始实行强制一体化，解雇所有政治上亲社民党和德国共产党，以及有犹太血统的学者，还将犹太大学生从大学中除名。东方语言学院院长欧根·密特沃赫（Eugen Mittwoch，1876—1942）因为犹太血统而被革职。1936年，在东方语言学院从事多年教学工作的中文教师曾垂祺，因为误传与犹太人结婚，也被免去从事了15年之久的教学职位（罗梅君 2001b：445 ff.）。1938年，东方语言学院被暂时转型为外语类高校。1940年出现了最大的制度变化，东方语言学院和德国政治学院合并为隶属于大学的德国对外学院，由党卫队分队长弗兰茨·阿尔弗雷德·希克斯（Franz Alfred Six，1909—1975）领导至1943年。此人也是第三帝国安全总局世界研究部的领导人，同时还是同德国对外学院接轨的德国外国学学院的院长。

汉学家、蒙古学学者、东方语言学院讲师费迪南·雷兴（Ferdinand Lessing，1882—1961），1935—1938年为了获得在美国的教学职位暂时停职。在他获得加州大学伯克利分校的教授职位后，瓦尔特·特里特（Walter Trittel，1880—1948）和佩尔尼茨施（Gerhard Pernitzsch，1882—1945）以及一些中国学生被聘请为讲师，在东方语言学院中国学系授课。纳粹政权1935年和日本法西斯结成联盟以及中国政府加入世界反法西斯联盟和1941年德中中断外交关系之后，学中文的学生数量减少。1943年上任的德国对外学院院长、社会学家卡尔海因茨·普费佛（Karl Heinz Pfeffer，1906—1971）虽然尝试重编纳粹版地区的学科，却没有系统化的落实。在与中国相关的出版物中，比如佩尔尼茨施的文章中充斥着种族主义词汇，深深打上了纳粹意识形态的思想烙印（佩尔尼茨施，1943）。

汉学家以及和中国有关的学者移民国外和受到迫害对汉学专业的影响比起东方语言学院的转变还要大。共有50位与中国研究有关的人士，其中44个男性，6个女性，经证实由于种族或者政治原因被迫害，有几位在移民之后从事与中国有关的研究。其中大部分是德国人,还有10位奥地利人也流亡国外。两位学者:阿道夫·利奇温(Adolf Reichwein,1898—1944)和飞利浦·谢费尔(Philipp Schaeffer,1894—1943)由于反抗斗争被判处死刑,马伯乐(Henri Maspero,1983—1943)在布痕瓦尔德集中营被杀害,三位学者被禁止工作,大多数人只得逃往国外。迫害在大学工作的学者对汉学的发展产生了严重影响:汉学家和社会民主党党员何可思(Eduard Erkes,1891—1958)在莱比锡被禁职,共济会会员鲁雅文(Erwin Rouselle,1890—1949)在法兰克福被禁职,还有上文提到的雷兴也移民国外,哥廷根的历史学家和民族学家霍古达(Gustav Haloun,1898—1951)、柏林的汉学语言学学者西门华德(Walter Simon 1893—1981)也移民国外。长期来看,年轻的新一代学者被迫移民国外对汉学的发展产生了广泛而深远的影响。傅兰克(Otto Frankes)的所有学生:艾伯华(Wolfram Eberhard,1909—1989)、白乐日[Stefan (Etienne) Balazs,1905—1963]、米什[Johannes (John) Misch/Mish,1909—1983]、卫德明(Hellmut Wilhelm,1905—1990),都未能幸免,从专业的角度来看,他们曾开拓了汉学新的研究领域。

为了清楚地展示汉学领域的损失,我们可以用以下数字:共18名学者主要研究历史、社会领域的课题,还涉及社会、民族、经济、哲学和医学领域。9位艺术史学者,其中包括《东亚杂志》联合创始人、中国绘画研究专家威廉·科恩(William Cohn,1880—1961)。7位翻译家和文学学者,其中也包括现代文学学者,都纷纷流亡国外,6位学者后来成为语言学家并成为机器翻译领域的先驱,比如罗逸民(Erwin Reifler,1903—1965)和西门华德,西蒙也是中国语言教学法的创始人;8位学者作为学识渊博的哲学历史学者专攻道教和佛教,除了鲁雅文,还有印度语言文化研究者李华德(Walter Liebenthal,1886—1982),李华德在逃往中国后专门研究中国佛教。

最重要的流亡地点主要是中国、英国和法国。1937年中国抗日战争开始后,即20世纪40年代末,很多学者又继续逃往美国。1945年后,这些逃亡的学者中没有一个在德国或奥地利继续做学术研究,仅少数几个作为客座教授回过德国。然而他们却在其流亡的国家，为中国学和汉学的发展做出了重大贡献。在这些受到纳粹迫害的学者中有 25 人在那里的大学和研究院中获得教授席位，8 人作为讲师教授课程，4 人在专业图书馆工作。

论点七：1945 年以后的时期有三个特点：1）因移民国外而人才缺失；2）联邦德国汉学没有新的开始；3）由所谓科学客观的语文历史学的汉学及对现代中国所谓非科学研究之间的矛盾构成。

1945 年以后的德国，在汉学和中国研究的重建过程中，缺乏外来移民。两位汉学家何可思（1891—1958），贝尔森（Siegfried Behrsing, 1903—1994）虽在纳粹时期因政治原因被禁职，这时重新在莱比锡和柏林洪堡大学的大教授位置，进行中国学研究。在联邦德国，曾经的纳粹政权支持者，如汉堡的弗里茨·耶格尔（Fritz Jäger, 1886—1957），曾经的纳粹党党员及冲锋队成员、哥廷根的汉斯·施坦格（Hans O. Stange, 1903—1975），法兰克福的卡尔·亨茨（Carl Hentze, 1883—1975）仍被保留了教授席位。在美因河畔的法兰克福，埃尔文不再担任教职。在（西）柏林和科隆新入职的学者们，也是曾经的纳粹党成员，与其同事一样，他们的工作仅限于那些看起来与政治无大关系的古代中国及其传统文献的教学与研究。

其他的抵制纳粹政权的汉学家，像埃里希·海尼希（Erich Haenisch, 1880—1966），在其表面上看起来中立的政治立场掩饰下，早在 1945 年之前就将其研究限于古代中国文献资料中的语言学研究。[①] 战后时期西德的汉学再一次致力于研究中国古典文献的翻译、展示和交流，具有创新精神的年青一代科学家，却被迫带着广博的科学知识离开了自己的祖国。傅吾康（Wolfgang Frankes, 1912—2007）是个例外，他得到了在汉堡大学的教席。傅吾康以前不是纳粹党成员，并且曾经在中国生活过多年。在汉堡，他推动了对现代中

---

① 埃里希·海尼希和奥托·傅兰克在 20 世纪 40 年代初就开始在他们的文章中借助关于中国关系隐晦地暗示尝试寻找法西斯专制的痕迹，尤其是对罪恶的战争进行谴责（罗梅君 1987：46 和 50）。此外，海尼希是 1944 年唯一支持被监禁的马伯乐（1883—1945）的汉学家，并且他还积极寻求其他德国汉学家的支持，但是其同事们拒绝了他的请求（法兰克，1970：113）。

国的科学研究，尝试与其父亲奥托·傅兰克的专业理论建立衔接。

这一批留在德国并主要是从事古典语言学研究方向的汉学家并不是把中国现状视为科学研究的客体，而是视为一种令人厌恶的政治。这是现代中国社会科学研究和语言学意义上"真正的"中国学对峙。这一情况一直持续到现在。观察研究20世纪五六十年代这一批教授的学生，再观察研究其学生的学生，可以发现这使关于现代中国社会科学研究与所谓无政治倾向、科学客观的"真正的"汉学在这个时期形成对立。在随后关于汉学或中国学定位中，我们也可以保持这一观点。

另外，东方语言学院仍然存在，并且带着其明确的时代性。它的后续组织德国对外学院由于其与纳粹政府紧密地联系在1945年被解散了。随后，在社会政治和经济政治上有了对中国研究专业知识的需求，1959年在联邦德国的波恩大学新建了东方语言学院，在1981—2004年间又在此设立了硕士学位，其中也包括了中文课程。2006年，这一东方语言学院被解散并以东方和亚洲语言系并入了波恩大学东方和亚洲科学研究院。因加入了汉学系，独立的硕士学位开设了几年后于2012年末取消了，但专业方向为中文和翻译的硕士生仍可以继续其学习。

论点八：20世纪60年代开始，联邦德国的一些大学开始采用区域研究的概念，并将此用于对中国的研究。

20世纪50年代末，在联邦德国展开了对这一专业新的理解以及其扩建的众多讨论。这些讨论由于涉及在美国的区域研究而受到科学政治和科学方法论的影响。这一区域研究的概念与作为一种普遍科学和基于系统学科以及现代中国社会的日益多样化的学科与以往有所不同。这些讨论与外交政策的重新定位同步：这个重新定位即放弃对社会主义国家的对立政策，而是采取相对放松的政治态度，并且最终在1972年实现了联邦德国与中华人民共和国的建交。

20世纪50年代，由于冷战，在西雅图的华盛顿大学远东和俄罗斯学院，因俄罗斯专家乔治·泰勒（George E. Taylor）和汉学家卫德明（Hellmut Wilhelm）的努力，区域研究的概念获得发展。①卫德明接过了其博士导师傅兰克的观点以及1933年以前柏林东方语言学院的实践经验。社会科学性和时代性是这个新课题的核心概念。德国有两所大学将汉学/中国学作为一个整体来进行研究，虽然未能如美国大学那样将其分入其他学科，但在组织机构上将汉学/中国学作为一个单位来对待：首先，这一理念在新建的对改革持积极态度的波鸿大学内，凭借系统学科的新学位及新的教授任命自上而下在东亚学院实施。对中国及东亚的研究主要包括对中国的历史、语言和文学以及东亚经济、政治的研究。伴随着1968年的学生运动，自下而上的改革模式在柏林自由大学进行，汉学（与此同时的还有日本学）按照系统学科的专业结构，通过两个教授、五个中间职位各司其职的设置进行重建和扩展，成功地将中文课转变为主要教授现代汉语。

总的来说，20世纪80年代，对应于区域研究模式的现代中国学研究首先在科隆大学，随后在杜伊斯堡大学、维尔茨堡大学也设置了相关教授职位和课程。其他的一些大学，如海德堡大学，也尝试起码将这一学科分为现代中国学和古代中国学研究。与此同时，从20世纪80年代开始，随着德国与中国经济和政治关系的发展以及随之而来的兴趣的增加，中国学研究/汉学获得了发展。与日本研究学/日本学完全不同，学科的差异化并不明显。而汉学作为以语文学为基础的普遍科学一直都具有强大的学术基础。

论点九：随着带有政治动机的解散民主德国的汉学研究机制，不仅失去了具有专业资质的人员，也失去了一个完整的中国研究的专业或理论研究方向。

爱德华·埃克斯（1958年去世）和齐格弗里德·贝林思在20世纪五六十年代为莱比锡大学和洪堡大学的汉学发展做出了贡献。20世纪60年代末

---

① 乔治·泰勒，他的同事、俄罗斯问题专家在这篇文章中明确指出了卫德明在这个问题上的重要性（泰勒，1992：8ff）。

起，汉学在联邦德国获得全新发展，而在民主德国汉学则发展成了具有差异性和以当代为主要方向的区域研究学科。其表现在柏林对这一学科的专注研究和研究重点的变化、新的机构制度和人员的增设。语言上和专业上的积累和在中国接受过系统教育的学者们也为这一学科的发展做出了贡献：民主德国研究中国的机构有科学院、社会科学院和莱比锡大学，而并非仅仅在洪堡大学建于1968年的亚洲科学研究所。与专业设置相对应的课程包括德汉口译课程，也反映了教学工作上的发展。

1990年，两德统一之后，根据新的政治决定，要对民主德国的学术教育机构进行清理。这涉及对汉学的调整，这一调整忽视了一些专业代表性科研方面的高素质和其不同的政治视角。在莱比锡大学过去的教学职位又开始招聘教授，而与此不同的是，整个中国科学研究团队完全解体，研究人员或被解雇，或大多是短期的到别的机构任职。洪堡大学的汉学系也发生了类似的剧烈变动。

1990年，在柏林洪堡大学汉学系共有21人任职，其中3名正教授，3名副教授。代表性的专业包括现代和古代汉语，笔译和口译培训，现代和古典中国文学，古代史，现代史和文化史，当代中国经济，社会与政治。该系是当时德国大学中最大的汉学系。而1993年和1994年，由于当时政治压力下的解雇或辞职事件的发生，在职人数锐减。由慕尼黑的汉学家沃尔夫冈·保尔（Wolfgang Bauer）领导的结构调整和教职任命委员会新建非洲和亚洲学院，启用新的汉学研究体系，减少教授编制，重新设立三个教席。除此之外，他还成功实现了这一学科的彻底变革：汉学仅作为语文学设立①（Felber 费路1994：3）。根据这一新的招聘启事，当时拥有教学职位的东德人也可以自己申请他们原来有的岗位，这对他们来说是一种歧视。结果是，仅克劳斯·卡登（Klaus Kaden）继续为中国语言专业工作。中国文学专业的女教授梅薏华（Eva Müller）在这一应聘流程中无法再继续保留自己原先的职位，而仅以客

---

① 如果没有别的说明，以下以菲尔博在1994年发表的文章以及我自己从柏林自由大学教授的视角对这一清理进程的观察为依据。

座教授身份继续教学。她所代表的文学专业重点学科因人员缺乏而衰竭了，随着梅薏华的退休，现仅不同学期有客座教授讲授这一课程。第三个招聘的教授，是古代中国文化（原中国历史）专业，获得这一职位的教授是一个道教专家，原来拥有这个位子的费路教授（1935—2001）也没有办法，只能继续当客座教授，直到退休。① 由洪堡大学和柏林自由大学共同提出的关于两个大学共同组建中国学院、合并使用两个大学资源的设想——而不是取消洪堡大学的汉学系，由于结构调整和教职任命委员会领导人保尔的反对而无法付诸实践。保尔认为，解雇洪堡大学的汉学家，在政治上是必需的；对民主德国那些拥有专业资质的汉学家采取宽容的态度，在他们的世界观上来看是不合适。清理进程的最终结果是，洪堡大学的汉学专业失去了学术基础（费路，1994），代表人物被歧视并且失去了对该学科继续发展的影响。

虽然这一决定2014年部分得以修正，但洪堡大学以及上述学术机构至今都缺乏某些专业：如今整个德国都没有中文语言学方面的专业教授，也没有中国文学方面的专业教授。更为重要的是，这个清理进程关乎政治上的中断，失去了汉学专业理论方法论的一个视角。一些人将其视为历史唯物主义的视角，或者从外界来看是这样的。这些视角对于分析和理解社会意义的人民共和国有很大帮助。这样的一个视角在统一的德国学术机构中没有占据一席之地。②

论点十：全球化进程和国际局势的纷繁复杂给中国学研究带来了新的挑战——尤其在研究方法和研究视角方面

在经济全球化以及国际局势越来越错综复杂的大背景下，汉学专家们从20世纪90年代开始就面临着新的挑战：区域科学的设想遇到了障碍，需要新

---

① 比较少的西德人取代了洪堡大学的汉学家和中国学家的位置，但都不成功，外国来的人也不成功。
② 在过去的文章里我已经提出过汉学历史的三个断层。这三个断层是因为当代的政治歧视（第二断层还包括种族歧视）所造成（不是专门提到汉学，但是是一般的历史背景），这损害了汉学历史发展。1830—1848年由于公众民主运动产生的监禁和解雇，1933—1945年由于纳粹专制独裁造成的迫害和在20世纪90年代对民主德国中国学家的歧视（罗梅君，2011a），尽管历史背景完全不同，都发生了对汉学重点转移和边缘化的情况。

的拓展和新的概念。只将目光局限于一个国家/地区，这显然已经不符合当前的形势。

跨区域的研究，跳出国家范畴的研究，将国家局势的纷繁复杂作为研究的重点，这些都是当前必须要做的。但采取哪些视角：按照以欧洲为中心的全球化视角？按照以本地区为中心的视角？如何进行科学研究？在区域经济学家的合作中用他们关于该地区的专业知识来解释多变的跨区域形势？或者是，那些所谓系统专业的代表们把世界当作越来越整齐划一的对象来研究，而不是研究一个单独的国家？如果这样，这将是历史的倒退，回到了区域研究提出之前、汉学被独立区分出来和专业化之前的状况了。① 我们必须找到研究和合作的形式，既能推进与一个区域相关的知识，也能推进跨区域的知识的产出。旷斯凡（Stefan Kramer）出版的导论《汉学和中国学研究》提出了"中国学的后续"的概念，他在这本书里提及了许多规则和范畴上的建议（旷斯凡，2013）。这是部有关定位的论著，是理解一个学科或者说自我肯定的一种尝试，理应得到更广泛的讨论。

第二个问题：关于区域科学的设想实际上是一个美洲/欧洲的概念，它的出发点即欧洲为世界的中心。尽管在过去的二十年里，我们听取了区域科学研究学者的自我批评和反思，但在涉及汉学的层面上，这种反思还是比较少。中国关于国学的辩论，其实一方面是复古趋势所致，另一方面也是对数十年以来一直是批判美国汉学研究占主导地位的关于中国社会和历史辩论的质问。很多中国学者想要拿回对自己国家和历史的解释权，想要有自己的概念、视角和观点，同时也拿回自己的在国际学术界有关中国辩论的主动权。这些带有后殖民时期特点的辩论大多重复涉及霸权主义和同等地位，绝对优势和边缘化（罗梅君，1996）。国学和汉学（对西方中国学的中国化称谓）被视为相互对应的两个词吗？（卡姆斯，2015；哈姆，2015；郝爱特彼斯，2015；罗梅君/郝克，2015）不论是中国，还是任何一个其他地区，有没有其属于"自己国家的"知识储备？

---

① 这个概念对制定财务政策的人尤其有意义，它带来了在区域研究中重新集中资金、划分学科并提高节能潜力的可能性。

在以上提及的两个重大问题上，关于霸权主义和定位、跨越的可能性、合作形式和知识创造、学科和跨区域，我们必须进行讨论、增进理解。这就是我们面临的几大挑战，也是今后几年里中国学研究首先要解决的问题。

参考书目：

［1］Dickerhof, Harald, Der Orientalist und Historiker Karl Friedrich Neumann (1793—1870). Liberale Geschichtswissenschaft als politische Erziehung, in: Historisches Jahrbuch 97—98 (1978), S. 289—335.

［2］Felber, Roland(费路), Sieger und Besiegte in der deutschen Sinologie. Zum Stand der"Erneuerung"der Ostberliner Sinologie im Jahre vier der deutschen Einheit, in: Newsletter Frauen und China 6 (März 1994), S. 1—4.

［3］Franke, Herbert(福赫伯), Zur Biographie von Johann Heinrich Plath (1802—1874), in: Sitzungsberichte der Bayerischen Akademie der Wissenschaften 12 (1960), S. 5—70.

［4］Franke, Herbert, Heinrich Kurz (1805—1873), Der erste Sinologe an der Universität München, in: Ders. (Hg.), Studia Sino – Altaica. Festschrift für Erich Haenisch zum 80. Geburtstag. Im Auftrag der Deutschen Morgenländischen Gesellschaft, Wiesbaden 1961, S. 58—71.

［5］Franke, Herbert, Chinakunde in München. Rückblick und Ausblick, in: Chronik der Ludwig – Maximilians – Universität München 1967—1968, München 1970, S. 113.

［6］Kern, Martin(柯马丁), Die Emigration der Sinologen 1933—1945. Zur ungeschriebenen Geschichte der Verluste, in: Helmut Martin u. Christiane Hammer (Hg.), Chinawissenschaften – Deutschsprachige Entwicklungen, Geschichte, Personen, Perspektiven, Hamburg: Mitteilungen des Instituts für Asienkunde 303 (1999), S. 222—242.

［7］Kramer, Stefan(旷斯凡) (Hrsg.), Sinologie und Chinastudien. Eine Einführung. Narr Studienbücher, Tübingen: Narr Verlag 2013.

［8］Leutner, Mechthild(罗梅君), Politik und Wissenschaft: Die Marginalisierung nicht – philologischer Ansätze und die Konstruktion der Sinologie als Philologie, in: Berliner China – Hefte 20 (2001a), S. 7—20.

[9] Leutner, Mechthild, Vom Spracheninstitut zur nationalsozialistischen Auslandswissenschaftlichen Fakultät: Das Seminar für Orientalische Sprachen 1933—1945 unter besonderer Berücksichtigung der Chinesisch – Abteilung, in: Christine Neder/Hiener Roetz/Ines – Susanne Schilling (Hg.) China in seinen biographischen Dimensionen. Gedenkschrift für Helmut Martin, Wiesbaden 2001b, S. 427—450.

[10] Leutner, Mechthild, Carl Arendt und die Professionalisierung des modernen Chinesischunterrichts, in: Dreihundert Jahre Chinesisch in Deutschland: Annäherungen an ein fernes Land, hrsg. von Mechthild Leutner und Dagmar Yu – Dembski, Berliner China – Studien 51, Münster: LIT, 2013a, S. 89—116.

[11] Leutner, Mechthild, Chinesische Lektoren und ihre zentrale Rolle für die Professionalisierung des Chinesischunterrichts, 1887—1945, in: Dreihundert Jahre Chinesisch in Deutschland: Annäherungen an ein fernes Land, hrsg. von Mechthild Leutner und Dagmar Yu – Dembski, Berliner China – Studien 51, Münster: LIT, 2013b, S. 117—156.

[12] Leutner, Mechthild/ Leutner, Martin, Verfolgte Chinawissenschaftler 1933—1945: Die fehlende Generation – Eine längst überfällige Bestandsaufnahme, in Berliner China – Hefte 45 (2015). S. 115—139.

[13] Palme, Anton (彭马田), Die deutsche Auslandshochschule und das nationenwissenschaftliche Studium des Auslands, Berlin: D. Reimer 1914.

[14] Reismüller, Georg, Karl Friedrich Neumann. Seine Lern – und Wanderjahre, seine chinesische Büchersammlung, in: Aufsätze zur Kultur – und Sprachgeschichte, vornehmlich des Orients. Festschrift für Ernst Kuhn (1916), S. 437—456.

[15] Schütte Hans Wilm, De Asienwissenschaften in Deutschland. Geschichte, Stand und Perspektiven, Hamburg 2002.

持之以恒:从汉语实用语言学扩展到中国研究
——特里尔大学乔伟教授访谈录①

访谈人:金美玲

时间:2012 年 11 月 9—11 日

访谈地点:乔伟教授家中

整理人:金美玲

乔伟教授 照片 1

问:乔教授,您在德国生活和工作很多年了,也是德国仅有的几位华人教授之一。能不能请您谈谈您的家庭背景以及对您成长过程的影响?

---

① 标题为收入本书时所加,收入时访谈录有所缩略,全文请见 http://politics.ntu.edu.tw/RAEC/。

答：我姓乔，名伟，号若虚。祖籍是河北深县乔辛庄。我出生于一个农民的家庭，祖上历代种田。我的祖父，由于家里比较富裕，考了武举。他有四个儿子、一个女儿，其中两个儿子都上过大学，包括我父亲。我的父亲是当时保定有名的重点中学之一育德中学毕业的。我六岁前一直在农村，六岁时跟随母亲到正定，因为她在那儿教书。在那里我上了小学一年级，然后又到了天津。我父亲一生做过不同的工作，这对我也很有影响。他做过公务员、教师，也做过文明戏的编剧。文明戏是当初话剧的前身。因为父亲是高级知识分子，他编的剧本很受欢迎。尽管当时母亲也工作，可是因为要养活一大家子人，需要大家都努力工作。父亲后来到了橡胶业，最后做到了工会主席，直到退休。他对我要求非常严格，因为是男孩子嘛，比如说我每天一定要背《古文观止》里的古文，像《秋声赋》之类的东西。每天也一定要写大、小字，不写就要受体罚。所以，我虽然字没写好，但是当时还确实是下了点功夫的，所以古文的根基当时就打下了。另外，尽管我母亲当时进的是洋学堂，受的却是比较传统的教育，"四书"她也读过，她不管是读古诗也好，读古文也好，都是用一种朗诵的声调，听起来很有趣。我也曾经学过，但没学会。这样的环境奠定了我后来学习中文的基础。我中学时代的一些同学也都爱好文学，经常到旧书摊儿去买些旧书，像巴金、鲁迅、老舍等一些作家的作品。一个人买不起很多，所以大家买了后互相换着看。这样，我对新文学也就有了浅显的印象。

问：这是在中学的时候吗？

答：是在中学的时候。我没有福气上我父亲那样的重点学校，我小学上的是私立学校。校长是一个读经的人，所以我们在小学三年级就开始念"四书"了，每天也要背。那时候对儒家的思想虽然一知半解，但我至少已经知道一些关于孔子的知识，教人怎么做人。

问：您开始学习中文，大概是在什么时间、什么地方呢？

答：在上大学之前，我有一段从军的经历。1937年天津沦陷了。我虽然没有直接受到过日本人的侮辱，但是却亲眼看到过日本人对中国人的那种侮辱，所以心里一直想要起来反抗。但是因为当时年龄尚小，还在读中学，一直到高中快结束的时候，我才有机会到后方去，参加了后来的青年军，就是所谓"十万青年十万军"。后来随军到了印度，复员之后，我才回来进了师大学中文。

问：乔老师，您说"十万青年十万军"。这个青年军是在什么情况下产生的呢？它是一个什么样的组织形式或者部队形式？

答：这个青年军成立于1943年年底。当时日本人在太平洋战场上节节败退，所以想尽量多占些中国领土。而美国则大量援助中国的国民政府和军队。但美国人认为中国军队的素质太差，新式武器无法使用，必须要挑选一批有文化的士兵来接受这些装备。蒋介石亲自号召"十万青年十万军"和"一寸山河一寸血"，准备成立九个师十万人，遍布在那些没被日本人占领的地区。我那时恰好到了后方的西安，本来是要继续我的学业的，可基于当时的爱国热潮，就参加了青年军。我当时参加的部队后来编为二〇七师，从西安飞往昆明，在那里准备接受装备。在这期间，有不同番号的部队陆续建立，从二〇一师至二〇九师。在我们二〇七师，要选拔一批文化程度更高的到印度去受训，我有幸被选上。我们当时坐飞机飞越喜马拉雅山，到了印度的兰姆伽，在那里接受训练。本来我们预备来学炮兵，但当时的炮兵训练已经结束，战车训练也已结束，只有辎重汽车驾驶还没结束，所以我们一共两个团，在那里接受了汽车驾驶培训，然后驾驶着十轮卡车，经过新修好的中印公路，从缅甸开回中国。我们本来是要参战的，但前面的部队已经把道路打通了，所以我们没有亲自参加抗日的战斗，只是运送了一批物资回到了昆明。

当时的部队就是一座大学校。我在的那个连，大部分是大学生，他们把我当成小弟弟。我也学了不少东西，这对我后来的人生有很大的影响。因为我看到了他们做人、做事方面很多值得学习的地方，同时他们也鼓励我，要我进大学，学成一门知识，更好地为国家服务。在他们的鼓励下，我决定复员以后继续上学。而且在没有入伍之前，政府为了鼓励青年学生参军，明文规定许多优厚条件，比方说，复员之后在大学上学可以享受助学金待遇。我也没做什么事，倒是享受了这种待遇。作为一名中国士兵，应该是拿着枪上前线去作战的，但我没有机会，也就只好遗憾了。

问：后来这些青年军人退伍后，在国民党退往台湾时，是不是也跟着去了，或者他们也都去了各行各业？

答：有些已经工作了的，是不会跟着去台湾的。在学校里的就不同了，当时一些人去了台湾。另外，留在军队里的，或者当时在政府部门工作的那些大学生都随着国民党政府到台湾了，而且在蒋经国领导下做了很多事。蒋经国后来对青年军里的干部十分重用，每次运动都用青年军给他搞宣传，比如1948年在上海进行"打虎运动"时的干部，主要来自青年军。1945年之后，学校里的学潮和学生运动，都有青年军参与，他们后来是国民党的一股主要力量，在中国历史上扮演过重要角色。总而言之，组建青年军是当时一个很重要的政治措施，对蒋经国后来的事业起了一些辅助作用。

问：好像有一个电视连续剧，是写中国远征军的，它和青年军有直接的关系吗？

答：有，也可以说没有。青年军早在1943年之前就开始在四川陆续招募，很多爱国青年参加了远征军，他们到印度和缅甸去作战，后来的新六军和新一军，其中都有一批学生军。他们确实为抗战尽了力。另外，所谓民主，实际上在我们那个时代，在部队里面已经开始了。大家今天可能都想象不到，我们当时的一切都采取"自治"的方式。因为大家都是知识分子，所以很多事情连长只要下命令就可以了。可以说一切都是自发的，而不是通过命令才做事。

当时的民主思潮是由闻一多、李公朴等一大批有名知识分子倡导出来的，他们号召"还政于民"，所以十分流行。军中自然也不能例外，特别是青年军，分外积极，我们当时就号称"军队民主化"。我们当时在军队中也确实做到了这一点。当时，我们也热切盼望蒋介石战后能确实还政于民，将军队交给国家，不要再打了，可惜他没有做到这一点。后来的事情大家都清楚，我就不必再叙述了。当时的形势对我有很大的影响，通过这件事我所领悟到的就是，如果失信于民，一个政权是存在不下去的。

问：您当时在部队当兵的时候，养成的一些生活习惯是不是对后来有影响？比如您现在的生活和工作都很有规律，这是不是也是当时养成的习惯？

答：当然了。军队的生活是有纪律的，每天的作息时间很严，这个习惯可以说对我的后半生起了很重要的作用。一直到今天，我的生活都还很有规律，这对我的身体和工作都起了相当积极的作用。可以说，我为国家付出了两年时间，但同样也获得了对我后来非常有用的教育。

问：您刚才所说的师大，就是现在的北师大吗？那您为什么要选择师大呢？

答：对，是北京师范大学。之所以选择这所学校，是因为父母都做过老师，特别是母亲还受过正规的师范教育。这样无形中使我在幼年时代就产生了做教师的愿望。我觉得，教师这一职业还是很不错的。

我一进大学，就赶上了可以说是当时的学潮。美国兵就跟今天在日本冲绳一样，在北平也强奸了一名中国女学生，这引起了大家特别是学生的抗议和示威游行。从那个时候开始，几乎是学生运动不断，我很自然地也就被卷入了这个旋涡。我的爱国热情更加强烈了。当时我想，爱国不能光有热情就够了，而且需要自身有条件。所以，我一定要充实自己。在北师大的时候，我很幸运，一年级的时候，老师是黎锦熙（1890—1978）。他是国语推行的鼻祖。他给我们讲注音符号、国音字母、b p m f，让我对汉语的发音在那个时候就有了很清楚的认识。他最有名的还是分析句型。他分析的不是现代汉语，而是古汉语。他采用图解的方式来分解句子，这种分析法是借鉴英语语法发展而来的。就是分析句子的构造，如主语、谓语、宾语等。这样我对中文的语法就有了一些简单的认识。他一个学期只讲了一篇文章，就是"大道之行也，天下为公"。这也是让我吃惊的地方，因为到了大学之后，不是每篇文章老师都给你讲，而是给你讲一个片段，让你自己去读，自己去研究。在师大还有一些著名的教授，比方说陆宗达，他当时开的是声韵学，所谓"小学"。他的文字学，《说文解字》整个一部书他背得滚瓜烂熟。他上课从来不带讲义，空手上去，哪一个字哪一个部首，什么是原义，什么是引申义，他都讲得清清楚楚。讲声韵学也是一样，他讲广韵。这种情形给我留下很深的印象，我跟另外一个同学非常想把这个声韵搞清楚，就跟陆老师私下学声韵学。因为古书有很多古音，另外，由于声音转变的关系，古今音也不一样，所以只能通过声韵学的方法弄清楚。我下了很多功夫，背反切字，这些专门的术语我就不讲了。而且一定要练入声字，因为古汉语有平、上、去、入，可现代汉语没有这些入声字，特别是在我出生的北方官话区没有入声字，这让我觉得很困难。一个字，认出它是不是入声字，这对决定这个字的读音非常重要。

可惜到了1948年，因为战争的关系，我不能在北师大完成学业，就跟几个同学到了西北兰州师范学院。西北兰州师范学院抗战时是北师大的分校。到了1948年8月，兰州又吃紧，我们又坐飞机离开兰州飞往汉中。当时也是多亏了同乡的帮忙，要不然连机票也买不到。到了汉中之后，我们才暂时有了一个休息的机会。这样，我们变成真正的流亡学生了。我们还想继续往前走，目标是香港。这一路我们都是搭便车，幸亏因为我在服兵役的时候是个辎重兵，这一路碰到的都是老兵、老朋友、老同志，所以，可以搭他们的便车。一直从汉中经过重庆，然后到达桂林。实际上就是当时的军车，他们又运货又运人。我们从汉中到重庆，从重庆再到贵阳。在贵阳因为水路不通，陆路也不通，我们又坐了一段飞机，飞到广州。

当时去台湾要入台证。我在台湾无亲无故，所以不能直接进台湾，只能留在香港。幸亏当时从广州去香港还不需要签证之类的东西，因为根据《中英条约》，广东人可以随时进入香港。这种便利后来也取消了。那时在香港举目无亲，钱也花得差不多时，我碰到了一个熟人，是个天主教的神父。我请他帮忙找个工作。他在澳门替我找到了一份工作，是帮一位传教士编字典，我负责审音，就是检查汉语注音。我的母语是北方官话，加上北师大学习的音韵注音等学科，所以此项工作对我来说是得心应手。另外，我也帮他修改一些中文的书籍。因为他们当时是在乡下传教，使用的语言都是乡下用语、农民用语，编辑的语言需要润色，我替他们做这种润色工作，做了两年。

后来我跟台湾的同学联系上了，他们替我作保，这样我才能够去台湾。在去台前这期间，我也作了一个中介使者。因为很多台湾的同学给中国大陆写信，当时不能直接通邮，所以我替他们转信。所以这也算是做了一点儿好事。

到了台湾之后，我也没能马上进学校。我临时找了一份工作，在学校兼课。后来教育部对我们这些流亡学生进行考试，根据成绩，我被分到了台大中文系。我原来在北师大差不多念完三年级了，但在台大三年级又得从头念起。能够继续读书，完成学业，这已经算是很幸运的事情了。我在北师大学的是传统的声韵学，到了台大之后跟董同龢（1911—1963）老师学，他是王力（1900—1986）的学生，他用西方语言学的方式来标注古音，换成国际音标，这样的话，讲得一清二楚，所以我们很容易就懂了，这样就获得了一个更好的方法来认识中国的音韵。当时还有一些老师，也都很有名，而且对我很有帮助。比如毛子水（1893—1988），他是五四运动的健将之一胡适（1891—1962）的学生，他给我们讲文选。因为他在德国留过学，学数学的，所以逻辑性非常强。让我也知道，写文章不仅要词藻美，更要考虑到文章的逻辑性。台大毕业之后，我到图书馆中文编目组负责编目，做了两年。

问：您说的图书馆是台大的图书馆，还是别的图书馆？

答：是"中央图书馆"，这等于是我们今天的北图（北京图书馆），因为它实际上是北图的分号。当时北京图书馆是北京的，后来南京政府成立之后，在南京成立了一个"中央图书馆"。南京政府要搬到台湾去，也将"中央图书馆"搬了去。虽然图书没有搬去，但人员去了，在那儿搞恢复工作。我就是到那里去工作，担任编目。当时的馆长是蒋傅聪，他也是得过德国洪堡奖学金的学生，对德国的印象特别好。

我的愿望一直是出国。在香港的时候，我本来想要到法国去留学，根据当时传教士的说法，法国有奖学金给中国的留学生。后来发现，法国的奖学金已经不再给中国香港的学生了，而是给中国大陆的，所以我就没机会了，只好到台湾去等待机会。台大毕业之后，在图书馆工作期间，我一直在想法儿出国。

我当时进入台湾非常艰难，差不多等了两年的时间，因为当时进台湾要入境许可。那时国民党政府得了恐共症，所有从大陆来台的人员，必须在台湾找到保人，能担保入境者不是共产党员，才能取得入台证。保证人必须具有相当身份，比如教授、处长等以上的人员。我一直等到1952年年初才在师大同学的帮助下，踏上了台湾的土地。其实，不但入台很难，出台湾也难，因为我是单身一人，台湾政府认为我出去之后有"叛国"的可能，怕我回大陆去，所以也不让我离境。最后费了好多周折，才算离开了。我先去了西班牙，因为拿的是西班牙的奖学金。但到了之后我发现，那里的生活我非常不适应，因为那里人们早上起得很晚，晚上睡得也很晚，我没办法适应那种生活，所以我就想办法到德国来。能够到德国，也是得益于一位传教士的帮助，他让我先学德语，然后再到维也纳去继续攻读学位。德语是到了德国之后，在德国南部Ingolstadt附近的一个农场里学的，那也是一位传教士帮助找的一个机构。这位德国传教士曾在中国传过教，他希望能够帮助中国人做一些事。他专门为中国学生设置了德语培训班。当时的学生都是来自中国台湾和香港，中国大陆根本没有学生出来。我在那里学了三个月的德语，然后就到维也纳去了。

问：您到维也纳大概是什么时候呢？

答：那是1958年。在维也纳我就开始攻读学位。我本想专攻语言学，但是到了之后才发现，他们的语言学其实是印欧语言学。拉丁文要学不必说了，希腊文也要学，中古德语和上古德语都要学。我想这太花时间了，所以改学民族学，这是主修主专业，普通语言学和哲学是另外修的课程。因为维也纳大学采用的还是老式、传统的学位授予办法，不管理科文科，都要接受哲学教育，它颁发的是哲学博士文凭嘛。

问：您在欧洲学的是民族学，这和您原来在国内学的东西联系不是很大。那么，您是怎么进入汉学这个领域的呢？

答：欧洲的民族学虽然跟中国没有直接关系，但是有间接关系。因为它不是欧洲民族学，而是世界的民族学。它的主要研究对象是少数民族，可以说是落后地区的少数民族，像印度尼西亚、非洲、南美的少数民族，印第安人什么的。其中一个主要原因就是，他们有很多的传教士，这些人本身就是最好的调查少数民族的人员，他们带回的资料很多可以供大家参考。那时，维也纳大学也有一两位在研究泰国和印度尼西亚的民族。泰国的民族跟汉族有很多相近的地方，所以无形中对我有一些启发。

问：那您的博士论文跟中国有关系吗？

答：有关系。我虽然学的是民族学，但我写的博士论文是有关中国的题目，写的是"中国地名研究"，关于山西、四川还有西藏的地名比较，这跟中国还是有关系的。因为我是中国人，当时的指导教授说我最好还是写中国的东西，这样可以研究得更深入一些。如果写有关西方的东西，功力恐怕还不够，而且这样他们也可以通过我获得一些有关中国的知识。另外，我还教汉语课。不同母语的人我都教过。可以说我已经提前实习过了。

一个偶然的机会，我认识了一位非常执着的奥地利人，叫 Otto Ladstätter（罗致德）。他曾经到台湾去学过中文，本来要跟我原来的老师写博士论文，我的老师说他的汉语不行，水平太差，所以他又回到奥地利来。回来之后他到处找中国人学汉语。他听说马德里有大批中国学生，而且都是台湾来的，就赶往那里，后来听说慕尼黑有了中国学生，他又去了那儿。他在慕尼黑学的是汉学，但他不喜欢古汉语，所以专攻当代汉语。毕业以后，他到波恩教书，需要有人帮忙。他以前也听台大的董老师说起过我，问我愿不愿意到波恩教书。我当然愿意。他说我可以一边工作，一边攻读博士，他提供的不是全职讲师位置，只是以编外汉语教师的身份来工作，每周只有六个小时的课。就这样我到了波恩大学东方语言学院，那是 1962 年。

问：当时大部分的汉学学生学的是古汉语还是当代汉语呢？

答：他们几乎不学当代汉语。第一他们没有条件，第二他们认为当代汉语不是学术，所以不需要学。有的人甚至只学一种专门的古汉语，比方原来科隆东亚博物馆的馆长，他就跟我说，他只能读懂关于画论的古汉语，有关其他方面的古汉语他都不懂。他就读这种专门的古汉语，是针对性非常强的。

问：我听说，当时波恩的教学重点跟其他汉学系的不一样，是不是？

答：是。因为波恩的不是汉学系，它叫东方语言学院（Seminar für Orientalische Sprachen①）。它的教学重心主要是当代语言，是为训练文字翻译而建立的，不光教授汉语，还有土耳其语、阿拉伯语、日语、韩语，这些都是主要的语言。东方语言学院跟德国中央政府的关系极为密切，它是跟着中央政府走的，最初院址在柏林，二战之后柏林的政府没有了，搬到波恩来了，它也就跟着过来了。这个东方语言学院当初是专门为了当时的殖民而成立的，它的英国姊妹校，在伦敦，也一样是专门培训去殖民地的官员的。所以，只是当代汉语，而不是古代汉语，因为它要实用。当时我们的学校，50%的经费来自中央政府的外交部，另一部分则是州政府给的钱。

问：这么说，东方语言学院就等于是培养外交官的地方了？

答：是，至少是为他们服务的。在60年代，波恩大学东方语言学院是德国唯一一所以教授现代汉语为主的大学。因此，当时学汉语的德国学生全部集中在这里。这也就是德国外交部第一代翻译人员几乎全部出自东方语言学院中文部的原因。不仅如此，连德国大众汽车基金会为了培养汉语人才，也将中文部作为其培训基地。该部因此培养出一批具有汉语知识能力的人才，如第一任的德意志银行驻北京首席代表就是该部的毕业生，还有一些进入政府部门工作，在中、德两国交流方面起了不小的作用。到后来中、西德建交的时候，我们也提供了一些服务。我们给他们提供短期的语言训练，甚至包括警卫人员。

问：您在波恩工作了多长时间呢，什么时候到特里尔来的呢，特里尔汉学系有几位工作人员呢？

答：我是1962年去波恩工作的，当时只是编外人员。我在波恩正式开始工作是在1965年的1月1日，1971年6月升任教授，之后继续留在波恩大学工作，直到1982年前往特里尔。我开始在特里尔大学建设汉学系，任主任一职。当初我到特里尔的时候，这里只有四个人：Wippermann 女士是我的助教，

---

① 东方语言学院（Seminar für Orientalische Sprachen），以前曾简称 SOS，后又简称 SAAS，1887年成立于柏林弗里德里希·威廉大学（Friedrich – Wilhelms – Universität in Berlin），是德意志帝国与普鲁士共管的一所高校。

学校配给我们一位秘书,瓦格纳(Wagner)太太,另外,我来之前已经有了一位老师——郎鹤立先生(Heribert Lang)。

问:特里尔汉学系和波恩的东方语言学院开设的课程等各方面,有些什么不同呢?建立汉学系的宗旨是什么?

答:我先说说建立汉学系的宗旨吧。特里尔大学本来就是为了培养教师而成立的,它以文科为主,它的日耳曼系、罗曼语系里教授特别多,是为了培养教师人才的嘛。可是后来发现,将来生源会越来越少,因为孩子出生率低了,没有那么多学生了,所以老师也就需要得少一些。所以一定要增加新的专业,所以他们想到了汉学。另外,中国热那时也逐渐开始兴起。但是他们不要以古汉语为主的汉学,他们要当代或者现当代汉学。因此,我们就不能以语言为主了。而波恩的东方语言学院是以学习语言为主,历史课仅仅是个一般性的常识课,那里注重的是语言的读、写、听、说。虽然不能说是以翻译为主,但波恩的毕业文凭叫翻译文凭。相反,特里尔的汉学系是一个正规的汉学专业,语言仅是个工具,还要学习很多其他方面的知识,如历史、文学、哲学等。

乔伟照片2:乔教授和他的弟子们

我在波恩待过不少年,那时中国大使馆也在波恩,我有机会到使馆去参加一些活动。在与很多德国工商界人士见面聊天时,他们说你们单单是学语言的，那没办法任用，哪怕是一个技术工人，会用汉语，我都能有用，但单单只会语言，最多用一两个人，不会太多。我听了很受启发。因此，到了特里尔之后，我说单单学汉学绝对不行，一定要和企业经济管理结合起来。我当时要把法律系也加上，但法律系不肯。最后成功了的就是企业经济管理和政治学这两个系。对学生非常有现实意义的就是企业经济管理，从这个组合上出来了很多人，都在比如德国汉莎、西门子工作，还有些在银行工作。

问：刚才您也说过，特里尔大学以培养教师为主，您的学生中做老师的多不多？

答：做老师的也有，至于多少我没有统计过。我相信，恐怕在工商业界工作的还是比做老师的多些。像 Wippermann 就另当别论了，她是另外一个等级。我说的老师是一般中学老师。我知道有几个，但不是特别多。因为当老师要日耳曼系的，或是拉丁语系的，或是数学之类的老师，中文现在还不是第二外语，汉语还只能是附带的。日耳曼系毕业的学生，教德语还可以教点中文，但不能反过来，教中文兼德语，那是不可能的事情。

问：现在中学慢慢开始有把汉语作为第三外语或者第二外语的机会，大部分学校还只是把汉语作为 AG（Arbeitsgemeinschaft）的形式，也就是兴趣小组。要在中学将汉语作为毕业考试科目（Abiturfach），我们这些做老师的还有很多工作要做。

答：是，汉语还只是作为一种选修，它实际上还没有达到一种一般公认的地步，这个还需要大家努力。

问：您在特里尔工作了这么多年，除了语言课以外，还为学生提供了哪些特殊的课程呢？

答：我刚才说过，因为特里尔的汉学系是一个正规的汉学系，所以除了语言训练之外，还有一些具体的、有实际内容的课。因为文学是很重要的，所以我几乎每学期都要开中国文学史，就是把整个文学概况介绍一下，让学生有一个基本的概念,这很重要,是个基础。古代历史我不开,但我开近代史,从鸦片战争开始。这一段是中国变化最大的历史时期,也是对现代影响最大的时期,当时的很多事件都跟今天有关系。至于鸦片战争以前的历史,他们可以自己看,我可以指定一些参考书。

除此之外,我还要放眼经济和企业管理这些方面。我不是搞经济的,不能开中国经济的专业课,但我可以给学生介绍有关中国经济方面的内容,这等于是个预备性的经济课。还有,教学生如何写文章,怎样做注解,怎样引述。这些知识,有些人在中学学习过,有些则没学过,所以一定要教给他们。我主要介绍几个跟中国经济发展比较密切的方面,比如乡镇企业。因为乡镇企业实际上是真正意义上带有中国特色的,真正的中国模式。在这方面,我对中国作了一个分析,还跟政治系的一位教授 Kennig 一起去看了一些地区。我自己不是搞经济的,但通过这位同事我可以学习一些东西,因为他是个内行。而他,因为对中国的情况不了解,有时候看不懂中国的东西,我也可以告诉他。就这样我可以开有关这方面的课,不仅有书面上的,还有实际的东西提供给学生。另外一个就是个体商户的问题。对这一方面我也给学生做过介绍。另外,我还让一位曾在武汉调查过个体户情况的 Markus Taube(马库斯·陶伯),给大家介绍这方面的情况。Taube 回来以后把中国经济当作自己的研究课题,现在已在杜伊斯堡大学做了教授。此外,中国的少数民族也是我喜欢讲的题目。因为我念过民族学,所以像西藏呀、维吾尔呀,还有云南的少数民族,我都做过介绍,而且学生对此也很感兴趣。

问:乔老师,您刚才提到了研究。那您的研究范围都有哪些呢?
答:我研究的范围太杂了。因为我主要跟一个学政治学的同事一起工作,免不了要牵扯一些他的东西在里面。所以,除了纯粹的汉学之外,我可以说是一个杂家了。我自己实际上是搞应用语言学的,所以我写的一些东西,字典、新词新用语,还有有关语义的演变之类的文章很多,这都跟我在北师大所学的东西有关。因为语言文字的演变跟历史有着密切的关系。

问：德国的汉学专业，使用现代汉语的拼音大概是从什么时候开始的呢？或者什么时候开始被大家重视的呢？

答：应该说是在 60 年代中期以后慢慢地、逐渐地开始的。因为你要学汉语，你就不能不用它，当然有些保守的就用英国人 Thomas Wade 的拼音，还有的甚至使用注音符号，这些毕竟比较少，用拼音的还是比较多。

问：乔老师，您提到了 Thomas Wade 拼音，那么除了这种拼音外，还有没有其他用来给汉字注音的系统或方式呢？

答：Thomas Wade 是最早的，可以说远远早于我们拼音的注音符号。我们当时的一部分语言学家，比如像赵元任、黎锦熙、钱玄同等，当然这也是受到了当时的"五四"新文化运动、新文学运动的影响，都主张文字改革，他们的最终目的是，也能把中文改编成拼音文字，所以起草了一部拼音草案，叫"国语罗马字"。这个国语罗马字是跟注音符号并行的，在老一点的字典里还有这种注音，但没有行得通，因为大家都不习惯用拉丁字母来注音。其实他的拼音是跟现在的汉语拼音有关系的，这个我就不多说了。

问：那台湾正在使用的 b p m f，我看到台湾人的名字一般也是用拼音标注的，那他们用的是一种什么系统呢？

答：台湾在抗战胜利之后，由北京派去了一批推行国语的人，推行国语势必要有音标，那就是当时用的注音字母和注音符号。比如现在的国语日报等一些出版物上，汉字旁边注上了一些注音符号，大家不认识这个字，但能读出来。这种注音符号，是用汉字的偏旁组成的，所以看上去不会引起人们的反感。当初用汉字的偏旁来注音，主要是想避免用拉丁字母，而将汉字取消掉。这个在当时争论得很厉害，最后还是采取折中办法，决定把注音符号作为音标。我相信，这也是中国语言史上的一个重要决定。另外，在推行国语期间，注音符号也起了很大作用。开始的时候不用汉字，只用注音符号，教儿童读书，他们还出了一些出版物，汉字一行，汉字旁边标上注音。他们在拼写名字的时候，当然不能用注音符号，特别是在护照等方面，他们用的是 Thomas Wade 的那套系统，所以跟我们的拼音有一定的距离，大家不一定能够看懂。

问：那我看有的名字，它同一个姓，有的这样拼，有的那样拼。这是因为 Thomas Wade 的拼音不清楚呢，还是在使用过程中有变化呢？

答：台湾不用拼音而用 Thomas Wade，是有政治原因的。它不愿认同中国大陆，所以保留注音符号也是一个方面。另外，它用 Thomas Wade 就能避免使用现代汉语拼音这种可能性。你总得采用一种符号来标出汉字的音吧，特别是现在跟国外的交往越来越多，汉字势必要注音。所以在这样的情形下，他们宁肯采用这种不太适合汉字的 Thomas Wade 拼音。我觉得这是主要的原因。

问：那您现在觉得台湾的注音符号和大陆的拼音，哪个更适合汉字的注音呢？

答：我觉得这是个习惯问题。你要习惯了汉语拼音，当然就觉得拼音更现代化一点，特别是在用计算机和打字机方面，拼音更方便一些。但要传统一点的话，注音符号也还是不错的。

问：您也曾与人合著出版了一本关于汉语发音方面的书①，在德国汉学界反响很大，而且还是比较早的作品。

答：反响大不大我不敢说，但至少以前没有人写过这方面的书，因为这个我就说，我是搞应用语言学的，就是从实际应用方面出发。可以说，我是最早在德国开始搞机器翻译的，所以我把国内第一位搞机器翻译的刘涌泉请到特里尔来，他是中国社会科学院语言所的，后来别的人也来过几次，比如李金凯。他是中国机器翻译的创始人，后来的冯志伟老师，他们都是一脉相承的。我有那个网上的数据库，也是因为编字典的缘故。

问：您第一次回中国大陆是在什么时候？当时有没有什么问题？

答：是 1979 年。1978 年刚开始开放的时候，我还有点儿担心。所以我让我老伴先回去看看，没问题了我再回。使馆要了解一下，其余倒没什么。边

---

① Chiao, Wei J./Kelz, Heinrich P.（1980）: *Chinesische Aussprache, ein Lernprogramm*. Bonn: F. Dümmlers.

界嘛，当时只能从深圳入境，要检查一下。当然回去后，我到每个地方参观，甚至到老家时都有人陪我，这可能是不了解情况嘛。当然有人帮助我，我又没有什么损失，不用出费用，这是好事呀。

问：您从1949年离开，一直到1979年，中间过去了三十年了。您回去后对国内的变化有些什么感想？有哪些不习惯的地方吗？

答：变化太大了。因为"文化大革命"开始的时候海外也有报道，都是南斯拉夫报道的，因为别的通讯社报道不了。我们还不相信，认为这是不可能的事情。回去以后才觉得，1979年的北京，是比以前进步了，但进步不是太大。尽管离开有三十年了，市区有些建筑群还依然存在。但是，整个经济还不行，至少物资还比较匮乏，我那时在街上连大枣都买不到。那时好多东西都要票，要粮票。

问：也就是说，从1979年开始，您就跟国内联系比较多了。跟国内的一些机构呀、学校呀有没有什么交流？

答：当然有交流。因为我有不同的身份。第一，我是汉学系的负责人，所以我跟学校要有联系，要请老师。开始时的语言老师都是我直接从中国请来的。比如像西北师院的就请了两个，连刘润芳也是我请来的。因为我开始办这个汉学系的时候，不能砸锅，选来的老师水平一定不能太低，所以请的客座教授都是有名的。当时的院长还问我，你能请得动他们吗？像社科院语言所的所长刘涌泉，那是第一代的语言学家。我说没问题，我能请来。这样一方面能提高我们特里尔大学的声誉，另外对国内也有好处。第二重身份呢，我是跟Kennig教授一块儿搞的远东研究中心。他又搞人口学又搞政治学，所以我们到处跟人合作。像上海社科院的人口所，我们每年一定要去访问，中山大学的人口所，另外还有广州社科院的人口所，我们都要访问。甚至到青海、云南，我们都去，都是为了人口问题。后来我们跟沙漠所的合作，是关于治沙的问题。还在特里尔召开过有关治理沙漠问题的学术讨论会。这方面有很多，我就简单这样说一下。我的第三个身份是，我在波恩时曾做过东亚研究院的主席，也做过董事。我们在70年代就发现，信息是牵动经济发展的动力之一,日本就是一个例子。他们叫情报社会,我们叫信息社会。所以我们那时决心到中国去看一看。常州是中国电子工业最先开始的地方。我们想,利用电子工业带动经济发展的模式,也许在中国也可以。我们跟美国华盛顿的一个学校合作,设立了一个项目。后来我们也跟江西南昌大学合作,搞了个生物工程和食品工程研究所,为他们建立了一个中心。他们原来连硕士点都没有。通过这个,他们后来有了一个硕士点,还建了博士点。这个是德国援建的研究所,无偿援助。这个研究所就是通过东亚研究院——是个天主教的机构来组织实施的,期限十年。十年到期后,全部无偿交给了南昌大学。通过这个项目,我几乎每年都要去中国开会,有时甚至两次。

问:您这些和中国大学呀、人口所还有沙漠所等机构的联系工作,还有一些合作项目,德国方面对你们是个什么态度?

答:德国方面也是支持的。比如德国科学基金会(Deutsche Forschungsgemeinschaft),他们也支持这些事情。跟四川社会科学院的合作,就是他们资助的,他们也希望我们能代替他们做些事情。项目开始时比较少,现在当然比较多了。因为通过我的关系,到处都能把门打开。而一个德国人常常找不到门道,所以他们很高兴我能参与这些事。我至少搭了个桥吧。我姓乔,我就搭个桥吧。

问:除了这些跟国内的项目方面的合作之外,像一些国内、国际的学术会议,您是否也经常参加呢?

答:是的。像第一次汉学教学交流会,我就参加了。朱德熙、吕必松这些人,都是语言学界的,都参加了。此外,每年的儒学讨论会等我也参加。我参加的学术会议太多了。你从我的文章上可以看出来,像关于甲午战争呀、语言学方面的会议我都参加过。我虽然是以语言学为主,但因为教学的关系,学生需要的,不光是语言学方面的知识。我需要涉猎不同时期的历史、经济、哲学和宗教什么的,所以弄得我什么都要做一些。杂家,杂家,杂而不精。

问：您以前也在香港和澳门待过。那在1997年和1999年香港、澳门回归中国之后，这对汉学研究，或者汉语教学方面有没有一些影响呢？

答：澳门在文化方面比较落后，原来连个大学都没有，完全是一个商业城市，后来有了一所大学，但规模也比较小，没有多少影响。香港也开过一两次国际学术会议，讨论这个问题。那儿还可以，主要是英国式的影响比较大，对我们没有直接的影响。

问：您曾和其他几位同事一起编过一套中文教材。我想请您谈谈当时德国有关汉语教材和资料方面的情况。

答：当时德国没有什么教材，现有的也是从中国来的用英语解释的教材，这对德国学生来说虽然不是什么大问题，但总是隔着一层语言障碍，不如用德语解说来得更清楚。我们把英语教材改编成德语教材。作了一部分修改，在语法方面也作了一些修正。当时跟我合作的有 Annette Sabban，Heidi Brexendorff，Heribert Lang, Zhang Yushu，他们也多是搞汉学的。当时中国使馆教育处的负责人也非常支持，他们出面跟出版商交涉，所以这套书（*Grundstudium Chinesisch*）很快就出版了。这是第一套用德语解释的汉语教材，当时很受欢迎，一共有三册。当然，当时学汉学的学生并不太多。

当时的德国汉学是以古汉语为主，教授当代汉语的地方只有波恩的东方语言学院。另外汉堡的汉学系也有当代汉语课，慕尼黑好像也有这种课程设置，柏林后来才有了。所以当时汉语教学非常不景气。我们开始时主要以一般教材为主，就是上普通语言课的教材。后来普通课不够，一定要补充教材，我们又编了报刊选读之类。再后来我跟我的学生为了加强语法的训练，又编了一些教材，是 Heidi Brexendorff 和我一起合编的。这样下来，德语的教材就多了起来。当然不是我们一家，还有别的人。我们的目的主要是，除了正式的课文之外的一些补充教材，比如报刊呀，政治论文的选读，等等，可以让学生有一个广泛的知识面。我们还编了一些专用的术语词典，比如《德汉经济词典》，当时急需这类词典，我和一个德国同事合编了一个。根据当时的需要，我们还准备编一部英汉德环境保护词汇，不是单单一对一的翻译，而是每个词都有一定的解释，不仅仅是个词典，而是个辞典。可惜，这个辞典我们只做了一部分，后来因为经费不足没有成功，非常遗憾。

问：在其他方面，比如教材呀、其他研究课题，其经费来源是怎样的呢？

答：编教材是这样的，我们编完后，出版商也同意接受，我们只是花一些成本费而已，没有更多的支出。另外，我们可以取得少量的版税，也可以抵消一部分支出吧。其他研究经费我们主要靠德国资助，德国科学基金会是我们项目的主要经费来源。另外，德国科技部也会提供一部分资助。基本上，德国科学基金会比较大方，比如我们跟四川社会科学院经济所的研究项目，还有跟中国科学院沙漠所的研究课题，他们或多或少都给予了资助。所以基本上在经费方面不是太困难。只要你的题目合理，而且有必要性，基本上是会获得批准的。

乔伟教授 照片3：乔教授与学生们

问：汉学系在多年的发展过程中，学生来源有没有什么变化？

答：学生的生源受德国方面的影响不大。因为德国在教育上一向是学术自由，政府绝对不加干涉。任何思想流派，都可以在大学存在，这也是为什么蔡元培把这套模式移植到北京大学去的原因。当时北大有极"左"和极右的分歧，维新的像胡适，但也有非常保守的学者。像这种极端"左右"的情况在德国也有，但并不影响学生的来源。相反地，我们国内的政治波动，特别是像1989年的"政治风波"，使得大学也都受到了影响。甚至影响到我们跟中国的校际交流，像武汉大学。当时学校开会，我作为顾问也在场，我跟校长极力坚持，说这种关系绝对不能中断。我说我们的学生非常勇敢，他们本来按原计划在武汉待一年，但他们表示要和中国同学团结在一起，现在要求多留一年。我就把这种情况告诉了学校的参议会。参议会一致通过，跟武汉大学的校际交流继续维持，我觉得这是一个很明智的决定。另外，因为我经常跟德国科学基金会外事部有来往，因为项目的接洽，他们到中国去也需要我的协助，当时外事部的主任 Wiezermork 问我，是不是也要和中国的研究机构断绝关系。我说这是非常愚蠢的事情，你们一定要保持接触，这样才能从中国得到更多的信息，否则将对中国研究非常不利。就这样，跟中国各个机构的合作保持了下来，我觉得我当时的建议是很有价值的。

问：那和武汉大学建立姊妹关系是什么时候的事呢？

答：开始是在1985年，实际上这也是中国使馆推荐的，教育处的丁参赞问我在中国有没有交流学校，我说没有，他说那我给你介绍一个。刘道玉是当时武汉大学的校长。他说刘道玉是个非常好的校长。这一点在后来我们的交往中可以看得出来。我当时就说我去和武大交涉。80年代中期的时候，国内还是一种半开放式的，想开放又不放心，所以我们谈了很多次，第一天谈得可以了，第二天又推翻了，又得重来。所以我1985年去的时候没有什么具体结果，1986年又去，勉强谈成了，但是这期间我们谈好的事情又修改过好几次，最后总算是通过了。

问：在项目方面，我知道您一直和 Studienstiftung des Deutschen Volkes（德国人民学习基金会）有一个合作项目，是一个汉语强化班。您能不能谈谈这个项目最初的情形和后来的发展状况？

答：这个班开办以前，他们的第一任负责人 Dr. Rahn 本身是个教师，对教育事业很有兴趣。那时我还在波恩，后来我到了特里尔，因为和中国建交以后，双方交流显得越来越重要，需要我为他们训练一批汉语人才。这个基金是为德国的精英而设立的。他们的想法得到了多方的支持。他问我有没有可能，我说有可能，我说可以在特里尔学习7个星期，分两次，夏天一次，冬天一次。第一次我们把学生招来,给一个短期训练,原则上是20个学生参加第一次短训,然后刷掉10个人,你们每年就派这10个学生到中国去。他们在中国学习一年,一个学期完全学汉语,第二个学期如果可能,也可以学习专业。这些学生选取的对象主要是汉学系以外的学生。当时最多的是学法律的,其次是学医的,经济、建筑、机械等各专业的都有,这给各个行业的人提供了一个掌握汉语的机会。

特别是学医的学生,他们在中国学了针灸,回来后都在诊所或者医院里从事针灸和中医。学法律的也都在南京一个中德经济研究所里实习过。到现在这个项目已经有25年了。我管理这个班只有15年的时间。他们在中国学汉语就在南京。选在南京有两个原因。第一,开始时在北京,后来因为"八九政治风波"的影响,有些学生都跑掉了。第二年改在了广州,但是广州的语言环境太差。最后选在了南京,因为南京还属于北方官话区。第二,南京大学在全国最先开始允许外国学生住在私人家里,这让德国学生非常满意。我每年都受基金会的委托,去南京看看,如果有什么问题,我就可以直接跟中国的学校交涉,开始时确实有这个必要,因为双方都不太适应。经过我从中斡旋,双方都比较满意。所以我觉得我的工作还是很有用的。

问:在这个项目上是德国人民学习基金会出钱。中国方面都有哪些资助呢?

答:这个项目是通过两个国家之间建立的,中国大使馆的教育处是主管方,他们主动跟中国教育部申请,给这10个学生提供奖学金,也就是不收他们的学费。他们的旅途费用,还有在中国的食宿等费用都由基金会出。免收学费就是资助。进入中国的大学需要入学考试之类的东西,这些东西中方也都免了。另外,因为双方的学制不一样,他们到中国的时间晚于大学的开学时间,所以中方给他们的学习时间也比较灵活,这样就提供了便利。

问:您在培养学生方面确实花了很多心血,而且桃李满天下。您能不能谈谈您培养学生的目的或者对学生有些什么样的期望呢?

答:我始终没忘记我是个中国人。中国人最起码的要求是读书和做人,换句话说，读书后要做一个好人。我培养学生，就希望他们能做个好人。另外我希望，他能给德国培养有用的人才，学医的、学经济的能给德中双方的来往交流做出些贡献。在这方面我已经看到了很多成果，比方有些人在德国汉莎都已独当一面，还有在西门子，还有其他方面都有。另外，有些德国人民学习基金会的学生，特别是搞经济的、搞法律的，很多都已在德国企业工作，参加重要谈判，都很有成就。这也是为什么基金会这个项目本来计划5年就结束的，后来又继续延长下去的原因，因为他们看到了这个加强班或者说速成班的效果。

问：乔老师，我想请您再谈谈您跟德国政府方面的关系。

答：跟德国科学基金会（DFG）申请过很多项目，他们也尽量满足我们的要求。另外，他们也希望我们能够跟他们在有些地方合作，或者协助他们，因为在中国方面我有相当的优势：中文是我的母语，而且所到之处我很容易就可以把大门打开。跟德国的使馆方面我也有特殊的关系。我当时在波恩，有很多德国驻华大使都在那里学过汉语，有的是经过我的培训，有时甚至要我们来考试，好几任驻华大使我们都认识。我们跟江西南昌大学的那个合作，有关食品工程和生物工程研究中心的项目，就是德国天主教的一个福利机构资助，他们当时资助的是30万马克，为期10年，是无偿援助。在援建开始的时候，使馆一定要派人去，当时派的是施密茨太太，在波恩学过中文，也是我的学生。德国的科技部在北京也有办事处，有时牵扯到跟中国合作的问题，也会跟他们联系，虽然不是很多，但是很密切也很顺利。

问：乔老师，您刚才提到为南昌大学那个项目出资的是一个天主教的机构，您当时到欧洲来也是通过天主教会，那您是怎么开始信仰天主教的呢？或者说您最初是怎么跟他们有接触的呢？

答：这个说来话长。从我的家庭背景来说，我不应该信天主教的。我出生在农村。在我老家对面，有一座教堂，这个教室据说是我们家出资兴建的，但并不是我们自愿出资，而是在1900年义和团事件的时候，在我们家门口死了教徒。按照当时的法律，我们要负责赔偿。为了赔偿这笔费用，我们几乎把所有的家当都变卖一空，从此也家道中落。对这件事大家也都耿耿于怀。另外，我是在天津长大的，天津有很多天主教徒，我们住的附近就有很多天主教徒。我当时就发现，他们跟我们的生活习惯不一样，我们过年他们不过，我们过节他们也不过。所以我觉得奇怪，同样是中国人，同样是天津人，怎么就跟我们过的生活不一样呢？所以我当时觉得反感。因而，从早期的生活来说，我没有理由信天主教。

问：当时天津就有很多的天主教徒吗？

答：当时天津可以说是天主教的一个基地，以法国传教士为主。当时的"老西开事件"① 也是因法国人而起的，教徒和非教徒之间的冲突事件，法国出来干涉。当时有很多天主教徒，还有一座天主教的学校，原来叫工商学院，1949年以后改叫津沽大学，校长是一位中国神父，名叫刘乃仁。所以，你看得出来，天津的教会势力有多大。另外有一些中学，也是教会办的，比如圣功女子中学，当时是很有名的。

问：那您自己最初接触天主教是什么时候呢？

答：我在北师大的时候，就有些天主教的同学，他们有时找我去参加他们的活动，我去了一两次，感到没多大兴趣，就不愿去了。真正开始应该是1948年。这也许是冥冥之中有主宰吧，有神灵在引导着我这样做。1948年离开北京的时候，我跟5位同学从北京到兰州去，当时没有铁路，我们要走路去。快到张家口的时候，那时要过检查站，张家口以外是当时国民党的部队驻守，张家口以内已经是共产党的军队控制，在路上碰上了很多人，其中有两位说自己是商人，其实他们就是天津津沽大学的校长刘乃仁神父和另外一位神父，刘乃仁神父是我接触到的第一位天主教神父。他们装扮成商人，想逃难到兰州去。一路上交谈，刘先生没给我任何印象是个神父。到了兰州，他们要坐飞机走了，而我们要留在兰州。分别之际，他跟我讲，你以后有什么困难就找我，这时才把他的真实姓名和身份告诉了我，而且他也是河北深县乔辛庄人。

---

① "老西开事件"是1916年发生在中国天津，由于天津法租界试图进一步扩张所引起的天津市民的抗议事件。

另外，我们老家村子有两姓，一个姓乔，一个姓王，姓乔的都不是天主教徒，姓王的全部是天主教徒。那个教堂依然还在，而且保护得还很好。在我们离开张家口到宁夏的时候，中间要经过一段沙漠地区。没有铁路，我们就得起旱走。"起旱"的意思就是，有什么交通工具就利用什么，卡车、马车、骆驼都坐过，什么都没有的时候就只好步行。当时沿途人口非常稀少，只有很少的几个村落。晚上要找地方睡觉，我跟另外五个同学就找到了一个算是教堂的地方，一位比利时的神父在那儿，他招待了我们。那个地方只有蒙古人，汉人很少。我觉得很奇怪，一个外国人，不远万里来到中国，来做什么呢？这里生活非常艰苦，那时候好像是初春，没有青菜，吃的都是盐腌的咸菜。虽然我那时对欧洲还不太了解，但我知道他们的生活水平比我们要高很多。一个欧洲人能放弃舒服的生活来到这里，而且这位比利时神父非常和善，给了我们很多帮助。所以这给我一个非常深刻的印象，让我很震惊。这是我第一次真正接触天主教的传教士。

问：那您是什么时候开始对天主教有更深了解的呢？

答：我们这5位同学到了兰州之后就分手了，在兰州我又碰上了两位辅仁大学的学生，他们都是天主教徒。他们给我介绍了天主教的情况，而且在兰州带我看望了一位中国神父，所以我逐渐知道了一些天主教的情况。后来我从兰州飞到汉中之后，还要继续往前走，当时带的钱很快就花完了，因为跟我一起走的是个天主教友，他可以到教堂去求助，我也就跟着去了。这样一路下来，我们认识了很多天主教的神父，或多或少都得到了一些帮助，多数是传教士，他们都很有学问，至少我当时觉得他们会很多外语，汉语说得也不错，这给我留下了很好的印象。

问：您真正信天主教是在什么情况下和什么时候？

答：我从中国到香港之后，必须要找工作，因为去台湾去不成，中国大陆也回不去，我只好去找当时在华南总修院做总管的刘乃仁神父。我又不会讲广东话，他是我在香港唯一认识的人，他看见我也很高兴。后来他在澳门帮我找到了一份工作，让我在他们耶稣会的会士、一位匈牙利籍传教士——

马骏声神父处工作。马神父当时在大名府传教，他需要我帮忙整理东西，并编一部词典，就是《汉匈－匈汉词典》。我正好是学中文的，这里正好用上我的专业，所以我很快到澳门去，生活问题就这样解决了。刘神父、马神父都没有劝我信教，后来是我自己慢慢认识了，主动地问他们。有一位匈牙利的神父跟我学中文，给我讲一些天主教的道理。从这里开始，我慢慢地了解了天主教的教义，最后在澳门进行了洗礼，正式成为一个天主教教徒。当时我的教父也是一个留学生，叫龚道熙，原来是西北师院农经系的系主任，在法国留过学，在澳门接受了洗礼，他也给我介绍过很多有关天主教的东西。

问：您说过您的号是若虚，这个听起来很有道教的韵味和感觉。在您信天主教的过程中，有没有跟佛教或者中国的道教进行过比较？您在入了教之后，中国的佛教和道教在您身上有没有冲突？

答：我的号叫若虚，这个说起来也跟我读书有关系。因为我最喜欢庄子，道家思想对我影响比较大。当时我的老师讲，你是个中文系的学生，连个号都没有，不像话。这个老师是王叔岷，是台大中文系的，而且是"中央研究院"史语所一位资深的研究员。我受了他的教导，想了半天，觉得"若虚"比较好。"若虚"就是虚怀若谷，让我自己谦虚，我的名字乔伟有点张狂，这样可以中和一下，减少一点我的张狂。

我信天主教的时候一直有问题，天主教所说的一切我不是全都能接受，因为作为一个成年人，接受天主教信仰本来就不是一件容易的事，知识分子就更难了。有些教条我不能马上接受。另外还有我们中国的圣贤没有信教，是否也不能进入天堂等疑问。所以在这些问题上，我始终难以理解。他们说其实你也不必太过重视这些，只是为了一般人的需要，让大家容易理解才把这条加进去了。我始终还是有些不理解。但后来我想开了，我信教是我的事情，跟其他人没有关系，有些想不通的问题就放一边，只需要用我自己的想法来看这个问题就行。当然天主教有很多跟中国不一定完全吻合的事情，比如说像敬祖的问题，就因为这个，罗马常常和中国发生很大的冲突。因为罗马方面认为敬祖是一种迷信，但中国人认为不敬祖是不可能的事情，但后来这个问题还是解决了，那已经是很晚的事情了。

问：您是台大毕业的。那后来您到欧洲后，跟台大或者是台湾的高校还有没有联系？

答：我跟台大的联系倒是没有多少，反而跟师大、跟"中央"研究院的史语所有些联系。跟台大是因为有些老师在那里，比如王叔岷，还有屈万里等，还有些联系。北师大还有我的同学在那里，他们后来都做了教授，所以还有些来往。但是在学术方面的交流并不太多，有的时候去开讨论会，比如像民间文学讨论会，儒学讨论会等，正式的合作项目没有，但私人间的来往还比较频繁。

问：除了中国大陆、中国台湾、德国之外，您有没有参加过别的国家或地区的跟汉学有关的学术会议？和这些国家的学者交流多不多？

答：欧洲当时在 70 年代末 80 年代初有个汉学会，每年在不同的国家开，我以前就去过瑞典，英国我去过两次，都在剑桥，法国去过两次，瑞士去过一次，意大利去过一次，在德国两次，几乎当时的西欧国家我们都开过会。只有美国和日本的会议我没有去参加过。

跟瑞典的学者有一些来往，跟法国因为离得近，所以来往比较多。还因为有些中国学者在那里，来往还是比较频繁，特别是巴黎，因为法国的高等教育机构主要集中在巴黎。和英国的伦敦有些来往，因为有些中国人在那里教书，而且我们有一个中国同行协会在那里，是当时所有在欧洲教汉语的教师协会，是一个瑞典华人黄先生组织的，每年开一次会，叫欧洲汉学会。在巴黎翻译《红楼梦》的李治华就是会员之一。这是一个松散的组织，每年召开一次会议，我们也算当中的会员。另外，我是一个华人学会 Monumenta Serica 的编辑，我们有一本杂志，也是天主教会出版的，原来在北京辅仁，后来搬到美国、日本，最后搬到德国的 Saint–Augustin，这是一个有历史性的学术杂志。特里尔汉学系毕业的 Dirk Kullmann 就在那里工作。

问：作为一个中国人在德国任教，您觉得德国人看问题有什么特点呢？

答：我在波恩执教时，发现我和德国同事之间对事情的看法有时会不大相同，处理问题时会出现意见分歧。这种分歧可能是基于东西文化差异而形成的。比如70年代初东方语言学院每学期有一次毕业考试，根据考生情况全院组成考试委员会，主席由院长担任。在一次考试时有中文、日文、阿拉伯文的考生，主席是日文部的教授，一个日文部的考生因病休学了一年，健康尚未完全恢复，考得不太理想。我提议要放宽一些评分尺度。日文部的教授极力反对，理由是他健康的事是他个人的问题，我们只看成绩不考虑其他情况。我自命也了解一点德国人的心态，到70年代我也在德语区生活了近20年了，居然被普鲁士精神打了一记闷棍。其实这位教授二战时曾经在日本生活过十多年，已经很东方化了，平时也很乐意助人，但在关键时刻他却决不放弃原则，这一点实在值得我们学习。

还有一件事是我1984年来特里尔大学工作以后遇到的，也常叫我深思。汉学系开始刚建立，人手不足，除我之外只有一个秘书、一个助教、一个讲师。一年后才从中国请来一个讲师。我觉得汉学系开课太少，不能满足教学需要，我就多加了四个课时的课程。结果院长在院务会议上，公开批评我多开了课。一般德国大学的教授都上八小时的课，而我上十二小时课，这是讲师的授课量，违反规定。我提出了增加课时的理由是，课时少不能完成教学指标。院长坚持自己的看法，丝毫不因情况特殊而有所变通。这种坚持原则的作风，自然值得学习，但是有时似乎也需要斟酌，有所通融。也许我受的儒家思想教育太深。这也许正是东西文化的分歧所在，我觉得两种观点都有优点和缺点。如果能掌握好分寸采取中庸之道处理问题，使人际关系会变得更和谐。

还有一件事令我感触颇深。1982年我去特里尔大学应聘，校当局评审应聘人员资格时，需要请一位校外专业人士写一封评估信。当时德语地区，仅有一位合适人选就是罗致德教授。我曾在罗教授帮助下，开始在波恩大学东方语言学院教书。那时他是教授，我是讲师，双方合作很融洽，1971他应聘到图宾根大学时，一定叫我跟他一同前往。我考虑再三没有同意，关系闹得很僵。最后他对我说，我们曾经是朋友，言外之意就是从现在起不是朋友了。后来他回到维也纳大学主持汉学系。特里尔大学文学院院长竟然请他来写评估，我心里在打鼓，不知他将如何处理这个问题。没想到他居然不计前嫌，写了一封极为客观公正而且颇多赞誉的评估信，大大出乎我的意料。他的这种作风可以说体现了天主教徒的宽容精神，也就是儒家的恕道，这种作风是应该大力提倡的。

问：您在德国执教的地方主要有两个，一个波恩，一个特里尔。您怎么评价这两地的工作，都很得心应手吗？

答：虽然波恩大学也提供了很好的条件，我也做了不少事。然而比较之下，特里尔大学给了我更多机会来实现个人的理想，无论在课程设置方面还是文化交流方面，我都有充分的自由。所以我能和中国一些大学进行交流，互派学生、老师。我们和好几所省社会科学院建立了合作关系，特别是上海社科院和四川社科院，除去互访外还做了一些研究项目，比如人口问题，特别是老龄化现象、乡镇企业发展、沙漠化治理等问题，还办了专业的讲习班。从1984年开始，我每年最少要去一次中国，不但结识了一批同行，交了许多朋友，而且促进了双方的理解，消除了许多误解，这在80年代是有必要的。扪心自问，虽然本人能力非常有限，但我想到自己的中国血统，为了报答父母生养之恩，师长教诲之辛劳，就应该尽己所能加倍努力来工作，所以经过不断尝试，无论是在教研方面还是文化交流方面，终于做出了些微贡献。

问：您太谦虚了。您所做的，是很大的贡献。下面我还想请您谈谈您对欧洲汉学界，对德国汉学界的研究方法有些什么看法？

答：这个我只能谈我当时的情形，现在有些新的我也不清楚，我只能根据我当时的时代说。在我那个时代，可以说是以历史为主，因为像汉堡跟慕尼黑都是致力于研究历史的，汉堡是以明史为主，当时的 Wolfgang Franke（傅吾康）教授，他父亲写过一本中国通史。他子继父业，想继续将中国的明史整理出来，结果未能如愿。他教出来的学生基本是搞历史的，像后来在波鸿的 Vittinghof，像 Grimm，这些人都是搞历史的。Grimm 先是在波鸿，后来在图宾根。慕尼黑方面也是 Franke，因为他本人是学法律的，他对法律方面感兴趣，对历史也有研究。柏林，当时没有一个真正的重点。波恩当时只有一位教授，是搞文学的。我说的这些人都是研究古汉语、古典文学的。另外还有明斯特搞古文字，海德堡当时还没有教授，图宾根也没有。特里尔更不用说了，根本就没有汉学系。所以当时的情形大致就是这样子。我认为当时主流是搞历史，其次文学。另外有一些搞古物鉴定的，像科隆的 Göbel，当然他不是汉学系的，是东亚历史博物馆的馆长，甚至于后来的东亚艺术系也是在 80 年代中期以后才成立，主要搞中国和日本这两国的研究。

问：那您觉得这些汉学家对中国的看法是怎样的呢，在汉学界有没有一个共识？

答：一个共识我觉得很难说。有的比较公正一些，有的就认为在中国思想受控制，学术研究不自由，研究的东西常常带有色彩，特别是在改革开放以前，出版的东西很少，所以他们有这种看法。这种情形当然在改革开放以后逐渐得以扭转，没有那么多党八股的形式，给人耳目一新的感觉。总体来说还是比较客观的。所谓的客观是根据他们的观点来看待的，不是根据中国人的观点来判断。还有一个问题，他们读中国古典的东西也要借重外文翻译，恐怕在理解上还是有些问题。

问：在后来的东西方对话方面，您觉得德国汉学界对于中德双方的互相了解做得怎么样？

答：这方面我觉得做得不太够。因为当时德国的汉学家主要研究古代问题，对于当代中国知道得可以说非常少，所以他们没办法为德国政府出谋划策。德国外交部也知道这种情形，因而在汉堡成立了一个 Asien – Institut，就是针对当代中国问题请了一批人进行研究，其中当然有汉学家，但汉学家不是主要人员，而是一批年轻人，研究中国当代问题，这样在为德中和中德双方对话方面，能提供一些资料。

问：好像整个德国媒体对中国的报道比较片面，有种一面之词的感觉。您觉得这些汉学家怎样做才能让德国媒体对中国的看法比较客观一些呢？

答：其实这个很简单，他们只要客观地来说明在中国发生的一些事情，就会纠正一些记者的偏见。但是到目前为止，我发现除了 Pohl（卜松山）之外，Heberer（王海）有时也会发表一些文章，表达自己的意见，其他的汉学家好像不大管这方面的事情。

问：他们是不想管，还是不敢管呢？

答：这个我就不太清楚了。这些记者们报道时有个原则，中国似乎是报喜不报忧，他们呢，恰恰相反，报忧不报喜。好的事情他们是不会报道的，报道的都是负面的。另外还有一个根本原因，中国到目前为止，尽管我们说是社会主义的市场经济、中国特色的社会主义等，但他们认为你还是共产主义，在意识形态上还是对立的。德国总理默克尔就说过，我们属于两个意识形态，我们很难在一个阵营里共事等。在这个前提下，你很难期待新闻记者进行比较公正的报道，因为他们戴着有色眼镜看中国的问题，这样就不好说了。一些搞中国问题的，他们愿意的话，有时候也可以发表文章，澄清一下实际的情况，这对德国人了解中国很有帮助。很可惜，他们在这方面做得比较少。当然还有一个趋势，就是中国的国势日益强大，同时各方面都在进步，有些记者也慢慢领悟到，尽管是共产主义，但是跟以前的共产主义已经不一样了，应该用另外一双眼睛来看中国，不能再用老眼光了。这是我的一点推测。

问：以前学汉学的人可能跟中国的接触比较少，现在很多大学的中文系里，去中国留学一个学期或一年是必需的，有的学校虽然不要求一定得去中国学习，但是在学习过程中，大部分的学生都有亲自去了解中国的愿望和经历。您觉得通过这种亲眼所见、亲耳所闻、亲身体验，能不能在不远的将来让大家对中国的看法更客观一些？

答：我觉得你的看法很正确。这种多派德国留学生到中国去是一种非常好的形式，所以我们一直在努力做这方面的事情。我们每年要派两个德国学生到武汉大学去，现在听说厦门大学每年也邀请几名德国学生去，另外，特里尔孔子学院也有这种想法。这是一件非常好的事情，因为只有互相交流才能增进彼此的了解。

问：您对20世纪、21世纪中国的学者有些什么看法？

答：这要看怎么说，哪一个人，什么年代了。比如说像老一代的语言学家吧，像吕淑湘、朱德熙、陆俭明这些人，从语言学的角度看，他们已经做了很大的努力，走出了一条所谓的中国式的路。你知道，过去《马氏文通》

套用的是拉丁语的语法，还有很多学者都是用西方的语法来套汉语的，所以我希望学者们能够自己通过调查研究，做出一部中国的语法来。到目前为止，还没有真正完成，但是成果会越来越多。年青一代会逐渐完成朱德熙先生的梦想。其他方面我想也是一样的情形，而且我们的思想越来越解放，不像改革开放初期，处处要想到意识形态的问题。现在意识形态方面也存在，但不是那么重了，学者更看重自己的研究成绩。不过，我觉得最主要的是，做学问要扎实一些，不要急功近利。目前，这种商业社会的发展急于要成绩，没成绩你就上不去，这对于学术发展不是一件好事。做学问需要时间，不能想着马上就见功效。有的科目可能可以，搞文科的就不行。

问：我还想请您再展望一下德国汉学或者国际汉学的发展趋势。现在有人提中国学，这和汉学是否一致？

答：我觉得中国学似乎更切合欧洲的汉学，因为汉学实在是一种不得已的称呼，而且将来演变的趋势是成为一种更综合的多元形式。汉学过去仅仅限于文学、历史和语言，还有政治，但将来的范围会更加扩大，比如经济方面的发展会成为重要的部分，跟所谓的汉学几乎没有太直接的关系，因为汉学原来主要是用来考据的学问，是考据学术。相反，中国学是一种综合性的学问，有关中国的东西都可以研究，因而，我觉得用中国学更加合适。将来发展的方向，毫无疑问会更贴近于现实生活，比如中国经济的发展、中国政治的发展等。文学当然还是很重要的，但绝对不会像过去那样绝对重要。同时，部分研究中国问题的人绝对不会仅仅限于书本，而会更重视现场调查研究。所以，我预计会有越来越多的年轻学者走这条路，因为这样更便于取得第一手资料，比从文字方面取得的更令人信服。我相信，将来的汉学势必要往这条路上走。这是我个人粗浅的看法。

问：就是说，将来的汉学（Sinologie）可能会变成中国学（Chinaswissenschaften）？

答：对，或者会叫 Chinese - Study（中国研究）。因为你单单研究文学的话，在现代社会势必偏离实用化，对这个社会没有实际用处。当然研究还是应该有的,但要更多地贴近当前的中国。用全方位的研究方式,用现代化全方位的调查或者访问的方法来研究中国问题,对中国的了解就会更多一些,这样也会减少对中国的误会。现在的西方流行一些中国威胁论或者类似的想法,这都是对中国的不了解。其实,真正的中国,是个爱好和平的民族,它的大部分是农民,而农民是安分种田的人,不愿意到外面去发展,那些去外面发展的毕竟是少数人。在这种情形下,中国不会有侵略其他国家领土的野心,这一点从历史上就可得到证明。郑和率领当时世界上最庞大的舰队,也只是访问了一些地区和国家,他不但没有在那里进行殖民和占领,只是友好访问,反而给当地人送礼物,这种精神我想中国人是永远会保持的。我相信,西方国家对中国越了解,越会促进中西方之间的友好交流。

问: 这就是说,您觉得现在西方对中国的了解还是比较片面、比较过时的?

答: 是,我觉得是这样的,因为他们主要停留在过去的阶段上。一方面,所谓的欧洲中心主义在作祟。中国现在确实是发展得很好,发展得比较快,而他们还很不习惯这种情况,无形中就产生了一种恐惧和担心。如果对中国了解得更多一些的话,这种心理就会消除的。

乔伟教授 照片4

问：您这一路走来，可以说是非常坎坷，从中国的抗日战争到后来的国共内战，经历了这么多苦难，经历过不同的国家，肯定遇到过难以想象的困难。那您是怎么坚持下来的呢？

答：这个应该这样说，这跟我小时候受到的教育很有关系。前面已经说过，我念的是私立学校，校长是个主张读经的人，我们小学三年级就已经开始读"四书"，他常跟我们讲，"人而无恒，不可以作巫医"（《论语·子路》）。作为一个人一定要有恒心，有恒心才能做出一些事来。这个我当时就牢牢记在脑子里了，这对我后来的人生步伐有重要的启发作用。我的一生确实是经历了不少事，简单说可以分三个阶段，三次转折。

第一个阶段是抗日时期。因为我是在沦陷区长大的，在天津。我看到了日本人对我们的压迫和欺凌，所以我决心去抗日。这期间人生比较简单，我的外祖父帮助我从沦陷区平安地到了大后方，后来我很快就投入了从军的热潮，一切都由团体或者机构来决定我的去向，我本人基本没有遭遇太大的问题。

第二次就比较差一点，因为我 1948 年离开北平到兰州，后来到香港，完全是靠我自己，这段时期恒心对我的支撑是非常重要的。另外，由于我能坚持，得到了好多人的同情和支持。

第三个阶段是到了欧洲。语言首先就是个大问题，另外经济也是个问题。幸亏有天主教会给我的奖学金，但这奖学金也仅够吃饭，其余花销还需要我自己打工来挣。我什么工都打过，到锯木厂扛木头、抬木头，做建筑工、汽车清洗工、餐馆工，几乎所有的工种都干过。这些经验为我后来的人生提供了不少帮助。尽管当时非常辛苦，但是我始终不放弃学习，我无论如何也要读完学位。我也始终没有忘记那些曾经帮助过我的人所说过的话，不能辜负他们。总的来说，我每走一步都很不容易。我学习的过程不比任何人轻松，但在任何艰难的情况下，我都坚持着，这才走到了今天。

国际关系与中国研究密切相关
—— 艾伯哈德·桑德教授访谈录

(艾伯哈德·桑德,Eberhard Sandschneider,德国外交问题理事会前主席[①]、汉学家)

采访人:Jiagu Richter
采访时间:2017年3月15日
翻译、整理:Jiagu Richter

Sandschneider 照片 1

问:您是怎么开始学习中文的,为什么选择了中文和中国研究?
答:我学习中文时已经上了大学了,我的老师是中国问题专家 Jürgen

[①] 德国外交问题理事会(German Council for Foreign Relations)是德国对外关系方面最重要的一个智库。Sandschneider 教授曾于2003—2016年担任该理事会主席。

Domes，那时在萨尔布吕肯大学。当时我做了这个简单然而战略性的决定，因为我觉得中国太重要了，选择这个专业今后不会失业，不会没有工作。这大约是在1979年，正是中国改革开放开始的时候。我开始在波鸿中文学院（Landesinstitut für chinesische Sprache）学习中文。

问：就是说，您决定学习中文、搞中国研究时不在汉学系学习？
答：我从未学习过汉学专业。萨尔布吕肯大学没有汉学系。我是一个学中文的政治学研究人员。

问：那您从未用中文资料研究中国吗？
答：现代汉语我当然要读，在台湾撰写博士论文时我需要阅读中文资料，我只是没有进过汉学系，没有学过古汉语。我当时认为（现在依然是这样），波鸿那所学校是开始学习汉语最好的地方。那是以三周为一周期的语言强化班，然后回去自己巩固复习，练习认写汉字，等你认为自己掌握了这些汉字，就再去学三周。课程低级到中级、高级课都有，包括阅读、口语、听力理解等各种课。是非常完整、有效的安排，每天学十五六个生字。两次间的间隔根据自己接受的情况决定。我这样一共学了两三次，然后去了台湾。在那里，我请了私人老师，每天上两小时课。因为我已经开始写博士论文，我必须抓紧时间。我在台湾大约学了一年中文。每天上午两小时学中文，下午去图书馆找博士论文资料。论文的题目是《中国人民解放军在文革后的政治作用》。

问：在台湾可以找到这方面的资料吗？
答：所有资料都可以找到，既有繁体也有简体的。问题是，我在波鸿学的是简体中文，这会儿我得重新学繁体字。当时有一个很大的辩论。台湾有很多有关大陆的资料，不论什么都有。但当时台湾对关于共产党和大陆的资料有很大限制，这些资料都是保密的，需要特别的获准才能得到。

问：那您是怎么得到的呢？
答：通过学术界的关系，一种"走后门"吧。问题是，这些材料我去中国大陆是得不到的,我得去台湾。第二个原因是语言训练,在台湾我可以上单人的语言课,这比大班课,大家互相之间都讲英文要好得多。我的中文老师一句德文不会,英文只能讲几句。第一堂课我们得用肢体语言。学习过程非常艰难,但这是学习语言最快的办法。这是1982年。

问:为什么没有选择去中国大陆呢,1982年时已经可以去了。

答:是的,但是由于我选择的博士论文题目,不便去中国大陆。解放军的政治作用,这在当时是最敏感的题目之一了。邓小平正要把那些将军限制在军营里。而在"文化大革命"的时候,中央委员会50%的成员是军人呢。当时对军队在四个现代化中的作用开始了一场很大的辩论。他们将四星将军降为三星将军。很多将军非常不满。如果我去大陆,他们会认为我是个间谍。如果我申请去中国搜集这方面的资料,我很可能得不到签证。

Sandschneider 照片2:在演讲中

从台湾回来后,我回到萨尔布吕肯大学,一边教学一边修一些博士需要上的课程,并写博士论文,1986年7月完成了博士论文。就是说,1985—1986年写博士论文。获得博士学位后,我开始作为 Domes 教授的助理在亚洲政治研究所中国项目科工作,在那里一共工作了15年。1993年,我完成了博士后论文,接着作为高级助理工作了两年。1995年,夏天我开始在美因茨大学工作,教授国际政治。这是我第一个教授职位。1998年,我转到柏林自由大学,直至目前,那是我导师以前的职位。他1967—1975

年在柏林自由大学教课。此后他去了萨尔布吕肯大学,我在那里与他相识并成为他的学生。1998年,这个职位空缺了23年后由我来接替了。但这个职位的资金已经转到了汉学方面,所以我既属于政治系,也是汉学系的人。因为我视自己是从事政治学研究的研究人员,我在柏林自由大学选择政治学系为我的主要所属。

问:这个职位仍在汉学系?

答:正式形式是一半一半,实际上更多在政治学系。

问:这好像是很罕见的情况,是不是?

答:这是柏林的一种特殊安排,即对区域国家的研究有这么种倾向,半个职位在专业系科,如政治、经济、历史等,另外半个在区域国家研究系科,如汉学、日本学、韩国学等。这是柏林大学里的一种特殊安排,我从未听说其他大学有这种安排。

问:您认为这是一种好的安排吗?

答:不,不是。对大学里的内部管理来说不是一个好的安排。如果我可以选择,我不会选择这样的方式,属于一个系就够了。这会带来更多的行政事务,但并不能有更多的成效。如德文里所说的,"同时在两个婚礼上跳舞是很困难的"。

问:但是如果过于集中于某个区域的问题和研究是不是会限制视角?

答:确实,所以必须扩大视野,将此纳入系统化的研究中,需要有跨学科思维方式、加强与同事的交流等,但不必因此要同时属于两个系科。这仅仅是一种特殊安排,虽然没有影响到我的研究,但也没有带来任何好处。

问:然后您离开了柏林自由大学,到德国外交问题理事会(German Council for Foreign Relations)工作?

答:不,我一直保持教授资格,但同时可有3/4的时间在这个理事会工作,每个学期只教一门课程,一直到去年。我去年离开了这个理事会。当然,这只是形式上的，实际上等于我得 100% 为理事会工作，另加 20% 时间来教学。这一门课程一般与外交有关，有时关于中国，有时关于安全问题。这种做法持续了 13 年。我这个学期刚结束一年的修教（sebatical year），重新回到全面教学，每学期教四门课。

问：您教什么课程呢？

答：科技在国际关系中的作用、两德统一后的德国外交政策、"一带一路"，还有一个博士生课程。

问：现在我们可否谈谈您的学术发展和研究课题，您说过博士论文是关于中国人民解放军的政治作用，是不是从这里开始的？

答：在政治学方面我是从比较政治开始的，对不同的政治制度进行比较，我的博士后论文题目是《政治制度的稳定性》，为此与几个同事就 90 年代转型体制进行了很多合作。只是从那时开始，我更多转向国际关系。从在美因茨大学第一个教授职位开始，我接替一个欧洲问题专家的职位，需要教授很多有关欧盟、欧洲一体化的课程，这是一个讲授国际关系的教授职位，所以也要教授国际关系的课程。到了柏林自由大学后，我的教授职位是中国政治和国际关系。所以结合了国际关系与国别研究、跨越国内政治与对外关系。

问：所以中国研究只是您工作的一部分？

答：对，过去 13 年里，德国对外关系是我的主要关注点。但是中国研究是我工作的一个重要部分，我就中国外交写过一本书和多篇文章。在我研究的国际关系中，不论哪个题目，中国始终有一个重要的位置，不管是美国的作用、中欧关系、中德关系，还是中国在东北亚，所有题目都离不开中国。所以虽然不集中于中国议题，但一直与中国研究关系密切。我的优势是不仅仅与研究中国的人打交道，而是研究不同的议题，涉及不同的方式，接触不同的同事，通过从不同的角度观察中国，我学到了很多，从系统的方式和其他领域都学到了很多，如安全研究、经济研究、外交，等等。

问：您是否认为，做国别研究的人容易重点强调这个国家的国内政治？

答：我注意到，有些一辈子研究中国问题的人有时会觉得失望、生气，我从未有过这样的感觉，我试图从尽可能中立的角度评论中国，我不会因为中国没有做我们要求的，或者没有像我们希望的那样而失望。我对一个美国朋友说过，你正在变成一个老混蛋！因为他们过去25年里一直在告诉中国应该怎么做，中国不理他们，他们便越来越失望。他说，"你说得对"。可是，这不是我的方式。

问：目前，除了每学期四门课程，你是不是还做些与中国有关的研究工作？

答：我做点研究工作，正在考虑写一本有关的书，还在做咨询，也去不同的地方参加各种会议。关注点仍然是国际关系和中国，即一方面是中国，另一方面是系统的政治学研究。我越来越对科技发展对国际关系的作用感兴趣，如机器人、人工情报，等等。

问：您似乎旅行很多，是不是常去中国？

答：经常，一年三四次，一次三四天。我是浙江大学的客座教授。其他大部分合作项目是与中国的研究和智囊机构之间进行的，大部分在北京和上海，有时也去香港。如上海国际问题研究所、中国国际关系研究所、中国人民对外友协，等等，也与大学进行合作交流，如北大、人大。

Sandschneider 照片 3：浙江大学报告会的海报前

问：有无与中国合作的项目？

答：尚无合作项目，因为我刚回到大学。

问：是否有中国学生，是否从这些大学接受中国学生？

答：有时有。我对选择中国学生十分谨慎。因为中国的语言训练和专业训练与我们很不同，有时成功，有时不成功。如果把学生弄过来，要承担这个责任的。

问：您的出版物一般是哪些方面的？

答：我现在不太写学术论著，我的文章，如同我出版的两本书都是面向一般读者的，不再用那么多烦人的注脚。我认为，搞社会科学研究的人有责任用商务人员、政治家、媒体人和公众看得懂的语言解释所研究的复杂问题，我认为自己的作用是复杂性与现实之间的翻译，努力让人们理解在我们周围发生的急剧变化。比如科技的发展、机器人的作用和就业市场的关系，大部分人不知道这些是怎么回事，因此很担心，并做出大众式的反应，但如果有人讲清楚这是怎么回事，帮助人们理解，他们就没有必要担心。帮助人们理解并选择最好的反应是社会科学研究人员责任的重要部分。如果写一篇用很多注脚的文章，最后，全世界只有三个人看，这个工作有意义吗？我不认为如此。比如我下周要去巴伐利亚向200多人讲如何能最好地处理全球性危机，这与仅向三四个人或者十来个人讲解他们自己应该怎样处理危机，其意义是完全不同的。社会科学研究人员就是要创造不同。

问：这在学术研究领域是很新的想法。

答：是的，我想我的研究汉学的同事根本不会这么想。

问：但好像也是有汉学家认为他们有责任让世界了解中国，真正了解中国需要汉学家的解释，但这种努力似乎不太成功。这使我想起了另一个问题，您怎么看待中国在西方媒体中的形象，汉学家对此能做什么？

答：汉学家对此无能为力。中国在西方媒体中的形象驱动的因素既有偏见，也有期望和失望，在大多数情况下不取决于基于事实的分析。这取决于有什么样的期待。但这个情况在好转。我认识不少记者，他们告诉我，如果我写的东西不符合国内某些读者的期待，我的文章就发表不了。这种期待与中国人不照我们想的去做而带来的失望造成了一种对中国的偏见。我看到过各种情况，既有对中国经济发展的欢呼，也看到深深的失望，不同的情绪交替出现，这种情况今后还会继续。人们喜欢中国的某些方面，比如习近平在达沃斯的讲话，大家都很欢迎，他在抵制特朗普，捍卫贸易自由，而下一次有关于人权的争议又回到议题上来，这两个极端情况来回循环。

我对汉学家关于这个状况的评论是，他们什么也不能做，因为他们一般没有向公众宣讲的手段。不能像学术辩论那样，得选择与学术论文不同的语言、不同的风格，我个人的印象是，大多数汉学家的演讲对公众来说是很单调乏味的。你得接受，你不仅是一个学者，在某种程度上还是一个传播者，你要让别人能够听得进去，以便传达你的信息。这是一件困难的事。在大多数情况下，汉学家学术辩论所讨论的问题不能让公众有更多的了解。

问：您是否认为，尽管有言论自由，但西方媒体关于中国或者某个特定国家仍然有一种主流思维，主导了对中国或这个国家的看法？

答：你说的对，不仅是中国，对印度、巴西、南非或其他国家也一样。西方的看法习惯于由我们来定义游戏规则。我们很难理解和接受，别人同时也有权决定。这让我想到一个简单的评价，我们完全知道我们想要什么和我们的价值观，我们也完全知道我们希望别人做什么，但是我们对别人想要我们做什么，所知甚少，这是一个大的挑战，即了解中国的做法和想法，当前的美国、英国、印度、巴西的做法和想法对国际关系的影响，以及如何做出反应。

问：这种想法是否仍然来源于殖民思想？

答：从历史进程角度的某种程度上，可以这么说。因为长期的传统是，西方制定游戏规则、确定别人应采取的政策。举个例子，Robert Zoellick 有个著名的说法，希望中国成为负责任的大国，这实际上是，我们来确定你怎么做才可以被称为负责任，他根本不能想象，中国对"责任"可能有自己的定义,这可能与我们的定义是不同的。我们要知道的是,中国这样的国家要自己定义他们的责任,中国是这样,俄罗斯是这样,如今特朗普是这样,这对欧洲崇尚跨大西洋合作的人是一个极大的挑战。其他国家会效仿的,印度、巴基斯坦、印度尼西亚、土耳其提出了他们自己关于"责任"的定义,这对我们提出了重大的挑战。这些是我们正在经历的地缘政治权力转变。

我的解决方法很简单,有些人对中国的事很焦虑,以焦虑的目光注视着中国正在举行的全国人大会议,而我不担心,人大虽然很重要,但驱动的因素总是这两个,一个是我们刚才谈到的地缘政治权力转变,另一个是科技发展带来的变化。如果你把两者加起来,你就会知道国际关系上需要做出改变的压力有多大。这个压力是所有人所面对的,中国、德国、西方世界都一样。人们需要理解这些问题,确定自己的应对措施。如果他们仅仅回到简单的、民族主义的、大众式的、意识形态的解决方法,那是很危险的。这是导致冲突的源头。所以特朗普是危险的。

问:您认为意识形态在这里是否有什么作用?还是仅仅是地缘政治的作用?如果中国不是共产党国家,会不会不同?

答:我知道,从形式上来说,中国共产党仍然是共产党,但实际上,已经和过去的认知有些不同。与我们从教科书上知道的共产党应该是怎样的已经完全不一样了。中国对西方来说最大的好处是,它不那么意识形态,而是非常的现实。如果有问题,就寻找解决问题的最好办法。我认为邓小平最大的贡献是,他做出了一个重大的转变,如果现实与理论有冲突,毛泽东晚年的办法总是去运用有些脱离实际的理论,导致出了一些问题,而邓小平恰恰相反,如果现实和理论有冲突,忘掉理论,把它放进历史的故纸堆里,去寻找实际的解决办法。中国需要外国人,那么,就谨慎地让他们进来,为他们创建特别经济区;中国需要资本家、百万富翁、亿万富翁,那就欢迎他们进入共产党。你能想象任何其他国家的共产党吸收百万富翁做党员吗?仅仅因为他们是富翁,还是因为他们的意识很先进?中国采取一步步走的办法,有时我也希望西方能采取一步步走的做法,比如我们那个了不起的欧元,根本不应该一步到位，还不知道会出现什么就采用统一货币。这是一个重大的区别，也是中国在创建全球新定位和作用时的区别。

问：您是不是认为西方不是那么实际，也就是说在与中国的关系上更加重视意识形态？

答：是，但真正的问题不是意识形态观念，而是意识形态带有双重标准。双重标准正在摧毁我们这种意识形态的可信性。如今你如果想和中国人就人权问题进行很好的辩论，你得准备好讨论 Abu Ghraib 事件（美军虐待伊拉克战俘——整理加注）、extradition flights（将战时战俘从东欧国家秘密关押点用飞机运送到美国——整理加注）、关塔那摩等侵犯人权案例，你得解释为什么与沙特阿拉伯这样的国家是这么密切的伙伴，在那里按西方标准的人权受到侵犯的情况比中国要严重得多，等等。这些双重标准已经彻底破坏了以价值观为基础的西方国家的政策的可信性，在一些政治家的眼里这种可信性应该是存在的，而实际上已经不是这样了。

问：能不能说西方社会需要改变思维方式来理解中国？

答：怎么改变社会呢？作为研究人员，能做的就是参与公共讨论，让人们去看你写的东西，了解你的观点，不过这是很困难的事。这是一个艰巨的任务，但我愿意承担这个任务。每次我接受关于中国的采访时，我都是努力帮助听众更好地了解中国的实情，而不是让人担心中国人要来了，等等，寻找应对中国的实际措施，不论是政治上的、经济上的或者是来自中国的投资。

问：政治家在此能起很大的作用，但如果他们只想讨好公众，采用主流言论，那是很容易的事。

答：所以政治家不应去讨好公众，而应至少提供真实情况。不过我同意，不是每一个政治家都能正视他们的使命，有些更愿意讨好公众获得连选连任。这是民主的一个缺陷。我确信，在未来的几十年里，我们会看到另一个剧烈的转变，包括在民主的体制上，这不仅是因为来自中国、俄罗斯等的挑战，还有来自科技发展的挑战，包括科技的破坏能力。目前，我们在讨论虚假新闻的问题，你怎么能确定你得到的新闻是真实的，我们行为所依据的新闻是不是假造的？这涉及很多方面，从健康到人工智能、我们工作的方式、学习的方式，所有这一切都会变化，所有这一切都会影响到我们共同的生活方式，影响到民主的方式，不论民主的定义是什么。是不是会更直接，是不是会导致在"脸书"的基础上做出政治决策，是不是会更加专制？

有的人担心，也是因为中国的缘故，中国实用主义的结果是，不论是什么意识形态，只要问题得到有效解决，就把意识形态放到一边，这是有效性主义，但政治学家称之为"结果证明合法性"（output legitimacy），而我们的民主制度是建立在"投入证明合法性"（input legitimacy）之上的。你选举的人进入议会，因为你相信被选人会做出正确的决定。这个合法性可能会发生变化，因为它变成了政策的后果来证明合法性。这一点你在美国新总统特朗普的做法中也可看出，他不太关注各种国家权力机构之间的制约，但他的政策很快就会面临问题，那将是一个极大的挑战。后果是决定性的，他是商人，他要做交易。当然他也在学习，他对自己的政府机构没有完全的控制。让我们继续观望吧！我对结果持怀疑态度，但还有改变的余地。但这只是众多变化中的一个。

Sandschneider 照片 4

问：从某种程度上我们可以说当前民主制度遇到了危机，特别是特朗普的当政。德国应该说是经营得很好的制度，但在某种程度上也受到难民问题的冲击，社会的稳定受到破坏。您怎么看待这个问题？

答："我们能处理好"（德国总理默克尔的话）。难民问题很重要，但不是关键问题，它是我们对阿富汗、伊拉克、叙利亚、利比亚外交政策的后果，也是我们社会成功的后果。从历史上，人们总在努力迁移至安全、美好、富裕的地方，欧洲的历史充满这类事例，这不是一个新问题。这仅仅是一个表面现象，真正的驱动力在表层之下，实际上，是如何解决问题、如何安排政治制度、如何安排政治决定的接受，如何与老百姓进行互动。美国是一个移民国家，德国也是。对移民，我不赞同融入的概念，我支持多元文化的概念。我不相信融入，因为是做不到的。比如，60年代到德国的土耳其就业的移民，当时我们欢迎他们，需要他们，邀请他们来德国，现在他们在德已经是第三代了，你去看看他们的融入程度，你简直没法相信，他们居住区的街道、商店都是土耳其文，没有一个德文，他们的生活方式与在伊斯坦布尔一样。你知道，按居住人口算，柏林是继伊斯坦布尔之后世界上第二大土耳其人的城市。这是一个融入不成功的例子。

我还有一个更能说明这个问题的例子，这与现在的难民危机没有任何联系。1995年，我在美因茨大学当教授时，遇到一个当时85岁的老太太，她是二战后从德国东部逃出来的，她住在法兰克福北边的一个小村子里。她告诉我，她已经在这个村子里生活了47年，但她在这个村子里仍然是一个陌生人。这个老太太是德国人，说德语，但带很强的东部口音。47年了，一个本国人，仍然没有被接受为当地人的一员！现在的移民有的来自土耳其、中国、非洲，等等，你想想融入的困难有多大吧！这里当然有语言问题，更有文化问题。你看看美国，他们对移民问题的处理就要好得多，很简单，移民来了，只要尊重法律、讲很破的英语、交税就行了。这就是美国，不论你有什么样的背景。那里有很多白人，有西班牙裔、非洲裔美国人和亚裔。当我走过斯坦福大学校园时，我发现大部分是东方面孔，中国的、韩国的、日本的，等等，我这样的欧洲面孔绝对是少数。融入是一个艰巨的任务，我们有些政治家还是相信他们的文化更先进。

问：您认为美国的移民融入方式更好吗？

答：是啊，这是更可行的方式，自己生存，也让别人生存。我们欧洲人总想强迫所有人采用一种体制，这是行不通的。

问：我想，这不是真正的融入（integration），而是一种同化（assimilation）。

答：对，正是这样。我认为允许多元文化的存在是更好的方式。对有些人来说会觉得外来文化很不同，很奇怪，但我觉得这是很有意思的一部分。很多人害怕外国人，觉得他们抢了工作机会。但这是今后一些年里我们必须面临的社会变化。

问：您现在的一个研究重点是新科技发展与国际关系，您怎么看中国在这方面的作用，中国在新科技领域是不是对德国形成挑战？

答：如果从积极的角度看，中、德两国在很多领域进行密切的合作，"一带一路"可能是一个主要的挑战；从地缘政治的角度看，这是中国以连接欧亚的陆地战略应对美国海上主宰的一个努力。上次习近平访问德国时访问了杜伊斯堡火车站，很多德国人不知道为什么。这是因为"一带一路"中的一个走廊连接中国和德国，高速火车从山东以南的连云港出发经过西伯利亚、中亚国家最后到达德国的杜伊斯堡。这将欧洲与中国、东亚连接起来。当然还有其他走廊，如经过巴基斯坦瓜达尔港再到非洲、雅典港等。这类合作越来越重要。中国正在尽最大的努力让这些连接运转起来。当然这对我们也有利。

问：您是否认为这是一个挑战？

答：取决于你怎么定义挑战。这当然是一个挑战，你得适应、得合作，但最终对双方都有好处，不仅对中国，对我们也有好处。你看看有多少德国公司积极推动，并与中国合作推动这些新技术及其所带动的发展，既是合作也是竞争。

问：您怎么看"一带一路",您认为这仅是一个蓝图还是一个现实的计划?

答：这既是一个蓝图,也是一个长期的地缘战略计划。其目标是抵制美国以海洋为基地的战略影响。如果你看一看世界地图,所有主要的战略要地,从巴拿马、直布罗陀到苏伊士运河、马六甲海峡,甚至台湾海峡,所有中国认为重要的地方都有美国的势力。如果中国想平衡美国主导的局面,他们能做什么呢?一个做法是,不去看海上的力量,把地缘政治联盟立足于陆上,既然有巨大的欧亚大陆,有那么多资源,那么多机会和选择,而欧洲可作为合作伙伴,这可能在地缘政治上是很有意思的,你就会想到这样的中国梦。我认为习近平的梦想就是让中国回到1435年之前的时候,那时中国在世界上是占领先地位的,中国有火药、指南针、瓷器,有当时很先进的医疗制度,当时欧洲还没怎么发展。在哥伦布航海大发现之前半个世纪,郑和与他的舰队就远洋了。但在1435年这一年中国决定毁掉航海舰队,全力修建长城,放弃开放政策,转为自我封闭。这个决定意义重大,因为中国从此失去了与世界先进国家的联系,此后几百年里中国持续衰退,接着是鸦片战争、义和团暴动和八国联军入侵、日本侵华;等等,中国处于被欧洲列强统治的地位,其国际地位在19世纪末20世纪初进入历史最低点。但现在中国又回到世界舞台上来了。这就是我理解的习近平的中国梦。你可能记得郑必坚那篇著名的文章——《中国的和平崛起》,中国政府马上出来更正为"中国的和平发展"。但去年11月,我在北京人民大会堂听了一个关于中国外交政策的重要讲话,前外交部副部长傅莹明确说到"中国要领导世界"(China wants to be the leader of the world)。五年前没有人会这么说。

问:您说到,中国梦就是要回到1435年之前,回到中国是世界上最先进国家的时候。"最先进的"是不是一定要"占统治地位"、控制别人?

答:这只能再看了,目前中国尚未达到这个地位。中国现在很合作,很有成效,希望中国到那个时候仍然能保持这样。那会对世界上其他国家都十分有利,不同于西方国家过去的做法。但现在说太早了。

问：您如何看中国未来的发展，是不是像一些人那么悲观？

答：我既不悲观，也不乐观，我努力很现实地进行分析。那些特别乐观，认为中国会民主起来的人放弃了；那些特别悲观，认为中国会崩溃的人也没有言中。只要中国能像现在这样，以现实的手段解决面临的实际问题，即使是现在这样的政治体制也能维持下去。我看不到可行的替代。问题不是共产主义在中国能不能行得通，而是共产党采取什么样的政策，以实现主权、稳定、经济发展、世界影响的目标，我认为这四点是重要的战略目标，自邓小平开始任何一届中国政府都在追求这几个目标。只要还是这个方向，我不担心中国的未来。我不担心股市下跌、经济发展减慢，这是十分正常的事，不放慢会经济过热，很危险。我不是想让中国政府按我的期望去做，而是观察他们怎么做。过去30年他们犯了一些错误，但这并不意味着他们明天就要犯同样的错。总的来说，这个体制具有应付问题的灵活性和弹性。我认为，可能会出现问题甚至危机，但不会崩溃。这对全世界来说是件好事。中国与我们已紧密地联系在一起，政治上、经济上都是这样。德国以前有句成语"中国那儿从天上掉下一袋子大米与我毫无关系"，现在不一样了。所以中国保持稳定对我们也很重要。

问：您怎么看待中国的腐败问题，是极为严重，无法治愈，还是可控的？

答：是一个非常严重的问题，因为它影响到社会的稳定，腐败在很多国家存在，有时是一个可计成本，即价格中要加上反腐成本。只是不知道这个成本有多高。人们因此而生气。腐败对任何社会来说都是侵害社会肌体的毒瘤。中国的反腐运动努力清除那些腐败分子，反腐是中国一个重大而艰巨的任务，如同环境保护。中国有很多问题，各种问题相互关联，要想将这些问题列一个解决的优先顺序极为困难。

而如何向西方社会解释中国的发展是一个挑战。大部分传统的汉学家研究的是1917年以前的中国，研究当代中国的人很少。现在柏林有个Merics中心，稍微好一点了，但仍然非常不足。与美国和其他国家比非常少。对印度、巴西等国的研究更是这样。我们需要加强国别研究，需要培训人员，理解别的文化，学习他们的语言。

问：您怎么看德国的中国研究？您前面说到人太少，特别是研究当代中国的人太少。我觉得好像是一个恶性循环，一方面研究人员太少，另一方面搞中国研究的人毕业了还找不到工作。

答：这取决于他们受到什么样的训练。你说的对，尤其是搞研究的人特别难找到工作。而且没有好转的迹象。年轻的研究人员需要有一定的灵活性，当然说起来容易做起来难。没有简单的解决途径。我认为，地区研究包括中国研究应该加强。由于科技的发展，传统的媒体将失去其影响，因为社会媒体对事情的看法会有更大的影响，言论自由不一定需要传统的新闻。传统新闻影响人们观点的情况会改变。从我个人的经历来看，从改革开放开始我一直在跟踪中国的情况，过去30年我们一直在讨论中国问题，从人权到政治体制，从民主到南海，这些讨论还将继续。中国太大，太复杂，不可能只有一种看法。如果你问20个德国人对中国的看法，你可能会得到20种回答。

问：您认为德国的中国研究应该怎么发展？

答：我对德国大学中国研究人员的培养持怀疑态度，我觉得，可能需要有替代大学的研究机构，如智库、私立大学，还有在职培训。三四十年前，大学培训的学中文的人是特殊人才，经传统方式培训的汉学家可以在经济部门找到工作，他们从大学出来就被派到中国做公司的代表。但现在不同了，有很多人没有经过这样的培训，但却能说流利的汉语，因为他们已经在中国生活了多年，这是一个新的情况。如果我现在从头开始，我不会像我所做的那样选择学术的道路，在大学工作很多年，但不知能否得到教授职位，太冒险了。现在如果智库给学中文的大学毕业生提供就业机会，对中国研究人员进一步深造及中国研究的发展会有利。必须要有机制上的变更。当然本专业的研究人员进行国际交流也是很重要的。现在有很多这样的流动，但不一定是传统的大学式的学术研究。

去年我应邀去不莱梅的雅克布私立大学讲课，我非常吃惊，他们不仅有传统式的汉学系，还有中国研究中心，不仅研究不莱梅与中国的项目，还研究德中经济交流，非常有学术性，十分专业，而在大学人们根本无法想象能有一个专门研究中国的部门。所以私立大学也开始进入这个领域。在美因茨附近有一个"欧洲商业学院",早在1995年我在那里大学工作的时候,他们就有中国研究项目,有与中国有关的专业和学生,我和他们进行过合作,现在又有发展了。对中国的研究也比以前更加全面、更加专业化。所以学习汉学、与中国有关的经济学仅仅是第一步,重要的是以后的发展,研究人员需要拓宽眼界。

在中国发现真实与中国研究的兴起

——杜伊斯堡—埃森大学东亚研究所原所长托马斯·海贝勒教授访谈录①

一 见证中国的改革开放史

问：您的著述绝大部分是关于中国的研究。从学科背景看，从社会人类学到政治学；从空间上看，从四川凉山彝族及彝族企业家开始到东部、中部、西部的城乡社区、社会组织、地方政府、企业家，足迹几乎遍及全中国；从时间上看，从1977年博士论文以中国共产党的群众路线特别是毛泽东的群众路线方法为主题后，一直没有离开过中国研究领域，至今已达四十年，可以说，您见证了中国的改革开放史。您能不能谈谈您的中国研究历程？

答：我与中国结缘于1969年。您知道，1968年开始，整个西方世界都发生了学生运动，这个运动风靡世界。当时德国学生反对父母一辈排除其在纳粹时代的历史，同时抗议权威性的制度、僵化的官僚体制和过于保守的德国教育系统。1967年，我在法兰克福大学学习法律。这仅仅满足了我父亲的愿望，他希望我成为一名公务员。公务员意味着一个体面的铁饭碗。但是，我那时对法律、法条注解和制度并不感兴趣。我更关注不同文化背景下人和人的行为。因此，在1969年，我将专业转成社会人类学，并辅修了哲学和政治学。在此期间，我听了不少著名哲学家和社会学家的演讲，其中包括西奥

---

① 托马斯·海贝勒（Thomas Herberer），中文名王海。此访谈录主要取材于王海教授提供、郁建兴编辑的《托马斯·海贝勒中国研究文选》（浙江大学出版社2017年版）。收入此书时格式、文字稍有改动，2018年3月经王海教授确认和增补。

多·阿多诺（Theodor W. Adorno）、马克斯·霍克海默（Max Horkheimer）和尤尔根·哈贝马斯（Juergen Habermas）等。3个学期后，为了更独立于父母，我离开了法兰克福大学，转学至历史悠久的哥廷根大学。这里的学生运动并不像法兰克福大学那样激烈，但是某些学科中的学生运动以左翼的学生"基本组"的形式组成。我们这些学生在"社会人类学基本组"中对我们学科的历史和理论进行批评性的评价，如指出西方人类学及其殖民主义、帝国主义的背景。我们在寻找适合社会和科学的政治替代品过程中，学习了马克思列宁主义的主要著作和他们的唯物史观。在此基础上，我接触到了卡尔·魏特夫（Karl August Wittfogel）的《中国经济与社会》。作者当时是一名德国共产党员，他属于著名的法兰克福学派，后来移民美国。他在书中尝试从生产力和生产关系这一历史唯物主义视角观察20世纪以前的中国。可惜的是，他只出版了第一卷。他在这本书中的精彩分析给了我很大启发。从那时起，我开始深入地了解中国，包括它的历史、文化、经济和政治。同时，我致力于改变德国资本主义社会。

我在四年内完成了博士论文——《中国共产党的群众路线：以共产党的农民和工人政策为例》。

1975年，我第一次来中国。我和12人应中国邀请访问了北京、大连、鞍山、沈阳、唐山和遵化县。我们对所见所闻感到振奋，高度赞同毛主席的"文化大革命"和当时的"批林批孔"运动。那时我们认定毛主席领导下的发展路线对于中国来说是正确的，对日益官僚化的"苏联模式"是一个真正的替代。

回到德国后我意识到，想要更好地了解中国必须得在中国多待一段时间。因此，我打算博士毕业后去中国找工作。当初在北京我就听说有一些德国专家在外文局、中央广播事业局外语部，还有的在大学教德语。于是，我就去了位于波恩的中国驻德国大使馆，在那里做了咨询。1977年，通过面试及语言考试，我终于获得在《北京周报》社德语组首先工作两年的机会。1977年7月1日开始，我在那里做了四年多编辑和翻译工作。到了中国之后，才发现和自己过去书上所了解到的完全不一样。当时我们六百多外国人（大部分是各国的"左"派分子）都只能住在北京友谊宾馆。虽然有30多个中国同事，但与他们谈论社会问题是禁忌。1978年邓小平被平反后，对外国人的限制有所放宽，因为周恩来"百分之九十八的外国人都是好人"的讲话重新发表了，不允许中国人进入宾馆的限制放松了，从此我得到许多与中国人交流的机会。我在每个周末关于德国的报告中认识了我的夫人王静。从交往到结婚的过程中，我了解到当时中国的官僚以及凡事都要"关系"的文化。我在中国直到1981年才与夫人共同返回德国。在《北京周报》工作的这四年多对我理解改革开放之前的中国和后来急速的变化极为重要。那时中国的贫穷落后现在很少有人能够想象。我开始意识到，要全面理解扎根于中国文化和历史中的多样政治结构和完全不同于西方传统的政治文化十分不易。70年代末开始的改革给中国带来的迅速变化，要求我反思和检视过去对"文化大革命"、平均主义以及中国的看法。

王海教授 照片1：跟《北京周报》的同事在一起（1977，后排右一）

1981年结束《北京周报》的工作后，我和我妻子进行了第一次在四川省凉山彝族自治州的田野调查。作为一个对中国少数民族感兴趣的社会人类学家，我到达北京后不久就开始查阅相关的中文资料，然而这样的资料非常少。外文局的图书馆里只有少量关于50年代若干少数民族的简短描述。更糟的是，少数民族问题的敏感性使得这些少有的文献都成了内部机密，外国人没法看到这些文献。最终，我在外文局图书馆里找到了一本英国记者阿兰·温宁顿（Alan Winnington）的书。他在 1958 年造访了三处少数民族聚居地，分别是四川凉山彝族、云南景颇族和佤族，这一研究提供了这些少数民族的有趣资料，并用英语描述了这些民族的历史、文化和他们在 1949 年前后的社会体制及其变化。我在北京的中央民族学院采访了两位在该学院进修的凉山彝族人，其中一位是西昌消防队的干部，另一位是越西周边的妇联干部。他们向我介绍了他们的个人情况，讲述了彝族的历史和现状。这使我下定决心，等北京的工作结束后就去凉山开展调研。随后，我通过在北京的单位向国家民族委员会递交了相应的申请。国家民委、四川省政府和凉山彝族自治州政府最终批准了我的申请。

我和妻子于 1981 年 8 月抵达成都，然后去了凉山彝族自治州西昌市。去凉山前几个月内我熟悉了已有的关于彝族的文献，对彝族历史、发展、风土人情有了大概的认识。我们在几周内采访了西昌周边昭觉、美姑、越西、喜德和普雄乡的地方干部、农民、彝族文化和社会专家、家支头人和集传统治疗师、神父和萨满等身份于一身的"毕摩"。调查的主题是以凉山彝族少数民族地区为例的中国少数民族发展与自治政策。陪同我们的彝族翻译谢友仁老师对彝族文化非常了解，生活经验使他能够避开一些当地禁忌，其中就包括我后来对毕摩的访谈。毕摩在彝族社会中有着超然的地位，其重要性一再被彝族地方干部提及。毕摩的特殊意义不仅体现在宗教方面（治疗师、死者灵魂的指引者、精神守卫），更体现在社会和文化知识水平较高的领域（作为医生、地质学家、气象学家、熟知彝族文字的专家）。每个彝族人都熟知他们，这些人有着很高的社会声誉。在"文化大革命"期间，他们曾因被视为"骗子"和"传播迷信的人"而被逮捕，并被安置于劳改所，通过体力劳动接受改造。他们的行动表面上被禁止了，然而，实际活动转入了地下。一个重要的原因在于农村实际上没有医生。因此，在山中零散生活着的人们，迫切需要传统的治疗师。不仅如此，这些人同时还能够看懂古老的彝族文字，能够预报天气，还能够主持举行重要仪式（结婚、葬礼、建房、旅游，等等）。此外，彝族人坚信"万物有灵"，也就是说，自然界的所有事物都是有生命的，有着精神和意识。世界充满神灵和鬼神。为了整治这一充满神灵的世界，平衡人和自然的关系，按一定礼仪将逝者送去另一个世界，人们需要毕摩。

我咨询翻译是否可以采访几位毕摩，他断然拒绝了："如果你是中国的朋友，你就会放弃这样的请求。"但是，无数名彝族地方官员坚称毕摩是彝族文化不可分割的一部分，他们认为，想要理解彝族，必须找毕摩谈一谈。陪同的人最终同意带我去见毕摩，但他让我带两瓶烧酒去，这会让毕摩高兴，从而让他们愿意与我谈话。随后，我们对两位毕摩进行了半官方的访谈。他们身形高大、强壮，很自信。数代以来，他们的家庭一直将毕摩的职责传给家族中的长子。他们认为，在他们身上具有凉山彝族的才智。他们掌握着传统彝族文字，能够认识最重要的古老字迹，能够预报天气，会将逝者送去另一个世界，并且能够制服鬼魂。相比于受西方医疗培训的国立医院，毕摩如何评价他们在医疗上的作用呢？对于我的询问，其中一位毕摩说："是的，国立医院的医生也许能够控制住传染病这类疾病，但是90%受神灵侵袭的疾病，他们可能就无力治愈了，这只有我们毕摩能够救治。"他们的学识代代相传，已经延续了百年。他们不愿意透露这些知识，尤其不愿告诉那些总是想采访他们的中国社会科学院的民族学家们。这些知识曾经是也一直将成为他们的秘密。现今，在凉山，又可以见到很多毕摩，大多数是"小毕摩"，主要负责治病和预告天气情况，只有少数是"大毕摩"，他们能够从事负责通达神灵、降妖除魔的大型仪式。

王海教授 照片2：在四川凉山州普格县调研彝族企业家（2002年）

许多被访者，无论是干部、学者还是农民的坦诚程度都令当时的我吃惊，我很容易获得有关经济和社会的数据。人们坦率地讨论过去和当时的发展问题。然而，调查的一个巨大障碍来自传统习惯：村民必须好好接待远道而来的"重要客人"。这就意味着，他们必须杀猪宰羊来欢迎我。鉴于村内的民众极度贫困，我的来访对他们来说是不小的负担。因此，我逐渐放弃了去彝族人家中进行访谈的做法。

村里的屋舍都是没有窗户的泥土房子，只有房顶有开口可以透光进来。大部分房子不通水电。家畜同样被安置在房子里。进入房子前我们首先需要递上一瓶小米或玉米酿造的高度烧酒，烧酒可以驱赶访客有时会带入的邪恶鬼魂。然后，访客将烧酒沿着炉灶周围倾倒于泥地上。此时主人屠宰最大的家畜，把内脏扔掉后将肉切成大块扔到水里煮。他们还会端上带皮的土豆和很浓的大蒜汤。彝族人不吃蔬菜，因为他们觉得喂养家畜的蔬菜的营养已经在家畜的肉里了。这意味着，彝族人有饲养家畜的传统，而且他们很少种植蔬菜。客人吃饱了以后主人才会从旁边的房间里走出来。他们吃剩下的菜。采访和吃饭大约会持续两个小时。如果我们每天都要做四个这样的访问，意味着每天都要吃四顿一样的饭，很快我的胃就无法承受了。

我是当地几十年以来第一个外国来访者。我们所到之处都引起了大堆人的围观。大部分当地人不会讲汉语，因此我们经常只能和年轻人交流。他们觉得我的大鼻子特别有趣。"如果我们还能买卖奴隶（彝族曾经有奴隶市场，其中大部分奴隶都是被打劫和绑架的汉族村子里的女人和孩子），我能卖多少钱？"我曾经用汉语这样问一些中年男人。"二十两银子"，其中一个人这样回答。"这么贵？"我很惊讶，"我并不是一个很强壮的劳动力。""不是因为这个，"他说，"因为你的大鼻子。一个有这样鼻子的奴隶（对我来说这鼻子一点都不大——托马斯注）非常特别，所有人都会羡慕我有这样一个奴隶。"

我一直想把我的学术研究和在中国的某种社会责任结合起来，比如在德国集资为中国的残疾人买辆车、捐款（如给残联捐款、资助少数民族地区建一所音乐幼儿园或者资助盲人等）。在凉山彝族自治州美姑县，目睹当地学校在教学和环境上的困窘，我也曾在德国筹集了二十五万马克（当时价值一百万人民币）筹办了一所希望民族小学（2002—2003年）。

我的第二项重要研究开始于1986—1987年，作为我的教授论文。我在不莱梅大学获得了一项由大众基金会资助的项目——"个体经济对劳动市场和城市经济的作用"。八个月内我造访了杭州、昆明、成都、兰州还有衢州、山丹、绵阳、江油和西昌，在这些区域进行了挨家挨户的调研。我总共采访了超过1500户市场和老城区的个体户。这使我充分了解了不同社会群体的生活方式和他们面临的问题。无业人员、残疾人、国企和集体企业中的囚犯和刑满释放人员、当时"阶级敌人"和"反动分子"（包括大地主、资本家、国民党官员）的后代或仅仅是收入很少的穷人，占到了被访者的大多数。中国人民对外友好协会帮助组织了这一次研究，因为我那时是德中友好协会联邦理事会主席。虽然烈日炎炎，我还是早起晚归在街边集市挨家挨户进行采访。陪同人员一般来说是当地对外友好协会的年轻人。

按照规定，我的研究采访还需要有一名当地有关部门的人员正式陪同，他是省外办干部江渝（现任大学教授）。然而，他们的任务看起来非常吃力，往往一段时间后，这些人就跑回他们的办公室了。与此相反，我和协会陪同人员的关系比较好，他们把我介绍给被访者。我们在小摊、工坊、店铺或者是与他们的工坊和店铺连在一起的宿舍里对他们进行提问。我默记了我的题目，这样我只用记录下他们的答案。一旦我发现他们中的某人特别坦率或者观点特别有趣，我就会延长提问时间。晚上，我会待在市场附近的餐馆，在那儿我偶尔会遇到白天的被访者，我们可以就白天的问题进行更深入的访谈。

然而，这一研究刚开始并不顺利。我到达第一个城市——杭州的第一天，工商管理部门就抓来了十来个个体户。我一推开门就发现他们端坐在一张大桌子旁边。一位负责人说，这样我一天就能做完调研，明天就可以启程去下一个城市。我耐心地向他们解释，这样的访谈方式并不适合一个科学研究。科学家必须遵守一定的研究标准。可是他们拒绝了我进行挨家挨户访谈的要求。顺利研究的希望从一开始就破灭了。那时，我的岳母与我同行去杭州看望老战友。她想出了解决的办法。她向有关单位介绍了我，并保证我的研究将遵循"非常科学的规则"。从那时起，研究遇到的困难就被消解了。因为我可以向之后的采访地政府表明，改革开放后在杭州可以通融的，在昆明或者另外地方也可以通融。另外一个降低我研究难度的重要原因在于，我曾经采访过胡耀邦总书记。这一经历在杭州也帮了我大忙。每当我在不同的地方开展调研，我都将这些信息告知当地部门。

现在的研究比当时容易得多。包括干部在内的被访人能较为自由地表达他们的看法，数据不再被视作敏感信息。此外，部门的管控和程序上的限制也减弱了。数据来源日益丰富，网络成为了来源的组成部分之一。现在，访问某地前研究者可以通过网络收集当地存在的问题。地方干部经常在我的调研中问我："你发现了哪些问题？"然而我会回答，我不是来发现你们的问题的。网络和任何一个出租车司机都能回答你的疑问。我对地方如何解决这些问题更感兴趣。

80年代和90年代早期，中国并没有真正的政治学。学者大多只受过"社会科学"或"哲学"训练。这种情形逐渐有所改变。政治学重现于中国，尽管中国政治科学家们经常为他们的学科名称而羞愧，隐藏在"公共管理"这一概念后面。90年代，理论研究也经常被禁止。我还记得90年代的一场中国会议上，一些中国学者认为，理论是"西方学者的武器"，是"多余的"。事实上，理论首先是一个分析框架，用来定义和限制主题结构，找出变量并予以分析。与政治学的变化一样，对理论的拒绝也逐渐松动了，那些扎根于西方情境并从西方政治体制中设计而成的理论被不假思索地照搬到中国研究中。事实上，照搬理论到完全不同的制度和结构中应该被批判地对待。

长久以来，田野调查在中国被当成苦活、累活。一位中国社科院的社会学家曾就这种现象做出了严厉的批评，"在中国最好的社会学家在图书馆里工作，次优的学者在城市里做调研，只有最差的学者才会被派去乡村"。这样的情况也逐渐好转。田野调查就其基础层面和知识层面的意义开始被中国学者接受。

研究伙伴的身份也出现了分化。80年代末90年代初，只有国务院发展研究中心、中国社科院和国家发改委等机构才能组织全国范围内的田野调查。现在大学（主要在省内）和地方研究机构也开始进行地方调研了。

问：我很感兴趣您曾经是1969年德国学生运动中的激进分子，当时到中国来也是为了寻访一种新的可能选择。台湾一位青年学者把您的传记命名为《从红色憧憬到田野现实》（洪雅筠，台湾大学政治学系，2013年），并在其中描述了这一经历。我想知道您的激进思想的由来及其演变。

答：我成为1969年德国学生运动中的激进分子，有很多原因。很多我这个年龄的人，当时对政治和知识精英以及我们的父辈在处理纳粹时期和二次大战的方式感到极度不满。战后，很多纳粹的激进拥护者在德国仍然掌握着权力，联邦政府总理（Kurt Georg Kiesinger，1966—1969年任总理）也曾经是纳粹党员。我的父辈说他们不知道纳粹在犹太人身上做过什么事。一些反对纳粹体制的人在回忆历史时还会说到它具有某些正面的特征。在社会上，在大学里，这种威权结构与气氛盛行，家庭教育还是基于这种威权价值观。越南战争表明美国在国际政治以及控制国际关系、防止人民与国家独立方面所扮演的负面角色。当然，我们也为了个人的自我实现。当时的学生运动总体上看是为了反对权威性的制度、僵化的官僚体制和过于保守的德国教育系统。我亲眼目睹阿多诺的最后一次演讲时发生的事件。1969年4月，几名女学生在教室内散发印有"作为机构的阿多诺已死"字样的传单，并赤裸上身冲上讲台羞辱他，几个月后，阿多诺因心脏病猝然去世。这被后人称之为象征性的"弑父事件"。我们试图寻找政治与社会去替代苏联和东欧国家那种陈腐的社会体制。我去过罗马尼亚、匈牙利、苏联、波兰等很多国家，都不喜欢。当时看到中国共产党的反对官僚主义的运动，我们觉得这是可能的选择，中国在寻找一条不同的道路。但是，当我在中国工作了四年后，我发现这也不是一个十分"理想"的社会。

时至今日，我已经淘汰了所谓的极"左"思想，但还称得上是一位进步人士。事实上，在今天，"左""右"的划分方式已经过时了，这种二元论分崩离析了，现在各个政党都试图去吸引中间阶级和中间派别。我现在的自我定位是一名社会科学家和公共知识分子（public intellectual）。知识分子需要对公共事务进行批判性的干预，这是对于政治实体展现良知的方式。我不愿意只待在象牙塔中工作，作为一个学者不能只热衷于狭隘的学术工作，还需要关心政治与社会发展的议题。

问：您的经历，非常类似马克思呢。您父亲也希望您读法律，但是您不喜欢，您辗转法兰克福大学、哥廷根大学、美因茨（Mainz）大学、海德堡大学，最后在不莱梅大学获得博士学位。您和马克思一样，年轻时很激进，然后逐渐沉淀，演化为关心政治与社会发展的知识分子。不同的是，马克思的工作主要在图书馆里做的，而您则强调田野调查。这体现了科学的进步。马克思当年以资本主义生产方式发展最为充分的英国为研究对象，批判资本主义，描绘社会主义、共产主义的愿景，在马克思的时代，超越资本主义文明还只是一种社会理想。而您从一开始来到中国，就是试图找出一条不同于欧美资本主义、苏联东欧僵化社会主义模式的新可能性。您很快认识到"文化大革命"不是这种新的可能性。嗣后，您见证了中国的改革开放，近四十年的中国改革开放史构成您学术研究的大背景。

二 战略群体概念及其应用

问：您研究中国长达四十余年，这本身就是值得研究的对象。而且，中国是一头大象，面向特别地多。我听说过一个故事，一位中国教授向一位美国教授抱怨，说美国大学生了解中国不如中国大学生了解美国。这位美国教授反问：这是真的吗？中国人了解中国吗？美国人了解美国吗？这样一问，问题还真复杂化了。像您这样一位德国学者，是怎样处理如此巨大的中国时空变换的？能否请您概述一下您的中国研究呢？

答：为了深入了解中国政治、社会和文化以及中国人，我一般每三年更换我的研究课题。借用您"中国是一头大象"的比喻，我这个"盲人"就要足够多地"摸"这头"大象"，以拼合成一张关于中国的整图。我的博士论文主题是"毛泽东时代中国共产党的群众路线（1973—1977）"；1981年，我开始第一个田野调查，主题是"少数民族地区民族政策和发展政策（以四川凉山彝族自治州为个案）"；我1983—1986年研究"中国个体经济对就业和城市发展的作用"；1993—1996年研究"农村城市化"；1995—1997年研究中国妇女的政治参与；1996—1998年研究"作为战略性群体的私人企业家"；1998—2001年研究"知识分子和思想库对政治决策过程有什么作用"；

1999—2002 年研究"民族企业家(主要是凉山彝族自治州中的彝族和汉族企业家)";2003—2007 年研究"城市社区和农村参与、选举和合法性";2005—2006 年研究"中国与德国行政改革的异同";2007—2009 年研究"德国城市与中国城市环保管理的比较";2010—2012 年研究"德国农村与中国农村环保治理的比较";2008—2010 年研究"社会主义新农村建设";2010—2011 年研究"作为战略性群体的地方干部",政策创新和政策试验;2012—2013 年研究"地方政府与私人企业的互动";2013—2015 年回到"作为战略性群体的私人企业家这一议题"。2016—2019 年研究"中国的政治代表性(比如民营企业家的代表与互联网的代表性)"。40 多年来,我的足迹已遍布中国全部 34 个省级行政区域(包括港澳台)。

在这些研究项目外,我还研究了毛泽东政治方面的角色、"文化大革命"、贪污腐败、中国的摇滚乐和青年文化的作用、中国政治文化、中国政治历史(如河南省的政治历史和政治文化、彝族的政治文化、生态和文明话语等)、中国外交政策(中德关系、中欧关系、中美关系、中俄关系等)、中国政府功能与能力(使成功发展国家的政府,the developmental state)和政府能力、宗教与宗教政策(西方的东方主义关于西藏与新疆、法轮功邪教的社会学分析)、自上而下的中国公民社会、对 20 世纪 20—30 年代包括理查德·威尔翰(Richard Wilhelm)及卡尔·奥古斯特·魏特夫等德国作家描写中国的书籍做出全新阐释等。到现在为止,我已经出版了 50 多种著作,上百篇文章,总计涉及 12 种语言,其中 8 种著作是以中文出版的。

问:这真是了不起的成就。您做了那么多研究项目,经费是哪里来的,有没有来自中国的资助?

答:我所有项目均由德国高级研究会资金会支持,包括德国研究基金会(Deutsche Forschungsgemeinschaft, DFG)、大众基金会(Volkswagen Foundation)、德国联邦教育和研究部等。迄今为止,我没有得到来自中国的任何资助。

问：您做了那么多中国研究项目，您觉得您的核心优势在哪里？

答：广泛的写作主题和研究领域，长年累月在中国城市和农村（主要是农村）、富裕地区和贫困地区的调研以及在中国的工作生活经历，使我对中国和它的多样性有了较为特殊的了解。"文化大革命"期间第一次访华（1975年），此后四年的工作经历（1977—1981年），改革开放初期长时间旅居中国，我1979年结婚后的家庭生活，一个全国性的学术界和熟人圈子，都给予我独特的视角观察不同时段的中国的机会。前面说过，我特别重视田野调研，可以说，我是德国学者在中国开展田野调查的第一人。这些调研增进了我和不同社会群体的接触。对个体经济和个体劳动者长达数月挨家挨户的调研，对社区、乡村周边地区彝族企业家的访谈，使我熟悉了不同工作领域、生活与居住范围和个人经历。我采访过百万富翁、失业者、企业家、干部、吸毒者、妓女、释放的犯罪人员、单亲妈妈、残疾人、毕摩、家支头族人，还有被劫掠的汉人和过去奴隶的后代以及将军和土司的后代。

同时，我的研究还与我过去的人生相联系。我对中国摇滚乐的研究让我回忆起我自己的音乐时光。1963—1967年，我在一个摇滚乐队中担任吉他手，当时甚至想过要成为职业音乐人。我后来对毛泽东和"文化大革命"的探讨是我年轻时被毛和"文化大革命"所激荡的反思。田野调查的经验和我的学术方面的旅行有关。少数民族的研究则涉及我所受的社会人类学教育。

在大学中，我学了社会人类学的田野调查方法论，如现场观察、采访、分析等。随着改革开放进程的逐步深入，研究的氛围变得越来越开放。被访者开始讲述他们的个人问题及其社会视角。同时，我根据他们不同的视角学会分辨"干部的"语言和"老百姓"的语言。研究中最重要的是，要了解研究现状并做好充分准备。研究是一天24小时不间断的。我会阅读当地和跨地域的报纸，晚上去白天被访者常去的饭店吃饭以便和他们继续聊天，和他们建立友谊，听他们私下的谈话。为了尽快与他们熟悉、放松气氛，有必要时还要喝酒。

我一直致力于对中国政治文化的理解。在这一方面林语堂的《吾国吾民》特别让我振奋。这是一本让人引起共鸣的书，同时，也是一本介绍中国人的思维和行为方式的杰作。多年以来，我都希望我能重出这本曾在30年代引入德国的《吾国吾民》,并以我对林的阐释和注解向不了解中国的人展示中国的面貌。2015年,我让这本书终于在德国面世了。它是我出版的中国学者文集的第一卷。

问: 您认为,您的最大理论贡献是什么?

答: 我借用了发展社会学中派生的"战略性群体"概念,将这一概念运用到企业家和后来的干部,用以解释他们的群体行为。我对直接照搬"西方理论"到中国表示怀疑。因此,我有时会尝试将它们安置于特定的研究领域检验它们的有效性。例如,福柯的社会话语理论之于彝族的生态学话语,布尔迪厄的阶级观之于企业家和干部,鲍德里亚的分析概念之于我的田野调查,尼采之于我的中国摇滚音乐的分析,等等。

我做研究的核心兴趣是跟踪行动者群体的行为和表现,并将这种行为放在特定社会文化和制度环境的背景之下。事实上,所有社会和政治行为都必须理解为与群体相关,包括价值观、规范和"文化"信念的其他模式在内的制度塑造了个人、群体和社会的行为和行动。正如社会学家诺曼·朗(Norman Long)所指出的,社会行动从来不是一种以自我为中心的个人追求,而是发生在关系网络之中。与此同时,它受到某些社会传统、价值观和权力关系的约束。为了追踪和分析群体行为,我们必须找到一个分析框架,即一个理论框架。

我发现,分析诸如民营企业家或地方干部等特定群体的行为时,战略群体概念是一种特别有用的分析方法。这一概念最初是由德国比勒费尔德大学社会学发展研究中心的学者提出。它有助于解释利益集团向阶级发展的过程以及阶级产生的过程。在该方面,它对阶级和战略群体进行区分。阶级有其基本程序,并以政党的形式进行组织,他们的努力直指社会变革。战略群体不以改变政治制度为其追求的目标,也不以阶级的形式组织。他们更关心限制范围内目标,以维持和/或增加自己攫取资源和发展的可能性。此前,战略群体方法侧重于群体动员,特定资源垄断和自身权力的保护。

在20世纪80年代,这种方法主要用于分析或处理去殖民化(decolonization)和国家建构(state-building)。我尝试(通过涵盖布尔迪厄和奥尔森的群体概念）进一步发展出一个更精确的群体概念，有关共同身份和状态的问题，以及解释战略群体（如地方干部或企业家）为什么且如何做出具体决定。我联合图宾根大学舒耕德（Gunter Schubert）教授，进一步发展了这一概念，并转化该方法以处理研究中国等国家复杂的转型过程。

我们并没有通过战略群体的方法提出完全成熟的战略群体和战略机构理论，而是为一个以行动者为导向的替代性方法奠定了基础，以考察地方政策过程或特定行动者（如地方干部或民营企业家）。这是一种新方法，我们尚应将其视为一个"半成品"，一个构建小型和中型机制以解释人类行为及互动的尝试。

在我的研究理念形成过程中，很多学者的著作与观点对我有很大的启发。

Pierre Bourdieu 在理论与方法论上的观点，对我在分析问题时多有帮助，特别在其阶级方面的论述。我理解，Bourdieu 的阶级概念所指涉的，是一种领域，每个领域有四种资本，即经济资本、政治资本、社会资本、文化资本，凡是在这四种资本方面比较接近的，就形成一个阶级。这种论述与马克思以及其他的阶级观点完全不一样，但我认为在分析某些阶层阶级时很实用，如，分析改革开放中出现的企业家阶层，分析地方干部的行为，其更进一步将此概念发展成战略性群体的理论。

还有几位学者对自己知识的提升有极大效益，如 Jean Baudrillard 怎么看宣传工具的影响，以及 Michel Foucault 提出之关于政府或国家如何控制和影响个人及群体思维的分析，称之为治理性（governmentality），并认为这是一种更深层的治理工具（tool of government）；Amitai Etzioni 的社群主义（communitarism），认为这是属于民主国家的社群主义。我在分析社区时受到他的影响，而将中国大陆归类为权威性的社群主义，借以说明一种形态迥异的自上而下的社群主义；J. S. Migdal 关于国家与社会互动理论的论述，西班牙的政治学家 J. J. Linz 分析权威主义与集权主义的不同，等等，让我体会到现代化可以带来内涵不同的现代性；James Scott 的著作《弱者的武器：农民反抗的日常形式》（Weapons of the Weak. Everyday Forms of Peasant Resistance），以及其初始的研究《农民的道德经济》（Moral Economy of the Peasants）对我在中国农村地区的研究有极大的影响；Samuel Eisenstadt 造就我对于现代性与现代化的理解；Norbert Elias 则使我了解文明发展（civilizational development）的概念。比较值得注意的是 Vaclav Havel 的著作《活在真理中》(*Living in Truth*)，其说明知识分子在一党专政的统治之下应该以何种方式思考及行动，这些见解使我大开眼界。此外，中国学者与政治家如康有为、梁启超、孙中山与毛泽东的著作也充实了我对于政治以及政治思想的理解，尤其是在中国方面。

讨论：我注意到了您的战略群体概念及其应用。从您早期对彝族企业家的研究，将诺苏企业家与汉族企业家作为两个群体比较研究，2003 年由中央编译出版社出版的《作为战略群体的企业家：中国私营企业家的社会与政治功能研究》，一直到近作《富人的武器：作为"战略群体"的中国民营企业家》，都贯穿了这一学术努力。我也出席了您发布《作为战略性群体的县乡干部：透视中国地方政府战略能动性的一种新方法》一文的国际会议，它于 2011 年 8 月在图宾根大学举行。我能否这样理解您的战略群体概念：所谓战略性群体，是指保护或追求群体利益时作出战略性决定的行为主体。在形成战略性群体并塑造其成员的信仰和行为时，利益发挥着重要的作用。然而，战略性群体不是利益群体，因为它并不特别关注短期或中期目标，而是集体行动者所组成的一个群体。战略性群体是一种认知方法，它被用来解释这样一个事实，即在某一社会中，所有的行为都是目标导向的，但追求这些目标的行动主体与其他具有同样行为的行为主体并不一定相互熟识。在这个意义上，战略性群体可以被看作一种分析范畴，用来对政治精英或利益同盟进行抽象，从而理解宏观社会学意义上的社会阶层。当然，它也是在实践上具有自知之明的集体行动者。战略群体的这种双重属性与韦伯所称的理想类型和现实类型之间的关系比较接近。您运用这一概念分析了中国民营企业家和县乡干部，或者说，您通过分析中国民营企业家和县乡干部验证了您的战略群体概念。您发现，中国的民营企业家业已展现出了集体行动和集体意识的初始形式，构成了一个"准群体"，而且，通过行业协会商会、企业家关系网的创建等，具有超越"准群体"的发展趋势。在这一过程中，他们并不挑战而是支持现存秩序，扮演的是体制稳定剂而非政权挑战者的角色。相应地，县乡干部在其所在的行政区域内也是一个战略群体，他们在保护各自的相对自主权、政治权力和特权，借助好的绩效考核结果和职位晋升等方面具有共同的利益。群体内的各个成员相互依赖，且必须在战略上通力合作。当然，它并不要求县乡干部是一个不存在矛盾的同质的群体。战略群体概念可以为研究地方层面上的政策运行提供一种分析工具，有助于分析处于"有组织的无政府状态"中的县乡干部的战略能动性。

三　从汉学到中国研究

问：我知道您还身兼鲁尔都市孔子学院德方院长。2016年11月25日，刘延东副总理考察柏林自由大学孔子学院并与部分德国孔子学院院长座谈时，您是第一个发言者。嗣后，中新社记者对您进行了专访，专访发表时称您为"德国知名汉学家"（中新社柏林11月30日）。我从来没有听您自己称自己为"汉学家"。

答：事实上，我也不接受这样的称号。汉学（sinology）最初指国外的人对古典中国的研究，其领域集中在古代中国的语言、文学、哲学和宗教。后来，汉学变为有关国外中国研究的术语，包含现代经济、政治和社会方面的研究。中国国内称对中国的研究为国学，而不是汉学。与此同时，在中国，一些人用新汉学指代国内外对中国的研究。

"汉学"这一术语包含着一些主要问题：它显然与对汉族的研究有关，看上去似乎不包括中国的少数民族研究。该术语也排除了国际关系和学科取向的研究，如社会科学（经济、政治学、社会学、社会人类学等）。如果有人称我为汉学家，我觉得有些奇怪。我通常会说，我是一名专注于中国研究的政治学家，而不是汉学家。

在德国，对中国的研究在过去很长一段时间内都被想象为"汉学"的一部分。事实上，德国的汉学一直主要涉及古代和传统中国，忽略了现代及当代课题。20世纪70年代初，当我还是海德堡大学的一名学生时，我建议当时的汉学教授开设有关中华人民共和国当代发展的课程。教授回答说，方才有个学生建议就生活在北方中国的匈奴人的马鞍开课，而他已经同意讲授这样一门课程。因此，他告诉我，已经没有为当代中国开课的空间了。

汉学的困境在于，除语言学研究（或者加上文学、历史和艺术）以外，它的理论和方法学完全是空白的。汉学没有发展出自己的理论和方法学，但却留下一门非常热衷于描述社会现象和社会历程的学科。

直到20世纪90年代，德国的"中国研究"才迈向不同方向。由于学生们更感兴趣于当前中国的发展，汉学不得不在这个方向开设其课程。越来越多的讲座为中国经济、中国政治、中国社会等内容而设，它们分别植根于不同学科（经济、政治学、社会学等）。今天，围绕中国的社会科学研究深深植根于各自学科的理论及社会科学的方法论。

问：据我所知，欧洲汉学兴起于17—18世纪，与地理大发现有关。地理大发现使得欧洲从海外大量获取财富，也引入海外不同文明，产生很多想象，犹以中国为最。经17世纪到18世纪竟至掀起一股"中国热"，像莱布尼茨没有来过中国，却于1697年编辑出版了一部关于中国的书《中国近事》。导致产生"中国热"的媒介，包括到过中国的商人、旅行家、传教士与外交官等，其中最重要的是传教士。莱布尼茨的《中国近事》一书六篇文章中的五篇为在华耶稣会传教士所写，另一篇为外交官所写。所以，欧洲早期的汉学，可称之为传教士汉学。在德国，1887年柏林东方语言学院设立后，德国才正式拥有了一个教授汉语的永久性教席。总起来说，早期汉学的特色在于三大项目：汉语及汉字、历史学和四裔（匈奴、突厥、吐蕃和蒙古）学。多数汉学家将中国排除在西方文明概念之外，研究中国是为了以欧洲模式"开发"中国，"文明化"中国。这种情形一直维持到第二次世界大战。战后汉学才出现了分流，即分为传统汉学研究与当代中国研究。[①] 从历史中可以看到，"汉学"是一个具有浓重欧洲中心主义色彩的概念。

正如您在研究中发现，甚至"亚洲"这个概念在历史上并非出自亚洲本身，而是当时欧洲学者臆造出的一个欧洲的对立面。直到欧洲推行殖民扩张的时期才具体化为一个大陆。在欧洲人的眼中，亚洲曾是野蛮不化的象征，与由古希腊雅典文化一脉相承的西方文明有天壤之别。德国最杰出的思想家也不断地支持这种对立。黑格尔断言，由于不知教化，亚洲"命中注定"要

---

① 关于汉学的叙述参考了张西平《欧洲早期汉学史：中西文化交流与西方汉学的兴起》，中华书局2009年版；李雪涛《日耳曼学术谱系中的汉学：德国汉学之研究》，外语教学与研究出版社2008年版。

臣服于欧洲；哲学家赫德尔把亚洲社会比作"涂了香膏的木乃伊"；历史学家朗克则称之为"一潭死水"；马克思认为，"亚细亚生产方式"导致了亚洲缺乏能动性；魏特夫相信"东方的专制政体"必然走向极权社会。

因此，我们谈论汉学概念的正当性，如同谈论基于西方历史经验基础上形成的社会科学一样，它们都是意识形态和西方中心主义的话语体系。沃勒斯坦指出，在世界体系之中，中心和边缘是一种依附关系，剩余价值通过这种关系由边缘转移到中心，从而塑造了中心的发达和边缘的欠发达，二者是世界体系扩张同一历史进程的结果。这种依附性不仅仅是政治和经济方面的，也包括文化上的依附性。沃勒斯坦说过："一个强有力的国家机器的建立，总是伴随着一种民族文化，这一现象一般被称为一体化，既可以作为保护在世界体系内已出现的差别情况的机制，又可以维持这些悬殊的差别情况作一种观念形态上的掩饰和辩护。"

那么，怎样才能克服社会科学研究中的欧洲中心主义呢？我的答案是通过中国研究。这项工作包括三个递进的层次：第一，以本土历史文化和社会现实为基础，建立中国研究的完整经验资料，这是一项任务艰巨的工作；第二，建构系统性的本土知识概念，这套知识系统必须体现中国本土社会的文化特色；第三，在上述基础上，突破西方理论和方法的局限性，建构中国本土理论体系。

答：我同意您的思路。所以，我认为，今天应该是超越"汉学"的时候了。我们所开展的是"中国研究"，具体化为中国经济研究、中国政治研究、中国社会研究、中国历史研究等。

问：作为德国学者，您的中国政治、社会研究具有标志性意义，因为您特别重视田野调查，基于本土历史文化和社会现实构建理论。

答：事实上，近十年来，西方对中国的研究发生了很大变化。以德国为例，最初的研究是纯汉学方向的，涉及历史、语言、文学、哲学、宗教等。而现今正快速转向社会科学与经济学问题。可以说，当今几乎所有中国的社会现象都已经被拿来作为研究对象了。这也与西方学者如今可以在中国各处进行田野调查有关。从西方学术界来说，人们应该意识到所谓"制度性单一性"(institutional monocropping)问题,即不加批评地运用基于理想化的英美理论与概念,而忽略了诸如来自中国或其他文化地区制度的特点。特别是无批评地将西方理论加于中国,这点必须以批评性的眼光加以质疑。

问:能不能谈谈您是怎样开展田野调查的?这可能对中国社会科学家有很大帮助。

答:几年前,一位美国学者这样形容在中国的实地调查:"实地研究就像钓鱼:我们不知道会钓上来哪条鱼。"其含义是中国的社会结构和历程极其复杂多样,以至于我们很难一直成功获取感兴趣的信息。因此,实地调查需要"公开"的研究设计。在公开的研究设计下,我们需要提出初步的研究问题,并弄明白是否能获得回答这个问题的必要信息。有时你没有获得解答某一个具体问题的信息,但却得到了其他信息,这使你得以修改原问题,并将研究焦点转向另一个方向。

因此,你必须在研究设计中保持灵活性,以在得到与最初预期大相径庭的信息后调整你研究问题的方向。这就是"我们不知道会钓上来哪条鱼"的含义。例如,在中国城市社区实施调查时,我们从"选举在这些社区里扮演着怎样的角色"这一问题入手。然而,访谈了几位居民后,我们发现居民们不怎么真正关心选举的问题,他们关注的是社会保障、公共安全、环境、卫生保健、就业等其他问题。于是,我们把自己的研究主题转变为动员参与、社会保障和公民权等,并提出"威权社群主义"(authoritarian communitarianism)的概念。

在实地调查的过程中,我要求自己和项目组成员做到:(1)不要认为你研究的社会或社会团体是落后或无能的;(2)不存在"进步的"或"落后的"社会(例如少数民族或边缘社会),每个社会用不同的方式解决自身的基本问题;(3)我们自己的("西方的")"现代"社会秩序形式既非"自然",也非最佳。

我们必须作为外部观察者反映自己的主观感觉。我们逐渐学习和理解"他人",在"他人"自己的社会制度和结构环境下理解他们。最终,我们在其他社会中的观察也有助于理解我们自己的社会。就访谈而论,我们访谈的人们都是特定社会领域的"专家"。他们拥有对一些事物的专门知识，而那正是我们试图理解的。因此，我们对访谈的态度应当是：让人们把他们最关心的事情告诉我们。

访谈结束后，我们必须对内容进行解码，关于人们的态度和行为，什么是他们想告诉我们的，而什么不是。因此，我们需要留心受访者陈述的深层含义，运用访谈的细节构建人类行为的一致性描述。

当然，访谈存在一些局限，它永远都不会是完美的。进行访谈时，我们应当寻求具体事例，以理解某种态度或社会行为。同时，我们需要提炼自己的主题，检验先前的假设。除访谈之外，我们也应当收集多种书面材料和其他地点的材料用于比较，如二手材料、研究当地问题的文献、网络文章和在线信息、当地报纸、网络日志等。

美国已故人类学家克利福德·格尔茨（Clifford Geertz，1926—2006）在实地调查过程中对"淡描"（或淡描的文化观，thin description）和"深描"（或深描的文化观，thick description）进行区分。"淡描"指能够用肉眼看到的事物，用这些观察解释社会行为；"深描"指分析扎根在社会环境、结构和制度中的社会行为，使其对局外人具有意义。

有人一直问我，你怎么知道受访者向你讲述的是"事实"？遇到这种情况，我的回答是，实地调查的目的不是找出某个特定局部的"事实"，而是分析一名受访者的个性、理念（philosophy）和背景，并了解他想要向我传达什么。哲学家理查德·罗蒂说过，事实不是绝对的，它总是与我们参与的社会有关。

"西方"理论、要素和制度常常被我们视作理所当然，在非西方社会里进行实地研究时，我们必须不停地质疑它们。在不同的空间和文化条件下，制度经常呈现出相异的形式，这种形式有时出乎外部观察者的意料。因此，比较和细查"西方"社会语境下的理论假设，对帮助我们相对地描述自己的识别领域，使我们的理论方法接近社会学家詹姆斯·S. 科尔曼所说的"有时真实的理论"（sometimes true theories，即理论在不同文化和制度条件下具有不同的形态和表现形式）而言是一种"必需"。

问：您说得太好了！您提出的诸多观点，比如超越"良性"的中央政府与"恶性"的地方政府的对立,地方官员的"考核制"不同于新公共管理,彝族对中央"文明化"话语的"反话语"只是其极度贫困的结果,对社区自治的理解,等等,都可以看到您深度调研的底色。我确定,这就是在中国发现真实,是中国研究的正确路径。

四　全球化与中国社会科学的自主性

问:从20世纪90年代开始,"全球化"成为一个热词。如今,我们似乎目睹着全球化进程的退潮,甚至有人说逆全球化进程已经开启。有人据此认为,中国已经崛起,同时西方已经衰落。您同意这种说法吗?

答:中国的崛起并不意味着"西方"的衰落。"西方"并不是一个均质的集体,其中包括较为成功应对了经济危机的国家(例如德国)以及那些还深陷其中的国家(例如希腊)。一个国家的崛起与衰落,与其政治、经济、历史、文化、政府的政治和经济领导能力、经济和社会创新能力、教育以及全球化的进程相关。中国正经历着一场旷日持久的转型过程,到目前为止,这一过程还是比较成功的。然而,中国也面临着很大的挑战,如政府改革、金融和银行体制改革、环境和生态保护、持续的反腐败、劳动力成本上升、人口老龄化、网络安全,等等。西方国家同样需要处理其中的一部分问题,如社会保障体系改革、人口老龄化、经济竞争能力、网络安全、恐怖主义,以及从灾害和战争地区的大量流出人口——难民。还有一些问题挑战了西方国家的民主,例如民粹主义政党的产生、对金融系统的监管以及公民的政治失望。化解全球矛盾、解决全球问题需要全体国家的齐心协力,像中国、美国、俄罗斯这样的大国应该对此承担重要的职责。

问:在我看来,全球化本身就包括了反全球化、逆全球化,这是全球化的合理悖论。当年俞可平教授就出版过一本名为《全球化的悖论》的书。问题在于,在这个充满悖论的全球化进程中,关于政治、现代性、集体行动的共识是什么?这就需要比较研究。

答:一般来说,政治学特别是比较政治学,总是将世界不同地区放在一起并提出关于政治系统演变、内部扩张、现状抑或是质量的问题。为此,政治学需要区域研究专家。就我们讨论的议题而言，将少数关于中国语言、文化及历史的认识作为研究的基础，才使得关于政治参与形式、国家与社会的关系、政治体制的合法性的比较有实质性的结果。在研究方法方面，这适用于量化研究，也适用于质性研究或者是混合方法的研究。这种政治学与区域研究的关系如今被广泛接受——特别是当其涉及那些案例对比相对较少的研究。区域研究在此起到了纠错的作用，它使得"西方"在人文和社科领域的局限视野得以拓展。

尽管如此，理论表述乃至全部社会科学的理论产物还是存在明显区别的。简单来说，当今社会科学理论的矛盾主要还是"南北分歧问题"。理论发展于"北营"，却在"南营"得到实证。包括中国在内的非西方国家在一定程度上也成为理论质量和普适性的检验场所。然而，这些理论在西方形成，在检验前也仅在西方国家经验背景下进行过阐述。基于此，近年来对此的批评声音不断增加，尤其是来自亚洲的声音。这些批评不仅仅是提醒学界要谨慎使用那些也许对非西方世界不适用的概念。多年以来这一直是讨论的重点，被贴切地称为"概念旅游"（concept travel）。它所追求的是研究和知识产物更进一步的去中心化及多元化，即将理论产物从"北营"支配的环境中转移出来。来自不同地区的多样视角应该继续用于明确"西方"与中国学者之间的话语，以此来避免或至少限制"制度单一化"。

我这里举一个具体的例子："威权性政治体制"这个概念在实际分析中对我们并无帮助。显然，政治学家们还没有发展出一套完备的理论工具和分类方法，能够用于解释诸如中国这样的国家维持经济社会发展与国家稳定的特殊原因。

同时，我们也常常提及"适应性"一词及"适应性威权主义"。这一说法源于20世纪60—70年代塞缪尔·亨廷顿发展出来的理论。他认为，一个革命的单一政党体制需要经历以下三个阶段：转型（社会转型，新的政治制度以替代原有制度）、巩固（政治体系的巩固）和适应（制度的适应，政党角色的新定义）。

比较政治学对不同形态的威权主义至今还没有建立起令人满意的概念框架。学者们还没有摸透威权体制的作用和运作方式。尽管我们已经命名了多种混合和次级种类，但是这些种类特征很难彼此割离，一些种类的系统中我们甚至会发现其他种类的影子。"威权"概念中也没有提及在一个威权体系中行动者、结构和制度是如何产生的。它更无法解释何时以及为何一个威权制度是成功的，威权制度是稳固的还是脆弱的，它是否能像"仁慈的权威主义"或"开明的专政"一样保持长期稳定。对这些问题还需要更进一步的研究。"西方的"比较政治学重点趋向于模型的建立。其中的焦点在于分辨何种系统是"最好的"并是值得我们去追求的。然而，"寻求最好的方式"这样的目标导向在中国这样的国家无足轻重。在这些国家讨论的是，如何建立一个有序的系统（"治"）以及如何避免陷入无序的状态（"乱"）。

王海教授 照片3：与中国的学者在一起（2011年，俞可平，赵宝煦，何增科）

近十年来，社会科学研究在中国取得了飞速的发展。目前，已经出现了新一代具有天赋的学者，他们通常熟知西方理论，并用中国现象对西方的研究成果予以补充。虽然一些学者呼吁，中国应建立自己的理论体系。但是，理论与方法并不能简单地划分为"西方"或"中方"，理论应当提高普适性并尝试在不同文化中阐释社会现象。对于未来更重要的是，中国的学者要去质疑、检验、证伪或者继续发展"西方"的理论。检验理论可行的方法包括考察该理论是否能充分解释中国的发展，或者该理论是否存在局限性并有待改进，等等。这种方式的检验要求中方与西方社会学者的合作，而且双方可以从中相互学习。

问：是的。作为中国学者，我把它理解为"中国社会科学自主性"问题。一方面，我们需要检视已有社会科学理论和方法的中国适用性，批判性地看待西方理论和方法，另一方面，也不能认为每个社会之间无法相互度量，否则所有比较研究都不能成立。

当前，在国际学术界，对西方经验的研究被认为具有普遍性，但对中国的经验研究往往被质疑是否具有普遍性以及能否从中国独特的经验研究中提炼出理论意义。这种质疑虽然具有欧洲中心主义色彩，但对我们建构中国社会科学的自主性具有警示意义：我们在批判欧洲中心主义的同时也要避免陷入中国中心主义。在全球意义上，所谓"中国社会科学"是指社会科学的中国类型，而不是说在不同的国家和地区存在着不同的社会科学。它是"social sciences in China"，而非"China's social sciences"或"Chinese social science"。"中国社会科学自主性"的命题应该理解为"社会科学在中国取得独立性或自主性"，其他国家和地区的社会科学也具有同样的内涵。

在我看来，中国社会科学应该是一种"地方全球化"知识，中国社会科学所要寻求的地方性、本土性，应该是具有全球意义的地方性、本土性。因此，当前我们要反对两种极端的诱惑：普遍主义的诱惑和特殊主义的诱惑。普遍主义诱惑是将西方的特定历史语境无限放大，这种语境下产生的社会科学也被视为无限适用性，以一种同质性的方式去解释一个异质性的世界，这种解释是非常牵强和扭曲的；特殊主义诱惑是将每个区域性的事物视为唯一独特的事物，每一区域性事物完全不同于另一区域性事物，对不同区域性事物的概括和比较都是不可能的，这否定了不同地区文化交流和互动的可能，实际上也否定了西方社会科学的传播和非西方国家建立社会科学的可能性。抵制这两种诱惑，使特殊主义的普遍化和普遍主义的特殊化相互渗透，并使之制度化，这是建构中国社会科学自主性的重要目标。

而且，完整意义上的中国社会科学自主性必须是一种全球意义上的自主性，这牵涉全球不同地域之间和国内不同场域之间错综复杂的互动。政治和经济的发展有助于社会科学的自主性，社会科学自主性意识的提升促进了中国特色的政治和经济的发展,从而最终有可能都摆脱依附性。

答:我赞同您的看法。您主张的中国社会科学自主性特别需要全球不同地区社会科学的互动和对话。中西方社会科学学者应加强合作和交流。其基本前提是中国学者能够熟练地使用英语。对于外国学者来说,学习汉语也是非常重要的,因为它一方面可以帮助学者更好地运用书面的信息来源,另一方面也使得学者在田野调查中能够自由地与被访者交谈。

在合作中,西方和中国学者可以互相补充研究成果。中国学者更可以主位的角色搞重点调研(emic),也就是说,以当地人的视角去观察他们的价值观、规范和行为规则。而外国学者强于客位的重点调研(etic),从外来者的身份进行分析,注重学者本身认为重要的东西。就这一点来看,中国和外国学者的研究互为补充,可以进行深入的合作和交流。

如果中国社会科学学者想要在国外进行研究,那么,了解当地的思维方式和行为方式也是非常必要的。这种研究目前还比较少见。一些国家间进行比较的项目会给学者提供机会和当地的学者一起进行研究。90年代以来,我就一直致力于邀请中国学者一起在德国进行田野调查,我们已经为中国社会科学学者在德国组织了一些行政改革、环境治理、企业或地方政策方面的调研。

问:您的话让我想起了清华大学汪晖教授最近发表的一个观点。在2016年12月20日接受凤凰文化专访时,汪晖说,今天,全世界都面临着真正的危机。而中国知识领域很大程度上还在重复冷战时代的教条。这一观点值得重视。在我看来,中国知识界一方面依然停留在构建西方神话的层面,另一方面过度膨胀,在讨论中国模式时刻意抛开西方文明。事实上,西方也有这样的问题。西方媒体倾向于报道中国的阴暗面,这本来也没有什么,但是西方世界对于中国经济为什么腾飞、中国社会秩序为什么得以维护等问题,就无法回答了。这可以解释为什么"中国崩溃论"此起彼伏。中国一直在学西方,而西方真正关注中国甚少,更不用说学习中国了。这样的后果可想而知。前几天我和杜伊斯堡大学刘涛教授讨论,他说,今天我们对于西方,既不要仰视,但也不要俯视,而要平视。今天西方对待中国如同晚清时中国人对待西方一样，西方也需要来一场认识中国的"新启蒙运动"。西方对于中国的新蒙昧主义实际导致了自身的信息屏蔽，使得中西相互对比认识中出现了信息几何差距和单向信息赤字的问题。我觉得他说得很好。文明在相互交融中而共生，文明相互竞争则会促进文明的健康发展。开放和学习精神让中国更强大，当然也有利于西方克服目前的困境。

答：确实如此。我们今天需要超越习以为常的社会科学二分法，比如民主与专制，来认知这个迅速变化着的世界。在汪晖所谓"社会政治范式正在发生重大变化的时代"，实现社会科学的重大发展，也实现您所谓的中国社会科学的自主性。

王海教授 照片4：2016年3月陪同德国总统高克访问中国

问：最后，请您对中国社会科学发展提出一些展望。

答：回顾20世纪70年代末以来中国社会科学的发展，我们见证了一段极其迅速、充满活力的历程，许多优秀学者涌现出来，今天，他们中的不少人正在中国大陆以外的地方进行教学与研究，特别是在美国，还有的在新加坡、中国香港、澳大利亚、加拿大和欧洲国家。在中国大陆，研究中国的中国学者适应并精通"西方"的理论和方法。实地调查成为了研究中广泛使用的手段。

然而，在这个成功的故事之外，我依然发现有一些问题阻碍着中国国内社会科学发展的前进之路。它们包括：

（1）仍然存在太多的意识形态限制和禁忌。为了创造世界意义上的成功，有必要给予中国社会科学家更多的空间进行公开讨论。20 世纪 70 年代和 80 年代，德国面临着"历史学家的辩论"（Historikerstreit），德国历史学家从有争议的观点讨论了德国国家社会主义的背景和发展。这场广泛的辩论有助于澄清一些关于法西斯时期和纳粹德国大屠杀的主要历史问题，同时防止历史倒退式的阐释。社会科学家需要空间进行有争论的辩论和公开讨论，以阐明历史遗留问题并为社会发展设计新的路径。如果存在"头脑的剪刀"（自我审查），社会科学家便无法在非常高的水平上发展社会科学。

（2）在全球化时代，中国社会科学家如果能够更加关注中国以外的事务，将是非常有益的。民粹主义、恐怖主义、气候变化、网络战争和其他挑战需要比较研究和寻找跨越单个国家的解决方案。政治制度和政治文化之间的比较可以矫正一名学者的世界观，因为它们有助于打破受限的、基于国家的世界观念。

（3）在中国举行的会议上，我常听到一些中国学者说，中国应该发展自己的社会科学理论。事实上，并不存在所谓"西方"或"中国"理论及方法论。理论和方法必须在全球范围内运用。不过，它们可以根据特定国家的研究结果进行验证、修改或否定。中国就是一个很好的案例，在这里可以检验发源于"西方"的理论和方法。这种检验可以作为中国社会科学家的重要任务，以及发展和完善理论及方法的培育区。

（4）许多中国社会科学家采用定量方法（问卷调查），却不亲自去基层。定量方法确实很重要，但也存在局限。纯数据和问卷并不总能提供关于反应行为的可能原因的答案。此外，问卷发放的缺陷在于，填写这些问卷的情形和环境在很大程度上是未知的。因此，绝对有必要将定量和定性研究结合起来。

（5）在中国举行的国际会议上，我越来越多地遇到这样的情况：中国同人们常常在做报告前出现，做完报告后不久就离去。我总是对这种行为感到遗憾，因为它让观念的真正交流几乎成为不可能，进而使会议效率低下。

（6）应当加强对青年学者的训练，这方面正得到中国高等教育系统的重视。青年学者需要加强外语技能，拓宽知识储备。我发现，中国的青年学者们对自己的国家（中国），对她的历史和文化知之甚少，他们涉及的知识领域往往非常有限。除此之外，许多青年学者并未学会独立思考问题。我仍然高度评价洪堡（Wilhelm von Humboldt）的教育理念，它令德国成为学术强国。该教育理念是进行学科内及超越学科的全面教育，培养贯通常识和社会责任的思辨过程，促进具有批判性的独立论证（洪堡认为，大学不是一般的职业养成所，而是要造就胸襟开阔、目光远大、领导世界新潮流的人才。大学教育的功能，一是科学探索，二是人性完善）。教育训练和科学训练应当独立于经济利益和求职择业。

（7）我非常欣赏中国越来越多地向海外派遣青年学者获取进一步的学术训练，并拓展他们的国际视野。但是在一些情况下，我感觉青年学者们只是"停靠"在外国大学或机构里，待上一段特定时间，以在中国获得更高的学术职位。在这种情况下，进一步训练和知识生产的内容仅仅充当着次要的目标。因此，中国大学和研究机构在未来应当更加注重海外深造的质量，而非形式或期限。

问：感谢您研究中国得出了那么多丰硕的成果，感谢您对中国社会科学发展的真诚建议，感谢您接受我的访谈。

王海教授 照片5：在北京海淀区革命委员会办好结婚证（1979年8月24日）

答：在结束这个访谈稿的编写之前，我不得不提到我挚爱和聪慧的妻子。她一直在给我提供咨询，帮我做各种组织工作。没有她，我有时觉得自己是一个零。虽然她从医，与我完全不是一个专业。到 2019 年，我们结婚就 40 年了。我们有两个可爱的孩子。回想 1979 年结婚时，程序十分复杂，第一步是要所在单位的批准。而那是"文化大革命"后中国人与外国人结婚的第一例。幸运的是，党中央副主席陈云说服我岳父与我见面，后来又与我父母见了面，我和岳父母的关系后来十分融洽。我被这个老革命的家庭接受，成为家里完全平等的一员，并且发挥着"模范作用"。我每年要在中国呆 3 个多月搞研究，在北京期间，我总是住在岳父母家。这使我深深融入中国社会。实际上我从他们身上学到了很多。他们对我就像自己的父母一样。

王海教授 照片 6：婚礼（1979 年）

中国研究的重要性不在于我们如何看待中国
——施耐德教授访谈录
（Axel Schneider 德国哥廷根大学现代东亚研究中心主任、汉学教授）

访谈人：Jiagu Richter

时间：2016 年 10 月 27 日

整理人：齐菲

审定：Jiagu Richter

施耐德教授 照片 1

问：您是怎么开始对汉学感兴趣的呢？

答：我从十四五岁的时候就开始对中文感兴趣，但其实当时对中国毫无概念，也不知道这种兴趣从何而来。1976—1977 年那段时期，台湾和大陆很多重要人物去世了，包括蒋介石、周恩来、毛泽东，德国媒体的相关报道稍微多一些,我可能由此对中国产生了兴趣。这是我后来总结的,我真的不知道原因。高中时的历史课我写了一个作业,是关于华国锋的报告,那是我第一次认真写关于中国的东西。多年以后,我搬家又看到那份报告,发现通通错了,完全是胡说八道。

问:就是说您后来看觉得当时写得很幼稚,是吗?

答:也不是幼稚,而是当时我完全不懂中国,只是对那个国家感兴趣。高二、高三的时候我想自学中文,就在慕尼黑的一个书店买了书来学。当时的中文教材还是"文化大革命"时期出版的。我很快发现学中文最大的挑战就是声调,自学很困难,必须有母语者来教。1981年我高中毕业,1982年服兵役,之后就去爱尔朗根大学汉学系学习了三年。那时候爱尔朗根大学汉学系的情况不太好,所以我在那边读的是基本课程,相当于现在的学士,第二年我申请获得了德意志学术交流中心(DAAD)的奖学金,1985年,拿着奖学金去台湾学习了两年。1987年回国后我没有再去爱尔朗根大学,而是去了波鸿大学,在魏博斗(Bodo Wiethoff)教授和魏格林教授的指导下写硕士论文。我在1989年完成论文。1989年四五月时,魏格林教授已经申请到海德堡大学的教职,去那边任教。6月我硕士毕业之后,8月也到了海德堡大学去当她的助手。从1989—1994年,我都在那里。我的博士学位是在波鸿大学读的,但同时在海德堡大学任助理教授。这期间我在魏博斗教授指导下完成了博士论文,第二导师是魏格林教授。1994年博士毕业后,我继续在海德堡大学当助理教授,开始写博士后论文或者叫教授资格论文。1997—1999年,我申请获得德国科学研究会(DFG)的奖学金,随后请了两年的学术休假,集中精力撰写教授资格论文。我在哈佛大学费正清研究中心做了一年研究工作,1998年回到海德堡大学。2000年3月我申请到了荷兰莱顿大学的教职,从2001年11月1日开始在莱顿大学当教授,一直到2009年。在欧洲,教授在一个职位上一般任职十多年,不能太久。时间到了就要考虑是继续留在那里,还是换个地方;换地方可以获得继续发展的空间,可以有新的资源。2001—2009年在莱顿期间,我于2003—2004年在台湾"国立"政治大学当客座教授(台湾没有客座教授的说法,叫作访问学者);2007—2008年我又在北京大学历史系当客座教授。当时莱顿汉学系的发展情况并不让我满意,我希望获得新的发展的可能,所以2007年底就开始关注国外,比如美国,有什么可能的机会。

哥廷根大学的汉学系2003年被关掉了,但2006年他们意识到不应该这么做——因为这时正值中国全面起飞之际,中断汉学研究太不应该、太不明智了。所以经过几年筹备,包括寻找下萨克森州的经济支持以解决预算的问题等,哥廷根大学在2008年重新建立了汉学系。2009年8月,我应聘来到这里参与了汉学系的重建工作。原来的汉学系以古代历史研究为主,重建后则以近现代的历史、政治、经济、社会等为研究重点,我们的教学范围比较广,涵盖历史、宗教、政治、社会、法律、语言学、文学、外交等大约12个领域,此外还有对外汉语教学。欧洲很多大学的汉学系比较小,顶多能在两三个领域进行教学和研究。我们的研究领域则广泛得多。之后,中国大陆教育部的汉办出资,给我们两个教授位置。几年后,又由大众汽车出资设立了教授位置,所以,哥廷根大学汉学系现在有4个正教授,5个助理教授。此外还有三四个同时在这里工作的客座教授。这样,汉学系研究中国的教师总体不少于十三四个;还有9个教中文的老师,其中有6个是国内对外汉语教学专业毕业的专家。所以哥廷根大学汉学系的教学和研究条件是很好的。我们无论在经费、师资、教学、研究硬件条件,还是校方的重视以及社会的支持上,都令人满意。因此,过去几年,哥廷根大学汉学系发展非常快。至于实力怎么样,让别人评论吧。我想特别强调一下,我们的4个教授位置都不是大学拨款的,而是外界出资设立的,其中,2个教授位置是中国大陆教育部汉办出资,1个是大众汽车出资,还有1个是哥廷根周边的中小企业出资。这些中小企业和中国大陆的经济关系非常密切,他们很看重中国市场,所以积极支持汉学系。

问:中小型企业出资支持汉学系办学,甚至给教授职位的情况在德国常见吗?

答:很少。哥廷根汉学系所有的教授位置都不是大学拨款这样的情况在德国大概找不到第二个。我的这个职位是第一个中小企业出资的职位。一般中小企业资助大学办学，给钱都是给与经济、科技有关系的专业，愿意给钱资助人文学科的少之又少。整个汉学系的教职完全依靠外来资金，在德国是很特别的。这跟中国研究太受重视和欢迎有关系。但是有些德国媒体如《南德意志报》，对汉学系的这种发展给予激烈批评，用了很难听的德文词，说我们是中共的"走狗"，当然没有用"走狗"这个词，但就是这个意思。

问：在你们的研究和教学当中，中国官方干预你们的事情吗？

答：零干涉。从来没有干涉过。

问：媒体知不知道这个情况呢？

答：当然知道，我说过好多次，但是这些媒体不想听，因为这不符合他们的偏见。他们总认为中国官方一定是想要影响我们，其实完全没有。举个例子，2014年"八九政治风波"25周年时，我们是全德国唯一举办了研讨会的大学。我们请了一些学者，举办了一个十分严谨的学术性活动。主持这个活动的，就是由中国汉办出资设立职位研究中国近代社会与政治的那个教授。中国方面，无论是中国政府还是大使馆，一句话也没说，也没有用什么拐弯抹角的方式来表示反对，完全没有。这不是说中国政府对学术的态度有多好，实际上我们感觉到了一些最近的变化，但至少在哥廷根大学，坦白地说，中国官方的态度从头到尾完全符合我们西方的学术标准。

问：就是说中国官方对你们的教学和研究没有任何干预。

答：完全没有。

问：你们需要让外界知道这个实际情况，有时候成见是没必要的。

答：我已经说了几百次了，但我感觉有些媒体并不想知道真相，他们只想批评。他们对真实情况不感兴趣。《南德意志报》那个记者在报纸上写了一篇长文，激烈批评哥廷根大学，特别是批评我本人，但在此之前，这个记者从未跟我联系过。这根本不符合新闻媒体最基本的职业道德。所以，我对德国媒体关于中国的报道已经无话可说了。虽然过去十年有一些进步，但还是很糟糕。有些比较专业的媒体，像《资本》（Das Kapital），专门报道与经济有关的内容，还稍微好一点，因为愚弄他们的读者很困难，但是一般面向大众的媒体就太糟糕了。

问：我觉得这是西方媒体一个普遍性的问题，不仅对中国，包括对其他国家，比如俄罗斯也是这样，迎合主流舆论比较容易，谁也不想跟主流声音唱反调，但实际情况是怎样就不管了。

答：对，没错，现在比以前稍微好一点，因为现在至少有一些报纸的记者学过汉学，所以对中国的认知不是完全空白，但是他们意识形态方面的成见还是太多了，而且他们的中文水平到底怎样我也不是很清楚。如果你要当一个报道中国情况的好记者，你需要天天看报纸，中国国内的报纸，香港的报纸，台湾的报纸，都要看；还要看很多中国国内的报告，这样你才能比较理解中国国内的发展是怎样的；此外你还要看很多西方研究中国的著作。这是一个庞大而繁重的任务，而现在的记者和编辑不只是要报道中国，还要报道日本、韩国，等等，似乎根本忙不过来。

问：这可能还不仅是语言的问题，还有对一种文化的理解。

答：语言是首要的，语言不懂就什么都不懂。我发现，现在很多大学的校长级别的人，认为我们需要接近中国、研究中国，但不要花很多钱去培养懂中文的人，因为学习中文至少要四到五年才能达到流畅阅读的程度，这个成本太高了。我反问他们，如果美国报纸的记者来采访报道德国却不用德语，你们会认为他真的能懂德国吗？我这样给他们讲，他们也不接受。他们关于中国研究的考量就是这样。

问：你出版和研究的重点是关于中国历史和历史学，这方面哥廷根大学做些什么呢？

答：哥廷根大学汉学系的研究范围是比较广的。我一向对历史，特别是思想史感兴趣。思想史这个题目太大了，所以我专门做学术史。我的研究著作其实不是很多，我不是一个喜欢写很多东西的人，但是我写东西都是致力于说明近半个世纪以来中国学术思想史的一些基本转变,即从晚清的历史理解,到民国新的发展,尤其是原来史学中的"史"学术化了,变成了一种科学,变成了近现代大学制度内的一个学科。传统的史学不是一个学术性的东西,而是一个官方的、政治性的东西,直到近现代,史学看起来才有学术性。其实在试图建立一个近现代民主国家的情况下,学术领域不可能不涉及政治,但至少从理想来看,近现代以来,历史被认为应该独立于政治。我在研究这个转变。差不多从1997—1998年开始,这个问题成为我的研究重点,之后我还继续做这方面的研究,但加了一个新的研究对象,即晚清民初的保守派。因为那时候他们反对来自西方的思潮,这引起我很大兴趣。

问:保守派您指的是比较忠君的?

答:不,不是说他们是要维持帝制,维持满洲王朝什么的。对那些所谓忠臣我不是很感兴趣,我觉得他们往往只是对皇帝和朝廷的忠诚。我感兴趣的不是政治方面的保守派,而是哲学和文化方面的保守派。不过,对文化方面的保守也得分清楚,有一部分人是因为爱国,爱中华文化,所以他们反对西方。

问:您说的保守是保护中国传统的东西,而抵制西方新来的东西吗?

答:不,不是这样。文化保守派实际上有两种人,一种人是像你刚才说的,要保护中华文明,反对来自西方的新的东西,因为是来自西方的,不是自己的。这是一种文化认同,甚至是民族认同,背后是维护中国文化的特殊性和中国特色的社会制度的一种思维;另一种人是真的有趣,他们可称之为保守,不是因为爱国、爱中国文化,也不是因为反感西方,而是因为他们发现来自西方的"现代"本身,即现代性是有问题的。这种人并非排斥西方,他们往往对西方非常了解,甚至比"五四运动"的那批人对西方更理解。他们不是盲目崇拜西方,也不是崇拜现代化,而是意识到现代化和现代性带来的社会、政治,特别是人的行为上的一些变化,是非常负面的,即使西方自身也须对此有所反思——不是说我们要和西方不一样,而是西方也得改变。因为西方的现代性有局限,所以他们反对西方,不是站在一个民族和文化的立场，而是出于伦理的考虑，认为这个现代性所带来的一些人的行为的变化其实是违背人性的，是不人道的。他们认为现代的科学也好，技术也好，政体也好，这些不同东西的基础都是一种对人的新理解，对人性的新理解，而西方的这个理解是错的。所以他们不是反西方，而是反现代。这些人往往很有趣，很聪明，非常聪明，在"五四时期"那批人还没有出生，还没有开始读西方的东西的时候，他们已经在读康德、笛卡儿的著作了，并从中发现了问题。

问：这是您现在研究的重点，您主要想研究这些人，这些人其实是有共性的，西方也有这样的思潮，不只是在中国的，是吗？

答：对，我当然会做一些比较，比较他们的一些观点和西方保守派的观点，但基本上，我研究的不是反西方的潮流，而是抵制现代化的保守的潮流。

施耐德教授 照片2：施耐德教授与同事

问：这是个很有意思的研究，恰恰可以超越不同国家的特色，对整个人类的伦理进行反思。

答：一味强调"本土特色"，往往是一个有问题的政权的立场，它需要借此来巩固自己不稳定的政权。德国的"特殊道路"（Sonderweg）是一个很好的例子，也是一个搞特殊化但其实很有问题的例子。支持"特殊道路"的政权和知识分子认为德国是为了保护本国的文化，为了反对来自法国的文明打了两次世界大战；这背后实际上是一种全球性的思维的缺失。

问：您这方面的研究是带学生在做还是自己在做？

答：带学生，我现在有6个博士生，4个都是做这方面的研究。这方面的研究我从十七八年前就开始进行了。但这十七八年里我在莱顿大学的行政任务很重，到了哥廷根大学又着力于重建汉学系，所以至少有12年不大有时间和精力投入研究。今年开始我轻松了很多，我把很多德国人所谓"帽子"都摘了，我戴不动"帽子"了，4个帽子中辞掉了3个，原来又是所长，又是系主任，又是论坛主持人，又是文学院院委会委员，现在除了系主任，其他兼职我统统辞掉了，因为汉学系已经基本建立起来，该有的位置都有，该有的经费都有，我现在可以稳定下来，回到自己做研究的状态了。

问：我们刚刚说到您个人研究的重点，我现在想问一个问题，您在研究中国史和中国史学、中国史文化的时候，您有没有和日本做过比较。因为都是东亚国家，有没有什么区别？

答：当然有，我发现在我研究的那部分反现代的人身上，日本的影响不是很明显。唯一受影响比较深的是王国维，他懂日语，对日本比较了解，受到一些日本的影响，而且他还懂德语，也懂英语，所以他可以读多种语言的著作。我感兴趣的那些人基本上更多受到美国和德国的影响。做中国知识史、学术史研究当然要和日本比较，因为那个时候中国知识分子没有不受日本影响的，只是我最近十来年研究的保守派那些人，受日本影响虽然有，但不是特别多。

问：也就是说，这些人受日本的影响不是很大，他们的思想更多受德国和美国的影响，是吗？

答：对，不是说他们不受日本的影响，但相对于其他领域，如政治、史学，文化保守派受日本影响则少一点。当然，近现代中国无论哪一方面的课题，都必须考虑到日本的因素。

问：这是指保守派了，但是中国整个的史学，对史学研究和史文化，和日本相比有没有什么区别？

答：这个题目是我过去三十年一直在做的。这方面中国受日本影响非常深，从1890—1930年这40年，中国史学的发展主要是通过日本受到西方的影响；这之后，更多的知识分子去西方留学，他们回来之后就不再通过日本受西方影响。简言之，"五四"之前中国知识分子有关西方的认识很大程度上是通过日本获得的，"五四"之后就开始多元化了。

问：也就是说"五四运动"之后，由于中国史学的多元化，受西方影响比较大，中国的史学研究和西方比较接近，和日本还是有区别的，是吗？

答：和日本是有区别的，而且从那时开始，中日关系也有所疏远，特别是从1925年"五卅惨案"之后，双方关系逐渐破裂。中国学者开始试图摆脱日本的影响。比如日本的京都学派在20世纪40年代提出了"超克现代性"的说法，还以此为议题召开了一次会议。但在中国基本上没有人使用这个概念。中文里好像也没有这个词，这显示出从那时起，中国的史学界不再看日本了，不像以前那样。

问：那就是说从现在的历史研究来说，中国和日本还是有大不同的？

答：总体看是这样。不过，过去二三十年又开始稍微近一点，这大概是因为1949年之后，中国和日本的学术交流基本中断了，从改革开放开始才有所恢复。但现在出国留学的中国学生大多数去了美国，剩下的人去了欧洲和其他地方，也有一些去了日本。在历史学范围与日本的学术交流比以前多了一点。

问：您研究中国知识分子的历史，您觉得中国知识分子的历史和中国的历史有什么不同吗？

答：当然，区别非常大。知识分子毕竟是精英分子，他们对国家、社会、经济文化等的理解肯定和一般老百姓不一样，因此在研究上必须有所侧重。我对知识分子比较感兴趣，因为我觉得那些负责任的知识分子会比一般民众更早意识到社会发展的趋势，更早发现社会面临的挑战，也会更深入地思考其中的问题。这是知识分子的特殊立场决定的。他们的思想、观点、著作就因为这样的特性而比较有趣。我是一个"老古董"了，总是认为人的思想对人的行为有影响，我不是一个只从人的行为或者只从经济现象上看问题的人。现在的西方其实非常"唯物"，认为我们都受环境的影响，受各种物质因素的影响，好像我们没有自己的独立思考能力，我觉得不是这样的。

问：那您还是反马克思主义的，不是物质决定意识形态，而是思维有很大作用的。

答：我不是反马克思主义，这是另外一个话题了，我是反唯物主义的。现在西方非常唯物，中国也很唯物，人们变成了没有大脑的消费者，认为只要经济增长，可以多买点东西，可以多消费就好，其他问题就不太重要了。

问：知识分子由于他们有超前的意识，他们想的和普通人不太一样，会提前想到一些问题，所以说他们的历史和中国的历史也是不一样的，您是这个意思吗？

答：对，不一样，知识分子所关注的东西会提早反映中国历史面临的一些问题。我们看1890—1910年一些比较聪明的士大夫关于中国发展的反省，就可以发现他们早就意识到了"五四"那批人过了二十年后还没意识到的问题，所以我觉得真正聪明的知识分子是值得研究的，他们会告诉你那个时候中国社会、政治、经济遇到的很多困难。

问：当时在世纪交接的时候，有很多有识之士提出了想法，但是您觉得他们和现在的中国知识分子相比，现在的中国知识分子是不是也有太物质化的问题？有没有您认为还是很有思想、有超前能力去思考一些国家和人类会面临的问题，存在这样值得您研究的知识分子吗？

答：怎么说呢，现在全球都比较物质化，但是不管哪个地方都还是有不少蛮聪明、蛮有先知的知识分子，至于谁值得研究，取决于研究者自己的选择。

问：就是说，您认为现在还是有很多有识之士值得研究的，他们的思想还是没有受到禁锢的，没有受到物质化影响的？

答：当然，不是没有受物质化影响，而是没有因为这个影响而变笨。他们还是敏锐的，还是会思考问题的。当然现在和一百年前不一样，整个社会和教育制度不一样，现在没有那么多时间去思考问题。但同时，我们的信息来源比以前多多了，我常常给学生举一个非常简单的例子，"大跃进"后的三年自然灾害在中国饿死了很多人，现在仍然有人在争论是三千万还是四千万人因为大饥荒而饿死。当时，这一段历史在西方是未知的，西方大概是20世纪70年代末才开始了解到二十年前的中国发生过饿死上千万人的灾难。而今天，如果早上8点在北京发生车祸，撞死两个人，不到一个小时我们就能知道。现在这个世界可以说是信息太多了，而且信息的来源非常多样、非常丰富，因此，跟以前的知识分子比，我们在某些方面也占优势，我们对全球的理解比以前更深入，所以不能说现在的知识分子不如以前。有些方面是不如以前，但有些方面条件比以前好。现在很多人认为我们处在一个文化堕落的时代，这好像有一些文化悲观主义的色彩。文化的发展的确值得去担心，但不一定都是负面的。

问：我们刚才说到中国和日本的历史学和历史文化的比较，这个历史文化，怎么看待历史的态度。因为我知道日本有些人对于他们从中国吸收了文化精髓是非常重视的，但也有人是不以为然的，这就是对于历史文化的态度，你觉得中国和日本有没有不同？

答：有，我觉得有几个根本的区别。一个区别是，在传统中国文化和传统日本文化中史学的地位。中国对史学比较重视，中国传统史学的地位非常之高；日本也把史学看得很重要，但没有中国那么重要，这是一个区别，所以日本传统政权的正当性不像中国那么依赖史学，中国官方的《二十四史》就是史学地位的一个表现。第二个区别是，近现代日本史学和中国日本学，都有一个共同的认识，就是书写民族史学是要给当下的民族国家提供正当性。这个和西方的史学没什么区别。但是，这是中国和日本一个很大的区别。在认同方面，日本一向是个强调自己特殊性的国家，而中国在认同方面一向强调的是一个全天下的认同。中国的老百姓当然也有家庭、民族、族群等的认同，但是官方的意识形态方面，中国比较强调一个普遍性认同的政权，即以天下为己任。日本就不是。因为日本自古以来就是强调自己的特殊性，所以在前现代史学到现代史学的转变上，日本比较顺利，中国就常常会遇到一些矛盾。你看，都近现代了，中国的史学家仍然在挣扎，怎么写中国史，怎么把中国融入世界史？如果用西方的模式，那中国就变成一个只剩下特殊文化的民族国家，但如果要部分维持原有的普遍认同，那就不能接受来自西方的新东西了，这是一个矛盾点。中国共产党在1949年之后，用一种普遍的马克思主义来解决这个问题，即认同一个普遍的意识形态，同时也坚持有特色的中国化的马克思主义，这就是"毛泽东思想"。毛泽东思想扮演的角色就是在一个有普遍马克思主义认同的框架之下，又有一个中国特色的认同，在毛泽东时代，这两者之间没有太大的矛盾。改革开放之后，把它换成来自西方的一种现代化的大学术。但是中国政权和日本政权的区别就在于，日本可以很自然地不需要考虑这些矛盾而肯定对于日本特色的认同，中国就不行，中国一直处于特殊性和普遍性紧张之中。

问：可不可以这么认为，日本一直认为自己是特殊的，别人也认为它特殊，所以反而比较容易融入？

答：对，日本是民族主义的，是由一个特殊的民族为基础的，中国就不同。

问：中华民族也是独特的，也一直强调这一点，我倒认为中国一直强调自己的独特性和特殊性。

答：对，它必须要一直强调这一点，因为很多人其实并没有真正相信中国的特殊性。现在中国的政权，用爱国主义教育老百姓二三十年，这就让很多人接受了这一意识形态。其实中国原有的"以天下为己任"的普遍认同有很深厚的根基,中国认为自己是一个全球的文明,不是一个特殊性的文化。现在中国所强调的所谓中国特色,是这个政权过去五十年慢慢构建出来的,而且从1949—1979年,也没强调中国的特殊性,还是强调普遍的马列那一套。在这个之下又开始同时走两条路,一方面是强调普遍的马列的认同,同时又强调特殊的毛泽东思想的认同,说这两者之间没有矛盾。现在中国的情况是一边强调中国特色社会主义,这是特殊的一种认同,同时又走的是非常刻意地模仿资本主义的路子,这两者之间有非常严重的矛盾。任何一个了解中国的人看中国特色社会主义,都会发现他们说的和做的有很大区别。虽然和其他资本主义有区别,但不是根本的区别,只是细节的区别。

问: 但是为什么日本的特殊性就能得到接受,但中国的特殊性就得不到接受?您刚才说日本从开始就强调它的特殊性,所以它比较容易融入。

答: 中国也最终接受了。日本比较容易融入是从它自己的角度来讲,融入现在这个新的秩序可以没有太大的心理伤害。而中国要融入来自西方以特殊民族国家为基础的新的世界秩序,就必须要放弃原有的以自己为天下、以自己为全球的心态,这在心理上是个很大的挑战。你看现在的中国人,他们的心态常常徘徊在媚外和排外之间,媚外是要向西方学习,排外则是要保护自己原有的东西。在媚外和排外之间徘徊的心态就来自这一矛盾。显然,原有的认同和必须要接受的新的认同之间存在根本的冲突。在日本,只需要把原有的特殊日本认同改成现代的日本特殊认同就行了,因为还是一个基于特殊性的认同,还是一个日本认同。虽然内涵改变了,原来是一个不同的文化和政治制度,现在是一个新的来自西方的文化和政治制度,但本质上还是一个特殊的东西,因而仍然可以说是日本自己的特殊条件和文化。

问: 是不是说,日本进入世界民族之林的时候是以一种比较低的姿态,它不认为它带有一种普遍适用的观念,这样比较容易,等于它来接受西方的东西,它来向西方学,所以比较容易,而中国人有这个负担。

答: 对,但同时强调日本还是一个特殊的民族国家,一个特殊的民族文化,因此日本试图以这种特殊的民族文化来保护亚洲的特殊性,反对来自西方的帝国主义霸权。日本在二战基本上就是用这种说法来对抗美国，宣称要保护亚洲人的特殊性，要"超克"现代性，而现代性就是西方。

问：那您认为如果中国采取和日本一样的切入点，是否容易被西方接受一些呢？因为他们之间还是有一种文化对抗。

答：这不是接不接受的问题。我不是说日本和中国、和西方的关系，我是说现代日本和前现代日本，现代中国和前现代中国的关系。日本也好，中国也好，一旦开始变强，就不可避免地会和西方起冲突，现在的中国就很明显，这是一个现实的问题。我说的是传统与现代的认同之间的张力和矛盾，这在日本就稍微轻松一点，因为它前现代的传统认同也是一种强调自己特殊性的认同，而中国的传统认同是强调普遍性的认同。

施耐德教授 照片3：施耐德教授在作演讲

问：您现在是系主任了，我还想问个问题，你们师资力量比较强，那你们学生来源的情况怎么样，近年的发展怎么样？

答：我到哥廷根大学是2009年8月1日，这年到哥廷根大学汉学系来读书的学生不是我招的，我自己招的第一批学生是2010年10月入学的，共18人，而去年在读的学生已有105人。学生数量多少其实也不说明什么，顶多说明我们汉语语言教学不错，因为学习语言是汉学系的学生比较关心的，这么多学生愿意到哥廷根大学汉学系来求学，表明我们的语言教学得到了社会认可。能取得良好的办学成效一方面是因为我们的师资力量比较强，另一方面也因为是得到了汉办和社会的有力支持。因此，我们的招生规模能从2010年的18人迅速增加到2015年的105人。学生来源也比较广泛，大概一半是附近的人，另一半来自全国各地。这和维也纳大学汉学系不一样，维也纳大学汉学系好像是奥地利唯一的汉学系，奥地利想学汉学的人在本国就只能去维也纳大学汉学系。荷兰莱顿大学汉学系也是如此。但德国的汉学系很多，学生的选择余地大，所以竞争比较激烈。我们本地生源和外地生源各占一半，这样的结构是比较令人满意的。

问：您刚才说的是本科生，研究生的情况怎么样，大概有多少，发展情况怎么样？

答：研究生90%是外来的，每年大概收10名，人数近年来比较稳定。我们2013年第一次招收硕士生，当年是4个，2014年是7个，2015年是9个，今年是10个。我觉得10个就差不多了，不要太多。本科生需要一定的数量规模才有利于组织教学活动，但研究生则更需要强调质，"物以稀为贵"，太多并不好。

问：据我所知，维也纳大学汉学系有这个问题，研究生在减少，有些设置的研究生课因为没学生选课而取消了，这是一个趋势，因为随着和中国交往的增加，工作机会也多了，很多人直接去工作，不想再学下去了，这是一个不好的趋势，但你们这里在增加，这是很好的。

答：我们有一个关键的政策，2013年是用德语开的硕士课，2015年开始用英语授课，2013年、2014年申请读硕士学位的几个人我们全部接收了，2015年申请人数达到35人，我们只收了9个，今年申请的有50个，我们只收了14个，最后实际入学的是10个。所以我们换成英语授课后，学生增加很快。

问：都是外国来的学生？

答：大概70%是外国学生，今年的10个硕士当中，7个是外国人，3个德国人，其中 1 个是我们汉学系本科毕业的。

问：那些外国人都是从哪些国家和地区来的呢？

答：都是东亚的，中国大陆和中国台湾、中国香港及韩国都有。一看申请资料就知道有些人其实就是想来混个学位，这些人我们不收。但有不少人在国内已经硕士毕业了，他们对国外怎么看中国很感兴趣，所以就过来认真读书，目的不是要了解中国，他们想要学的是中国之外的看法和理论，他们想拓宽自己的视野。这些人潜质都不错，他们往往已经在国内政治系、历史系、哲学系硕士毕业了，但还不想读博，就想去国外看看西方怎样看待和研究中国。这些学生和我们自己的学生比，对中国的了解当然深入多了，但他们在理论上受到的教育比较弱一点。德国学生和中国学生这两个不同的群体在一起学习，正好是互补的。

问：所以中国经济的发展会让搞中国研究的外国人也获益，中国人有能力出来学了。

答：对，现在出国留学的中国人非常多。我们哥廷根大学共 27000 个学生，其中大约 1200 个是外国留学生，而中国留学生占了 900 人。他们大部分是理工科的，主要集中在自然科学、科技、商业这些实用性强的专业。

问：还有一个比较重要的问题，因为您也在不同的大学工作过、研究过，也担任领导职务，您怎么看汉学研究的方法？

答：汉学研究没有自己独有的方法，汉学是一种所谓 Area Study，即区域学。诸如印度学、汉学、日本学，这种学科其实没有自己独特的方法和理论，都是要借用其他真正的学科，比如政治学、经济学、社会学等的方法和理论。但是在借用的时候要小心，因为这些学科的研究对象 99% 是西方的，其方法和理论是通过研究西方的经验得出的，具有很突出的西方特色。政治学、经济学、社会学等提出的理论通常被认为是普遍的，譬如普遍的民主化理论、普遍的现代化理论，但其实理论的基础都是西方的。所以我们在借用这些学科的理论方法时必须要很小心，要考虑这个理论和方法能否直接移植到中国；

引用这些理论和方法时怎么改进，才能适用于中国历史、社会、政治的特点和特色。比如讨论中国政治时，其实仅说中国政治特色就已经错了，因为在中文里"政治"这个词是个外来词，来自英文的 politics。我们讨论中国的时候，用的词汇 90% 都是来自西方的，这在汉学研究中要充分加以注意。

问：还有一个问题，就是说西方或者德国对于汉学研究，它对社会的影响您也说了很小，那么这个发展趋势您怎么看？今后随着和中国的关系，随着中国的发展，您认为中国研究的发展趋势是怎样的？

答：这里有两个问题需要考虑。第一个是我们培养的学生后来进入社会，他们都去了哪里，他们在那里会起什么作用？这一点我们的影响其实很大。我们培养具有良好中文素养和技能、对中国有深入理解的学生，他们参加工作之后可以影响自己所在单位跟中国的关系。但从另一个方面来看，作为研究者，如果这个社会对我们研究的对象，写出来的文章和报告不感兴趣，就不会有人去看，我们要在报纸上发表看法也会很难，尤其是如果我们表达的观点不受大众欢迎，不符合那些偏见，要站出来说话就会更难。何况我们忙得不得了，又要教书，又要做研究，又要做行政工作，我每周的工作时间很少少于 80 个小时，有时轻松一点也不会少于 70 个小时，特别忙的时候每周工作可达到 100 个小时或一天达到 14 个小时，哪有空写一篇没人感兴趣的报纸文章呢？在报纸上发表文章的汉学家基本上是那些退休的老教授，但他们对于当代中国的发展并不是特别了解。还有一个问题，由于中国越来越重要，德国在过去二十年试图加强以近现代为重点的汉学研究，这当然没什么不好，问题是原有的二十个汉学系中十个以古代为重点，十个以现代为重点，结果他们认为以现代为重点的十个不够，就把以前以古代为主的十个汉学系中的八个完全废除掉，重新成立以现代为中心的汉学系。原来德国的一半以上的汉学系都是以古代为重点，现在以古代为重点的汉学系就剩下两三个，这完全不行。每一个文明，不管是哪个国家、哪个地区，你不懂它的历史就不能理解它当下的发展，更何况中国是一个一直强调自己的历史传统的国家。所以我们现在面临的问题是，哥廷根大学这么大的一个汉学系——以德国 20 世纪 80 年代汉学系的规模来看，现在哥廷根大学的汉学系是很大的，虽然其实还很小，和哈佛比根本不算什么——没有一个人是研究古代中国的，一个都没有，这太不像样了。在争取经费时，如果说是研究中国经济，就有三四个资助者排队说要给钱，但如果说是要研究古代中国的哲学，就很难有人愿意出资，他们的反应是，好吧，继续做梦吧！所以文化堕落、文化悲观主义的盛行不是没有原因的，的确是有点堕落的味道了。德国在20世纪90年代如果意识到现在中国非常重要，就应该加强和扩大中国研究，大量增加研究近现代中国的职位，但当时又缺少远见，所以就把原有的研究古代中国的职位替换成了研究近现代的。这是非常愚蠢的政策。

问：您的意思是如果要发展对现代中国的研究，必须还要有一些对古代进行研究，这一部分也要扩大，同时研究现代中国的任务也要扩大，因为中国在发展，在多样化，很多问题都是新出现的，也需要很多人研究，那就是总的来说汉学要发展，就要扩大，需要支持。

答：从历史的长度来说，欧洲与美国的总和再乘一倍，才是中国。欧洲的历史是1500—2000年，美国的历史300年，中国的历史是4000年。我们哥廷根大学有600个教授，只有4个教授研究中国，这不是开玩笑吗？全德国有4万个教授的职位，只有38个研究中国，0.1%都不到，真是令人匪夷所思。我们的政治家也好，文化精英也好，学术精英也好，他们都在讲中国如何重要，但是他们根本没有真正地、彻底地意识到来自中国的挑战有多大。我觉得一个比较像样的汉学系，起码应该有20个教授，其中有5—6个研究古代中国，12—14个研究近现代中国，而在近现代这个领域不能只研究政治、经济、法律、社会、国际关系，还必须研究哲学、宗教、历史、文化以及文学、国际关系等。

问：说到国际关系，我就想到，中国学从来对国际关系不重视，我就是搞国际关系的，很难有一些交流的机会，因为搞中国研究的人都在研究国内的政治经济去了，很少有人研究国际关系，这是很边缘的。

答：你看中国史，80%的历史事件和中国之外的地区关系非常密切，所以没有一个超过中国领土的全球性视野，就根本看不懂中国。所以我觉得一个缺少国际关系研究的汉学系完全没法理解和解释现在的中国。中国现在在国内做出的决定，哪一个是不受西方影响，不考虑国际关系的？我们也是，德国哪里还有人能做任何决定不考虑国际关系吗？不可能的。中国也是这样，中国很多国内政策非常密切地受到国外影响，政策制定者必须要考虑国外的市场怎么发展，金融怎么发展，国际关系怎么发展，甚至必须要考虑每年几万个留学生回国会带回怎样的意识形态，这些通通要考虑，所以，国际关系是非常关键的。我们没有研究国际关系的专门职位，但有一个做社会史、社会政策和国际关系的研究人员，每年开一些关于国际关系的课，虽然不是很深入，但对于本科学生来说够了，能够让本科生对中国国际关系有一些基本的认知。实际上，我们应该有一个中国国际关系的教授职位。

问：但这可能很长远了，按照您的设想，要20个教授，现在才4个教授，缺太多了。

答：你知道在哥廷根大学，研究和讲授德国文学、法国文学、西班牙文学、意大利文学有多少教授吗？22个！但是一个中国文学的教授职位都没有。所以我们还是完全处于欧洲中心的状态之下，没有国际视野，非常"老土"。至于欧洲的汉学研究，虽然德国还算好，英国、荷兰和北欧也还可以，但法国已经要打折扣了，西班牙、意大利、希腊的汉学研究则基本上是空白，尽管也有人在研究，但比较有抱负、有追求的年轻汉学家都会去美国，而不会留在那里。

问：那就是说汉学的发展不是很乐观的，在近十年之内不会有太大的发展？

答：学生人数和经费还是挺乐观的，因为中国变得太重要了，申请经费不那么难，我提交十个申请，大概八个可以通过，其他系十个申请可能只有一两个能通过。资金是没问题，但是要看做什么。要说是经济研究、国际关系研究，那就很简单；要做哲学、思想史、文学史、文化史的研究就比较难。所以，不是汉学发展不乐观，而是汉学内部不同研究领域的比例变得不健康、不合理了，都以实用功利为驱动。所谓的"有用"是社会和政治定义的，不是学术自己定义的，所以我们学科发展受市场影响太深了，没办法，我们能怎样呢？

问：不是很乐观但是无能为力，是吧？这也不是汉学一个方面的问题，其他社会科学研究也是这样。

答：我们受社会的影响，社会怎么走我们就怎么走，也不能说不乐观，但问题的确不少。我不认为现在社会和文化的变化发展趋势会维持很久，再过十年、二十年会有一些根本的变化，这个我还看得到吧，只是到那时我就退休了。

问：您的意思是十年、二十年会有根本的变化，这种快餐文化，这种不重视根源的文化会变化？

答：我们的经济模式到了没办法持续下去的地步了，我们走了一条死路，现在已经到了尽头了，这样是没有出路的。如果不改变，地球就彻底受不了了。

问：具体来说，哥廷根大学的汉学发展您有什么规划？

答：我们比较会做梦，不是伟大的"中国梦"，而是不那么伟大的"小哥廷根梦"。我们现在所缺少的，有3个领域非常关键，但是目前我们系所有的教授中还没有人能代表和带动这些领域：一个是中国政治，一个是中国法律，还有一个是中国宗教。我们看过去二十年中国去世俗化的进程，其实是一种宗教复兴，特别是佛教和基督教的复兴。德国国内很多人对此感兴趣，但真正有资格研究这一现象的汉学系不多，可能也就是莱比锡大学和波鸿大学。但是波鸿大学这方面的研究实力已经打折扣了，只有莱比锡大学才真正有能力和条件研究这个领域，这显然不够。哥廷根大学的传统宗教学非常强，现在我们的发展方向是要进一步扩大宗教研究，但是中国宗教在这里是缺席的，没有研究近现代中国宗教发展的人。所以中国政治、中国法律、中国宗教这三个领域是我们要重点发展的，必须要想办法争取经费，增加职位，引进人才。

问：如果想要增加学生，维持现在的学生数量，这个怎么能做到呢，怎么唤起社会对汉学研究的兴趣？

答：我们有一个比较特殊的教授职位，即全欧洲唯一的对外汉语教学教师职位，这个职位的主要任务不仅是推广德国高中的中文教学，同时也要推进德国高中其他学科，比如政治、历史等有关中国的教学。我们要进入高中系统来引起学生的兴趣，而不是靠大众媒体建构的中国形象来吸引汉学专业的学生，否则这个形象一变坏就没学生了。1988 年、1989 年海德堡大学汉学系招收了 150 个新生，"八九政治风波"后的 1990 年锐减至 25 个。我觉得这是一个不好的现象，中国的重要性和它的什么广场发生什么事情没关系。这是一个国家历史上、政治上、文化上、精神上的地位问题，和我们喜不喜欢它没关系，喜欢要研究，不喜欢更要研究。难道说和中国关系很好时就可以不太深入了解中国，面临危机时才需要了解得更深入一点吗？这个逻辑是不对的，所以我们希望进入德国初中高中的教育系统，说服那些老师和学生，告诉他们中国其实很重要。这大概是我们唯一可以做的。

问：这是很好的想法，一个是增设三个领域的教授职位，一个是从初中高中做起，让他们认识到研究中国的重要性。

答：这种认识也不再是极度美化中国的认识，而是很具体很务实的理解：中国就是这么大，就是这么复杂，就是这么好，也就是这么坏，和我们一样，我们也是这么好，这么坏。我们的好坏和中国的好坏有不同，但其实这都是人的主观评价，也可以理解的，中国毕竟这么大，而且文化又很特别。每个人对中国的兴趣都可以不同，比如很多学生感兴趣的其实不是普通话，是汉字。所以我们要引起学生对中国的兴趣，而不是要骗他们说中国有多么好。

模型、数据方式和理论研究：中国研究的方式
——顾克礼教授访谈录
（Christian Göbel 维也纳大学汉学系主任、汉学教授）

采访人：Jiagu Richter

采访时间：2016 年 11 月 9 日

整理人：齐菲

核改：Jiagu Richter

顾克礼教授 照片 1：2004 年在北京

问：你是怎么开始对中文和汉学产生兴趣的呢？

答：这个有点复杂。我一直非常喜欢语言，对语言很感兴趣，学的第一门语言就是英文。我非常热爱学英文，觉得学习语言就像打开不同的门。你学习了一点，你就可以进行一些简单的交流，你学得越好，你的世界就会越

来越宽，这个过程非常令人惊叹。一个文化或者一个社会，它之前对你可能是关闭的，但是当你这门语言学得越好，你的新发现就会越多。所以，那时候我高中毕业之后就马上进入了大学，学了英文、英语文学和社会学，因为我对社会学也感兴趣。学了两年之后，有一个总结考试，这个总结考试考完了之后，我开始考虑，再过两年毕业后就要去工作了，当时那个考试的时候我才二十几岁，我觉得二十三四岁就开始工作太可怕，也太可惜了，就打算先去旅行。我的家庭背景可能和一般的德国人或者欧洲人不太一样，因为我父母都没有读过什么书，都只受过九年义务教育。我爸爸那时候还是工人，我妈妈是家庭妇女，后来他们建立了自己的小公司，但在我上学的时候他们还是工人。家庭情况不是很好，这就意味着我需要一直工作。我读书时假期想要去旅行，但是钱又不多，也不知道去哪里好。那时候我在宿舍里交了一个中国朋友，我跟他一起做饭、交流。我的家乡外国人不多，都是巴伐利亚人。

问：您是巴伐利亚人？那地方好像比较保守。

答：非常保守。但是我一直都对其他文化非常感兴趣。我交了这个朋友一段时间之后，他问我放假时要不要去中国。他说那边生活费很便宜——那时候非常便宜，不像现在——我说好。因为我平时放假和周末都在打工，还有一点点钱，于是就买了一张飞机票，跟他一起去中国。那时候在中国吃住都不贵，我开始对中国……也不一定是对中国，而是对自己在陌生环境中的生活状态感兴趣，因为我不知道跟他们怎么沟通，他们在我旁边做一些我不懂的事情，我也不能问，他们那时候都不会说英文。

问：你不懂中文，自己一个人去中国了？

答：我跟朋友一起去的。我们先到上海，当时比较困难，他是安徽人，父母也没什么教育背景，他自己也没很多钱，所以我们就住在一个煤矿工业单位的宿舍里，非常便宜。我们有一段时间在一起，后来从上海一起去厦门，再去他的老家，之后他就在老家待着，我自己去了别的地方。我如果听说哪里好玩，就自己买票去。

问：那是 90 年代吗？

答：是 1993 年。当时遇到了许多困难，也有一些其他的外国人，他们就很受不了这些。有一个外国人，买不到火车票，黄牛又卖假票给他，他很受不了，最后崩溃了。有很多这样的人，但我其实不是很在意这些东西，对我来说最重要的是，中国不是一个危险的地方，所以也没什么大问题。接下来我用这样的方式旅游了几乎三个月，学了一些基本的中文词，比如数字，"太贵了""不要"这类词，这样至少可以沟通，可以买车票，等等，但是都很辛苦。这次以后，我回家继续读书，一年之后又放 3 个月的假了，我就觉得应该再去一趟中国，因为我迷上了旅行。我觉得很奇怪，一路上有人要骗我，但是也有一些人来帮助我，因为我那时候知道被骗了，去抗议，有一些人就帮我，对骗我的老板说，你不应该这样做。虽然不懂他们在说什么，但是我知道他们是在帮助我，这个很让人感动，所以我那时候就决定一定要再去中国。一年之后，中期考试结束后，我乘坐跨西伯利亚的火车到中国去，并且决定了要学中文。那时候我觉得中文可能是最难的语言——虽然其实还有更难的，但是我觉得，如果能够学会这样的语言，那也是完成了一件至少对自己来说很好的事情，可以说当时是想看看自己能做什么，自己的能力到底有多少。

问：这么困难的语言都能学会，就是说明自己能应付挑战，是这个意思吗？

答：对，就是这样，我从小就喜欢挑战自己。但那时候我坐火车过去，也没有做好在中国上课的准备，好像是去北大的时候，他们都对我说你不能马上开始学，还要回去做准备，等等，所以我有点失望，就离开了北京。

问：第一次待了 3 个月，这一次多长时间呢？

答：那一次时间比较短，几个礼拜而已。当时我直接从北京到了香港，因为那次是和我的朋友一起，他要从香港到印度，我要继续在中国南部旅游，我觉得南方是最美的，所以就直接到了南方。我的朋友没有去过香港，我去过，所以我们两个人一起先到了香港。在香港，我遇到了一个台湾人，他是个台商，会说英文，我告诉他我原来计划在北京读书，学中文，但没有成功。他告诉我说，在台湾不会有这样的困难，要不要去台湾看看？因为那时候我本来想去泰国，但泰国下大暴雨，没法去，我想，没关系啊，反正不需要申请任何签证，那就去台湾两个星期吧。到了之后我发现：第一，在台湾学中文非常容易，手续也不多；第二，可以打工赚钱，因为我的钱不多，虽然中国消费很便宜，但也不能一直待很久，但我学过两年师范教育，在台湾可以教英文。这样也不错，我交了一些朋友，很快知道我能找到工作，所以我就又到香港申请了台湾的签证。我先在淡江大学念了一个学期的中文，然后申请了台湾师范大学的语言中心读中文，接下来一年半到两年左右一直都在上课。因为我成绩不错，也拿到了一个给外国人的奖学金，再加上教英文的收入，就更加轻松。这个时候我觉得自己可能会留在台湾，因为当时的感觉非常好，一方面我的中文水平越来越高，对这方面的了解也越来越多，还学了一些武术比如长手螳螂拳，而且当时是台湾民主化，或者说民主巩固的时期，一切都有很多改变，很多年轻人对未来充满希望，所以气氛非常好，有很多有气质的年轻人，新的酒吧，新的舞厅，非常非常好，我不想离开这个地方。

不过之后我也发现不能一直这样下去，我看到有一些四十多岁的人找不到工作，因为到处都只要年轻人，所以我觉得这也不是未来。而且因为我在台湾的时候是1996年，"台海"危机时期，我开始对政治感兴趣，尤其是对台湾的民主化。我和我的朋友去他们的老家，每天看报纸，对台湾这个地方很感兴趣，它为什么从一个专制主义的地方政体转型成了一个民主政体，这是一个怎样的过程？台湾有一些研究这方面的著名学者，我渐渐地认识了他们，就开始进行这方面的学习，我也知道自己对这个感兴趣。所以我现在经常说，我不是从小就对中国感兴趣，如果那时候我去了印度，在印度工作，那可能现在我就在其他地方了。我之所以开始学习中文和汉学，不是因为中国文化或者什么的，而是一个偶然。后来我就决定要上大学，所有以前学过的东西我都抛弃了，重新开始。以前我觉得自己年纪太小，后来觉得年纪已经太大了，25岁了才开始学汉学。我决定去海德堡学习，那里用英文教的课程很好，城市也蛮不错的，我就从那边重新开始学习汉学和政治学的双学位。

问：那等于是政治学跟汉学是同时学的？我以前一直以为你先学的政治

学，然后学的中文。

答：没有，我首先是在纽伦堡学的社会学，之后在海德堡同时学政治学和汉学。

问：您对中国的兴趣其实从台湾开始的，您怎么转为研究中国大陆的呢？

答：对，关于民主是什么东西，这个我也很好奇。民主是什么？民主有几个标准：选举自由、结社自由、言论自由，每一个有权威的组织都必须是选出来的，还有权力制衡，等等。对个人的生活有什么样的影响？住在一个民主国家和住在一个专制国家，区别在哪里？专制都有什么不同的形式？比如说缅甸、中国、越南、老挝都有不同的地方，但都被贴上了专制这个标签。民主也一样，个人的生活和政治体制的关系是什么？所以我开始对这些问题感兴趣，我们个人生活和政治体制的关系是什么？我硕士论文是关于"台湾的民主巩固问题"。在这之后我决定继续念博士。那时候，我跟着舒根德（Gunter Schubert）学习，他是台湾问题专家，也研究中国，他写了一本非常好的关于台湾民主化的书。他跟王海（Thomas Heberer）教授关系很好，他们一起申请了德国科学基金会（DFG）的项目，他知道王海在找一个博士生和助手，就推荐了我，我因此去了杜伊斯堡大学。

但是那时候我已经明白，我可以继续对台湾感兴趣，但如果只做台湾研究的话会找不到工作，而且去了台湾那么多次，我也应该再去大陆看看。研究了台湾的民主巩固问题之后，我开始对所谓地方派系感兴趣，地方派系是乡级和县级有威势的家族，跟中国的家族差不多，但也不太一样，因为不一定是同一个家族的人，也可能有来自外族但属于这个地方派系的人。因为我对地方政治感兴趣，就决定研究一下中国的地方选举，尤其是农村村民委员会选举，还有地方政治，后来我博士论文的题目改了两三次。最重要的是，我对地方政治的运行感兴趣，所以我开始研究这个问题。

问：到最后您的博士论文是什么呢？

答：我的博士论文是"中国的农村税费改革"。有的人说费改税，这个不对，应该是税费改革，费改税是税费改革的一个类型。正式的名字是税费改革，我对这个政策的形成和落实感兴趣，所以就挑选了一些试验地，观察有哪些人参与了这个政策的制定，这个是第一方面；第二个是中央决定这个政策之后，它是怎么在中国每个地方，各个省、乡、县、村落实的，出现了什么问题？有什么解决办法，地方政府在怎样的范围内落实这个政策？

顾克礼教授 照片2：2004年在山东阳谷县与当地副县长

问：就是在怎样的框架里来执行这个政策？

答：对，或者说地方上有多少自由。

问：在以前的发言和讨论中，您比较强调用数字化或模型化的方式来分析中国政府的执政，包括地方政府的执政情况。这些数据是否和社会学比较接近？政治领域和人文科学的领域用这个方法是比较后来的事情了，以前很少用，但是你用的比较多，是不是用您原来所学的社会学的方法？

答：是的。

问：您觉得用这个分析有什么好处？

答：这是一个科学的方式。首先，你需要有一个想研究的问题，观察到最后，就要问自己，为什么我要观察这个问题，而不是其他东西？因为你对此感到好奇。好奇是什么？好奇就是一个问题，你好奇的感觉背后藏着一个问题，如果你想解决这个问题，首先就需要把这个问题讲出来，这就是你的研究题目。当然，你需要注意有没有其他学者在试图回答这个问题，这个是第一个方面。然后第二个方面，你要考虑怎么用最佳的方式来回答这个问题。一方面是理论，另外一方面是方法，可能所有比较大型的问题都已经有人提出来了，已经有相关文章，那你如果没有一个整体的框架或者模型，你就会认为可能没有人想过这个问题——但其实已经有人想过了。你要说明你为什么喜欢思考该问题的这个部分，而不是其他部分，所以就需要一个框架。如果别人已经研究过一个问题，你可以说这个研究的方式我赞成或者不赞成，我接受还是不接受研究结果，但你必须要和已经存在的研究沟通，也要阐明你为什么会采取另外一种研究方法。这个有很多限制在里面，你不能只是说"我想了解这个，我要用我的方法做"，然后就随便开始解释。作为一个学者没有这样的自由。

问：我的意思是说，如果你用文字的方式，也可以去跟别人讨论，但你用数字或者模型分析中国比较多，很特别，以前比较少见，我想知道为什么会这样，你为什么觉得对于中国的情况来说，这是最好的方式？

答：在文字叙述的方法中，如果他说"第一……第二……"如果你很仔细地看他的一、二、三，你就会发现这里面已经包含了很多前提。叙述者认为，有一些前提大家都知道，不需要讨论。但其实这是不一定的，一个句子里的默认前提，可能很多都需要去证明。这就是说，有些人可能意识不到，研究是一个创造理论的过程。当然，如果你创造了一个理论，那你的确可以随便去写，可以说你的理论就是这样的，但是在我的研究里，我有时候也会这样想，但有的时候，我需要检验我的理论，我要看看这个理论能否被肯定——当然，一个理论是无法被肯定的，它只能够被否定，这个意思是说，要找一个最难的案例来挑战这个理论，对它进行检验。然后另外一个就是说，你需要一个框架，如果你要说一是这个，二是这个，三是这个，那可能其中一个是文化因素，一个是政治因素，另一个是经济因素，我认为应该说清楚到底是什么因素促使这件事发生。科学的含义是，在最理想的情况下，如果别人也做这个研究，他应该得到同样的结果，这个方法在社会学范畴里很难实现，因为社会的情况一直在改变，但是我觉得我们应该尽量采取一些办法，向读者解释第一步为什么这么做，第二步为什么这么做，让他了解每一步的想法，这个就是模型的方式。因为理论有很多，所以你应该决定采取哪种理论，看看它的好处在哪里，或者说哪方面对你有用，或者是它的缺陷在哪里。

使用数据是一个比较新的方法，我写博士论文时还没有用太多数据。当时我的研究方式一般是访谈。到目前为止，我做过四五百个访谈，其中三百多个是为论文而做，这个是我主要的研究方式。但是现在随着新的信息，尤其是数字信息越来越多的时候，我觉得我们也应该利用这个信息。这个信息量很大，如果你去找一个人访谈，只能得到几页记录，内容非常有限，可是网络上的信息很多，一辈子都看不完，所以需要想一个别的办法。那怎么研究这样的信息呢？有两个方法，一个是你来挑选，一百万篇文章里挑选出1000篇，或者第二种办法就是将它们全部进行分析，那就需要电脑和统计学的知识了。我现在是把很多方式混在一起，在创造一个理论的时候，我常常是这样开始：比如我现在研究网上投诉问题，刚刚发表了一篇文章，为什么会公开报道网上投诉？为什么让人看到投诉的内容，为什么要让人们看到政府是如何回答的？这就是一个问题。没有很多人问过这个问题。我当然可以引用一些理论和公共环境等等，看看能否用它来解释这些问题，但是最后，问题还是没有答案。那么我就要去一个投诉平台，询问工作人员为什么要将这些公开化，然后再去问一些提出投诉的人，询问他们对于投诉公开化的看法，这是第一步。当他们回答的时候，我就在创造我自己的理论，或者说假设，它只是一个假设。我可以问更多的人，如果他们所说的肯定了这个假设，那就可以去找更多的证据。检验一个假设，需要更多的案例，但是案例很多，没法一个一个用偏重质量的方法来分析，这种情况下就需要用数据进行比较。所以我的研究有两部分，一部分是偏质量，另一部分就是依靠数量，我常常将这两个方式结合起来。比如，我有一个中国法律的数据库，可以用这个数据库来搜索某一方面的相关法律，我会用描述统计学（descriptive statistics）的方法从这些法律里选出一些对研究有用的案了，然后用质量分析（或称定性分析）的方法来分析这个材料。

问：你怎么能知道你找的这些案件就肯定有代表性呢？是不是说，只要找到很多有代表性的案件，五六十件都是这样，那就说明这是一个普遍的现象？

答：也没有这么简单，有几个挑战。第一个挑战就是你必须要知道所有的案例有多少。第二个挑战是，你对哪一个层级感兴趣。如果你感兴趣的是国家级，那两三千个案例就已经非常多了。但是你感兴趣的如果是市级，那每一个市都需要数百个案例，全国加起来数量就非常大。然后还有一些筛选规则，你怎么选择你的数据？不能随便选，要么是偶然选择，给一些数据让电脑选出来，但是之前你需要设计一个数据库或 data sheet。案例当然是越多越好，但是你要注意，比如，如果是关于人的数据，那么年龄、性别、宗教、出生地等，都要有代表性。代表性又要看背景和环境，你选择的例子可能在这个市里有代表性，但在另一个市里就没有代表性了，需要看社会结构是怎样的。这个就比较简单了，因为它有很多规律，很多人都研究过。

顾克礼教授 照片3：2005年在安徽凤阳县皇陵纪念堂

问：这个就是统计方面的一些技巧了，这个其实很重要的，因为中国的研究各个方面的情况都不一样，如果你的筛选不做好的话，做出来的结论可能就无法令人信服，所以这个是挺重要的。你这个等于用其他领域的方式来进行中国的研究,其他领域也用的是一样的方式,没有中国特殊性的东西,这其实是社会学领域的东西。到目前为止,应该可以说你做得还是很成功的,要不然不会得到欧洲研究委员会资金（European research council grant）的资助。

答：我自己觉得蛮成功的,我做的数据分析是一个比较新的趋势。我在写申请书的时候展示了一些收集的信息和数据,做了一点分析给他们看,使他们也能相信我有这方面的能力。现在我常常去参加很多国际会议,会上我也会介绍我的论文,参加会议的人都专门学过统计学,他们一般会接受我的方法和成果,这说明我做得不是不好。而且我也研究了很多,去年、前年看了很多关于统计分析的书,也在上方法课的时候教给学生这种分析怎么做,它背后的逻辑是什么,尤其是回归分析法（regression analysis）。

问：这个可能又引到另外一个问题：对于研究中国来说,你觉得用通用的社会研究方法也是可以做出结论,没有什么特别的？

答：可以做出来,但是它引起一个问题,一个研究中国领域的趋向。现在大家都在用这样的方式,但是这个方式很难回答比较大的问题。通过回归分析法,你得到的结果可能是因素 A + 因素 B 引起效果 X,比较简单,虽然很重要,所以你就只能看到一个领域,很容易忘记整体的改变。所以,现在有一个趋向,就是某一个领域的专家越来越多,小小的领域里他们研究得很透彻。但是我们的目标是看整体,整体往哪里发展,那么这种分析就无法做到这一点,还是得用理论研究的方式来做。比如说像习近平,或者是十八大的核心领导是什么样的,它会造成什么样的效应,等等,你还是需要其他方法来分析,需要参考历史和文化因素,等等。

它不是一个检验,它就是一个创造理论的过程。我觉得这非常非常重要,所以我自己的工作就是,一方面必须研究一些具体的、小的领域,但是也不能忘记党的整体的发展状况,还是需要能够同时考虑到文化、经济、政治等各个方面,然后做一些理论,判断整体大概会向什么方向发展,等等。每个方法都有它的好处,也有它的缺陷,你应该知道你的目标是什么。

问： 现在您觉得用这种方式分析一些比较细、比较专业的问题，比如说地方政府和中央政府的关系，或者在哪个方面的关系，您觉得比较有效？但是中国一个省和另一个省情况完全不一样，比如说安徽的模式就不一定能用到福建省。

答： 对。我 2010—2011 年在《中国研究》期刊上发表了一篇文章。很多学者和记者在研究中国整体发展方向时，会说中国会往某个方向走，等等。但是我觉得，我们应该分析为什么，应该分析解释它的多元化，而不是去解释它的均值和趋势。我们应该研究这个多元化，然后问为什么有这个多元化，为什么这个多元化在改变，改变的方向是什么，有什么样的因素对多元化有影响，等等这样的问题。简单来说，就是研究为什么安徽这样做，而福建那样做。

如果写一篇关于安徽省的文章，再写另外一篇关于福建的文章，那么，这两篇文章是不是就扯不上什么关系？实际上在一开始你说安徽是这样的，福建是那样的，你已经在用一个模式了。那些反对模式的人，实际上自己也在使用某种模式，只是他们没有承认。如果完全拒绝模式或者说模式没用，那你要放弃的不仅是汉学，同时也要放弃安徽学、福建学，因为省政府下有很多市和县，每一个县又完全不一样，那么，安徽学是什么呢？每一种模式分析，每一个切入点，每一个理论都有它自己的缺陷。如果有别的学者说，你选择别的因素的话，结果就不一样了，那他们必须要证明是我选错了因素，他们必须要来否定我。

顾克礼教授 照片 4：2005 年在河北咸县与当地农民

问：就是说你必须要选出一些参数来，以这个参数来在不同的地方作比较，这样才能说出为什么不同，你找参数本身就需要一个模式了。我现在等于是和你一起探讨，知道你怎么在治学，怎么在做中国学的研究。我觉得每个人研究中国的方式不一样，你有一些独特的东西，我觉得很有意思。这个项目本来是针对比较老的汉学家，因为他们很多退休了，以后他们这段历史就找不到亲历的人了，所以要赶快写下来。虽然你年纪很轻，本来不在这个范围之内，但我觉得你很有特色，所以我觉得应该看看你怎么做这个研究，或许以后能为中国研究打开一条路。关于中国研究我也采访了很多其他人，有人认为中国学没有自己的研究方式，你怎么看待这个问题？

答：我同意，它没有自己的研究方式。

问：就是说只能用其他领域的方法？

答：对，我觉得比较多的是政治学、政治心理学、社会学和媒体学，用这些方法和理论来进行分析。尤其是政治心理学对于美国英国很有效，它发现只要有刺激源，人就会有不同的反应。你可以比对着看中国是否也是这样，还是有别的因素。其实比较老的汉学家们也是这样做的，很多人用了哲学理论来看人的发展；另外就是用比较历史来分析中国，所以是从别的领域拿过来的理论，用此来进行自己的中国研究。我想一个比较重要的区别就是，比如，政治学和经济学，它要研究出规律性的关系，如果个人或者社会有因素 A 和因素 B，那就会产生效果 X。但是汉学作为一个地区研究学（regional studies），它要解释为什么在中国会发生这样的事情，要解释分析比如习近平一些理论。现在有很多媒体说习近平和毛泽东有很多相似的地方，中国会倒退回六十年代，等等，是不是这样这个可以进行分析，我们研究的结果可能对别的国家没有用，但是对了解中国就有用了，这个就是我们的目标，中国学就是要解释一些在中国发生的事情。

问：有时用其他领域的方式没法解释中国的情况，比如经济方面，一般来说，经济发展最好是不要有太多政策干预，中国恰恰是有，但30年来经济仍然在快速发展，你用这个理论能解释中国的情况吗？

答：所以我刚才在描述引用理论的时候，就没有包括经济学，经济学太抽象了，我不太相信这个。这个很难解释，可以说政治学理论很难和其他领域分开，你可以从这个领域引用一部分，从另一个领域引用一部分。理论有很多作用，一个是你可以肯定或者否定它，另一个作用是它可以帮你讲话：有一个过程或者结果需要解释的时候，如果你引入另外一个理论中的概念，你就会得到一个框架来帮助分析。举例来说的话，比如"社会"这个概念，它是一个比较复杂的概念，但是我们也可以把中国的一些团体看作一个公民社会，那么，你就会更容易理解"公民社会"是一个怎样的团体，不需要重新开始。所以理论是一个工具的同时，也可以当成一种语言使用。

问：就是说，你只是使用政治领域一些现有的词汇和概念，至于这些概念在中国是什么样的状况，就要进行新的分析，而不是直接沿用它原来的理论，这实际上是对这个理论的一个发展。

答：对，但可能也谈不上发展。很好的一个例子就是"citizen"这个词。我们常常想，中国的公民就是市民，翻译成英文就是citizen，但问题是，一个住在中国的中国人是不是一个"citizen"公民呢？有的人说不是，因为他缺乏自由；如果不是，那么应该怎么称呼呢？同时，它又会在某一些方面挑战某一些人，比如说我研究的领域，网上投诉，有人会说"你不该这么做，我有这个权利"，这样如果都不是一个citizen，那是什么，我们怎么称呼这个行为？

问：等于你还是用citizen这个词，但是你会说中国的citizen和西方社会对citizen的理解是有区别的，是不是？

答：对，可以这么说，如果说西方的公民就是citizen，那仍然可以有一些质疑：我们虽然言论自由，但是仍然有很多人不敢在网上比如Facebook上发表他们的意见，怕以后找不到工作。在西方也会这样，我们有这个自由，但有时候不敢使用这个自由。我举这个例子的意思是，我们措辞要非常小心，因为它里面可能含有很多不同的意思，含有特殊含义，我们应该知道这个特殊含义是什么。如果谈到的是一个过程，中国的现代化modernization，它里面也有很多前提。说中国现在正在"现代化"，但现代化只是一个词，事实上的意思是，它从一个没有现代化的状态变成一个现代化的状态，从一个传统的社会变成一个现代化的社会，但是传统是什么，现代化又是什么？里面的过程是怎样的？现代化这个词里包含很多概念，第一是个人发展，第二是城市化，第三是工业化，等等，我想借此说明的是，你可以从正式的理论里拿出一些这样的概念，借此来描述某个现象，就像这个理论里说的一样，所以现代化一个词里就会有很多意思，你明白我的意思吗？

问：还是要用其他理论里的一些概念和词汇来分析中国的情况，但要搞清楚这个概念意味着什么。我们现在讲的含义其实是一样的，比如说公民在西方意味着有某些权利，但这个含义和中国的含义可能不完全一样，所以做出的一些结论可能就不一样。你用的是同一个概念和词汇，而不是一个理论和结论。

答：这就是为什么我觉得我们需要中国学家，因为需要有人对这种概念提出疑问。中国在哪些方面跟我们的发展一样，哪些不一样，有什么特别的地方？都应该提出很详细的疑问，所以有些情况下需要质疑这些词，另一些情况下这些词可以用，但需要补充说明中国的用法和我们的用法不一样。

如果你发现了一个全新的现象，一个崭新的东西，甚至都没有名字，那你该怎么称呼它？这是一个很大的挑战，当你在阅读那些地方政策的时候，发现了一条从来没有见过的政策，你可以先用一个故事来形容它，那么，这个故事描述的现象就需要一个名字，如果同样的现象在其他国家也有，他们怎么称呼它？如果没有，就需要由你来取一个名字。

问：那你还是认为做中国研究的时候，完全用其他领域的方式是不够的？

答：只用一个领域的方式是不够的。

问：您的博士研究做了什么？

答：刚才说到我的硕士论文，博士论文是关于中央和地方的关系。我其实从来没有停止过分析中央和地方的关系，现在的工作也是中央和地方的关系分析。研究这个题目的时候也需要考虑人民的因素，老百姓在其中也扮演了一些角色，现在就是看中央、地方和人民互相之间的关系，这个是一方面。

另外一方面是中国政治体制的动力，它怎么改变，为什么改变，有什么因素，采取什么样的措施，这个措施从哪里来？关于这个改变，你会发现它包含了很多机制，很多记者、学者，尤其是知识界的学者都表示中国政治其实没有改变，因为在美国自由之家的评估指数里，中国排名很低，没有自由，尤其是没有政治和个人的自由，所以他们就会说中国没有政治上的改变。但是如果分开来看，中国的政治体制和治理方式又会带来很大的启发：政治体制的确没有很大的改变，但它的治理方法五花八门，改变了非常多，而且不同的地方之间区别很大。我和我的同事合写了一篇关于政策创新的文章，分析了全国范围内的两千多个创新，这很多了，每个地方都采取它自己的方式，这样的创新在中国很多，很有活力，学习能力也很强，研究这个我觉得非常有意思，你会发现各种各样的改变。所以我不太去研究政治体制，关于这个，我也有句话想说。在西方，尤其是西方研究中国政治的领域里，我觉得至少有一半的人，大多数学者研究中国政治，最后都只关心一个问题，那就是中国一党制会不会崩溃，每一个具体问题的最后，都是回归到会不会崩溃。这里有一个前提是，中国应该已经崩溃了，虽然它现在还没有，但以后一定会崩溃的。我觉得这个很奇怪，一般做课题、做研究，应该是解释已经发生过的现象，但是我们却在这里问一件没有发生的事情为什么还没有发生。

问：他们的前提就是它肯定要发生的，是吧？

答：对，但是一个政治体制又不是一棵树，如果一棵树在五月花还没开，那你的确可以问既然每年都是五月开花，为什么今年还没开？但是政治体制的生存，我们并没有这个知识能够预测它的崩溃和生存，我们没有。这个问题可能的确非常重要，但是因为无法回答，所以我现在开始就不再提出这个问题了。政治体制是一方面，治理方式是另一方面，我现在对中国的治理方式和治理方式的改变感兴趣，所以我就研究这个。

问：我觉得欧盟选择了你的项目可能也正是因为这个原因。西方研究政治体制的人太多了，很多人都是以这个为大前提，即共产主义肯定是不行的，被证明会失败的，它现在怎么还不垮呢，它能延长多长时间呢？而你是把这个放在一边，去研究具体到底是怎么治理的，或许你最后会得出一个结论。

答：我写申请书的时候当然也有这个想法，我还是会关注在威权的前提下，如何能够促进公民参与（政治），这个能不能成功，我想这个问题还是可以问的。我们传统的看法是，国家是没有民众参与的，人民和群众应该对政事非常冷漠，自己做自己的事情，不谈论政治，不参与政治，一味地希望别发生什么坏事，但中国就不一样，它会给你提供一些不知道是否真正让你参与的领域，但是我觉得中国领导人不希望有冷漠的群众，他们要利用群众的动力达到自己的目标。在一个威权主义的政体下，为什么会有这样的做法呢？有同事说，采取这个做法会增加体制生存下去的可能性，但是也不一定，因为我们不知道在一个威权国家的前提下，为什么能做这样的事情，这么做了之后对体制有怎样的影响？这个影响可能有很多种，不一定只局限于崩溃还是不崩溃。如果崩溃的话，我们会不会像对苏联解体一样感到非常意外？像今天特朗普当选，根本没办法预测，我真的没法解释为什么那么多人会给他投票，他给人的第一印象是非常不理智，但还是有很多人选他，这其中必然有它的原因，我们要研究的就是这个原因。就像"阿拉伯之春"，突然就发生了，如果中国有这样的一个危机，崩溃就有可能会发生。我刚才的意思是，如果我们只关注是否崩溃这一个问题，那么，有很多其他现象就看不到了，我们会小看一些很重要的发展，我们会觉得，它只是走向崩溃的一步，但不会珍惜它本身的意义。很多东西可能和崩溃与否没关系，它会一直生存下去，人们学会的东西，建设的机制，不管什么样的政治体制都会维持下去。

顾克礼教授 照片5：顾克礼教授在演讲

问：就是说有些小的东西，比如说措施上的创新，不光对一个国家一种体制有意义，或许有更广的意义，这些是应该重视的，而不是说因为这个大前提就忽视它，对吗？

答：对，大概是这样的意思。我再反过来说，台湾是个很好的例子，虽然从威权到民主是一个很大的改变，但是仍然有很多东西延续了下来；再比如说德国，二战之后换了一批政治家，建立了新的体制，但是延续下来的东西还是很多，不光是人，还有官僚主义，这些都会继续下去，你处事的方法、工作守则，等等，会延续下来的东西很多。现在的政权类型研究总是以为，一个政治体制崩溃后一切就回归到零点，零点以后会民主化，但是事实上它不会回到零点，政治体制或许改变了，但是政治体制里面的一些习惯、规则都会维持下去。所以无论共产党崩不崩溃，很多现有的东西都一定会存在下去的，我们应该关注一下这个连续性，而不是总看着崩溃不崩溃，因为前者对整体运作有一定的影响。

问：那实际上，所有这些要继续下去的东西也就是中国特色了，带有中国文化和历史的东西，还有在此基础上的某些创新，这些东西不管体制变化它都会继续的。

答：对，但也不只是中国特色，因为我们也不知道这个"中国特色"是不是在别的地方也有。

问：要做比较研究才知道。

答：对，我觉得，这个也是一个问题，应该有更多来自不同国家的专家，一起讨论自己研究的国家，用比较的方法来分析。

问：现在谈谈第三个部分，你是怎么得到欧洲研究委员会的资金的，对中国学研究是不是有很大作用，今后再得到这种资金的可能性大不大？

答：我希望可能性增大。我的研究特点在哪里呢？第一个是在它的方法，很多学者用质量性的方式做研究，但是现在比较流行的是用大数据分析中国的发展，我的申请书里写的是只用质量性的分析不够，但只靠大数据也很危险，应该先去比较广泛地了解一个现象为什么会发生，再用量化方式来检验其他地方是否也是这样的。第二个是，因为现在中国政务公开，有很多新的、没有分析过的资料。这个资料一定要去分析、要比较不同的分析方法，因为它分为质量分析、成绩分析和大数据分析三个方面。对于问题来说，就像我刚才对威权国家现象做出的解释里说的，很多人觉得中国就是威权国家，但我们其实能看到它有一种参与在里面，人们会抱怨、会投诉，或许能得到一个答案，或许得不到。最近这些年，中央政府提出了服务型政府这个概念，这又是什么呢，一个威权国家为什么会做出这样的事？而且，有很多表达诉求的方法，你可以上街，你可以投诉，可以信访，有很多不同的渠道，这些渠道有什么意义，为什么人们选择这个渠道、不选另一个渠道，公众的参与对治理体制有什么样的影响？我之所以做大数据分析，是因为中国政府也在做大数据分析，这种治理有什么样的方式和代价？这些都是新的问题，我们也在采纳其他领域的理论，但这些理论都是非数字化时代的理论，现在互联网的出现带来了很大的改变，所以已经提过的问题我们要重新再提。互联网时代的威权政府，是一个同时也在学习新东西的政府，它如何发展，这是一个很大也很有意思的问题。我觉得我们必须要挑战这个威权理论，也不一定是挑战，而是要改变它，要观察互联网对于像中国这样的地方有什么影响，尤其是在治理方面，中央政府、地方政府和群众的关系会变得怎么样？很多问题在互联网时代会怎么发展？比如说，现在是在向一个平台政府发展，中央政府可以索取一些以前没法索取的信息，那就是每一个人的需求和愿望，另外能够获得信息的人，也就是地方官员和公务员，他们又会怎么表现？以前这些信息是无法获得的，现在可以，所以以前有显示说中国是一个分裂性威权主义，那这个分裂性威权主义的时代是不是快要过去了？又或者地方政府和领导会采取一些其他方式来维持他们的自由。

问：这都是您觉得应该研究的问题，因为您有这三个原因所以得到了这个资金，这是您这个项目的特点，对吗？

答：对，有可能是因为欧洲研究委员会觉得这个项目对它了解别的国家也有启发。当然他们没这样对我说，但我感觉到了。比如说如果要帮助一些国家里的弱势群体，具体怎么帮助他们？一种是可以用制裁的办法，如果一个国家不改善某种情况，就不允许你进口；但是现在有另一种方法，比如电子政务的措施可能能够帮到他们，对中国的研究在这方面是一种启发作用，而且也能更详细地了解中国的政体下有怎样的互动，怎样的参与方式，怎样的小小的自由？为什么能有这样的自由。这里面有很多很多的问题。

问：因为有了这个特色，所以得到了资金。但这个不具有普遍性，其他做中国研究的未必能得到。

答：别人为什么得不到我不知道，但我也不是第一个拿到这个资金的人，中国研究方面一共有三个项目拿到了这个资金，一个在弗莱堡大学，项目组得到了一些"文化大革命"时代的文件，要把它数字化。没人分析过这些文件，这样的信息和资料就非常非常珍贵，这个没什么争议。如果这些文件有价值，那这就是一个非常有用的项目，如果没价值，那么做出来的东西可能都是垃圾，这个项目有一定的风险，但它也有可能会改变我们对"文化大革命"的看法。另一个就是莱顿大学的施达妮（Daniela Stockmann），这个项目是观察人们怎么消化新媒体的信息，在人们看到微博、微信上的交流信息的时候，会产生什么样的态度，对政府有什么样的看法？我们研究过一些主动参与讨论的人，但是没有研究过不直接参与讨论的旁观者。

问：就是说中国老百姓在用社交媒体的时候，对政府有什么看法？

答：不只是对政府的看法，也包括对于自身在这个政权下扮演什么角色的看法，有什么感觉，也是一个很有意思的东西，它也很注意了解中国大多数地方怎么运行，有什么特色。最近，对我想法产生了重要影响的是，因为这个项目，我和很多老汉学家讨论了中国学的发展，很多国际上的汉学家来维也纳讨论这个问题。你会发现，他们非常非常聪明，他们学了一辈子，和他们的交谈也让我对自己的工作有了新的想法。有的东西我还没有想通，我们现在有很多可用的工具，但是怎么使用这些工具，目标是什么？应该怎么做？数据分析、模式、设计理论，等等，都应该有什么样的作用，应该怎样结合在一起？现在不仅是信息比以前多得多，我们可以采取的方法也比以前多得多，所以在这样的情况下，以后的中国学应该往哪里发展，这些我都在考虑。我觉得这也是一种任务。如果现在只做大数据分析，那以后万一什么都只有大数据分析的话，我自己也要对这个趋向承担一部分责任，我不敢。我觉得我们也要对现在的方法进行反省，我们要走向哪里……这些我都还在想，可能二十年后会更清楚一些。现在对我来说，我觉得自己运气很好，有这样丰富的资源，有那么多有知识的人可以一同交流，这就是一件非常幸运的事情了。

中国传统文化与当代经济发展的关系值得研究
——何梦笔（Carsten Herrmann – Pillath）教授访谈录①

访谈人：Jiagu Richter
时间：2016 年 12 月 19 日
翻译、整理：Jiagu Richter

何梦笔教授 照片 1：2003 年与中国发展经济学的奠基人张培刚在武汉

问：何教授，您能否先谈谈您个人的汉学学习经历和研究发展。

答：我出生于1959 年。在中学时，我对语言和哲学感兴趣。我的英文老师嫁给了一个教中文的教授，她介绍我认识了她的丈夫，这位教授给我上了

---

① 何梦笔教授为《中国的经济文化：国家与市场的礼制》一书作者，第一个提出 ritual economy 概念的学者——访谈人注。

一些课，我也因此开始对中国感兴趣。我希望了解语言与思想的关系，因此想学习中文。在大学里我主修西班牙语、葡萄牙语，辅修中文。我知道这样的学习可能今后不易找到工作，即使在学术领域，我也意识到经济问题与哲学也有关系，所以又加上了经济学。在西班牙语、葡萄牙语学习快结束时，我决定将中文作为主修课。我在科隆大学学中文。科隆大学汉学的重点是古典汉语和历史，那里的教授对任何现代中国研究都很反感。那是80年代初，很多教授不喜欢当时的中国。当时很多人觉得中国只是放大了的北朝鲜，所以对中国的研究很有限。唯一对现代中国进行研究的领域是法律领域。其他社会科学领域对中国的研究特别有限。在我们的大学里，如果有人花时间研究当代中国，会受到歧视。我就是这样。当时的一个讲师 Erling von Mende（他后来到柏林当了教授）给我以支持。1984 年完成中文硕士课程的学习。经济学硕士的学习是 1987 年完成的。

中文硕士完成之后，1985 年我开始读博士。当时汉学系的教授 Martin Gimm 是非常有名的清史研究专家，也是国际上最著名的几个研究满族语言的专家之一。他要求每个学生都选满语作为第二专业，而我选经济作为第二专业，这是他不能容忍的。作为一种抗议，我后来转为在经济系跟 Gutmann 教授读博士，他的专长是研究比较经济体制，也研究东德和苏联等社会主义经济体制。这也跟德国当时分成两个德国有关，总有一些经济学家研究社会主义经济体制。1985—1986 年，西方对中国经济的兴趣慢慢开始增加。1988 年我完成了关于中国经济的博士论文。

1992 年，我申请并得到了第一个教授职位，在杜伊斯堡大学教中国经济，这是一个设在经济系的职位，但主要研究中国经济。我从来没有得到过汉学系的教授职位。当时只有两个人申请这个职位。因为我主要想研究全面的经济问题，所以 1996 年我放弃了这个职位，去了一个私立大学，Witten/Herdecke 大学，在那里我可以拓展我的研究至一般经济问题，而不仅仅是中国。但那里有一个很小的做文化与经济方面比较研究的机构，因此也做与中国有关的研究。中国对我的经济研究来说是一个特别重要的案例，用来论证我在经济方面的理论，特别是经济与机制的关系、经济与文化的关系。这也是我博士论文的题目。但在那时，经济领域这样的题目很少见。在我的学术生涯中，这个问题常常是一种障碍。在80年代和90年代，即非经济学家称为"新古典经济学"的时代，古典经济学派十分强势，经济领域没有文化、历史等软因素的地位。现在当然不同了，现在的经济学家也关注这些因素，但当时是极少的。因此，我又遇到了另一个领域（指经济研究领域）的不友善，因为那时在经济领域，没有人认为中国经济可能成功，觉得研究中国经济是浪费时间。当时我的一个教授明确告诉我，我得停止这类的研究。有幸的是，我当时在一个研究所得到了职位，这是设在科隆的苏联、东德及其他社会主义国家研究所，属于联邦内政部，与情报工作有关。研究所有一个研究中国的职位。当时，后来很著名的 Thomas Scharping 教授离开了，研究所要找一个研究中国经济的人。在那个时候很少有又懂经济又了解中国的人才，所以找到了我。所以与中国的联系对我的事业很有用，虽然我的专业是经济。

90年代末以后我主要研究经济、经济与哲学的关系。我仍然对中国感兴趣，也参与一些有关的学术研究项目。因为这是一所私立大学，自 2000 年，它与很多大学一样，开始对吸引中国学生感兴趣，所以也总有人要求我参与跟中国大学合作的项目。我所在的私立大学甚至开办了一个中德管理学院（Sino German School of Governance）。这个学院很成功，可能太成功了，在很短时间内，吸引了很多中国学生，因为当时中国学生比德国学生还多，学院因此受到批评。我们因此在 2008 年将这个学院转到了法兰克福，法兰克福金融和管理学院，并对研究方向做了调整。这一切得到了一个德国 Wuppertal 市的一个基金会（Jackstädt Fondation of Wuppertal）的资助。在法兰克福，中德管理学院分成了两个部分，一个部分是国际商务硕士研究项目，主要关注中国，另一个是东西经济、文化研究中心。2008 年，全球金融危机后很短一段时间内，学院的领导认为，经济领域也应更为关注文化等因素，但两三年之后，他们的想法变了，回到了传统的观点，认为文化等因素与经济无关。最后在 2014 年，他们结束了这个项目并强迫我离开这个职位。对我来说，那是一个可怕的经历。以为这是一所私立学院，如企业一样经营，与公立大学不同。2015 年，我回到 Witten 大学工作，但大学没有资金，所以这个基金会为我在大学的工作提供两年的资金，直至 2016 年底。

在法兰克福，我们也吸引了很多中国学生。但是，中国学生大多数对金融感兴趣，他们追随金融界的一些大佬，认为分析，理解经济的关键是金融。这些年轻的学生认为，金融的理论、机制及对其的分析是未来的重点，无须关注文化、历史等因素。

今年我已经被埃尔夫特大学马克斯·韦伯当代文化与社会研究中心聘任为永久研究员，但他们现在还没有经费，工作要 2017 年 5 月才开始。所以从 2017 年 1 月开始，我要有 5 个月的失业。对于已经做了 22 年的教授来说，心理上很难接受，也总有一些风险，尤其是对我这样年纪的人。如果这段时间病了，会有很大的问题（目前何梦笔教授已经就任此职——采访者注）。

在法兰克福东西方研究中心，我们有一个很好的研究中国的团队。因此，在这段时间里，我再次更多地参与中国研究，也更多地融入主流经济界对中国的研究。因为我们有教授，有副教授，还有博士生，有很强的从事主流研究的团队，做了一些工作，得到经济界的承认，在重要的学术期刊上发表了不少研究成果，我的大部分属于主流经济研究的学术研究是在这个时期发表的。还参与了一些试验工作，开发经济分析模式的工作，对中国的文化和机构进行了一些研究。但尽管如此，学院领导还是认为，这个研究没有前途，所以决定关闭这个中心。这是十分令人遗憾的事。那里的所有人都干得不错。比如，有一个年轻的女教授叫 Genia Kostka，现在在柏林，她也在那个学院工作，在从事中国研究的学术界得到较高的评价，被看作年轻的学术领头人。

在有了这个被迫辞退的经历之后，部分也是心理的因素，我对曾经关注的题目即"文化与中国经济的关系"问题更加有兴趣。我虽然一直不属于持主流观点的学者，但做了 20 多年的教授，得到很好的承认，并有大量的学术论著，居然也得到了这种待遇，成了失业者。2014 年，我写了《增长、实力与秩序——对中国经济哲学的讨论》这本书的德文版，2015 年初发表。写这本书对我来说不仅是学术兴趣，也是学术身份的一个宣称。接着我在这本书的基础上，继续发展有关的思想和观点，并写成了英文版，英文版与德文版不完全一样，虽然很多想法是类似的，英文版更系统化、更精练、更有连续性，并且有理论化的提炼。英文版更多集中在一个核心观点上，即"礼"（ritual）这个词。这个观点是在写德文版的过程中发展起来的。这个观点在写德文版的过程中不时出现，但尚未作系统的梳理。英文版也更详细，有很长的注脚。不仅是观点，也有更多的实例来论证我的观点。所以我开玩笑地说，德文版只是一个工作文件，虽然也有 600 页，但英文版是更严肃的工作。现在，由于这个英文版的撰写，我更多转到总体经济问题上。

问：您说英文版转到了一般经济问题上，可是我看了这本书的介绍和目录，好像还是谈中国的经济问题的。

答：对，英文版仍是关于中国经济的，我是说，在结束这本书之后，今后的两三年里，我要将研究重点转到一般经济问题上。

应该说，我从未成为主要研究中国的研究人员，当然我也参与和中国有关的项目，但只是在其他一些项目中，比如在金融管理学院里教授有关中国经济的课程，而不是像其他大学的汉学系那样的汉语教学和专门的中国研究。

问：就是说，您只用了一年的时间写德文版的书，英文版的也只用了一年？我仅仅看了英文版的前言和目录部分，感觉到内容十分丰富、翔实，很多新的观点，能在这么短的时间内完成了，确实不容易。

答：对，德文版用了实际上不到一年。2014 年被迫离开教学职位后，我病了好几个月，然后就在家集中精力写书。确实，在两年半时间里写了两本书，这也是我的一个特点，能在短时间内写很多，在中学时我就显示了这方面的能力。

问：为什么您不考虑去中国做些研究和教学工作？您有自己的经济理论，也有多年高校的教学经验，他们会欢迎的。

答：对，我是要去中国的，我已被聘为清华大学苏世民学院高级研究员。2017 年 2 月就要去讲学，这个项目去年十月刚刚开始，我去参加了开幕式。这将是我第一次在华讲学。但那只是一个工作，不是一个职位。虽然报酬很高，但没有社会保险等。我还有家庭需要关照，有 5 个孩子，最小的才 6 岁。

问：现在想请您重点谈谈您的新书《中国的经济文化：国家与市场的礼制》（China's Economic Culture: the Ritual order of State and Markets），我注意

到，您书中比较关注经济体制问题，并且以"传统经济"（ritual economy）为主要观点。"ritual economy"是什么含义？

答：Ritual 是传统儒学中的"礼"，包括很多中国传统的价值观如孝、忠、义等。我还是从另一个角度来解释吧。出发点是将中国历史和现代作比较。我们先谈谈清末时期。人们对那段历史总是有一个比较大的争议，即为什么中国没有如西方国家那样进行工业革命？大多数西方学者的解释是中国有着不同的机制和文化。马克斯·韦伯的解释是这样，很多其他西方学者的解释也是这样。这是迄今被接受的主要看法。但是，最近20年来出现不少学者希望对中国经济和社会研究上的这种观点进行修正。这些人认为，中国和西方国家的不同没有那么大，特别是有人发现，中国的市场经济已经有了至少两千年的历史，具有市场经济所需的几乎所有必要的机制。在18世纪，中国很多方面很发达，是世界上最大的经济体，清朝康熙、乾隆时期很繁荣，特别是在一些地区。所以，人们开始考虑，如何从机制上解释这个现象。"ritual economy"是在这个背景下提出的。就是说，如果看看古代中国，那时有很多rituals，如家制、宗族、婚姻安排、财产分配和大的食堂等，这些概念都有经济功能和含义，同时中国有非常雄厚、发达的市场机制。在大、小城市、城镇，迄今仍有清末时留下的痕迹，如按地理分布划分的各种规模的城市。我们再来看看现在，很多经济学家认为中国经济没有前途，为什么？因为机制有问题，有腐败问题、金融体制不合理、没有效率，等等。

何梦笔教授 照片2：2014年与著名经济学家茅于轼

如果我们比较两种主要的经济学观点，他们解释过去中国经济失败的原因，和解释当今的经济问题，用的是非常相似的观点，即机制问题。我在80年代研究中国经济时，所有人都说，中国的机制行不通，当时我在研究时用通行的经济学理论分析中国经济，我做出的预测也是中国经济模式不行。可是，现实发展说明我是错的。所以我开始考虑为什么。问题可能就在于对中国机制的理解是错的。西方研究人员往往从机制应该是什么样的开始，带有一个固定的程式，然后对比中国的现实并做出结论。在分析中国历史上的经济发展时如果用"ritual"这个词就比较有意义。在我的书中，有一个章节对中国历史上的经济发展进行讨论。接着我论述，在分析当代中国的经济时，"ritual"这个词仍然有意义。当然，我不认为这个词在现代与在古代含义是完全相同的。我将此称为"family resemblances"，这个提法与哲学家 Ludwig Josef Johann Wittgenstein 的概念有很多相似的地方。如果我提出一个中心概念，即传统的"ritual"，我们必须要对它进行抽象的分析，这就是要分析人的不同的等级地位和地位的区别。我在书中提出，从某种程度上说，中国20世纪的经济发展是一个自相矛盾的现象，因为现代化的发展产生了一种区别等级地位的系统，不同的等级地位导致不同程度的现代化。看看当今的中国，到处可以看到这样的例子。比如，不同人群的地位差距很大，农村与城市人口的等级地位区别，就城市来说也有各种不同等级地位的城市，整个的户口制度就是建立在不同等级基础上的。政府官员、党的干部和一般老百姓的不同也是等级地位的不同。20世纪出现的现代化理念以一种自相矛盾的方式重新创造了基本的文化，甚至儒教，就是说，社会中有的群体更发达、更现代化，包括思想、生活方式等，所以他们可以改造社会、教育社会，他们知道应该怎么做。现代化的概念常常以一种礼教的方式来实现或实践，现代化成为一种礼教的行为。用这个提法可以解释很多中国经济的发展情况。比如，中国还存在国家机关与企业具有不同地位，国营与私营企业具有不同等级地位的情况，私营企业家常常来自农村地区，这里也有文化上的冲突。对这一点我很早时就有感觉。我不会忘记，大约在90年代，我刚开始去中国时，我们项目中有去北京远郊调查的内容，参加我们项目的一个中国年轻的经济学家樊刚，他当时已经是一个经济学家，后来成了很有名的经济学家，他说，我和你们一起去，因为我从未去过这些地方。我感到十分吃惊，因为他是研究农村经济发展的。就是说在80年代时，搞农村经济根本没必要去农村地区。我后来还搞过一个有关"中国老百姓宗教"问题的研究，在中国历史上，这些有着很深的根基，但在90年代我安排对农村的老百姓进行宗教调查，那时中方参与者都说，那都是迷信，研究那些有什么意义？两年的研究后，年轻的中国同事意识到那是很重要的问题。要理解农村的企业，需要知道那里家族、传统、宗教等的作用，这些都是很重要的问题。当时很少有中国人认识到这一点，西方的研究人员也忽略了这一点。

这就是我所说的"ritual"，这也是一个理论命题。在本书的前言里，有对各章的总结，第一章解释了这个词的两种适用，一个适用于中国的情况，另一个是作为一种理论。这是一种标准化的表达，一种行为模式，与深层的价值观不一定有关系。人们在研究文化时往往将其解释为信仰、价值观、理念，但是在现代人类学的研究中，这个词很重要，因为它既是一种现象，也是一个理论用语，指人们行为的某种固定模式，在社群中被认可的、大家均照此行为和思维的方式，这便是文化的一个主要的方面。书中我还谈到礼仪的模式，有时是传统式的，有时也很现代。比如，共产党的组织中也有很多礼仪模式，这些就与旧中国没有任何关系。当然这有文化上的创新，也是一种模式。

问：是否可理解为一种文化习惯？

答：可以这么理解，或者说惯常做法、形成规矩的行为模式，从某种程度上说，有传统形式上的模式，也有非传统形式的模式。政治上的模式对中国当然很重要。在谈到文化时，我认为文化从来不是一个关于过去的词汇，文化关乎当今，人们在不断地创造着文化。中国的文化是一个混合体，现代的、传统的混合在一起，不断地被创造出来。这是我在书中阐述的，所以需要很多细节。我完全不同意一些经济学家一谈到中国文化就是儒家。我认为这很愚蠢。现在有人说，中国存在一种儒家文化遗产，其经济管理受到儒家价值观的影响。可能有的价值观再生了，但是必须对其发展进行具体的分析，哪些是属于儒家传统，哪些是其他不同的因素。

问：可不可以这样理解，你的书试图将文化与经济发展相连，以此来解释中国经济的发展。这其中有很多文化因素，在此你强调，所谓文化，不仅是人们一般说的传统文化，还有新创的文化。

答：对，是这样。中国共产党自 30 年代也创造了新的文化。书中有一章关于中国企业的，就可以看到这个联系。如果你看看中国著名的企业，如华为，其领导就提倡自我批评、延安传统等共产党的传统，中国现代企业经营也继承共产党的游击战，当然也有传统的儒家思想，如关于教育方面的。所以书中需要有很多案例分析。我指导的一个博士生，在写关于企业文化的论文，就是说，企业在创建自己的文化。中国的企业家试图用文化工具、文化上的理解来经营业务。

问：我理解，你一直反对中国研究上的所谓主流思维。你是否认为在经济领域也有这样一种挑战。我们知道"冷战"结束后，有一种"历史的终结"的说法，认为西方的经济模式，将适用于世界各国。你的努力是否是对这种思维的一种挑战。

答：当然。不过，不能对"北京模式"（Beijing Consensus）和"华盛顿模式"（Washington Consensus）做简单的划分。因为如果看看中国过去走过的路，从 90 年代中期开始，他们采纳了很多"华盛顿模式"的做法。如果列个单子看一看华盛顿模式的内容，80% 符合中国的情况，当然，有重大的不同，比如所有权机制、资本市场、等等，但在很多方面，如保守的财政政策、货币政策、竞争、市场，甚至私有财产权也受到一样的保护。我认为，在文化与经济关系问题上，大多数人不喜欢引入文化因素的原因是，很难对文化进行概括，你首先得理解个别的具体案例。在德国、奥地利，19 世纪末 20 世纪初就有这样的争论，人们认为，历史发展很复杂，文化在某种意义上往往取决于偶发事件，很难对其理论化，也难确定其在不同体制下与经济及其他因素的关系。很少有经济学家从这个角度去分析经济。

我的书写着献给日本经济学家青木（Aoki），他在中国也很有名，2015 年去世了。他也有一个理论，即每个体制的特有因素在经济发展中十分重要。如果想理解这一点，必须采用跨学科的研究方式，不能仅仅用经济学领域的主流思维来进行研究。不能像一些经济学家那样一概而论，比如用 50 个国家的统计数据得出适用于所有国家的结论。我认为，重要的是一个国家在某一阶段的特殊点。这就是要采取渐进的方法（evolutionary approach），在渐进的过程中重要的是不同、个性和创新，需要理解和分析这些个性的东西，而不是一般性的东西。一般性的东西适用于大部分国家，但可能不适用于这个国家。这是研究重心上的根本转变。所以，我使用了这个创新用于分析 20 年代德国、奥地利经济的词即"经济方式"（economic style），即经营经济的方式。

何梦笔教授 照片 3：2017 年在研讨会上

问：从某种意义上说是不是与"中国特色"的说法相似？

答：是啊，但"中国特色"的说法已有 30 多年了，但中国人在一个时期从未说清楚中国特色是什么，没有理论化，也没有从历史、文化的角度解释中国的模式，并提供一个长期可用的模式。我在书的前言里做了一个有趣的比较，在德国，"社会市场经济"这个词是那些研究"经济方式"的人创造的，他们想将德国的情况理论化，创造一个模式。这正是中国人应该做的，但遗憾的是他们不做这个工作。90 年代时中国经济学家很开放，在这个问题上有各种各样的辩论。但是，如今中国深受美国学术界和经济界的影响，特别是年轻的经济学家，他们更关注学术上的成功，也是用主流经济学家的方式来分析。这让人感到遗憾，因为中国需要对未来的经济模式进行辩论。这需要与中国的历史联系在一起分析。美国模式和美国的历史密切相连。法国经济模式与法国历史相连。我们知道德国和法国至今常常在经济模式、经济政策上发生冲突，这与两国不同的历史有关。中国需要研究自己的历史，设计一种可以使其经济持续发展的模式和机制。

问：邓小平曾说过"摸着石头过河"。理想的是走"中国特色"的路，可能是多种方式的混合，但如何理论化、机制化可能还是待解决的问题，还在摸索之中。你同意吗？当然学术界应该参与探讨，但如你所说，他们可能更关注学术上的成功，而不是探索和提出自己的经济发展模式。

答：对。举个例子，去年我仍然在参与中国家庭经济的研究。这是联系到历史、传统以及现代化的问题，也与敏感的经济政策相关。人们谈到私人企业，现在私人企业遇到一个很大的挑战，私人企业必须回到严格意义上的家庭经济，因为有转型问题。一般父辈很成功，可能经营了30多年，谁来继承？很多80年代创建的企业现在同时遇到了这个问题。就是说，经济发展的问题与文化深深地纠缠在一起。中国私人经济在多大程度上成为德国这样的家庭经济？在德国，家庭经济是国家经济的支柱之一。不仅是私人经济，而且是延续了三四代的家庭经济，很多中型企业是家庭企业。我在书中提出，这也是经济模式要解决的问题。与儒家传统、父系社会、独生子女等相关。如果独生子女是女儿怎么办，也有性别平等的问题。企业常常需要得到咨询，如何支持这类企业。你们需要创建模式，你们有很成功的企业，但遇到很大的问题，有很大的崩溃的危险。

这不是私有化、土地私有等政治上特别敏感的政策问题。但是家庭与企业的关系与中国传统、文化、价值观等都有关。现代化、独生子女政策等发展对本土经济有何影响。

问：你谈到经济模式、经济理论与文化（包括传统文化和新创文化）的联系，你在书里有没有谈到如何用这种联系来预测未来，这种联系将向哪个方向发展？

答：我在书里避开了这个问题，因为这与政策建议有关。在德文版里有这样一章，我现在正在写的关于一般经济的书中也有一些有关的概念，其中有些对中国也适用。我并不害怕谈这个问题,但是,在谈了中国的问题后,我得回到普遍性问题的研究,以探讨一些标准,提出一些主张,并将其与中国相连,这是我下一步要做的事。

问:前面你谈到,一些经济学家在分析中国经济时,总是将其与机制相连,他们认为,清朝时中国的机制迟滞了经济发展和现代化。你不同意这种观点,是吗?

答:是,不仅是我。这是一场学术上的辩论,Revisionists 都不同意上述观点,他们的基本看法是,不是机制,而是生态条件决定了中国经济发展与西方国家的不同,特别是能源,如煤在工业革命中的作用,由于多种原因,包括机械方面的原因,这些在中国没有像在西方工业国家那样。另一个方面是西方经济中辉格派史学观点,即主张自由化、私有制等,而在中国有的是殖民主义,甚至奴隶制等对经济发展的影响,在西方国家的经济发展中有一个问题,即殖民主义,承认这一点你不必成为马克思主义者,殖民主义剥削殖民地和殖民地的人民,掠夺殖民地的资源,这些都以施行武力来实现。研究西方的崛起必须考虑到这个因素,否则是不公平的。而中国没有这么做。中国没有建立殖民帝国。正因为如此,修正主义史学家认为,将一切都归结于机制是不对的。考虑到所受到的各种限制,中国经济那时的发展实际上是很成功的,直到18世纪、19世纪初,与西方经济一样成功。中国人自己必须对这些进行研究,以便形成一个完整的中国历史。20世纪对中国来说是一场灾难、一个断层。在很多方面,1978年以后的发展是对以前历史的直接承续,比如乡镇企业、工业化、传统文化对经营方式的作用等,江苏等地的经济就是建立在传统的市场经济基础上。

问:这确实是对主流思维的一个挑战,不仅在西方,即使在中国,大多数经济学家也游弋于主流之中,你书中的观点和主张对这些占主导地位的理论将是一个挑战。期待尽早看到你的书,包括中文版的书。也希望中国的经济学家们能尽早读到这本书。

探索深刻与快速的变化
——谢妮教授访谈录
（谢妮① Monika Schädler，不莱梅孔子学院院长、汉学教授）

说明：本篇为书面访谈，故未采用问答形式。

谢妮教授 照片1：在中国做实地调查

我是在慕尼黑长大的，中学、高中都是在慕尼黑上的，那时是和父母住在一起。我还记得小的时候，我看过一本书，德国作家 Michael Ende 写的一本书，书的名字是 *Jim Knopf*，这本书德国人都知道，现在的小孩子也都知道。

---

① 谢妮，曾为德国不莱梅科技大学中国经济社会语言学教授。现已退休，并任不莱梅孔子学院院长。本文原载于臧健《两个世界的媒介：德国女汉学家口述实录》。北京大学出版社2011年版，第157—166页。经谢妮教授2017年7月修改、核定。

我非常喜欢这本书，Jim Knopf 就是一个孩子，故事是说他要到很远很远的一个国家去，要爬很多山，很艰难地到了那个国家，好像就是中国，那儿有一个小公主，她的名字叫 Li Si。这本书当时大家都很喜欢。大概在我十五岁的时候，我还看了一本书，是一位很有名的美国作家珀尔·塞登斯特里克·布克（Pearl Buck）的书，她写了很多关于中国的小说，其中的《大地》是描写中国农民的生活，获得了诺贝尔文学奖。她的父亲也住在中国，好像也搞经济研究。看了她的书，觉得中国的文化和我们自己的文化很不一样。珀尔也写了自己小时候的一些故事，这些是当时十五岁的姑娘很喜欢看的故事。所以我想为什么我后来对中国感兴趣，也许是受到了这两本书的影响，是心理的影响，一种感觉的影响。

我开始是怎么选择汉学这个专业的？我想也是非常偶然的。本来上大学时，我想学另外一个专业——建筑学。因为我喜欢数学，也喜欢画画，所以我觉得学建筑学比较合适。1973 年，我开始在慕尼黑大学学了一个学期，后来想到另外一个城市继续去学习，那时很想去柏林。1974 年到了柏林自由大学，但是他们没有学习建筑学学生的名额，可我非常希望留在柏林，那么我看了一下，除了建筑学之外，我还可以学些什么？因为我也很喜欢学语言，而且对于发展中国家感兴趣，就想或者学习拉丁美洲国家的语言，或者学习中国的语言。拉丁美洲国家说西班牙语，我觉得意思不大，也觉得他们是很大男子主义的，非常"男子汉"，如果要到那边去学习，对我来说恐怕有困难。因为我年轻的时候就比较谦虚，胆子不大，如果有些人很活跃，胆子很大，我就会有点害怕。后来我想，对于中国我虽然什么都不知道，但我也对政治感兴趣，中国搞社会主义，有毛泽东，我要看看他写什么东西。那时中国正是"文化大革命"的后期，我觉得中国的政治很有意思，但是关于中国一些政治、社会方面的事情，我完全不懂，那时我就决定要去学中文，这是非常偶然的。我后来也问自己，你到底为什么要学习中文？

选择汉学对我来说的确是偶然的，如果当时在柏林也可以选择学习建筑学，那我不会选择汉学这个专业。学习汉语的第一个学期，我的中文老师说，如果把汉语选择为专业，这不太合适，他建议我选择另外一个专业，然后同时选择汉语。我先选择政治学，学了一个学期觉得有点乱，太理论性。第二个学期我就改学经济,因为我觉得学经济很重要,懂经济就可以了解社会,懂世界,是"能用"的一个专业,这是当时我的想法。所以,我在大学学习经济,同时学习汉语。在柏林学习了三个学期,然后我去了汉堡。那时我的男朋友在汉堡,以后我也一直在汉堡。当时学习了宏观经济学、西方经济理论和经济政策、德国经济,比如德国的经济学家怎么样评论中国的经济政策,也学习了一些企业经济。因为我的第二个专业是在汉学系,我就自己学了中国经济。那个时候关于中国经济的书很少,而且在德国当时只有一位教授,他在波鸿大学讲中国经济,汉堡大学没有一个人讲中国经济。当时选择学习这两个专业的人也很少,除了我以外,还有一个女学生,她也学这两个专业。别的学生或者学了文学,或者学了心理学、历史学、社会学,把经济作为专业的汉学系学生非常少。

1979 年,我从汉堡大学经济系毕业,申请到了 DAAD 的奖学金。从 1979—1981 年,我去了北京大学,在经济系学习。那时北大经济系也有中国经济史的课,我听课就听了中国经济史。那时还不叫经济理论,叫作马克思主义经济学,马克思主义我在德国已经学了,再学习没有意思,所以就听了经济史。那时我们可以自己选择一些课,但不能随便去听课,经济系也没有单独给留学生开的课,我们都是和中国学生一起上课。当然那时候我的听力不太好,听课非常难,我主要是练习听力,不一定为了学那个专业。通过听课以后,汉语听力提高很快。中国学生那时都做课堂笔记,我借他们的笔记,然后自己也写下来,就是这样继续去学中文。

我现在仍然可以流利地讲中文,和我这两年在北大生活很有关系。我自己比较重视现代汉语的学习,古代汉语只是学习了必修课。在北大第一年,我一直在努力地学汉语,学新的字和词,等等。到了第二年,这些学习就在我的脑子里,被放到了比较深的地方,我不会忘记。因为在我的周围,在这个环境里,经常和中国人谈话,看很多书,这个对于学习语言很重要。而且我认为学习两年,这个时间也很重要,如果那个时候我只学一年,现在的语言可能也不会那么好。这只是我个人的感觉和经验,因为我不搞语言的研究。当然学习之后还要继续,比如写字,原来我写汉字是不错的,但是现在很长时间不写,很多字都忘掉了。

谢妮教授 照片 2：采访企业家

那时 DAAD 的奖学金非常好，我们留学生好像是富人，中国学生那时还都特别穷，一些从农村来的中国同学，他们连换的衣服也没有，或者很少，他们吃的东西也非常简单。我常常去中国学生的食堂，他们就吃米饭、白菜，然后有一点很肥的猪肉。水果也没有，北京秋天有柿子，有苹果，没有橘子，没有香蕉，其他什么东西都没有。住的地方也很简单，我们那时住在北大南门旁边的 25 楼，和一位中国同学一起住，我的同屋也是经济系的学生。洗澡的地方在外面，每天晚上 6 点才开门。25 楼的洗手间里有老鼠，我每次进去都先跺跺脚，把老鼠赶走，这些生活方面的条件和德国差别很大。那时我们的中国同学当中一些人已经结婚了，但他们只有非常小的一个房间，做饭就在楼道里，洗澡也是到外面去。我在 25 楼一直住到 1981 年，之后勺园的留学生宿舍盖好了，我们就搬到勺园，那时就没有中国同学一起住了。我想，和中国同学一起住，可以让我们了解很多中国的事情，也是一个很好的经验。那时我们有奖学金可以去旅行，每个假期我都去旅行，当然应该先申请，但是可以去很多地方。我去了南方，以及西部、东部、北部，很多地方都去了。在 80 年代初，去旅游的人还不多，外国人也很少，所以我们一到小城市，那里的人们都看我们。

现在我们的大学生，也在中国学习，他们的生活条件和我们那个时候根本没法比。我当时知道中国是个发展中国家，我并没觉得生活很难，那时难是难在政治的气氛，因为互相不信任。中国同学要报告留学生说了什么，有什么想法，都要写报告，这个我们留学生都知道。我那时已经 26 岁，大学毕业了，我们系里的一些中国同学也都比我大，有的大五岁。我觉得这样也很好，因为可以和他们交流，讨论一些问题。当然，和一个人谈可以，大家在一起不行。有时和德语系的同学谈话，他们很害怕说到家庭的情况，他们不敢谈，我觉得这些方面很难，思想方面的交流很难。物质方面的差别也感觉难，而现在物质方面都差不多了，现在我的同学，他们在中国住的房子比我的房子大得多，而且他们有两三个房子，我只有一个房子。现在和他们在一起很容易，不用老想他们穷，等等。而且那个时候我能来中国，他们去德国根本想象不到，这个也很难。那时中国和东德的关系不好，在北大当时只有西德的学生，没有东德的学生。中国学生来西德从 80 年代以后才开始，最早是通过同济大学。我也记得有一位北大经济系的老师，他 1980 年来德国学习、进修，但是除了这些很少的人以外，其他人就没有机会来德国。那时他们没有钱，也没有护照，那怎么能行？我们交了一些朋友，我们能来中国，但是他们不能来德国，这也不是很好。后来就很不一样了，现在人与人之间的交流已经很容易。

谢妮教授 照片 3：与华东师范大学的同事们

两年在中国的生活，对我的生活来说也是非常重要的经历。有很长时间，我的想法都是分为去中国以前、去中国以后。在中国的时间，对我本人的生活影响很大。我去中国之前一直在德国，当然我也去欧洲旅游，我去了希腊，看了一些古代的东西；去了意大利、西班牙，还有很多欧洲的国家，但都是和自己文化相同的国家。而中国是另外的文化，那时候是一个发展中国家，在去中国之前，我没有去过发展中国家。

1981年从中国回来以后，我一边工作，一边继续学习。1982年，我生了孩子。那时我也是偶然地找到一个职位，是在德国亚洲学会，在办公室帮助他们做出版一个杂志的工作。这个工作做了两年，对我很好，而且是半天的工作，孩子小的时候，我就可以照顾孩子。而且有了孩子，会让你更好地利用你的时间，比如孩子在托儿所，我就会更加高效率地工作，可能这也是一个好处。后来我也开始讲课，和中国的制度不一样，在德国很多讲师没有职位，只是临时聘任，拿讲课的钱。我那时开始讲中国经济，也讲一个翻译的课，看《人民日报》，找一些关于中国经济的文章，和学生一起讨论。

我在汉堡大学一边工作，一边又学习了一年，然后决定写我的博士论文，题目是"中国的乡镇企业对于农村收入和就业的影响"。因为那个时候中国乡镇企业非常活跃，我的硕士论文是写乡镇企业，所以博士论文是这个题目研究的继续。我刚开始想做的题目是人口方面的，我对中国的人口政策很感兴趣，本来我想把这个作为博士论文的题目。另外，我们从小长大的环境，母亲都在家，经济都靠男人，女人没有自由和经济的独立，我一直对妇女问题也感兴趣。后来我申请项目基金，研究乡镇企业比研究人口容易申请，而且我对乡镇企业的研究已经有一定的基础，申请的时候已经有很多资料，在中国也看过乡镇企业，当时是跟着大学一起去的，他们给我们安排一些参观的活动。我去过江苏的乡镇企业、无锡市的乡镇企业做调查，南京我也去了，很有意思。我看过大工厂、小工厂，都参观了，觉得很多方面都比较有意思，但选择哪一个做研究，我是靠实践，看哪一方面是好的，可以实行的。

谢妮教授 照片4：与四川大学的同事们

  1984 年，我们全家三个人一起再去中国，因为是带着孩子，我没有特别的研究目的，主要是访问和看朋友。那时感觉中国比 1981 年有一些变化，但不是太大。我们 6 个星期都在北京，住在勺园。1984 年，勺园已经旧了，那时建筑的质量非常不好。我在北京收集写博士论文的资料，自己通过一些个人的关系访问乡镇企业，就在北京的周围。大约是 1986—1987 年，我申请了德国大众基金会的奖学金，他们那时非常重视做中国的一些项目。那一次我没有带孩子，而是把孩子留在德国，由他的父亲来照顾，我相信孩子和他的父亲在一起也会高兴的，所以我不觉得很难。但是当时没有想到我会很长时间留在中国。

  我后来和四川社会科学院合作搞这个课题，他们帮我联系参观一些乡镇企业。那时候的合作也有一些问题，中国学者认为欧洲的人都很富，外国人都很富，所以他们要的钱很多。我们本来就没有他们想得那么富，我还记得他们要我付 100 美元一天，那个时候，100 美元对我们来说也不少，我也知道在中国的价格。我和他们有一点争吵，我说："你们要是要这么多钱，我不能和你们合作。"这是合作当中的一个难题。当然后来我们还是合作，我知道他们要付汽车、人力的费用，也要给公司一些钱，等等，这个我都可以理解，后来他们也没有要那么多钱。这是在中国搞研究的一个难题，那时很多地方你都不能自己去，需要一个合作者，现在不少的情况下还有这个问题。那时我和上海社会科学院也有合作，为什么和这两个单位合作？这也是比较偶然的。我那时在汉堡亚洲问题研究所做这个项目，上海社会科学院来了一些代表团，后来我就跟他们合作。当时这样选择也认为上海是一个比较富的地方，四川是个比较一般的地方，这两个地方可以比较一下。那时的合作只是我去访问，他们具体帮我联系，有一个人陪我去，好像给我一个服务，不是真正意义上的合作，没有合作写论文，等等。后来我也有了亚洲问题研究所一些小的项目，比如说我编了一本书，是关于中国每一个省简单的介绍，这个是在乡镇企业的项目以后。

1987年，我博士论文完成了，在汉堡大学中文系毕业，拿到了哲学博士学位。虽然论文是经济的题目，但我用了很多中文的资料，杂志、报纸我都看了，去了中国搞调查，所以中文系也收这样的论文。写完博士论文以后，我开始申请一些大学的教授职位，但是申请不到。那时候，一个是中文系对经济不感兴趣，一个是我刚刚结束博士论文，而其他申请的人比我年纪大，经验多，所以没有成功。1988年，我又申请了一个项目，做中国社会保障的研究，我是从制度方面来做这个研究，是个宏观的分析，也举了一些个案的例子。为了搞这个项目，1991年，我也去了中国，调查了8个星期。那时去了北京、上海、海南，因为那时海南的社会保障是一个模型，那个时候谁都说"海南模型"，我们就专门研究这个模型，但是后来他们没有继续搞。我不知道为什么我选择社会保障的题目。我对社会研究一直非常感兴趣，虽然学的是经济，但是对社会感兴趣，那这个题目是经济和社会之间的，是一个交叉。那时对这个题目，中国之外的研究很少，所以有一个必须研究的想法。后来我也发现，这个题目很好，一般来说我选择的题目都很不错。我选择研究乡镇企业很早，那时没有人做；社会保障的题目也很少人在做，所以对这个我比较骄傲。但后来都没有继续做，搞完一个研究，我就找一个新的题目，然后又一个新的题目，所以一直到现在，我不是某一个研究领域的世界上的专家，以后也不会。

我在不莱梅申请了两次教授职位，第一次是一位教授他只做两年，之后就到另外一个学校去了，这样他们就再找人，第二次我就得到了这个职位。这是1994年，我申请到不莱梅科技大学做教授，这个专业就是中国经济社会语言学。一进入40岁，我就开始想找到一个固定的专业，而且我觉得学经济还是比较好，比起一般的汉学家来说找工作还是容易，当然在汉学系里面并不容易。如果我在大学里面找不到工作，那么，我也可以到企业找一些工作，比一般的汉学家还是容易得多。所以我对教我中文的老师 Klaus Stermann，一直到现在我很感谢他，因为他叫我选择另外一个专业是对的，现在他已经退休了。

女性是否很难找到一个好的位子？是有这个问题，在学术界、在公司都有这样的情况。工作当中，因为我是女性，而且我是汉学家的博士学位，不是经济学家的博士学位，有些人觉得我不如他们，或者我的知识比他们不好，在工作中我原来会有这样的感觉。那些经济系的人，他们看不起哲学系的人，特别是年纪大的人，觉得他们自己很了不起。现在申请教授职位的人，如果当中有一个女的，如果她和其他人的条件一样好，那我们会注意，会选择女性，这是德国大学中的一个政策。你提到中国80年代后期"女性回家"的讨论，这个在德国一直都有，经济好的时候，妇女很容易找到工作；经济不好的时候，妇女不容易找工作，比男的更不容易，有这个现象。在德国，女性知识分子一般生孩子比较晚，三十五岁或者四十岁左右。大概十五年前，有一个公司和我说，我们需要人，找你们的毕业生，但是我们要找男学生。我就说，男生和女生都一样好，你们不要这样来区别，但是他们到底还是有这样的想法。当然也要看不同的专业，如果是汽车或者机械性方面的，那里工作的人大部分是男人。如果他们想找一个和中国搞贸易的人，估计也会选择一个男人。但是如果他们无法选择男的，好的毕业生都是女的，那他们也会选择女的。现在我的学生里面，学经济的，男女生各占一半，但是学语言的，还是女生多。我们这个专业里，语言科大概占30%，这个比例比较大。不喜欢学语言也不能选择我们的专业，因为学中文很难，需要一定的时间。开始的时候，有40%到50%是男学生，但是第二年继续学，大概有70%是女生。男生还是不怎么喜欢学语言，另外，学中文应该很努力，男生可能没有女生那么努力，所以我们的毕业生当中，70%是女生。但是毕业生当中，男生找工作容易，这是很清楚的。他们在经济界搞贸易，在大公司、小公司，都主要在企业界，别的领域很少。我刚才提到的重男轻女的现象，估计至少还需要三四代才能改变。

我本来很喜欢做项目，原来一直在做项目。到了大学以后，开始的时候来不及，因为教中国经济的只有我一位教授，要准备很多课，需要时间。我的课都是必修课，第一学期学生要学中国概况，也包括中国历史；第二学期是中国政治和社会，是一般的、简单的介绍；从第三、四个学期开始是中国经济，还有第八个学期。我也讲中国经济史，但讲得非常简单、很短，比如说谈到宋代王安石，我们也看他的改革。历史很重要，不研究历史也不行，在很多方面，人的基本的思想，在历史上已经都有了，并不是什么新的东西。所以这些都要研究，要搞历史、社会科学、自然科学，都有各自的作用。音乐家、艺术家我们也需要，尽管并不带来物质的好处，他们不生产物质的东西，但是生产精神产品，精神方面人们很需要。

我们的大学一共是四年学制，但是第三年学生在中国，这也是必须去的。我们在中国有三个合作学校，一个在北京，是首都师范大学；一个在上海，是华东师范大学；一个在成都，是四川大学，学生可以选择在哪一所学校读经济汉语。这些学校，他们专门为我们的学生讲课，把学生分为五到十人的小组。学生在那里学习一个学期，然后就到公司去实习。学生自己得找实习的单位，如果真正有问题，我们会帮忙。有些公司不给钱，但有些公司还是给的，有的也给房子，最低的标准是学生可以生活。学生找实习单位并不是很困难，这也要看，好的学生很容易找到单位，这个情况和毕业生一样。现在读了大学的人比原来多了很多，以前读大学的人不是很多，所以读了大学一定可以找到工作，而且是好的工作。但是现在就不一样了，竞争比原来要激烈，但是聪明的人还是容易找工作。

我后来再参加一些和我的讲课有关的项目，都是关于企业和企业管理方面的一些问题。学生参与的比较少，也有一些毕业生参加这个工作，现在做的都是中国的项目，以后也打算搞一些比较文化方面的。关于对中国的研究，有很多的方面，比如说研究企业管理，企业管理也包含很多心理学和哲学方面的因素，这是一个比较特殊的课题。你可以了解中国企业管理都管理什么，比如说关于新产品的知识产权，如果一个企业有一个新的机器，是很贵的一个机器，他们发展这个新的产品，就拥有对这个产品的专利和所有权。对于这个专利是需要申请的，然后你才可以拿到专利。但如果在专利以外，你的公司把一个东西自己发展起来，那所有权在你那里。我们研究在中国的德国企业，他们如何能保障物质的所有权？因为很多公司有这个困难，他们有一台很好的机器，但是中国的公司偷走了技术，或者是他们的工作人员偷走了技术，德国方面怎么样来管理？这个也是对于智慧和知识怎么看，德国人有什么看法，中国人有什么看法？知识是个人的，还是国家的？或者是世界上的知识，这个知识的产权要不要保护？我们研究过这些，包括很多有意思的方面，不仅是管理，也有文化方面的因素、心理方面的因素，等等。所以我经常找一些有很多研究方面的课题来做。在这些研究中，把德国的情况和中国作比较，可以提高我们的知识。在德国，对于知识产权的态度可能也有问题，从基本上来说，我们有一个态度，而且是很长时间的一个态度，从几百年已经发展起来的，我们的研究并不涉及法律，但是管理是一个很有意思的东西，也包括文化和心理。我们用的研究方法包括知识管理、知识社会学，从这两个方面来分析。有这样一个研究对象，让我的生活很丰富。我们会把研究结果写成论文，不是那种科学研究的论文，是简单写的，给那些企业管理者看，他们会很感兴趣。我比较喜欢这样的工作，不是完全理论的研究，而是跨学科的。但是，社会发展和变化很快，也许过了五年，你这样的研究就没有用了，这和做历史研究不一样，搞历史研究也许永远有用。

谢妮教授 照片5：出席德国孔子学院院长座谈会

如果当初我没有学习汉学，而是学习建筑学，可能我现在也会有一个很有意思的工作，谁知道呢，不好说。但是我现在有了这个教授职位，感觉很好，也很幸福。而且我对中国一直感兴趣，每年都可以去中国，我也很高兴。每年到北京机场，我说，哦，回家了，有一点这样的感觉，觉得生活很丰富。当然如果我选择另外一个专业，可能也会很丰富，但我对于选择学中国经济一直没有后悔过。那两年我可以去中国的时候，对我个人的经历十分重要。我们原来都说中国和德国有三个大的差别：一个是工业方面发展水平的差别，那这个差别现在越来越小；第二个是制度上的差别，我是在市场经济的环境里长大，而最早在中国生活的那两年还是计划经济，对这个我也非常感兴趣；第三个是文化历史的差别。所以，去这么一个很不一样的国家，在很多方面、很多条件都不一样的国家，对我来说是打开了眼界，我觉得这好像是给我的一个礼物。

80 年代初，我在北京大学的时候，还没有人提股份制。大概是 1984 年，厉以宁先生提出来。中国企业经济的发展，就是这样慢慢地变化，走一步，回半步，走一步，回半步，就是这样做改革。只有最早的农村的改革，那是一下子就改了。但到底当时的农村改革也是从小地方先试一试改变，三四年后没有人说这个东西不好，1978 年很快就全改变了。但是工业经济改革是很慢的，我觉得中国的路是不错的。有的时候，我也把中国和苏联的改革道路对比一下，苏联的改革太快，私有化太快，中国慢一点，但这可能对中国是合适的一个路。现在还是这样，有些地方还在改，私有化基本完成了，但有些地方还没有完成。我现在也讲中国经济，讲中国经济改革，这是我的一个看法。现在有一个政治方面的问题，和经济的发展也很有关系，就是公司和企业家，他们的权力太多，也太大，影响太大。但是这个在国外也一样，对我们大公司的影响也太大，对政治的影响太大，这就是国际化、全球化的一个现象。中国有三十年的计划经济，现在快四十年的改革，本来这个时间也不是那么长。中国现在在全球的地位很高，但全球的情况最近很复杂。我希望中国和欧洲能够发挥它们的优点，为了解决全球宏大的问题能够共同努力做出重要的贡献。

汉学研究还是要以汉语学习为基础

——韦荷雅（Dorothea Wippermann）教授访谈录①

访谈人：金美玲
时间：2013 年 4 月 3 日②
地点：韦荷雅教授办公室
翻译：金美玲

问：韦教授，您是什么时候开始学习汉学的？

答：1972 年，我高中毕业以后开始在科隆大学学习汉学。我的第一副专业是普通语言学，另一门副专业我先选了法语语言文学，后来改成满洲语言学。当时我们科隆大学汉学系的 Martin Gimm 教授，就是从事满洲语言文化研究的，他要求我们必须选这个专业作为副专业。可惜后来我在这方面没再深钻，现在我完全忘了满语了。

问：估计目前中国可能也没有多少人会说满语了。当时的汉学专业是以古代为主还是以现代为主？

答：当时的汉学专业课并没有明确区分现代和古代。当时汉学系主任 Martin Gimm 教授和他的助手 Erling von Mende 博士（后来成为柏林自由大学汉学系的教授）研究的重心都是古代文化方面，这就决定了我们在学习现代

---

① 标题为收入本书时所加。因篇幅有限，该访谈录收入本书时有所缩略，全文请见 http://www.china-studies.taipei/act02.php。

② 本采访虽于 2013 年 4 月 3 日进行，但在 2016 年对原采访进行整理的过程中，内容上有所增减。

汉语的同时必须学习古代汉语。我们所学的首先是古代文化、古代文学、古代历史，但也部分涉猎了近现代，内容还是相当广泛的，不过总体来说还是比较零碎松散的，没有什么系统性。那时还没有学生学习条例、课程教学计划等。学生必须主要靠课外阅读和自学来掌握中国历史文化方面的基础知识。当时有一门现代汉语入门课，老师是德国人。他告诉我们，外国人是无法学好汉语的声调的，也根本不必去做这方面的努力。当时我是好不容易才弄到记录汉语语音的唱片，自己边听边学语音和四声的。到了1974年，我又开始同时去波恩大学上汉语课……

问：您是说同时在两所大学学习吗？

答：是。因为那时波恩大学东方语言学院跟外交部关系密切，那里以现代汉语为主，语言教学水平比较高。当时的汉语教学工作是由乔伟教授主持，语言老师还有莫芝宜佳博士（Dr. Monika Motsch）。在科隆学习的同时，我也在波恩大学注册，系统强化地学习了现代汉语和中国近现代历史知识，并在1978年拿到了东方语言学院的汉语证书。1979年，完成了科隆大学硕士学位的所有课程，研究生毕业。

问：您更喜欢现代中国的东西还是古代的？

答：我可以说两个方向的课程都学了，也都很感兴趣。但是从第一个学期开始，我的目标就是要能够积极使用现代汉语。对我来说，能流利地说汉语、熟练地阅读汉语，全面掌握各种语言能力，是非常重要的。为了更有效地提高我的汉语水平，在大学学习期间我就去了台湾。

问：您是怎么想到要学汉学的呢，汉学专业当时在德国很吃香吗？有没有一个特别的原因让您决定学习汉学？

答：我开始学习汉学正好是1972年，也就是中德建交那一年。但是我学习汉学的决定，是早在1968年就已经做了，那时我14岁。那年暑假，我为了练习英语去了英国，住在伦敦附近的一所寄宿女校。这所女校不仅吸收来自周围地区的英国女孩儿，也吸收来自英联邦以前的殖民地国家的女孩子。

我到的第一天晚上，发现有来自非洲、印度以及欧洲其他国家的女中学生，还有两个华裔女孩，一个来自非洲的乌干达，另一个来自马来西亚。我深深地被当时的那种国际化学习环境，特别是被那两个华裔女孩所吸引。这是我第一次有机会和华人接触。在之后的四个星期，我跟她们的交往比较多。她们教了我几个汉字。从英国回来以后，我就告诉父母，中学毕业以后想学汉学。后来，这个愿望再也没有动摇过。从那以后，我对中国也更多地留意起来。但是那时我还没有真正学习汉语的可能，我们周围也没有任何中国人可以教我。还好，当时我家住在科隆附近的一个小城，父母允许我在科隆的外文书店买中文词典、语法书和课本，于是我开始自己用防油纸描写汉字。

其实，我在英国第一次和华裔女孩接触之前，就对汉字产生了兴趣。可能是在我12岁的时候吧，父母送给我一本齐白石的画册作为圣诞礼物。当时除了欣赏齐白石的画以外，我特别喜欢画上题着的书法字迹，而且我还做过汉字短文和下面德文译文的比较，试图从译文中猜出每个汉字的意思。这当然是一个非常天真的办法。上中学时，我很喜欢学习外语，英语、法语、拉丁语我都喜欢学。除了有兴趣学习外语以外，对其他民族的文化我也很早就产生了兴趣。

问：开始学习汉学以后，您有什么样的感觉，您后悔过学习这个专业吗？

答：没有，从来没有。对我来说，学习汉学一直都是最自然不过的选择，甚至可以说是最正确的。当时常常听人说，学这个专业将来能不能挣钱，能不能从事与这个专业有关的工作，都是不可知的。不过，我父母很支持我，他们说我应该学习自己感兴趣的专业。可能也是因为当时德国经济形势不错，我们那一代学生好像并没有太担心大学毕业以后工作的事情。

问：您的父母是做什么工作的？

答：我父亲是电气工程师，在当地的水电厂当厂长。我母亲本来学的是小学教育，但只做过短短一段时间的老师，自50年代初结婚以后，她很长一段时间没有再工作，基本算是家庭主妇。后来在我十六七岁的时候，因我父亲生病去世，我母亲才又重新做回小学老师。我们家有四个孩子，我是老大。

我母亲把她作为小学老师的才能和知识全部用在了我们几个孩子的家庭教育上，也使我们养成了喜欢看书的习惯。大概是我9—10岁的时候，母亲送给我一本她儿童时代留下来的书，书名叫：《荷明，一个中国小姑娘上学了》(*Ho - Ming*, *eine kleine Chinesin studiert*)。这本书是一位在中国生活过的美国女传教士1934年写的，1936年被翻译成了德文。我母亲小的时候就非常喜欢这本书，读过很多遍。我也读了很多遍，特别着迷。书中写的是上个世纪20年代安徽省芜湖市附近的一个小村子发生的事。村里有一个基督教传教站，当地村民可以在那里学习读书写字。这本书并没有很多有关基督教的内容，描述更多的是当地人与现代西方教育、科技等的接触。书中的小姑娘荷明生活在一个农民家庭，她从小拒绝缠脚，希望上学，但父母不允许。她做了很大的努力，才争取到去教会学校学习读书、写字的机会，长大以后做了一名医护人员。书中写到当地农民的传统习俗和日常生活，也写到饥荒、水灾、战乱、土匪、逃难以及当时的一些政治背景。现在想起来，最早引起我对中国注意并感兴趣的应该是这本书。后来我一直有个愿望，有机会一定要到芜湖去看看。我母亲1981年4月到南京来看我，我们就一块儿去安徽省九华山旅游，经过芜湖时，在那儿住了一个晚上，终于看到了荷明小姑娘的故事发生的地方。

问：您刚才说过，您曾经在台湾留过学。那是什么时候？

答：那是1975年夏天到1976年春节之后。我本来只计划在暑假期间去台湾3个月，以提高我的汉语语言水平。但是一到台北，我就非常喜欢那里。3个月之后我决定再延长一个学期。当时我不得不让3个月的来回机票作废，还要退掉德国科隆的学生宿舍。有关手续办起来非常麻烦，可我就是舍不得离开台湾。

问：您当时上了语言课还是只作了旅行？

答：两者都有。我当时住在一个台湾本省人家里。住在那套公寓里的是兄妹俩和他们的堂兄，哥哥上台湾大学，妹妹是北一女的学生，我自己有一个小房间。我也去过他们新竹的家，在那儿过了春节，参加过他们亲戚的婚礼。我非常感谢这家人，给我体验当地人日常生活的宝贵机会，帮助我了解台湾的社会和文化，使我深刻感受到台湾浓浓的人情味。现在回忆起来还非常感动。我是在台北的"《国语日报》语文中心"学习汉语的。《国语日报》对汉语在台湾的推广起着很大的作用，其语言中心不仅教外国人学汉语，也给当地以闽南语为母语的孩子补习汉语。那里的老师非常友好，他们都很有教学经验，使我的汉语口语进步非常快。我上的大部分是单人课。那个时候台湾的物价还很低，即使是单人课的学费，对我这个德国学生来说，也是很便宜的。第一天在"《国语日报》语文中心"报到的时候，那位女老师给我起了中文名字：韦荷雅，我一直到现在还用着。

问：这可以说是您跟华人的第一次真正交往，您对这些交往有什么印象？

答：从一开始我就感觉非常舒服。对那里的一切我都是以极大的好奇和极大的兴趣来认知的，无论在大街上、在饭馆里或者在公交车上，常常有台湾人跟我搭讪，对我表示友好。如果你结识了一个人，他会把你介绍给他的其他朋友和熟人。大概在半年之内，我就吃过七次喜酒！后来我还认识了另外一家人。这家并不富裕，住在比较简陋的平房区里，男主人是苗族人，曾经是蒋介石军队的士兵，1949 年从大陆来到台湾。这家女主人把我当成自己的干女儿来看待，我经常在他们家吃晚饭。第一次体验中秋节就是在他们家里。这家女主人和叔叔都是京剧爱好者，在邻居中也有同样爱好的人，所以他们常常在门前一起演唱；叔叔还是个书法爱好者。他送给我一幅自己写的书法作品，到现在还在我家挂着。对我来说，能够亲身感受他们的日常生活和业余文化生活，实在是件很有意思的事情。还有一件我认为非常有意思的事情就是，亲身参与体验台湾"救国团"的"自强活动"。

问：是政治方面的活动吗？

答："救国团"是在 20 世纪 50 年代成立的，其目的是，通过自强活动对台湾青年进行反共教育和军事训练。但是到了 20 世纪 70 年代，自强活动基本已经变成年轻人的集体假期郊游和旅游活动，没有明显的政治含义了。当时外国人本不能参加这样的活动，我是经由一位台湾熟人做保，而且耗费了很多周折才被允许参加的。我参加的第一次自强活动，是为期一个星期的郊游踏青活动,我们沿着横贯公路横穿了台湾东西。横贯公路是游客在台湾非常喜欢的旅游景区,沿着山区公路一路走去,可以领略到美丽的山地、峡谷。这次自强活动就是一次穿越大自然的徒步旅行,有一百多个台湾大学生参加。

问:那您是参加这次自强活动唯一的外国人了?

答:还有两位美国来的华侨。我是唯一的外国人。我们住的是非常简单的青年旅社,集体大通铺。每天背着背包走 20 公里山路,相当辛苦。当时天气非常热。台湾学生都没有问题,而我的皮肤很快就被严重晒伤。我只带了一件长袖黑毛衣,为了防晒,不管天气有多热,我都只好穿着很厚的毛衣。当时我汉语说得还不流利。经过这一个星期的集体活动,我的口语表达能力发生了跳跃性的变化。通过这次活动,我认识了很多人,在台湾时,我一直跟他们保持着联系。我参加的另外一次自强活动是在台湾南部的游船旅行,从高雄到澎湖列岛,也是让人兴奋不已。后来我又跟着一群即将毕业的大学生旅行,有的时候也一个人去旅行。我原本是一个性格内向的女孩,有些腼腆,但是面对极为热情的台湾人,我感觉很轻松,很自在,跟他们交往没有任何困难。

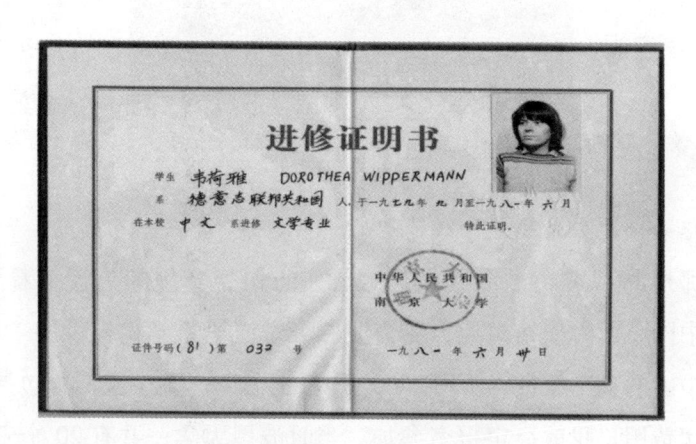

韦荷雅教授 照片1:南京大学进修证书

问:您后来跟这些在台湾认识的人有书信往来吗?

答:有,有的联系还保持了比较长的时间。1978 年的时候,为了给我的硕士论文收集资料,我又去过台北两个月,直到那个时候我还跟他们有联系。

后来，很多联系慢慢中断了。1981年，我从中国大陆经过香港到台湾，在台北停留了一个星期，一直到2009年才再次去台湾。当然这又是一次令人激动的台湾之行，为期3个星期。这次我跟以前关系很好的一个台湾女性朋友又取得联系，当时我的感觉就好像我们从来没有分开过。

韦荷雅教授 照片2：1981年与南大中文系曹虹、张伯伟同学（现均为南大教授）

问：您第一次去大陆是什么时候？

答：那是1977年春。我在波恩大学东方语言学院的黑板上看到一份通知，是由中国驻德大使馆组织，专为波恩大学汉语系学生提供的一次穿越西伯利亚去中国的火车旅行，费用2000马克，为期6—7个星期，包括火车票、食宿等一切费用。我就决定报名参加。当时波恩大学一共有20个学生参加，还有东方语言学院莫芝宜佳博士和她的丈夫作为老师参加。那是一次非常棒的旅行。毛泽东是1976年秋去世的，之后不久"四人帮"就被打倒了。1977年二三月份，到处还可以看到"打倒四人帮，打倒江青"等宣传大字报。"文化大革命"虽然已经结束了，但是我们所看到的中国还充满着"文化大革命"

的味道。那时候，真正意义上的旅游业在中国还不存在。我们参观了故宫、长城之外，还参观了工厂、幼儿园、学校、人民公社、五七干校、医院，等等，在一家医院还观摩过一个不打麻醉药而用针灸来麻醉的手术。每到一个地方，都会有一个准备好茶水的接待室，然后有一位干部就来介绍，我们可以提一些问题，然后参观这个单位，和工作人员说几句话，在幼儿园或学校看小孩子表演唱歌跳舞等。最后大家一块儿唱"东方红"。整个旅程基本上是这样的流程。当然，能经历这样明显带有"文化大革命"痕迹的中国，对汉学系的学生来说，也是一次非同寻常的体验，给大家留下了很深刻的印象。

我们当时是通过西伯利亚大铁路穿过苏联、满洲里进入中国的。我们先从科隆中心火车站出发，坐火车到莫斯科，从那里换乘西伯利亚大铁路快车到北京，一路用了一个星期的时间。当时的苏联对我们来说本就令人不安甚至害怕，途中遇到的苏联官员和边境检察官，个个让人望而生畏。在苏联境内，一切都是冷冰冰的，到处灰突突的，让人有不受欢迎的感觉。但是刚刚一过中苏边境，一到中国境内，我们就驶进了彩灯照耀的满洲里火车站，广播里播放着高声的音乐《东方红》。喇叭里嘹亮的歌声，车站上明亮的灯火，再加上年轻服务员的微笑欢迎和火车站接待室的热茶招待，跟途经苏联的感觉形成了鲜明的对比。尽管这种接待显然具有宣传性，但还是让人心里暖呼呼的，大概是因为对比太强烈了吧！我们的行程安排是，北京—西安—郑州—南京—苏州—上海，然后从上海回到北京，再途经蒙古乌兰巴托和苏联回到德国，一路上乘坐的都是火车。

问：您有机会跟中国人说话吗？

答：我印象中没有什么跟中国人太多交流的机会。我们的整个行程都是事先安排好的。"四人帮"虽然已经被打倒，但是人们的思想、言论，还有很多政治性的限制。这一点当时可以非常明显地感觉到。偶尔跟人交谈还可以听到很多我们在中国报刊选读课上读过的内容和口号。他们给我们安排的，肯定是那些水平相对较好的企业和单位、设施和条件堪称榜样的人民公社等让我们参观。尽管如此，对我们这些来自西德的大学生来说，各地的条件还是非常差。我们所看到的最落后的地方，大概就是那个五七干校，在一个很偏僻的农村。他们在那里生产中药，没有机械化的生产设备，只有非常原始的方法。在那些可算为榜样的人民公社，我们所看到的农民，也多穿着补丁摞补丁的衣服，让人感觉是真的非常贫穷。

1979年，我再到中国的时候，已经实行改革开放了。跟1977年相比，也就是两年时间，那变化真的已经是很大了。那一次我拿的是DAAD（德国学术交流中心）的奖学金。当时只有通过DAAD奖学金才能去中国，很幸运我得到了，可以在中国留学两年，这在当时是DAAD奖学金的标准留学时间。

问：那您去了什么地方？

答：所有的留学生必须先去北京语言学院（现北京语言大学）。先在那里学习6个星期的语言，上一些入门课程，然后参加语言水平分级考试。根据考试结果决定是继续留在语言学院学习语言还是进入另一所大学学习专业。在那批德国留学生中，我的考试成绩好像是比较好的，因为我曾经在台湾待过，另外也已经汉学专业毕业。我被分到南京大学，学习中国古典文学，正是我当时所申请的大学和专业。

问：你们当时使用的是繁体字还是简体字？

答：是的，在科隆大学我们学的是繁体字。波恩大学使用的是来自大陆的教材，用的是简体字。去台湾的时候我又用回繁体字。在中国大陆留学时使用的只有简体字，即使在古典文学课上也是简体字。对我来说，阅读简体字、繁体字，都没有问题。我觉得对汉学系的学生来说，先学繁体字，再转变到简体字总是比较容易的。在波恩，课堂上学的是简体，但每一篇课文，我都会自己查字典找出相应的繁体字，并把他们写到生字表里。

问：和1977年中国之行比较起来，您1979年就能看到中国的变化吗？

答：1979年秋天到北京时我就发现已经自由一些了，当然这只是相对的。那种"文化大革命"的做派和气氛不见了。从服饰上也可以看到其他颜色了。当时非常流行枣红棉袄，年轻女人都喜欢穿，条绒的或者丝绒做的。我也让裁缝给我做了一件中式的红绒棉袄。我还记得，有一个裁缝，好像没有正式工作和营业执照,偷偷地给外国人做衣服,南京大学的管理人员也睁只眼闭只眼,允许他进入留学生宿舍量尺寸、送衣服。这样的事在此之前肯定是不可能的。你可以感受到一些个体企业的苗头了。但是"个体户"这个词那时候我还没有听说过。即使最小的小卖部或小吃部,当时还都是国有的或集体的。但是总的来说,中国社会已经不断出现变化了。到了1980年夏天女人们也开始穿裙子了,各种各样的裙子都出来了。

那个时候,我们外国人喜欢穿中国的衣服,穿得跟大部分中国人完全一样,几乎都是蓝色、军绿色上衣。我给自己定做了一件中式的深蓝色灯芯绒上衣和一件时髦的花棉袄。这些衣服我到现在还保留着,尽管有些已经穿不上了,但我不忍心把它们扔掉。更有意思的是,当中国人开始转向西式服装的时候,我们留学生却喜欢穿比较传统保守的中国衣服,所以大家都买了布鞋。

问: 您在南京学的是中国古代文学,您也可以上语言学的课吗?

答: 我在科隆大学学习的重点是汉语语言学。在南京学习古典文学,那是为了提高我的古汉语水平,加强对文言文和古代汉语语法的理解,当然也是因为对文学本身的兴趣。硕士毕业以后,我就计划选一个语言学方面的题目作为博士研究课题,所以在南大,我继续保持着对语言学的兴趣。我也上了一些有关的课程,比如文字学,甚至甲骨文入门都上过。因为我向南大留学生办事处的负责人表示对甲骨文感兴趣,所以他们专门找了一位老教授给我和一个英国同学上这门课。还有一位懂英语的老教授额外地给我和另外一个德国同学上英汉翻译课,帮助我们提高汉语书面语的表达能力。南大外办的负责人和中文系的老师对我们照顾得非常周到,一旦知道你对某个题目感兴趣,就非常乐意支持你并安排相应的课。南大当时提供给我们的学习条件非常好,我现在回想起来还很感动。如今的留学生在中国的任何一所大学恐怕都享受不到我们那时的好待遇了吧!

问: 那是肯定的!现在的留学生数量比您那时候多得多啊,学校不可能照顾到每个人的兴趣爱好。那您在南京学的主要是文学作品选读还是历史?

答: 是啊!不过我当时还不太清楚具体到底朝着哪个方向研究。另外,我也希望对中国古典文学有个系统的学习，能够系统地掌握古代文学史概况。当时的课程主要有两门，古代文学史和古代文学作品选读。不过我记得还没有学到清朝，大概只学到明初，说明内容已经相当详细了。这两门课是平行进行的，专门给我和另外两名外国硕士毕业生开的，每天四个小时课，由两位中文系的教授来上。

我们外国学生读古汉语文章，当然没有中国中文系的学生那么快，因此我们的课是分开上的。但是我们可以额外去听给中国学生的讲座，这样的机会我当然不能放过。我有各种各样的机会，既听文学史课，也听普通历史课。整整四个学期，我们有足够的时间跟中国学生一起听讲座。中国学生的中国古代文学课的教材也跟我们一样，只是内容比我们更多、更深入。在这两年里我的古汉语能力提高了很多。

问：在两年时间里，您可以很好地了解中国各个时期、各种文体的作品。

答：是的。文学作品分析注重的首先是内容，但是使用的教材中也可以发现马克思主义文学理论的影响。比如注重分析作品是否描写普通百姓受苦受难、受剥削的情况或者人民英雄事迹，是否带有对封建社会和统治制度的批判成分，等等，不过教授们在分析时还是相对中性的，没有太多意识形态的东西。除了学校规定用的教材以外，我们还读了其他各种各样的书。我和中国同学一样，经常到校园里的书店或市中心的新华书店去看新出的书。"文化大革命"刚刚结束不久，就可以买到越来越多的新书或"文化大革命"之前老作品的重印版。我和我的中国同屋都很喜欢王力先生主编的《古代汉语》重印版，把它作为补充教材。我还清楚地记得书店里卖钱锺书的《管锥编》(1979)的情形。这套共四册的巨作是关于中西文学、文化比较方面的，1960—1970年间用古汉语写成，"文化大革命"期间无法出版。这套书在南京的书店里出现的时候，有很多南大文科的中国学生对这套书感兴趣，很多人涌进书店，就是为了买到《管锥编》。然后突然也有弗洛伊德的中文译本开始出售，中国的同学也是争相购买，互相传看。当时中国学生那种对知识的渴求以及对待学习严肃认真的态度给我留下很深的印象。他们中的一大部分人是七七级的，也就是"文化大革命"以后重新恢复高考制度才考上大学的。

很多学生年龄已经比较大了,因为他们被送去"上山下乡"很多年,"文化大革命"以后才有机会上大学。

关于"文化大革命",我们学生也了解了一点儿,毕竟我来南京之前的整个专业学习主要是在"文化大革命"时期,比如在报刊文摘课读的都是"文化大革命"末期1974年、1975年、1976年报纸上的宣传文章。对内容方面我们没有什么兴趣,但是作为语言教材,是非学不可的。通过这些文章,我也间接了解到这段空泛时期的情况和文化大革命精神,因而在1979年之后也就能更清楚地看到,中国突然发生了很大的变化。

问:您的博士是什么时候开始读的呢?

答:在中国进修的时候,我还没有真正开始读博士,我只是进一步地加深和扩大学习,以满足我在古代汉语语言和文学方面的兴趣。回到德国以后,我才开始有了具体题目,即现代汉语所谓的连动式,这是一个有关句法的题目。

问:这个题目是您自己选的吗?

答:对。我是通过一个翻译项目想到要做这个题目的。从中国回来以后,我开始翻译冯骥才的中篇小说《啊!》。这是我在一本"中国现代中篇小说选"中看到的,属于伤痕文学的范畴,但又不完全像典型的伤痕文学作品,因为它写得不是那么肤浅,作者细致地刻画了"文革"时期那场政治迫害运动中人们的心理,无论是受害者还是加害者,内心世界都写得细致入微。我当时就觉得值得重视。小说是1979年出版的。对所谓"连动式"这个题目的兴趣大概就是这个时候产生的,因为在翻译过程中我注意到,小说里的许多动词结构常常不能用德文的相应结构来翻译,而要用各种不同的方法来译。最初,我也确实想从这个角度着手,分析汉语的所谓连动式结构翻译成德语的各种方法。但是后来我发现,"连动式"这个概念本身很不清楚,在不同的语法书中定义也很不同,我必须首先从连动式的概念解释入手。

问:那个时候大概还没有专门教授汉语语言学的课。

答:正是。反正科隆和波恩以及整个西德的汉学系基本上没有这方面的课程。但我的硕士毕业论文写的是中华民国时期的语言政策和国语运动，是关于注音字母的产生和推广问题，属于社会语言学和语言政策范畴。中学时，我最喜欢的课就是德语语法课和外语如拉丁语、法语、英语等的语法课。从这一点来说，选择汉语语法作为研究课题，最符合我的兴趣和爱好。在博士论文的选题上，我走了一段弯路，从翻译绕到"连动式"。

问：这是一个非常有意思的题目，您选题之后就直接开始博士学习了吗？

答：是的。不过我的生活还是多轨道的。从中国回来以后，我做了几种不同的工作。1981年，我得到一个位于科隆附近勒沃库森市拜耳化学公司语言中心为拜耳的员工教汉语的机会，一教就是几年，他们给的课时费挺高的。我不需要上很多课，大概一个星期四节，就足够我的基本生活开支了。我还做过很多不同的事，如陪过一个中国社会科学院的代表团，在德国待了3个星期。他们拜访德国的很多大学，跟社会学专业的同事进行学术交流。这是我第一次到法兰克福大学，陪同他们与前任汉学系教授张聪东会谈，并访问法兰克福学派所在地"社会研究所"，为他们做口译。后来还接了一些笔译、口译的活儿。

因为当时想继续读博，我并没有马上找固定工作。那时候，对一个年轻汉学学者，特别是会说流利汉语的汉学者来说，挣点钱养活自己并不难，再加上我从过去在中国留学的奖学金里也攒了一些钱。德国学术交流中心（DAAD）的奖学金本来就不少，当时中国的物价也很低，我几乎没有花什么钱。我一直有个愿望，一定要找与中国有关的工作，希望能在大学工作，比如当个汉语老师，再远我也没想过，更不用说当教授了。后来我的愿望居然实现了。1983年，我在波恩大学东方语言学院乔伟教授那里得到了半个科研助理的位子，半天工作，参与一个文学研究项目。在这段时间，我还受DAAD委托，帮他们制作有关中国学术交流方面的参考书目。还有从其他渠道来的各种委托任务。总之，在经济方面我从来没有作过难。

问：当时可能汉学者很少，既要对现代汉语掌握得好，又要对古代汉语很熟悉。

答：可能吧。特别是在现代汉语这一块儿，既能做口译，也能教汉语，这样的德国人当时确实比较少。1982 年或者 1983 年，我还在外交部语言服务中心申请过做汉语翻译，但我当时申请的不是具体职位，而是作为后备队伍。因为要通过政审，需要一个很长的过程，另外还要参加一系列语言和专业考试，等等，有口译和笔译部分、口头表达部分和德汉互译，还有一些政治与国际关系、中国现代史方面的知识问答。这些考试我都通过了。但是外交部一时还没有什么工作。1984 年春，我已经开始在特里尔大学工作了，科尔总理一行在同年秋天要去中国正式访问，当时没有足够的口译，我就临时被外交部调去跟随翻译。

这次随访翻译是一段既紧张又激动的时间。整个访问一共 10 天，最后两天是在巴基斯坦，科尔总理访问当时的国家主席齐亚·哈克。我们在中国待了整整一个星期，访问团的所有 70 名成员都乘坐一架德国的军用飞机，其中有一些政治家比如福尔克尔·吕厄（Volker Rühe①）、Peter Boenisch②，企业家如德国经济东方委员会主席阿梅龙根（Otto Wolff von Amerongen③），著名记者 Friedrich Nowottny，慕尼黑巴伐利亚国家歌剧院总经理 August Everding，以及其他一些名人随访。科尔总理访华期间在北京给中国贵宾和其他观众上演了由 August Everding 执导的莫扎特的《魔笛》。这是我第一次有机会看《魔笛》。虽然是用德语演唱，但歌剧的歌词还是不太容易听懂，幸运的是当时有汉语字幕。

这次出访期间，我主要负责女士日程这部分，总是跟科尔夫人一起。她的活动常常是跟科尔先生的活动分开的，但是她也拜会了一些政治家，比如在人民大会堂拜会国家妇联主席陈慕华。另外，科尔夫人还访问了幼儿园、医院、购物中心，等等。有一次我跟科尔夫妇、时任总理一起走上人民大会堂的红地毯，这个情景正好被记者们摄了影。对我来说，这当然是一个非常激动人心的时刻。中国政府领导人在人民大会堂设宴欢迎，我还记得当时大家起立举杯的情景。在晚宴上，我也总是坐在科尔夫妇的餐桌上，有一次我

---

① 福尔克尔·吕厄（Volker Rühe），1976—2005 年任德国联邦议院议员，1982—1989 年及 1998—2002 年任基民盟/基社盟议会党团副主席。

② Peter Boenisch，1983—1985 年任联邦政府新闻与信息局局长，也是赫尔穆特·科尔政府时期的政府发言人。

③ Otto Wolff von Amerongen（1918—2007）是 1945 年后德国影响力最大的企业家之一，1955—2000 年间任德国经济东方委员会主席，1969—1988 年间任德国工业贸易总会会长。August Everding（1928—1999），德国著名导演、文化政治家。

就坐在中国外交部长吴学谦和科尔夫人中间翻译他们之间的谈话。当然还有其他翻译，比如 Hans Hendrischke 先生和 Harald Richter 先生，他们都是外交部语言服务中心有固定职位的翻译。当时同行的还有外交部语言服务中心首席翻译 Heinz Weber 先生，他是英语翻译。首席翻译和其他两位中文翻译给了我很多指导和建议，还谈了一些他们的经验。当时随行的还有外交部礼宾司司长和其他专业人员，其中有一位专业书法家，在某些特定场合，比如赠送礼物或者缔结合作协议的时候，需要他临时提供手写文书。我以前不知道，外交部竟然有这样的专业德文书法家。这真是一次特别的经历。时隔半年以后，外交部有一个职位空缺，他们问我要不要去外交部工作。可当时我已经开始在特里尔大学工作了，我又不想放弃这份工作，所以就没有答应他们。

问：您后悔没有接受外交部的职位吗？

答：没有。外交部语言服务中心的工作对我来说不是没有吸引力，但我觉得压力相当大，工作比较紧张。所以，尽管当时我心动过，但我还是认为大学的工作更有意思。如果我当时没有开始在大学工作，我会去外交部的。这是我的第二个职业选择可能。

问：您在特里尔大学工作了多长时间，您有具体规划吗？

答：没有，一开始根本不可能有什么具体规划，不过这正符合我的读博计划。当时的情况是这样的：科隆大学汉学系的 Martin Gimm 教授完全不接受我选"连动式"这个题目，尽管我的硕士论文也是跟他写的，而且他给我的成绩还是很好的"一分"。这样我就得重新考虑，到底在哪里读博士好，因为我不想换题目。后来波鸿大学汉学系的马汉茂（Helmut Martin）教授注意到了我的硕士论文，因为他曾经也研究过中国的语言政策，帮助我发表我的硕士论文，出版我翻译的冯骥才中篇小说《啊！》，也愿意收我为他的博士生。之后不久，我就成了波恩大学乔教授的科研助理。又过了一年，我又跟乔教授一起到了特里尔大学。这样，我也就理所当然地跟着乔教授读博士了。此外，我做了一个大学助教常做的一切。我给汉学系的学生所上的课是古汉语和报刊文摘。后来也上过有关汉语语言学、中国现代文学和古代文学方面的讨论课（Seminar①）等。一直到 2000 年来法兰克福，我在特里尔大学一共工作了 16 年。

问：您的教授资格（Habilitation）也是在特里尔获得的吗？

答：是的。博士我是 1989 年做完的。当时的职位都是几年的合同，必须得不断延长。做完博士以后，我又可以以科研员的身份继续受聘，但是目标是博士后学习，也就是取得教授资格。很长一段时间我的合同都是短期的，当时的压力很大。直到 1995 年，才终于得到了特里尔大学做科研员的长期合同。我的合同是在乔教授 1991 年退休、他的继任卜松山教授任上才改成长期合同的。1997 年，我获得了教授资格。

问：卜松山教授是 1992 年来特里尔大学的吗？

答：应该是的。我在特里尔大学工作期间，一直任务繁重。一开始是在乔教授领导下创建汉学系，我一直参与学生学习条例和课程教学计划的制定起草工作。1986 年，出现了中国热，来了很多学习汉学的学生。除此之外，我们有过很多中国来的客座教授需要我负责接待、帮忙。乔教授组织搞起的一些合作项目以及系列报告的安排，等等，比如跟中国武汉大学、兰州大学的合作我也必须参与。所以我很难静下心来，在工作之余写我的博士和博士后论文。这样的情况，不只是在特里尔大学，在德国的其他大学大概也非常普遍。不过，尽管不容易，但我最后还是做完了。总体来说，在特里尔那段时间，我觉得收获很大，工作很愉快。只是特里尔的地理位置比较偏，从交通的角度讲，实在不够理想。在那儿创建汉学系，本来就是很具挑战性的事情。不过特里尔大学的图书馆特别棒，有关汉学的书籍涵盖面很广，整个图书编排也很有系统，使用起来特别方便。我在特里尔的最后那段时间，又开始了高校改革，要从本硕连读转至学士/硕士学习。为此，我也做了一些前期准备工作，参与了学习条例和课程计划的起草。离开特里尔时，那里已经建起了东亚太平洋研究中心。就是说，来法兰克福之前，我对建立"研究中心"

---

① Seminar 指大学讨论课。有中期考试前的初级讨论课（Proseminar）和中期考试后的高级讨论课 Hauptseminar。

"跨学科研究"的事情已经不陌生了,那时特里尔大学汉学系跟政治系合作,因为政治系也有关于中国政治这个研究重点和这方面的专家①。

问:等于说,特里尔大学汉学系,是乔伟教授跟您一起建立起来的。我觉得,乔教授人特别随和,对大家都非常好。

答:是的,他人非常好。他非常积极地发展汉学系,也极力推动特里尔大学其他院系跟中国的合作,因而很受大学领导和各个院系教授们的重视。尽管特里尔地理位置偏僻,但我们并不缺少与外界的联系,是乔先生和他的继任卜松山教授把外界引进特里尔的。我们总有很多客人,来做报告的中国人,有学者,也有著名作家,比如王蒙、舒婷、北岛、杨炼等都曾走访过特里尔大学,还有来自德国其他院校以及其他国家的汉学专家。因此,特里尔也不是完全处于封闭状态。其实,我并不想离开特里尔,但获得教授资格以后,我就得在其他大学寻找教授职位,因为在德国,一般来说你是不能在你读博士或博士后的大学得到教授职位的。

问:您的博士后是关于什么题目的?

答:也是语言学方面,关于小说中的人物话语嵌入这个题目,属于语用学领域,题目是"直接引语在二十世纪之前文言文小说中的嵌入"。当时乔教授极力推荐我的博士后论文选古代汉语方面的题目。他认为,我的硕士论文、博士论文写的都是20世纪的中国和汉语方面的内容,而作为一个研究汉学的人,也应涉猎一些古代汉语、古代中国文化等领域。这当然也符合我个人的兴趣。选这个题目,大概是因为我当时对叙事文学以及叙事技巧特别感兴趣的缘故吧。我注意到小说叙述技巧这个题目,跟我从中国留学回来以后学的一门副科有关。那时我除了工作以外,还作为博士研究生在大学注册,所以我加选了德国文学作为副科。

在南京大学留学期间,我学的是中国文学,但是在德国留学生之间,总是传看着各种各样的德国书,也包括文学作品。正是通过阅读这些书,我突然开始对德国文学感兴趣了。我跟自己国家的文化之间产生了一种前所未有

---

① 先后有 Claus D. Kernig 教授、Thomas Heberer 教授、Sebastian Heilmann 教授在政治系任教。

的联系，因为在此之前根本就不存在什么联系，至少我没有意识到。离开德国两年，我并没有像很多外国留学生那样特别想念家乡或是因为吃不到家乡的面包和奶酪而抱怨。我唯一想念的就是德国的森林。

问：南京的绿化在中国应该可以算作楷模了。

答：对。但是你却不能像在德国一样那么容易地走进森林，走进那种让人有置身大自然的感觉。中国一旦什么地方有美丽的而且有路可通的自然景色，那里肯定就有很多人。我曾经多次从南京去安徽九华山过周末，那里有山水，有森林，自然风光美丽，那时游客也很少，但是南京附近却没有这样很容易就可以做一次郊游的森林。当然，城市附近也有公园，但要想在住所附近随时找到一片僻静的树林做一次德国式的全日远足却不可能。我一直是一个大自然的热爱者，在中国留学期间，那种想去长途远足、投身大自然的愿望变得非常强烈。我想，这大概就是德国自18—19世纪浪漫主义时代起人们亲近自然的传统在我身上所留下的痕迹吧。

另外，当时南京的外国人很多，有欧洲人、美洲人、日本人和其他亚洲国家人，跟他们交往，让我突然开始意识到自己是欧洲人，这种意识几乎可以称得上是一种"欧洲文化"的爱国主义。我是在一种"反民族"主义环境下成长起来的，我们这一代人中，对德国产生爱国主义感情是不可能的，因为我们对德国20世纪三四十年代的历史都是抱有批判的态度，从少年时代起我就觉得所有外国的东西都比德国文化更有吸引力。但是，在中国的环境中，跟来自不同国家的人交往，让我意识到我对欧洲还是有很明显的认同感。这也就是我回德国以后开始加选德国文学这个副专业的原因。作为一个学汉学的人，如果对自己祖国的文化没有真正的学习和了解，就难免会受那种一般德国人对自身文化比较模式化的、定型的自我认知的影响，也会导致对中国的偏见甚至错误的认识。这样，也就不会看到中西之间的共同点，而受限于强调所谓中国文化特性。有些汉学学者，是从自身文化的肤浅观念以及偏见、成见出发去看中国的，在这个基础上常常就会构建出一些跟自身文化相对的、陌生的中国现象。通过对德国文学的学习，我更深层次地认识了德国文化和欧洲文化，这也帮助我从不同角度有区别地、更为细致地对待中国文化。而且我们所学的关于德国文学的一些文艺理论与研究方法,对我后来在汉学,特别是中国文化和文学领域的教学与研究都有很大的启发。

问:通过对比或者反射,可以对两种语言文化有更深的理解。

答:是的,文学也是。在学习德国文学的过程中,我读了很多有关叙事技巧的文章和书籍,注意到在叙事技巧中占重要地位的就是人物的思想、言语的表达方法,即在引用人物话语时所采用的不同引语形式(直接引语、间接引语、自由间接引语〔Erlebte Rede〕、引语报告〔Redebericht〕)。这就是我确定博士后研究课题的出发点。这样,我可以将语言学与文学相结合,同时兼具古代中国与古代汉语。

在开始写博士后论文之前,我写了一篇关于《醒世恒言》中话本小说《十五贯戏言成巧祸》的人物引语的短文,探讨古代白话文是如何区分直接引语与间接引语的。在当时,无论中国的学者还是西方的学者,注意到古代汉语引语形式的人极少,就此问题汉语语言学界还未有任何人研究过。有一些汉学研究者说,文言文中直接引语的引述方法极其简单,只使用一个"曰"字就解决了。最初我是想在博士后论文中从整体来分析描写文言文小说中人物语言的各种引语形式的,后来发现这个范围太宽泛,所以还是将研究范围只局限在直接引语这部分。我先从阅读欧洲学者对欧洲语言特别是德语话语再现(Redewiedergabe, speech report)的研究资料入手。我发现,早在100多年前德语语言文学界就开始有人研究"话语再现"这个问题了,现在它已经发展成为一个独立的研究领域。我是在学习德国语言文学研究的基础上,开始建构我描述汉语文言文小说中人物语言引语形式的框架的,结果发现文言文小说中的直接引语及其嵌入并不像某些人想得那么简单,而是极为复杂多样的。

问:您是2000年来法兰克福的吗?

答:对,一开始我只是做教授代理,是在张聪东教授退休以后,我补了他的缺。博士后做完以后,我开始申请德国某些大学汉学系的教授职位。我也曾排名第三(在维尔茨堡大学)和第二(在埃朗根—纽伦堡大学),后来终于在法兰克福大学排名第一位。当整个筛选程序结束，我也已经得到位居第一的消息后，黑森州科学与艺术部以及法兰克福大学校长因为怀疑本校东亚语言文化方面的教学研究工作，特别是古代东亚文化这个重点的实用性，于是想趁汉学系、日本学系、东南亚学系的三位教授刚刚退休或即将退休之机，重新考虑是否关掉汉学系和其他东亚学系，就这样，我的招聘程序暂时停止。法兰克福大学语言与文化学院自然也极力争取保留汉学系和亚洲其他语言文学系，院领导先将我请来做教授代理。当时的法兰克福歌德大学校长鲁夫·施泰因贝格（Rudolf Steinberg）教授才刚上任不久，有一天，他想要了解我个人对法大汉学专业的存留以及发展有什么看法和想法，和我讨论设立一个中国或东亚研究中心这个主意。最后他终于决定要保住汉学系，而且后来也一直非常支持汉学系的发展。我代理了一年，终于在2001年11月被聘为正式教授。

问：您觉得特里尔大学的汉学专业跟法兰克福大学的汉学专业有很大的区别吗？

答：当然有。我觉得，法大汉学系2000年的情况跟我在科隆的汉学系做学生时候的情况差不多，可那是20世纪70年代啊！我的前任居然将没有学习条例的状况从70年代维持到了世纪末期，只有一个极为简单、笼统的课程教学计划。使我感到震惊的是，学生竟然必须从第一学期开始同时学古代汉语和现代汉语两种"外语"，教学效率很低，学生的古代、现代汉语水平都非常低。根据我在特里尔的教学经验，古代汉语的学习不应该早于第三学期，因为学生必须以现代汉语与汉字知识为基础，这样学起来才会更有效。让我感到惊讶的还有，在此之前，法大汉学系根本没有鼓励过学生去说汉语的地区留学，尽管留学华语地区、在目的语环境中提高自己的汉语水平，已成为近几十年来德国高校汉学专业学生相当普遍的经历了。

问：当时的法兰克福大学到处都是这样的条件，还是只有汉学系这样？

答：我觉得至少东亚语言文学系都差不多，整个9院（语言与文化学院）的大部分小专业条件都相当简陋。特里尔大学图书馆以及汉学专业的书籍，都有专业的图书馆员专门负责汉学系和日本学系的书籍,而法兰克福汉学系和其他东亚学系的图书馆,根本没有专业的图书管理员,仅由秘书和学生助理负责。不过,后来十几年的变化还是巨大的。

我是当时第一位被新聘来的亚洲学系教授,2004年法大就开始组建跨学科东亚研究中心。直到2008年,我一直是这个研究中心的负责人和执行主任。与2000年我来法兰克福时汉学、日本学、东南亚学系各有一位教授的情形相比,2008年已经有了11个教授位子:汉学系3个,日本学系2个,东南亚学系2个(其中一个"副教授"),韩国学系1个,还有3个教授职位设在社会科学方面的院系(日本经济、日本法律、中国政治)。除教授职位之外还增加了不少科研员、语言老师、图书馆管理人员等职位。除此之外,法大也像全德国其他高校一样,在21世纪初开始进行教育改革,引入新的学士/硕士学位机制。从2006—2007年冬季学期开始,汉学系的新生就按照新的学习条例来学习了。

问:据我所知,法大的合作单位有 ECCS。这 ECCS 是怎么回事,在那儿可以做什么?

答:ECCS(European Centre for Chinese Studies)指设在北京大学的欧洲中国研究中心,作为来自德国和丹麦四所合作大学学生的汉语培训中心。除此之外,ECCS 也支持北大和欧洲各合作大学学者之间的学术交流,特别是北大选派教授到欧洲各合作大学来做客座教授。这是一个很特别的合作项目,类似的合作在中德学术合作中并不多见。北大负责联系和组织工作的是哲学系,ECCS 在北大校园有自己的办公室和教室,截至2016年春天,我们法大有几百名学生曾在 ECCS 留学过一个学期,少数学生学过两个学期。ECCS 成立十周年(2011)的时候,我们在北大共同举办了一个学术交流会,有来自各合作大学的教授、专家参加。

由于北京大学留学条件的改变,法兰克福大学无法再继续延长与北大的这个合作项目,就于2016年终止了合同。① 总体来说,我们参与 ECCS 合作

---

① 从2001年起开始参与 ECCS 项目的维尔茨堡大学和哥本哈根大学,早已退出这个项目。法兰克福大学离开这个项目以后,图宾根大学在新的合作条件之下,依然保持着与 ECCS 的合作。另外,埃朗根—纽伦堡大学也新加入进来。

项目将近15年，双方合作一直非常愉快。最近，我们跟上海复旦大学签订了协议，我们学生留学的那一学期从2016—2017年冬季学期开始就在上海复旦大学度过，不久前我们也将台湾师范大学作为可供学生选择的留学地。当然，学生也可以自己选择大陆或台湾的其他大学留学。

问：法兰克福汉学系第一批学生在2002年去ECCS留学的时候还不是学习条例中明确规定的，是吗？

答：正是。那时候我们只是鼓励和支持学生到说汉语的国家或地区去留学，没有硬性规定要求他们必须留学。后来到2006—2007年冬季学期实行新的学士/硕士机制时，我们就把有关留学条例写进教学计划中，而且要求学生在第三学期必须去说汉语的国家和地区留学一个学期，留学结束时必须通过汉语水平考试（HSK）Basic B级/新汉语水平考试四级。在德国的汉学专业院系中，要求学生学习期间必须去目的语国家和地区留学，到现在为止依然不多见。

问：有关与复旦大学的合作，您能不能谈得再详细一点儿？

答：早在2006年前后，施泰因贝格校长就已经与复旦大学签订了"关于互派留学生"的协议。直到现在，两所学校每年各派两名来自不同院系的学生到伙伴大学留学。2007年，法兰克福大学设立孔子学院的时候，复旦大学成为法大孔院的合作者。也就是说，复旦负责为孔子学院派送汉语教师和中方副院长。如今，在双方的共同努力下，其他院系之间的合作也得到了加强。当然，我们汉学系跟复旦大学的同行也有不少来往，其中有历史系和对外汉语教学专业的专家。因为这十几年来与北京大学、复旦大学的合作，我和其他法大汉学系的同事曾多次去中国。通过这些中国之行，我们可以看到，中德双方已经建立了一种非常熟悉的关系了。如果回想一下，70年代刚跟中国建立外交关系的时候，双方的距离有多大，再看看如今，可以随时跟中国同行交往，可以共同研发和组织项目，进行教学方面的合作，建立共同的日常工作层面，所有这一切，都变得那么自然而然，那么平平常常。这些变化之大，实在是让人难以忽视啊。

问：20世纪70年代末80年代初，中国自然还没有那么开放。

答：我1979—1981年在中国留学的时候，中国人与外国人之间的私人往来，虽然跟过去比起来已经变得容易一点儿了，但是仍然受到很多政治上的限制。另外，仅经济方面的不同水平就构成一种隐形的障碍，让人很难站在同一高度正常交往。1979年我作为DAAD奖学金生在中国留学的时候，每个月的奖学金是900马克，其他没有硕士毕业的德国学生是700马克左右，另外中国方面还给我们140元人民币，而且留学生免除住宿费。仅中国方面给的140元就比中国教授的工资高得多，中国教授当时的工资好像只有60元，更不用说跟中国学生每月20—30元的生活费相比了。有一次，我去南大一个同学家做客。她的父母都是江苏省省级高级干部，他们家的住房条件跟普通人相比肯定非常好，但在来自西欧国家的人眼里却是非常简朴。他们有一套两室或者三室的房子，有自己的厨房和浴室，但里面除了几件必备家具以外，几乎什么都没有。

当时南大的中国老师和同学对我们非常友好，非常热情。在留学生宿舍跟我住在同一房间的是曹虹，我们相处得特别好。她学习态度很认真，在学习方面给了我很大的帮助和鼓励。我们有共同的兴趣爱好，喜欢阅读文学作品或者文化方面的作品，也常常一起学习聊天。尽管由于生活、经济条件的不同，并不会影响我们个人之间的友谊，但是某些朋友之间的正常交往活动还是会受到限制。比如，我们外国学生常常在假期出去旅游，一走就是几个星期。我们想走遍中国，而且想去哪里就去哪里，从来不计算要花多少钱。那时，留学生用学生证只需要六块钱就可以在任何涉外酒店住宿一晚。从我们的经济条件来看，我完全可以邀请中国同学一起出去玩或者邀请他们到饭馆吃顿饭。但实际上，这是不可能的。仅就经济方面就不是那么简单。中国人讲究礼尚往来，你请他，他便要回请，而他们的条件却不允许回请。有一次我跟一个中国同学聊天，提到我在校园里一个简单的小饭馆吃了几道好吃的菜，她问我价钱，我说记不太清了，大概七八毛钱吧。她一听吓了一跳。对我来说，花这点钱吃顿饭，我连想都不会想一下，尽管我那时候的生活也相当简单、俭朴，如果用当时德国国人的眼光看，我并不算富裕。但是就这么一顿饭，中国同学就绝对吃不起。对她的吃惊我感到很心痛，也很惭愧。

我也曾几次被邀请去南大教授家里，他们那时确实只有一个给全家人住的小小房间、同一楼层好几家共用的公共厨房和整栋楼共用的条件很差的厕所了。

好像到了90年代开始发生变化了，中国大学同行的情况已经变得相当好了，他们的工资提高了不少，住房条件也越来越好了。如今我被邀去中国同行家，看到的完全是装潢非常现代的房子，就像在我们这里一样，还有汽车停车库，等等。最近几年我们甚至找不到愿意来德国工作的中国客座教授了，一方面是因为他们个个都在忙着做自己的研究项目，谁也脱不开身；另一个原因是，德方的工资待遇已经不是那么有吸引力了。法兰克福大学跨学科东亚研究中心从2006年开始有一个中国客座教授职位，每个学期可以邀请一位来自中国的学者，主要是研究社会科学方面的教授。中方负责他们的工资和国际机票，我们负责他们在这边的住宿、医疗保险。他们除了在德国的工资以外，还有国内的基本工资。要是在过去，不管待遇如何，只要能够在这里生活和工作，任何一个中国的科研人员都会来。而现在，德方要聘请一位中方的客座教授，已经不是那么容易了。

问：您个人因为北大ECCS和法大孔子学院多次去过中国，您有没有因为会议或者其他原因到过中国，您多长时间去中国一次？

答：在我70年代的求学时期，我去中国台湾和中国大陆的次数相对比较多，前面都说过了。1981年从中国回来以后，很长一段时间我没有去过中国。除了1984年因为科尔总理的中国之行、1992年在武汉参加学术会议、1998年在北京师范大学参加为期两个月的汉语教师培训以外，在80—90年代我再没有去过中国。这跟我在特里尔大学工作繁重有关，除了工作还要读博士和博士后。

自从来到法兰克福大学以后，因为我所负责的那些合作项目，去中国的机会比较多，既有专业交流方面的，也有组织合作、行政管理方面，几乎每年都去，甚至一年多次。2009年和2013年我还去过台湾。所有这些都是因为教学和学术交流合作的原因，每次时间很短，一般一个星期左右。有时有两天的时间在当地看看熟人朋友或者参观名胜、风景区、博物馆、艺术展览、寺庙等。有时间的话，我也很喜欢到北京的798或上海的莫干山路等当代艺术区看看。然而，专门因为旅游、访友等私人原因去中国待几个星期，已经很久没有过了。只有 2013 年是个例外，当时我跟朋友在中国旅游了两个星期，有机会在陕西农村住宿，了解当地的窑洞居住文化。我想，如果再想去中国做较长时间的自由旅行，可能只有等到退休了。

韦荷雅教授 照片3：2007年9月17日法兰克福大学孔院成立仪式

问：您的研究领域除了语法、语言学、文学以外，还有什么？

答：可以说，我主要的研究重点在语言学上，当然，也在这些领域不断加深扩展。我的硕士论文主要是关于社会语言学的，也附带了一些文字学方面的内容，是研究中华民国的国语运动（1912—1949），特别是注音字母的发展及推广。直到今天，在社会语言学方面我依然兴趣不减，尤其是中国语言文字工作方面，比如我发表了一篇题为《中国文字与中国人的文化认同》的文章，探讨了中国人在八九十年代对汉字与汉语拼音的态度、繁体字的再度复兴、文字政策与使用，等等。我的博士论文研究的是"连动式"这个概念，是有关句法与语法系统的，关于所谓"连动式"、动词联合、主从结构等方面我还写过一些小文章。我的博士后论文的主题是"话语再现和引语"，属于语用学范畴。在语用学这个领域中，我还涉及礼貌用语、交际语言文化、跨文化交际等，也写过这方面的文章。

在应用语言学方面，我所关注的是汉德翻译和翻译技巧这一块儿，也发表了有关论文。我自己曾经翻译过几篇冯骥才和史铁生的文学作品,我觉得这是一项非常吸引人的工作,如果将来有时间,我会再度开始翻译,不过这大概也只能推到退休以后吧。对搞汉学的人来说,翻译无疑是很重要的。无论从教学角度还是从研究角度,翻译都是一个非常有意思的领域。另外,同样属于应用语言学领域的还有语言教学法。最近几年,由于在德语区汉语教学协会(Fachverband Chinesisch e. V.)以及法大汉学系和孔子学院的工作,也因为汉语教学课程规划等任务,我被搅进汉语、汉字教学法这个领域之中。文学也是相当吸引我的一个领域,在我出版的作品中,有一部分是文学与语言学两相结合的。在莫言获得诺贝尔文学奖前不久,我发表了一篇关于他的长篇小说《酒国》的文章,这次是纯文学方面的。可以说我的研究都是在语言学和文学范畴之内的题目。

这些研究领域,也覆盖了我在大学所教的所有课程。还有一个所有汉学学习者与研究者几乎无法回避的问题,那就是文化、文化学、文化间交流,跨文化能力以及跨文化交际问题等。这些实际已经囊括在我对各个方面的研究之中,无论在语言学还是文学方面都需要谈到它们。我在课上还做过德国汉学家、翻译家以及文化传播家魏礼贤(Richard Wilhelm①)这个专题,讲了他20世纪初期在中德文化交流中所起的重要作用。

问:我们法兰克福大学的学生要上一门有关这方面的课,叫"中国人不同情境中的交际形式"。您认为跟德国人的交际形式相比,区别很大吗,有没有共性?

答:我比较偏向注意和强调两者之间的共性。作为搞汉学的人,我不愿说,自己只研究中国不同于西方的特性;我也明确反对认为中国人跟西方人之间存在着根本的、巨大的差异这样的观点。当然,我并不否认,两种文化之间确实存在着不同。但是,某个具体文化特性和人类文化的共性是两个不同层面的东西。人类很多基本现象从深层来看实际上是相同的,是没有什么根本区别的。而不同群体的不同文化是另一个层面的现象,是表面上的现象。

---

① 魏礼贤(1873—1930),曾在中国青岛当过多年的传教士,1924—1930年被聘为法兰克福大学汉学教授,也是法大汉学系的第一位教授。

比如，给德国人写的中国指南或者有关中德跨文化交际的很多书，在谈到中国人的交际方式时，都可以看到这样的观点：中国人表达比较含蓄、委婉、间接，矛盾都不直接表现出来，不会直接拒绝或者批评别人。很多人也相信就是这样，并且继续传播着这类定型的、老套的、片面的观点，忽视了普遍存在的众多反例。如果仔细观察的话，就会发现，中国人当中并不缺乏使用非常直接的语言表达与行为方式的人，他们也会用直截了当的语言表达不满或不同意见，并不一定总是避讳矛盾。无论在现实生活中、文学作品里，还是电影电视上，都能看到。父母对孩子、上司对下属、朋友对朋友常常采用相当直接和相对对立的语言，这在中国是很正常的，有时甚至直接到我们德国人都会觉得有些过分粗暴的程度，在同样的情况下，我们用的语言可能委婉得多。西方人并不总是只选择直接的方式。"中国人绝对不会直接批评他人，绝对不会伤害对方的面子，他们总是和睦相处"等片面定型的观点并不符合实际情况。同样，"西方人不会考虑到面子问题，说话总是直截了当，不怕当面直接批评他人"等说法，也是不符合事实的老套印象。其实，人类社会的所有群体大概都有一个共同点，就是都希望和睦相处，然而有时却不可避免地会产生矛盾，为了处理这些矛盾，往往都有几套直接和间接的语言表达方式。在哪一个情况下使用直接的表达，在哪一个情况使用间接的表达，那是按照每个群体的文化习惯不同而定的，有时也按照个人的性格、身份、习惯不同而定。

我认为，在汉学研究中，大家应该既重视对那些与实际情况相矛盾的定论和观点加以批判和揭穿，也要重视引导学生如何以批判的眼光去看待那些已经形成的观点论断，使他们能够有区别地去认知中国以及中国人的多样性，避免片面地看待中国。比如，有一种极为普遍的定型观点认为，中国人是集体主义者，而西方人是纯粹的个人主义者。我们肯定可以找到很多事例来支持中国人是集体主义者这一说法，但也同样可以找到很多实例来证明中国人也会非常以自我为中心，也会呈现出个人主义的一面。根据我个人的观察、中国人的讲述、文学作品中的描述，我们可以毫无疑问地得出结论，中国人在大集体中生活并不一定只是感觉幸福自在。如果必须压抑自我来适应集体的规定或者满足集体的利益，他们也不一定乐意。比如，如果他们必须跟很多邻居在比较狭小的空间共同生活，常常会产生矛盾。一小家人能够住进自己的大房子，对现在的中国人来说是成功和幸福的表现。再者，在西方也不只有个人主义，也有很多集体的规矩需要遵守和顺应。西方人也并不忽视集体的利益，也会重视把个人和集体的需要连接起来。在这一点上，不同的文化也带有各自不同的烙印，有着不同的发展变化过程。无论是在中国还是在西方，每个文化内部，每个个体身上都可以找到"个体性"和"集体性"的印记。所有的人都既有集体性，同时又有个体性，这又是人类的一个共性。将中国人的集体主义和西方人的个人主义对立起来，一概而论，绝对是误导的。

韦荷雅教授 照片4：2007年10月于天津参加冯骥才组织的国际会议

问：现在我想请您谈谈中德之间跨文化对话这个问题。近年来，到处都在说"对话"，这确实是一个时髦的话题。正像您刚才所说的，人与人之间并没有太大的不同，既然如此，为什么东西对话、中德对话又那么重要呢？

答：这是另外一个层面的问题。刚才我们谈到的是人与人作为个体在日常生活中相遇时的情况，或者说是来自不同文化背景的人们在文化习惯上和日常生活中的异性与共性。而现在谈到的中德对话，却是社会之间、国家之间的对话，即使这样的对话也包括个体之间的相遇以及更深层次的理解，我们也还是要把这两者区分清楚的。您现在专门指的是关于政治上的某些问题和不同观点的对话吗？政治家和媒体关注、讨论的话题，当然是从不同的立场出发来讨论政治观点或者政治关系的，比如人权问题和民主问题。我不知道您刚才的提问，是否与西方对中国违反人权行为的批评有关。这当然也是一个多方面的、极其复杂的问题。西方有人认为，中国在人权、民主方面之所以难以承受批评，主要是因为，中国文化中缺乏接受批评的能力，缺少批评文化，太注重面子。但是，也有人怀疑这是传统文化的原因，从而提出质疑说，这是否是政治体制所致，是否是这个体制不允许这样的批评。

问：或者可能是因为西方媒体的特点，他们的报道太过负面。

答：是的。但是关于媒体的作用和报道内容也很难一概而论。有的媒体确实对中国进行毫不让步的批评，对其侵犯人权的行为进行强烈的谴责，要求中国必须按照西方的标准来实现人权；但又有另一种声音说，我们西方人不应该按照我们的标准来要求中国，我们不能自以为有权审判别人或者有权干涉中国人的事情，我们必须认可，中国跟我们不同，他们受儒家思想的影响，我们必须接受，中国人所走的路跟我们不一样。[①] 这种态度常常被认为是汉学家和所谓"了解中国者"们所有。实际上，汉学家中并不是只有这一种声音，还存在着各种不同的声音。我自己也想试问一下，难道真的就只会有这两个针锋相对的观点吗？这两个观点中的任何一个我都不能接受。一方面我深信，人权观念或对人的基本权利的追求是人类普遍存在的。当受到国家机关或者任何它种迫害时，中国人也会像世界上所有其他国家的人一样，渴望自由，渴望人格完整，追求对人的固有尊严的尊重，要求法治，等等。所以，那种把人权观念当成纯粹"西方人"的"发明"的观点，我觉得是错误的。

在我的求学过程中，我正是通过所读到的中国古代文学中的内容，将人权观念与中国社会文化联系起来的。因为，在中国文学中，从一开始就有大量的作品，明确表达人们对社会与政治不满时的批判，有对人们受到不公正待遇、受到迫害以及暴虐的描写与控诉，也有对统治者、当权者或者为富不

[①] 持此观点的典型代表人物就是德国前总理赫尔穆特·科尔（1918—2015）。

仁者的批判和声讨。许多古典文籍都是用批判的眼光去看待无视法律、歧视以及骚扰妇女等问题的。这种具有批判性的描写早在《诗经》中就已经可以看到，在后来的各朝各代的散文、诗歌、小说、戏剧中依然屡见不鲜，这样的情况也同样见于哲学、历史著作之中。即使在中国历史上曾经发生过对统治者的批判加以禁止的情况，至少后世的史学家也常常会给那些敢于批判者以褒扬，比如著名史学家司马迁，因为他与汉武帝意见不同并为李陵将军辩护而被判刑，但是直到今天，中国人对司马迁的为人一直都有很高的评价。而且当代的中国文学史著作者，都对中国历代文学作品中那些批判"封建"时代的统治者、当权者、不公正或者政治、社会腐败的描述给予了充分的肯定，这些我在南京大学留学的时候就已经学到过。

毛泽东虽然不喜欢别人批评他本人，但是却明确提倡对"敌人"进行批评，他曾在1942年对死于1936年的作家鲁迅给予了高度的评价。鲁迅无疑是他所生活的那个时代的辛辣讽刺者、强烈批判者，在他的作品中他不仅对当时的社会、政治弊端进行了无情的抨击和辛辣的讽刺，而且对中国人的基本传统、文化、民族性格以及当时政府和中国人的无力改革进行了无情的鞭挞，对中国当时的情况与前景进行了极其悲观的分析。诸如此类的例子确实使人不能断言，对正义的需求和对不公正的批评以及对人权概念的理解跟中国的传统与文化不相容。

诚然，中国的儒家以及其他思想家的著作中确实没有使用过现代西方意义上的人权概念，也没有"人权""民主"和"人民主权"这些词语，但是照样可以找到诸如统治者对被统治者的义务、老百姓的生存需要、人民有权起来反抗不公正的统治者、同情他人以及我们欧洲传统中有名的"金律"所说的"你要别人如何对你，就要如何对待别人"（孔子说："己所不欲，勿施于人"）等基本原则，这些都是人们和睦相处的基础。所有这些原则都可以证明，中国的传统文化与人权理念是有兼容性的，正如曾经毕业于法兰克福大学汉学与哲学专业、后就职于波鸿鲁尔大学的汉学教授与中国思想史专家罗哲海（Heiner Roetz）在他的文章中所说的那样。所有这一切都进一步加强了我的观点：人权观念是人类共有的，不能基于文化相对论的态度将其视为西方文化的特性，不能否认其他文化如中国文化中人们对人权也有需求。人权和民主的理念即使起源于欧洲古代希腊以及基督教教义,但也不是一经在西方产生就成了绝对的、静止的、一成不变的观念,而是处于不断的历史文化变迁之中,尤其是在当今的国际化大背景下,在国际对话与讨论中已经经历过变化和扩展了。

另外,我们也应该看看人权在西方的过去和现在是如何实现的。无论是在古代希腊还是在基督教影响下的欧洲历史上,对人权思想的实践还远远没有全面进行,即使在欧洲启蒙运动之后、在法国大革命之后、在美国人权宣言公布之后,依然经历了很长一段时间,才发展成为现今西方法治国家所达到的水平。所以我认为,西方人不应该有高高在上的傲慢态度,把自己看成人权方面的"楷模"。我们也应该看到,大部分西方社会现在所达到的,其实也是较新的水平。美国人在过去赶跑和消灭了一大部分印第安人,"进口"非洲人作为奴隶,直至今天,他们仍然没有完全消除对黑人和印第安人的歧视和不公平待遇。德国在20世纪上半叶的历史就更不用细说了。英国呢,在香港回归中国之前统治香港那么多年,也没有给香港居民带去民主。更不用说西方殖民列强在19—20世纪上半叶的所作所为根本就无法给中国充当民主和人权的典范了。总的来说,西方在人权、民主方面也有不少缺陷,也犯了不少错儿。我们再想想,美国伙同英国,在伊拉克战争中声称要给那里的人民带去民主和人权,可是结果又如何呢?显然,民主是很难从外部强加进去的,是要在社会内部自行发展起来的。西方民主国家自己在做错那么多事的同时,毫无妥协地要求中国按照西方理想或西方所已达到的标准来行事,那就未免过于自负了。中国面对西方常见的双重标准和虚伪行为,不愿意接受西方"教导主任"式的批评和谴责,也就可以理解了。

为了避免出现误解,我要强调,对中国以及全世界各地侵犯人权的行为进行批评,这绝对是合理的,也是必需的。但是我认为,西方的批评如果不是太过傲慢,不是以正义的化身出现,而是在承认自己在历史和现实中所犯的错误和出现的缺点之后,并有区别地对待中国的发展以及发展中所出现的问题,包括毛泽东时期过后所取得的进步,那么,他们的批评就要诚实得多,管用得多。我们确实应该承认,一个一成不变的中国是不存在的,中国也在不断改变。中国在过去几十年里,无论在个人方面还是在社会方面,都有越来越多的自由空间和更加多样的发展可能性，经济方面也有了越来越大的行动自由度，即使在言论表达方面和舆论多样性方面，都比改革开放之前好很多。与毛泽东时期相比，艺术变得相对多样了，教育、科学相对多元了，媒体也出现了一定的多样化，私人生活上如爱情和性爱方面也自由多了，出行、迁居等方面的自由度也有了明显的扩大。即使在法制建设方面依然存在着众多问题，但所取得的进步也不能否认。我们要像个体对待个体一样，如果将批评与自我批评相结合，将批评与表扬相结合，并将各种复杂因素予以区分和考虑，国家、社会、文化之间的批评也许才更加有效。我认为，西方的傲慢、自以为是、黑白对立，这些都是中西方交际与对话的障碍，对改善中国的人权状况不会有好的效果。

问：这一部分人大概只看到了问题，从我今天的水平看你今天的水平，而没有回想一下，中国30年前、40年前的情况是个什么样子。

答：是的，应该将中国的问题放在中国的发展过程中及整个世界的大背景下去看待，也要从比较的角度来看待。现在世界上其他地方也还存在着不合理、不公正的状况。我个人的印象是，政治和媒体对待比如像印度这样的国家的态度和对中国的态度有时是不同的。印度是个民主国家，这不假，但是那里却存在着极为不公平的事情，底层民众大多处在经济困难和不稳定状况中，仅从种姓制度和妇女的地位这两方面来看，就完全不符合西方的民主标准和人权标准。某些西方人或西方媒体对中国的态度似乎尤其苛刻，这让人觉得对中国的认知和报道常常也是太过偏颇。

问：那为什么就对中国那么苛刻呢？

答：对这个问题的解释可能是这样：西方之所以有人想贬低中国，把中国说得一无是处，那是因为中国已经成为他们的竞争对手了，有的人似乎害怕中国的发展和强大。因而，在批评中国的时候，也常常抬出共产主义。尽管中国早就实行改革开放和市场经济，原本意义上的"共产主义"或"社会主义思想意识"在现今已经发展成为中国特色的社会主义，过去"左"的教条主义和东西已经不起作用了。与之相反，儒家思想——至少是某些儒家思想——又重新受到中国政府和共产党的推崇，在社会上也重新受到重视了。

问：是不是西方为了找一个打压中国的理由，把共产主义的因素扩大化？

答：我觉得，不能笼统地说"西方"都这样做或者都抱着这种态度，但是这类做法或想法确实是存在的。再比如中国的独生子女政策，有人常常批评强迫人流以及超生惩罚等做法。确实，这是一项很残忍的政策，莫言在他的一本名叫《蛙》的书中，也做了非常深入的描述和批判。但另一方面，西方社会一直认为全球人口增长是一个非常大的问题，那些家庭孩子比较多的发展中国家也被认为是落后的。也就是说，如果中国没有实行控制生育政策，也一定会受到西方批评的。如今的中国，环境的破坏和资源的匮乏已经成为很大的问题。假如中国有更多的人口，那么，环境的破坏和资源的匮乏问题也将更加严重。当然我们会问，中国减少生育难道就不能通过不太过激的措施来实现吗？可事情好像并不是那么简单。

在环境污染和资源消耗方面，中国现在确实位居世界首位，就算对此进行批评没有错，但有一点却必须弄清楚，虽然中国在绝对值上位居首位，但在人均值上美国却遥遥领先，而且欧洲也明显位居中国之上。大家在批评中国的时候，为什么很少提及发达国家在他们过去 200 年的工业化过程中对今天的全球气候变化所应承担的责任呢？有一部分批评者为什么不明确承认中国人的环境意识也在不断加强，为改善环境现状也在不断努力，比如，在再生能源方面，在环境保护法出台方面（当然还有待有效地实施），像这样有所区别的报道介绍在我们的媒体中虽然也可以看到，但是至少在我们的媒体受众中常常没有被真正认知。

问：我想也许存在这样的可能：德国和其他发达国家曾经也有过严重的环境问题，他们在这方面曾经做过很多努力去改变，所以现在希望同样的错误中国不要再犯。也可以这样看吧？

答：当然可以这样说。今天的认知条件不同于过去，今天的技术也不同于过去。不错，我们已经取得了很多成绩，在我的少年时代，莱茵河的鱼儿曾经消失过，现在河里又有鱼儿了。但是，如果要成为发展中国家和门槛国家的榜样，我们西方工业国家所做的仍然太少，在说别人的同时，我们也应该赎完自己在过去所犯的罪。

问：您认为，德国的汉学将会如何发展？汉学在过去主要研究的是古代中国，现在的方向以现代中国为主。您认为，将来会有什么样的发展方向，您希望法兰克福汉学系如何发展下去？

答：目前确实有个趋势，现当代中国无论在研究上还是在教学中都受到重视了。我开始学习汉学的时候，教授的观念是汉学系的学习内容就止于清王朝被推翻的时候，研究现代中国甚至学习现代汉语都不是"科学"，没有学术价值。但是在今天看来，对现当代中国进行研究已经理所当然属于汉学研究的一部分了。就我个人作为汉学者而言，我对活生生的当代中国，它的人、事以及它的语言文化很感兴趣，所以这些也应属于汉学学习之列。汉学者当然也需要能够使用汉语跟中国人毫无障碍地交流。即使对那些主要搞中国古代的汉学研究者来说，现代汉语也是不可放弃的。也就是说，如果你具备专业的现代汉语语言技能，就能够吸收现当代中国人对古代中国的研究成果，能够跟中国的同行进行交流。跟中国人进行项目合作，当然应该能够使用汉语做出相应反应，这些都离不开现代汉语语言技能。汉学教学计划中当然也应该充分顾及到现当代中国的情况。随着汉学专业学生人数的增长，不可能所有的学生将来都从事中国研究，更多的学生是想将来也必须从事经济领域或社会其他领域的工作。

我个人也一直对古代中国很感兴趣。在未来，即使当代中国在国际上的重要性会不断提升，古代中国依然会有着很多有趣的、重要的课题需要去研究。每一位研究汉学的人，都应该按照自己的兴趣爱好来学习、研究自己喜欢的那个时代。但是，无论是在研究上，还是教学上，古代中国和现代中国是无法完全割裂开的，即使是对现当代中国问题的研究，你至少也需要从历史的角度、从比较的角度来进行。应该看到，研究古代中国，依然对现当代中国研究具有非常重要的意义，因为当代中国人自己也在探讨自己的过去，人们对传统、对古老中国的诉求非常强烈。对中国人自己来说，文化认同以及对文化根源的寻找，在当今这个全球化时代是绝对不可缺少的。在这种需求之下，传统也可能会被重新创造、发明出来。科学地去研究这些现象，将那些有史可证的客观史实与那些新发明出来的"传统文化"进行比较，这就是很有趣的研究课题了。

对故乡、对熟悉的事物的向往，对文化传承的需求，我们在西方也不陌生。面对毛泽东时期的文化断代，再加上全球化背景下的再次转型，中国人再寻传统的这种趋势，我们也不难理解。但是作为科学工作者，我们也必须分清，什么是杜撰的、发明的传统，什么才是古老中国真正的样子。另外，还必须明白，要找出真正的历史事实并不是一件容易的事。所以，无论研究与中国相关的哪个课题，我们都要考虑到这样一些因素，比如主观态度、观点与认知（包括他方认知与自我认知）、民族认同与文化认同等因素，然后把这些因素在各种课题范围内搞清楚，这就是汉学研究的一个非常有趣的任务。甚至在我研究"连动式"这个语言学范畴的课题时也得考虑到这些因素。我发现，中国语法界的大多数人好像非常重视汉语语法的"特点"，认为连动式是汉语有别于其他语言的独特之处，是一个"介乎于联合关系与从属关系之间"的特殊结构，是印欧语言中所没有的。很明显，他们的这种描述动机，就是为了将汉语与西方语言区分开来，从而也就证实了汉语有它自己的独特身份。我的分析结果正好相反。如果我们仔细分析所谓连动式在汉语语言学中常常是怎么被描写和定义的，再看看大量例句所展示的结构，那么，我们就不能不断定，"连动式"这个概念无非就是动词或者动词短语的非对称性并列结构（asymmetric coordination of verbal phrases）。之所以说"非对称"，是因为并列成分之间，如果更换位置的话，会出现意思损失或者语法功能改变，而"非对称性"并列现象是国际众多语言中普遍存在的一个现象。我认为，专门为这种动词结构造出一个特殊的名称来，并断定它是汉语所特有的，不符合现实。我个人的分析当然也可能是产生于我的基本态度和基本观念这个背景之下，那就是所有人类的语言和文化，其基本的深层原则有实质性的相似之处。我在后来的一篇小文章中也谈到，西方语言学界对汉语"连动式/连动结构"的研究，一直也深受"西方"早在18世纪末就已存在的相对论观点的影响，因此，不少西方语言学者也认为，所谓"连动式"就是印欧语系与非印欧语系语言性质不同的一种表现。

问：有很多女性研究语言学、汉语语言学这个题目吗？

答：根据我的感觉，在以前那个从事汉学的女性本就很少的时代，特别是女教授更少的时代，研究汉语语言学的人当然主要是男性。一直到我这一代，西德的情况基本如此，而民主德国已经出现了几位从事汉语语言学研究的女性。但是，在德国汉学界，把汉语语言学作为研究重点的男性总共也就只有几个。好像在德国的汉学界，跟历史、哲学与文学相比，语言学研究并不受重视。我上大学的时候，老师们常说，汉语语言主要是用来研究中国文献的内容以及中国历史文化现象的一种工具，其本身不是科学研究的对象。当然，每个汉学学者都有自己选择研究课题的自由，但是，鉴于语言作为一种高度复杂、极为奥妙的现象在人类生存中所起的核心作用，那么，从根本上贬低汉语语言的重要研究价值，当然也是极端无知的。

那么，为什么在德国汉学界，搞汉语语言学研究的人总体来说还相当少呢？如果汉语语言学方面的教授职位太少，那么，培养出来的年轻汉语语言学者也就不会很多。德国各个大学的汉学系没有或者几乎没有纯语言学专业的工作职位提供出来，而且高校之外也几乎没有汉语语言学者的就职机会，因此，学生学习汉语语言学的动力就比较小。最近几年才开始有了一些新的发展，个别学校的汉学系开设了对外汉语教学法专业，培养中学汉语老师，以满足部分中学对汉语师资的需求。但是，在汉学系的学生中，对汉语语言学，特别是对语言系统的研究感兴趣并且主攻这个方向的学生非常少。我常常发现，大部分的汉学系学生，虽然已经通过了高中毕业考试 Abitur，却连什么是词性、什么是句子成分之类的中学课程内容都分不清楚，他们既没有兴趣，也没有能力来扩大、加深对汉语语言学方面的知识。我认为，如果德国哪个大学能够成立一个专门的汉语语言学研究所，设置至少两三个专门研究汉语语言学的教授职位，再配备具有这方面专业技能的教职人员团队和有关设施，才能真正培养出具有扎实基础的汉语语言学人才。而德国大学现有的汉学系，基本是在进行现代和古代汉语教学的同时，主要介绍有关中国的文化、历史、社会、文学、哲学等方面的基础知识。尽管各个学校的教学重点不一，但是没有任何一所大学能够完成专门培养汉语语言学专业人才的任务。柏林洪堡大学，过去曾经有过这样的汉语语言学教研室，但在东西德合并之后，也精简了汉语语言学方面的师资力量。在德国，个别对语言学特别感兴趣的汉学学生，也只能是以普通语言学或者德语、英语等语言学为副专业，以求得到语言学方面的专业知识。我在科隆大学辅修的就是普通语言学，它涵盖了语言系统研究的大部分内容，我当时学过比如语音学、语音音标、音位学、词素音位学、词素学、构词学、句法学、语言学实地调查以及其他专题课程，比如非印欧语系语言的结构、儿童语言习得、声调语言，等等，有的课程甚至是每周四个课时。而这么多汉语语言学专题的课程，无论德国哪所大学的汉学系，现在都没有能力开设。

我个人在法兰克福大学被聘的教授职位，正式名称为"中国语言文化教席"，这也是符合法大9院语言文化学的专业范围的。本院从一开始就没有打算办一个纯粹"汉语语言学"的汉学系，以纯语言学为重点的汉学系是不现实的。在教学中，我虽然一直给学生讲有关汉语语言学的内容，但是，我们的主要目的不是培养大量的汉语语言学专家，而是使学生掌握一些任何汉学学者都需具备的汉语和汉字基本知识。因为在汉学学者当中，有不少人对汉语和汉字的性质和特点有错误的认识和错误的理解，从而形成比如"汉语缺乏语法""汉字是表意文字"等错误的定型观点，并且以讹传讹，甚至由此而产生出对中国文化或中国人的思维方式的错误印象，如"汉语缺乏语法造成中国人缺乏逻辑思维的能力"或者"汉字的形象性导致中国古代哲学著作风格内容的形象性"等传播相当普遍的错误见解。所以我觉得所有汉学学生都应该掌握一点儿汉语语言学的基础知识，如汉语的音节、词素、词、构词法等基本概念与内容，汉字的性质及汉字与音节、词素、词之间的关系，等等。只要他们对汉语和汉字的性质具有一定的了解，才会具备避免和批评类似上述错误和偏见的能力。

除此以外，我也开设应用语言学方面的课程，特别是汉德翻译，还有社会语言学方面的内容，比如中国的语言政策和语言规划。在语用学方面，我还教汉语交际文化和礼貌语言行为这门课，但是我的教学重点也是以批判的态度去分析那些有关中国人语言行为方面常见的偏见和成见，因为这种偏见甚至在比较流行的专业科研文章和相关科普文章以及"跨文化培训"的教材中依然能够看到。我所教的古代汉语这门课，也应该属于其中。多年以来，我上的有关文学、文化学方面的课程,也有语言学的内容,比如汉德文学翻译或者"中国的批评言语行为与批评文化"等课。所有这些课程都是基础知识,都是与中国文化、文学以及中西文化交流有关的语言知识,针对的不只是少数专门对汉语语言学感兴趣的学生,而是我们汉学系的所有学生。除此之外,我在汉学系教的这些课也提供给法大9院普通语言学系以"汉语语言学"为学习重点或副专业的学生。

问:目前有两个概念,"汉学"和"中国学",汉学会向中国学方向发展吗?

答:我觉得,这种区分很难,因为在德国使用"汉学"(Sinologie)和"中国学"(Chinastudien, Chinawissenschaft)这两个名称有时候已经没有什么意义上的区别了。从传统意义上来说,汉学是一种文献学,是借助汉语语言资料来研究中国的历史、哲学、文化、文学的一个文化科学专业。中国学这个概念是近年来才有的,意思是研究中国当代社会的社会学、政治学、经济学、法学、民族学等社会科学,也包括不使用中文资料的、由不懂汉语的学者进行的研究。过去,老一代的汉学学者主要以中国文献为基础进行研究,但没有明确的学科研究理论和方法。比如,我在科隆大学学汉学的时候,我们除了古代和现代汉语入门课之外,几乎只是阅读和翻译汉语文献,主要是文学作品,还有报刊选读,等等。从哪些理论出发,运用什么样的方法,提出什么样的问题来学习或研究一个课题,从哪个学科的角度来研究某一个课题,等等,这些在课堂上是根本不教的,一切都得靠每个学生自己来寻找和摸索。有关研究的理论和方法,我个人主要是在副专业的课上学到的。在副专业普通语言学和德国文学课上,我学到了比较系统的学科专业知识和研究方法,然后把这些应用到我的汉学学习研究上。我自己呢,可以算是一个以汉语语言学为主要研究重点,兼具中国文学的汉学者,因此,与跟我同代的其他德国汉学学者一样,也是专注于一个(或者几个相关的)学科范围,已经跟我们之前的那些多面手老汉学学者很不一样了。可以说,从我这一代汉学学者开始,已经发生了巨大的变化。如今的汉学这个概念,应该被理解成一个上位概念,它包括很多中国学研究的不同学科,无论是中国历史学、中国哲学、中国文学还是汉语语言学，都包括其中。汉学学者其实已经算是以中国为重点的历史专家、文学专家、哲学专家、语言学专家，等等，他们都很重视在研究中国的时候从各自的学科理论和方法出发。

我认为根本不需要把汉学跟以社会科学为基础的中国学严格划分开。那些使用中文资料或用汉语在中国进行实地调查来研究中国的社会学、政治学、法学、经济学等领域的学者，为什么就不应该算在汉学者队列之中呢？况且，把研究过去中国的划为汉学，把研究当代中国的划为中国学的区分也没有什么实际意义，这种划分也已经过时了。现当代中国的研究早已涵盖在了"汉学"这个概念之下，而且不少汉学者在自己的研究中会兼顾中国的现代和古代。也许有人会问，汉学和中国学这两个概念的划分即便早就过时了，那么，是否应该把相关学科的学者直接称为历史学者、语言学者、政治学者等以中国为研究重心的各科学者？我的答案是，单纯从现在德国各大学还存在以"汉学系"为名称的专业结构来看，"汉学"这个名称也还存在，尽管它实际上只是一个包括各个具体学科专业"中国学"在内的总称。这里还需要强调一点的是，古代汉语、现代汉语的教学也只能设置并集中在汉学系。此外，汉学和中国学这两者的不同大概主要还是表现在程度和各位学者的主观认同上。是把自己当成"汉学学者"还是其他专业领域的"中国学者"，可能在每位学者个体身上表现得都不尽相同。作为来自不同学科领域的"汉学学者"，在对中国的研究方面可能会比所谓"中国学者"更有深度和广度，比如我个人虽然可以算是研究汉语语言学的专家，但是从我的认同感来说，我首先是"汉学学者"，我不仅从事汉语语言学研究，而且也从事文学以及文化学方面的研究，尤其是在教学中，肯定会要求我们涉及不同的知识领域。就像德国各个大学的"德语语言文学系"，语言学和文学教研室分得很清楚，该系的学者，要么以语言学为主，要么以文学为主。

从汉学学者这个大背景出发，我认为，那些研究汉语的"纯"语言学研究者，即使有很深奥的语言学理论作为基础，但是因为缺少中国历史或者文化的大背景，或因没有足够的汉语语言知识，对汉语的研究结果有时也难免会有错误和缺陷。也就是说，如今的"汉学家"，即使有明确的某一种学科专业研究方向，但他们也还是会拥有更深、更广的中国知识和汉语语言能力，这就是他们跟那些出自非汉学专业、受限于比较狭窄的学科领域之内而更为重视理论性的"中国研究者"的不同之处。我的看法是，要对中国进行认真的、高水平的研究，无论用汉学还是用中国学的名称，掌握汉语知识和分析中文资料都是必不可少的。

问：前几年我们刚刚实行了新的学士/硕士制度，当时改革的主要原因是要缩短在此之前的本硕连读制的学习时间。法大汉学系先实行了三年本科学士制，后来又改成了四年本科①。是什么原因促成了这种改变？

答：这里有多方面的原因。第一个原因首先是出于实际问题和经费问题。我们发现，原定三年的本科教学计划学生常常在三年之内完成不了。② 而大学的财政模式是，拨给各系的经费往往根据各系的学生人数来决定，具体地说是按照规定学习时间之内的学生人数来定。也就是说，如果我们实行三年本科学制，那么，三年以后将会有很多学生被划在规定学习时间之外，这样在经费方面就对我们很不利。如果我们实行四年本科学制，那么，规定学习时间就随之延长了一年，我们在规定学习时间之内的学生人数就增加了，相应地我们就可以拿到四年的教学经费。第二个原因是，四年的本科课程具有更高的可操作性和灵活性。基于我们法兰克福汉学系的特殊要求，我们的学生第三学期必须到汉语区留学一个学期，这样学生在第三学期只能学习主专业汉学，而不能继续学习副专业，因此他们副专业的学习时间就要往后推迟。学制四年的 BA 学习，能够给学生的副专业提供更多的自由空间和灵活性。虽然转成了四年的本科学习，但学生副专业要修的 60 个学分总数却没有改变，这样，原本 6 个学期要修完的 60 个学分，现在可以在 8 个学期修完。第三个，也是最重要的原因就是，汉学系的学生既要掌握足够的汉语语言技能，又要掌握扎实的汉学专业知识，最后达到学术研究以及其他职业所要求的足够水平，三年的时间实在是太短了。所以四年本科还是比较好的。为此，我们必

---

① 2006 年实行的是 3+2 的学制，也就是说三年学士（BA），两年硕士（MA）。2010 年冬季学期开始实行 4+1 的学制，即四年本科（BA），一年硕士（MA）。

② 德国大学的本科三年制或四年制指的是，学生按照教学计划和授课内容安排，可以在三年或四年之内完成学业。但是对学生来说，没有严格的时间规定，很多学生因为打工、实习、多留学、多次补考、生病、生孩子等各种原因需要更长的时间才能毕业。

须将原本两年的硕士学制缩短到一年,因为德国学士和硕士学习合起来不得超过五年。这样,如果经过四年的本科学习,然后再加一年的硕士学习,就可以拿到硕士学位,就很有吸引力了。

当然,即使是四年的本科,仍然还有一些学生,需要比教学计划安排更多的学习时间。但这主要是因为大部分的学生不是全力以赴学习,他们必须一边学习一边打工。法兰克福的生活在德国算是相当贵的,尤其是房租。还有很多学生延长学习时间,是因为他们要在中国多留学一段时间或者是找到了有意思的实习机会。

自从德国实行新的本科学士学位制(BA)以来,常常遭到人们批评,因为现在的学习和考试程序比以前的本硕连读制(Magister)更具组织性,学生读书好像没有过去那么灵活、自由了。但是根据我个人的观察,大部分的汉学专业学生现在明显地要比以前的本硕连读学生更快、更早毕业,毕业生的人数也比以前多很多倍。也许,大学的学制改革确实还是帮助了很多学生,让他们更快地毕业或者坚持学到毕业。尽管中途辍学的还是大有人在,但无论如何,我们的毕业生人数在明显增加,我想,这无疑是改制所取得的一个成绩。

问:法兰克福孔子学院是2007年成立的,您从一开始直到2015年底都是孔子学院理事会会长,孔子学院在做些什么呢?

答:法大孔子学院作为一个登记于法兰克福市法院的非营利性协会,其章程所确定的宗旨为:促进对中国文化的深入了解,加强中德合作和两国间的了解,主要面向大学以外法兰克福地区的公众普及汉语知识。孔院提供涵盖各种水平的语言班,其中包括专门为某些职业或某些企业职员开设的语言班,也开设汉语水平考试(HSK)辅导班,并作为汉语水平考试点,每年定期举行汉语水平考试。另外,孔院还有一个中学汉语教学推动项目,为当地一些小学、中学提供汉语课,举办校内"中国周"等活动。除此以外,孔院还有一个中学汉语教师的培训项目。在文化介绍和文化交流这方面,法大孔院每年组织很多活动,提供讲座、讲习班、工作坊、展览、音乐会等,这里的文化不只是指文学、音乐、舞蹈、戏剧、茶艺、功夫等狭义上的文化,而是涵盖了社会、政治、经济等各个领域内容的广义文化。法兰克福大学孔院的关注点是，为公众展示多层次、多视角的中国图像，其中也包括讨论中国社会上存在的问题或有争议的内容。孔院很重视对当代中国的介绍，当然也并不排除传统与过去。中国的传统高雅文化和现代流行文化对受众一直具有很强的吸引力。但从汉学者的角度出发，我们认为，无论介绍哪种文化，都应建立在不强化那些传播已久的陈词滥调和刻板印象的基础上。不过，我们观察到，像茶道或春节联欢会这样的传统文化活动，往往会吸引更多的观众，而对某些介绍中国当代社会文化、水平较高的活动，参加者就不像我们预期的那么多。此外，孔子学院的工作还包括支持法大汉学系及其他院系的中国研究和学术交流活动，到目前为止，我们已经资助了不少学术研讨会。

所有的工作计划都是由法大孔院协会理事会的负责人与孔院协会的经理（即德方院长）共同制定的。作为主要出资方的汉办孔子学院总部，每年拨给语言班、工作坊、讲座、各种文化活动等一定的经费，而对其具体内容的选择与安排从不参与。上海复旦大学为我们派送汉语老师和一名学者作为中方副院长，有时也会有个别学者短期来德作学术报告等。法大孔院理事会的汉学教授们为计划安排和活动内容的题目范围和方向把关，他们选择自己认为从汉学专业或文化交流角度讲有价值、有趣味的内容和题目。他们也会尽可能地保证内容、专题、观点的多样性以及多视角性。当然，某个地方的孔子学院，也不可能做到对中国的介绍面面俱到。除了复旦大学派来的中文语言教师来自中国以外，还有很多在德国长期生活的华侨、德籍华人作为临时代课老师帮助完成教课任务。可以肯定地说，法兰克福孔子学院对中国文化的介绍，并不像有些人所想象的那样是从中国"官方"的视角出发来单方面进行的，这样，我们的所作所为就有了明显的"跨文化"和"文化对话"的特点。

孔院的很多活动，不仅吸引着德国人，而且也吸引着居住在德国的华人、华侨，因而为中德观众提供了许多讨论与交流的机会。法大孔院所举办的具有明显跨文化特点的节目也不少。我还想举一个例子，那就是孔子学院与法兰克福市图书馆共同合作举办的一次杨起艺术作品展——"杨起、歌德、孔子三人行"。一次偶然的机会，就在飞往中国的飞机上，让生活工作于北京和杜塞尔多夫的艺术家杨起认识了法大孔院德方院长，于是就有了这个展览计划。杨起专门为这次展览创作了系列水墨漫画，他以幽默讽刺而毫无敬畏的方式演绎了孔子与歌德在歌德出生地法兰克福相逢，而杨起就是他们相逢的见证人这样一个主题。

这些例子说明，孔子学院是如何与法兰克福当地及其周围莱茵—美茵地区的各种社团、公共或私立机构合作的。法大孔院经过这些年的努力，建立起了各种各样的合作关系与联系，不断酝酿生产出各式各样的合作项目，比如与法兰克福市政府共同主办的"中国周"，与本地工商联合会（IHK）的合作，与法兰克福的一些博物馆（比如 MAK, Schirn）的合作等，还有每年与法兰克福国际书展组织机构共同举办的中国作家读书会或中国文学、文化等方面的论坛。甚至使用汉语方言和德语黑森方言的喜剧，都在孔子学院与法兰克福市一个知名卡巴莱戏院的合作下走上过舞台。

总而言之，我们可以说，法大孔子学院将中国汉办方面的资助灵活多样地运用于当地举办的各种活动，并在与当地各种机构、单位与社团的合作中，不断创出新的项目或者新的活动。

问：您认为，您在中国、中国研究方面所做的贡献是什么？

答：这个问题的答案其实大部分我前面已经说过了，只是在汉学系的汉语教学方面我还想补充一点，那就是我为初级学生策划的汉语和汉字教学方案。汉语本身并不十分难学，对西方学生来说，最难学也最花时间的是对汉字的认知和书写。这也是中国对外汉语教育者常把汉字称为"拦路虎"的原因。中国儿童在学汉字之前，早已掌握了其母语的基本口语和听力技能。而在西方，传统汉学系的汉语教学都是以汉字学习为先。学生从一开始就学习汉字的读音。总体来说汉语教学的目的过去只是局限于阅读技能这一项。毫无疑问，即使在今天，阅读用汉字书写的文章书籍依然是汉学学习者最重要的语文技能，但是掌握汉语口语、听力技能，在当代汉学的汉语教学中已经非常受重视了。而汉语的教学一般来说是以汉字为基础进行教学的。对所有语言技能的培养，包括词汇、语法知识、"语感"的培养，等等，其进度都是根据所认汉字的数量来制定的。但是，因为掌握汉字的过程比较复杂，速度也比较慢，学生在其他语言技能上的进步也相应变慢。所以我开始在法大汉学系工作的时候，就决定对汉语教学进行"革新"。

我们的具体做法是：在第一个学期开学之前，学生必须提前到校，参加为期两周的汉语拼音和汉语语音培训。正式开课以后的第一、二个学期，汉语课分为两块儿：每周6学时的汉语语言课和每周4学时的汉字知识与阅读课。语言课所用的教材，全部是带有汉语拼音注音的汉字课文。这门课的所有教学内容都是以汉语拼音为基础进行的，其重点为语音、词汇、语法、口语、听力等方面，包括阅读、造句、写短文等练习在内，全部使用汉语拼音，不增加任何汉字知识，考试当然也是以拼音形式进行的。这样，学生的听说理解能力就会很快培养起来，而且因为不需要兼顾汉字，学生的注意力只需要集中在发音上，这样发音、声调、口语、听力也会掌握得比较好。而每周4学时的汉字阅读课，除了教给学生汉字结构与书写基本知识之外，主要培养学生的汉字认读能力和汉字课文的阅读能力，不用专门教新的词汇或新的语法点。虽然汉字认读技能比纯语言技能掌握得要慢一点儿，但是由于这种汉字教学是在已经熟悉的语言知识基础上进行的，所以与传统的、以汉字为出发点的教学比较起来，效果好得多。通过这样的教学方法，我们学生在前两个学期（约330个学时）可以掌握至少800个汉字，在第三个学期末，也就是规定留学中国的那个学期末，就可以通过汉语水平四级考试。学生只有通过了汉语水平四级考试，才允许继续念第四学期的汉语课程。

问：您是怎么想到这个主意的呢？

答：我之所以会想到这个分技能教学方案，主要是受我70年代在台湾留学时使用的注音读物的启发。那时我们使用的教材，主要是台湾中学用的注音读物。除了课堂上使用的注音教材以外，我还阅读了很多面向台湾学生的课外注音读物，这使我的中文阅读能力很快就有了明显的提高。其实，中国大陆几十年以来在很多小学所进行的"注音识字提前读写实验项目"，也相当于台湾的注音识字教学实践，对我们西方的汉语汉字教学，都有许多值得借鉴的地方。

问：您有没有得到中国方面的帮助？

答：从我在法兰克福汉学系上任开始，我们就一直得到中国方面的支持。

首先是通过我在特里尔大学工作时所建立的一些关系，法大汉学系图书馆在2003年前后通过中国大使馆教育处，得到了来自中国的大量书籍赞助。从2005年起，我们一直都有一位中国派过来的、以对外汉语教学为专业的优秀汉语教师，他们在本系的工作时间一般为两三年，全部费用由中方负责。从2006年开始，通过中国使馆教育处，我们又得到一个中国学客座教授的名额，这个职位虽然属于法大跨学科东亚研究中心，但是组织与照管工作以及大部分的课程安排却是由汉学系来完成的，人选由法大提供，除了住宿费用是法大负责以外，其他费用都是中方负责的。

除了得到中国大陆的各种帮助以外，我们也一直得到来自台湾一些机构的支持，比如给我们赞助过大量的书籍，给法大汉学系学者和学生提供在台湾的大学学习与研究的机会，等等。

为中德城市化发展的经验交流搭建桥梁
——曲溪乐（Johannes Küchler）教授访谈录

时间：2016 年 11 月 21 日，2016 年 7 月 17 日

访谈人：Jiagu Richter

整理及翻译：Jiagu Richter

曲溪乐教授 照片 1

问：从介绍上看，您主要研究中国 20 世纪城市史、中国城市化和现代化的发展等问题。今天想请您除了介绍您如何开始学中文、进行中国研究之外，也侧重谈谈您对中国城市化的发展和其中问题的研究，以及对今后发展的看法。

答：汉学不是我的专业。小时候我经常生病，病中父亲常常给我买很多

书看，其中就有有关中国的书，这使我产生了对中国的兴趣，所以最早是从对中国文化的兴趣开始的。我对中国的兴趣不仅源于书籍，还因为我认识的一个德国犹太律师（他曾是我父亲的病人）。二次大战期间，他为了躲避纳粹的迫害逃到上海。他曾系统地学习中文。他向我生动地描述中国的语言，印象最深的是他在上海时所目睹的中国人在日本占领时期如何聪明地应对艰难的生活。

中学毕业以后，我进了大学学习地质和地理专业。我对外语也很感兴趣，学俄语、中文。但我很快发现，中文不是随便可以学会的，需要付出很多的努力。在大学里我参加一个有关联合国的学生协会，我们在学生中传播有关联合国的知识。当时是50年代末60年代初，很多殖民地开始独立。我们搞了很多学生交流项目，有很多来自第三世界国家的学生，其中有来自马来西亚的学生。这使我有机会在21岁时去马来西亚，在一个华侨家里住了6个星期。这家的主人是国民党党员，一个中学的校长，他的夫人做房地产。这段时间给我留下了很深的印象，与我后来的发展有很大的关系。从那时起，我开始与马来西亚华侨建立友好的关系，在一般性的了解之后，我开始对槟榔屿的历史地理十分感兴趣。这个岛屿对中国与马来西亚以及与东南亚的关系很重要。我的博士论文就是关于槟榔屿的历史地理，包括城市发展的不同阶段。我觉得那里的城市发展很有意思，是一个英国影响和中国影响的混合物，是两种不同文化相互交融的一个试验。英国式的花园和中国式的店铺相结合。我也研究当地的社会结构，那里有很多从福建和广东来的移民。1967年获得博士学位时，我就想更深入地了解中国历史，但中国对我来说太大了，我决定只研究香港和新加坡。我从大众汽车公司基金会得到奖学金去那里学习，第一年在波恩大学学中文，第二年在香港和新加坡做研究。1969—1971年，我与我的妻子在这两个城市生活，她是歌德学院教德文的老师。这是一段极好的经历，我们交了很多朋友，对香港和大陆有了很多的了解。香港有不少人以前在大陆生活。他们对大陆的感觉很复杂。由于越南战争，我们对中国大陆很同情，觉得美国在东南亚的势力和干预是不对的。

1971年，我们回到德国，在柏林参加了由政治学研究和中国研究的学者组成的一个小组，有12个人。我们想向德国政府施加压力，与中国建立外交关系。因为那时德国追随美国，而美国仍然支持台湾。我们觉得台湾不能代表整个中国。我们的目标之一是建立德中友好协会。

问：这 12 个人都有谁呢，您能不能介绍几个？

答：一个研究政治学的叫 Dietmar Albrecht，他是北德人，住在 Lübeck，他研究中国政治，他的博士论文是关于"文化大革命"的起源；一个人叫 Detlef Michel，他是一个编剧；还有一个人叫 Walter Ashmoneit，他后来在 Oxfam，做中国扶贫工作，他也是研究政治学的。另有一些虽然不懂中文，但对中国艺术感兴趣，他们已经去世了。

问：当时你们那个小组的工作有成效吗？

答：这个问题很难回答。因为当时政治局势变化很快。"尼克松访华"之后，西方国家对华关系自动快速发展。西德很快与中国建立了外交关系。当时我们小组与中国大使馆建立了联系，但不是中国在东德的使馆，因为觉得在那儿要受东德秘密警察的监视，他们什么都知道，所以我们与中国驻瑞士大使馆联系。去过这个使馆好几次。我们说想组织去中国考察旅行，也想去中国工作。在"尼克松访华"之后，突然有一天他们邀请我夫人去中国教德文，她是教授外国人学德语的专家，我可陪同去中国。所以我们要从 1973—1975 年待在中国。我在那儿继续学中文。我们有过私人老师，但大部分时间是通过与中国人接触学中文的，不是太系统。在北京的这个阶段对我来说极其重要，因为我第一次了解到没受西方影响的中国城市——旧式的京城。城墙大部分已经不在了，但仍然有很多胡同和四合院。在这两年里，我们没有太多的机会了解传统中国文化，但我们也没有特意去关注，我们更感兴趣的是新中国，是工业的发展。我对小企业和乡镇企业更感兴趣。因为我认为其他亚洲国家的工业化更多依赖于鼓励的大项资本投入，而中国的小企业更加劳动力密集，更多地采纳当地的工艺知识，因此更适合这些地区的发展。那时，我对"大跃进"仍然有比较积极的看法。要经历一些时间才能理解这是当代中国最大的灾难。那时我仍然觉得那是一个好的开始。

我们在北京时没有任何德国机构的资助，因为那时红色中国仍然是在名单之外的。我们完全是自发的,工资是中方发的。给我们的工资按当时中国的标准来说是很高的,我们一个月300多元,当时一个普通教师的工资是40—50元,学生一个月的基本生活费是18元。我们是外国专家,住在著名的友谊宾馆。我们每个周末去不同的新开发的工厂或者人民公社或农村。当然我们能看到的是最好的,但时间长了,我们可以知道哪些是好的方面,哪些是有问题的,哪些是真正的发展进步,哪些是展示给外国人看的。我们觉得如果问题提得合适,能得到有用的回答。但我自己造成了一些问题。因为我对城市发展感兴趣,所以总是要地图、城市规划、数据,做了很多笔记,到处拍照,所以一段时间之后,他们以为我是间谍。在一段时间内,我们受到孤立。很多与我们一起住在友谊宾馆的其他外国人给北京革委会写信,认为这两个德国人没有问题,要求他们对我们通过调查搞清楚。两三个月之后,我们被集中起来开会,他们宣布经过调查我们没有问题,可以继续工作。

问:这两三个月里你们停止了工作?

答:我们没有停止工作,每天仍然去办公室,但是我们很孤立,甚至学生也不敢跟我们接触。他们觉得这两个人可能有问题。

问:就是说他们向中方的人宣布了这事?

答:他们宣布正在进行调查,大家要小心一些。大概是这样。宣布没有问题之后,我们继续工作,但第二年我们觉得学生和中国同事仍然与我们有隔阂,比如那时在搞开门办学,我们觉得把所学的理论用到实践中很有用,所以也很想参与。但是老师和领导都说,那里条件太差,对外国人不合适。或许他们真的认为不能让外国人去受苦,但我们觉得他们是想把我们与真实的生活以及政治活动隔离开来。所以过了一段时间以后,我们写信说,如果这种困难情况继续下去,我们不能和学生及其他老师在一起,可能我们回德国更好,可以在那里做更多促进德中关系的事。在没有得到任何答复的情况下,我们和三个法国同事一起在合同结束前三个月离开了中国。我们的做法也是一种政治姿态,以表示这样的合作方式是不对的,甚至不符合中国共产党的原则,因为他们的原则是,对外国人要根据能力而不是背景来判断。

回到德国后我们继续做中德关系方面的事。德中友好协会这时已经建立了（1975年建立）。我们夫妇都在协会工作。我们的杂志叫《新中国》，杂志大概是1974年创办的，可能现在仍然有。我们常常有这样的争论，要不要把批评性的文章收进杂志？有人认为这是反中国的，不能用，有人说批评性的当然也应该有。这只是我一小部分的工作，我的主要工作在大学，在柏林自由大学，教中国工业化、城市化等课程。

问：您是在柏林自由大学学地质和地理的？

答：不，我在很多大学学过，那个时候学生可能随意选择大学和转学，觉得哪个大学的课程有意思、老师好就可以转过去，我在法兰克福、汉堡、因茨布鲁克和基森都读过，最后博士论文是在基森完成的。拿到博士学位后，我在基森大学得到一个助教的职位，收入很不错，还有长期的合同，但我想学更多的知识，想去学中文，虽然学中文的奖学金很低。同事们都说我太傻了，但我不在乎这些。

1975年回国后我开始在柏林工作。我们觉得，在柏林有很多人对中国感兴趣，在做与中国有关的工作。有两件事与我有关。我发现德国学生用的地图册中关于中国的部分，有的地名是韦氏拼音，有的是德文拼音，很乱，我认为这会把学生弄糊涂了，应该统一。1975—1976年，在我的主导下将汉语拼音引入了。另一件是尝试绘制中国地图。1975年时，欧洲有关中国的信息很少，所有的中国地图都非常简单。我觉得绘制一个包括有很多信息的中国地图是件有意义的事。我们可以将所有可以得到的信息放在一起，绘制内容丰富的地图，向欧洲读者介绍中国农业、工业、水利等各方面的情况。于是我开始和 Gerhard Pöhlmann 教授合作进行这个项目，他是著名的沙漠地图学家，80年代他也参加了我们跟新疆环保研究所的合作。我们的资源很有限，但我们工作很努力，他是一个地图学专家，可以用很少的资金制作很好的地图。大约1976年，开始有卫星遥感和成像技术了，这一方面让我们的工作容易起来，我们也可以买到从卫星得到的资料，另一方面也减少了我们工作的意义。80年代初，英中合作出版了新的中国地图，中国也出版了很多新地图，同时中国人口普查等工作大规模地开始进行，提供了大量的信息。我们工作的意义已失去了，因此我们放弃了这项工作。

那时我不是特别确定自己应该朝什么方向发展，从我的专业背景来说，应该是城市规划、土地利用等，但我对中国文化也有很强的兴趣。70年代后期，德国大学里工作机会开始紧张起来，突然竞争变得很强，不容易找到工作。我在两个方面申请工作，中国研究和城市规划，1979年，我在柏林科技大学景观规划系得到了教职。专业方向是城市规划、土地利用的历史，以及花园建设的历史。对我来说这是一个新领域，我得详细研究德国城市发展的历史和理论。这对我十分有益。这个系是一个"绿色系科"，所有人都集中环境保护问题。对我来说也很有意思，因为此前我一直关注工业发展，工业发展当然重要，但是必须注意不能损害生态。我在两个方面进行学习和研究，一方面是德国的城市规划、花园规划、公共空间、公共绿地、自然资源的保护，另一方面我仍然对中国的事情感兴趣。在80年代初，中国对德国和欧洲来说不是很重要，对我的同事们来说，我这么关注中国是脑子有问题。但很快情况就变化了，1982年，我作为德国国家环保代表团成员访问中国。这个代表团里有废水处理、垃圾处理、环保政策、公共卫生、自然资源的专家，我就是自然资源保护的专家。这次访华非常重要。中国1972年参加了在斯德哥尔摩举行的第一次联合国环境大会，会上中国代表总是说，环境保护是资本主义国家的事情，是他们造成了环境的污染，不是我们的问题。但这只是官方的立场，中方团长曲格平回国后立即建立了国家环保局。

问：当时国家环保局只是个副部级的单位。

答：德国也一样。德国认为我们已经保护了环境，不需要设立新的机制。这次访华回来后，有很多后续行动。中国代表团开始到德国来访问，了解环境保护的细节。中国代表团来访时，我把我的同事卷进来，中国代表团要来了，我们能提供些什么，哪些是我们的强项，哪些是我们弱的方面？幸运的是，我们大学在北非有干旱地区的研究项目，已经进行了十年。治沙项目包括水资源、沙漠化、沙尘暴、盐碱化等问题。我们表示，我们对干旱地区有很强的研究基础，你们的黄土高原、青海、新疆有很多水土流失、风蚀等问题，如果你们感兴趣，我们可以合作，你们可以选择地区。让我们吃惊的是，他们提出乌鲁木齐。因为那里是核试验场地，而且当时中苏对抗严重，新疆是敏感地区。80年代初期，中国十分开放。我们可以去任何地方。中国同事来我们也带他们去各个地方。我们的同事也可以去新疆各个地方。这个项目一直持续到1989年。之后还有一些小的项目在继续，一直到90年代。

曲溪乐教授 照片2：与柏林科技大学的同事们（左3）

70年代我在中国时就去过一些人民公社，广东、辽宁、河北的都去过。并且了解到，每个公社内各个村庄都有收入不平衡的问题。有的比较富，有的很穷。也了解到，温饱问题还没有解决。80年代，中央政府说，有的地区仍然很穷。1978年10月、11月《人民日报》第一或第二版刊登了一篇童大林和石山等人的文章，说陕西有地区农民的生活条件比解放前还差。这是让人震惊的，一般是不会上《人民日报》的。这恰好是在十一届三中全会、邓小平上台之前的事。此后"以粮为纲"的政策改成了"因地制宜"。必须改善农民的生活条件，取消人民公社。1978年底做出这样的政策改变，80年代初开始实施。政府表示需要更多支持贫困地区，中央成立了扶贫领导小组，其中包括各方面科学家，他们要找出中国最贫困的地区是哪些。他们用了1981年人口普查的数据，制定了一个贫困地区地图，我们也参与了这个工作。1986年德国科技合作协会（GIZ），一个德国政府资助在亚非拉扶贫的非营利性组织，收到山东省水利厅提出的合作项目要求，解决农民缺水问题。我认为新疆这方面的问题更大，但去沂蒙山也不错。从1986年到90年代末，在沂蒙山区有一个很大的德国项目，很多德国专家参与，水文、农业、林业专家，项目非常成功。山东人很能吃苦，在那里许多地方有很多小的项目。在北京有一个798，那是东德建筑师设计的。当时中国人说，你们的要求太高，不符合中国情况，中国很穷，我们不需要这么高的标准，但德国人说，我们设计只能用德国的标准。最后德国建筑师赢了，798 是 50 年代初建造的，至今仍是非常好的建筑。在山东我们遇到同样的问题。他们说，你们这样弄太贵了，要求太高了，没有必要，德国人太较真了，但我们坚持质量标准，因为这样会更持久。

就这样，我仍然在这里教学，但每年去几次山东。看看项目的进展，提出一些建议。这使我对大城市之外的农村地区有了更多的了解。也了解了一些县级等地区的情况，比如水资源管理、土地管理的情况。有的地方管理资源和资金极少，甚至付不起工作人员的工资。没有车，下乡得骑摩托车，没有复印机，计算机刚开始用。但十年之内一切很快发展起来，新的道路、电话通信，80 年代末农民可以进城工作。

我开始了一个新的项目：水库。中国的水库是世界上最多的。库区移民问题很大，没有数据。在德国，水库周围很大地区没有建筑，不能有工厂、居民区，有很大的森林，森林是水资源的净化器。我们有水资源保护区。而中国当时刚开始。我介入了向中国介绍德国水资源保护区的经验。有一个中德合作项目，将密云水库作为案例的项目。城市发展不仅仅是住房和城市本身，还需要一个城市的服务区域。只有城市郊区条件好了，城市才能发展。当时中国不重视这些，城市的白色垃圾就堆放到郊区，农民得用城市的废水，土壤污染严重，所有这些问题都没有得到很好的解决，直至现在。

问：是啊，现在还很严重，只是现在人们意识到这个问题了。

答：我知道了解德国工业化的历史和经验对中国很有用，因为德国犯的是完全一样的错误。我们开发了很多纠正这些错误的方式，制定了很多新的法律，建立了新的机制，提高人们的环保意识。我们也需要很多年。中国全面工业化仅仅是过去 60 年的事，而德国从 1840 年、1850 年就开始了。了解德国的发展有助于理解中国的情况。我们接待了很多中国代表团，来德国各地考察。1989 年，我们系开始了一个新的项目，为第三世界国家环保部门年轻工作人员设立了一个课程，他们来自巴西、尼日利亚、印度、巴基斯坦、印度尼西亚、中国，给他们做专门的培训。第一个团队是来自中国台湾的，学习垃圾处理。组织他们进行实地考察，从1989年至今。2015年我退休了，但我们很幸运，同一年我们将这个课程转变为硕士课程。现在成为城市管理硕士课程。学习这个课程的有来自各个行业的：建筑师、能源工程师、医生，等等。他们关注所在城市的城市管理问题。总有来学这个的学生。他们学两年，第一年上课、实地考察，第二年写论文。论文是关于他们所在城市的问题。这对我们是一个极好的机会，能够因此了解这些国家城市管理的问题和情况，互相交流，往往不同国家带来的问题是相同的，这是一个十分有意思的工作。

此外，我还得做我的日常工作，我还介入了一些历史性的题目，一个与圆明园有关的题目。现在大家都在研究圆明园，是一个很大的题目。但我们开始得很早。学生需要比较圆明园不同时期的地图，以找出各个部分建造的时间（因为整个建筑期超过了100年，从康熙年间一直到19世纪），利用遥感、卫星图像、测绘数据和清朝负责圆明园设计建筑的雷家族的资料。还有一个是比较现代的题目，如何保护历史性的花园，如何保存，是保留原样还是重建？江苏南通是中国纺织业创始人张謇的家乡，张謇是企业家、教育家，同时还是都市规划人，他对城市绿化很有贡献，我的一个博士的论文就是关于张謇对城市绿化的贡献，他建立了中国最早的人民公园（1917）。整个研究的方向是，在中国过去60年的工业化中，有没有保护历史性建筑的措施？农村地区有很多矿区、钢铁制造地区等有很多工业革命的纪念碑，我们认为应该保留工业革命早期的资料。这个工作的方向是如何保存张謇时期的历史遗产。

现在我的最新一个题目是老年化，与城市发展有关。今天下午要接待一个上海来的小组。有一个博士生想把"城市农业和老龄化"作为研究课题。当今这个交通问题极大，农产品运进城市需要越来越多的时间和费用，有大卡车从山东往上海运货的，路途很长，产品运到后质量不好、不新鲜。有运输和土地问题。在中国城市里，有很多短期闲置的土地，也有一些在新工程开始前空置的建筑，这些可以做短期的利用，用于城区种植。还有一个很大的问题，很多新建的房子都是空着的，只是为了投资而建的，但没有那么多需求，有人说中国建的房子太多了，可以用于安置农村来的人，而这些人没有钱。另一个问题是,人的寿命在延长,尤其是城市里,中国人 60 岁就退休了,但他们仍然很健康,在公共场地做各种活动。也有 70 岁以上的人,需要帮助。可能孩子在很远的地方工作。独生子女政策造成晚辈要照顾夫妇双方的四个老人。一个博士生的论文就是考虑如何将农产品供应、退休仍有能力工作的老人以及空置建筑等问题加以合理解决。比如,进行屋顶花园建造,或在高层建筑里,利用一层,将窗户去掉,安上灌溉系统,用小桌子进行种植,老人可以坐着轮椅工作,他们会觉得自己还有用,做些有益的事。这是我感兴趣的题目。

曲溪乐教授 照片 3:与柏林科技大学的同事们(后排左 1)

中国现在有一个"海绵城市"项目。过去几年里中国很多城市遭受暴雨造成的水灾,排水管道不够大,房子都淹了,火车道也陷塌,造成很多事故,还死了人。我们需要对城市的排水系统有更好的管理。北大有个"土人公司",做城市景观规划,提出了很好的概念,中央政府采纳了这个公司的概念,在 14 个城市进行试点,提供资金,研究如何将雨水留在城市。我的一个学生就在将柏林和北京的雨水管理进行比较。

问：应学习德国的经验，将其用于自己的建设。

答：这像打乒乓一样，要互相学习。

问：您觉得在德国大家都是这样想吗？是不是因为您长期研究中国，了解中国的文化和历史，而别人是不是更容易以欧洲为中心，对中国人有一种优越感？

答：是有这个问题，但另一方面，德国人对中国长期的国家传统、考试制度、文员体制等是了解的。用考试来选择人才也是从中国来的。因才择人是中国人的发明。我们的天主教会里也有这样的传统，根据成绩而不是家庭背景来选择。大部分德国人知道中国有很长的学术研究和科技的历史，知道中国古代的四大发明。也看到中国快速的工业化发展，他们知道很多产品都是中国制造的。我认为人们的看法也有了很大的变化。我们也都知道，中国人在德国没有带来任何社会问题，他们很少要求社会资助，他们依靠自己，学习德语。我认为与中国合作的势头很强，中国在德国的形象是积极的。

问：根据您对中国城市化和环境保护问题的研究，人们更多地看到问题，中国的问题往往是规模比较大的问题。您对中国能否在较短的时间内处理好环境等问题乐观吗？

答：这是一个比较复杂的问题，一方面我们可以比较乐观，中国有很强的中央政府，如果中央认为需要一个新的战略，它可以很快地在全国实施。但是，北京的政策和下级政府的做法往往有差距。还有一个教育问题，过去一些年里，教育提高了很多，即使是县一级、乡一级的政府工作人员也都受到了较好的教育，对专家们所说的有了更好的理解，管理复杂问题的意愿和能力是有的，这都是积极的方面。但另外一方面，经济利益和政治十分密切，比欧洲国家密切得多，可能比美国都密切。而且公众无法监督，这是一个大的危险。腐败不仅仅是中国的问题，欧盟、美国都有，但这里有新闻监督，新闻会将腐败案子公之于众，很多情况下这会导致腐败者下台，会受到法律的制裁，但在中国不同，这是让人担忧的问题。这是进一步发展的障碍。中国的法律制度有很大的改进，有了很多新的法律，但法律的协调还有问题。

有的人按一个法律该受惩罚，但按另一个法律也可以避免。目前尚没有独立的司法制度。这是欧洲工业国家的传统，可能日本也一样，由于工业社会的复杂性，一个政治体制是不够的，我们需要一个独立的司法制度，这对中国是一个大问题。如果看看中国台湾、韩国、新加坡，我们可以比较乐观，这些比较小的地方可以发展一种多级制度，不同的声音可以公开发表，不同意见可以公开讨论。总的来说，我是比较乐观的，中国社会越来越成熟，人们的寿命在延长、生活水平提高了很多、教育程度在提高，党也必须要不断加强和改善自己的工作。

汉学研究与社会学在中国
—— 柯兰君教授访谈录

采访人：Jiagu Richter
采访时间：2016 年 11 月 22 日
整理人：李小静
核稿人：兰吉韵
修改、审定：Jiagu Richter

柯兰君教授 照片 1：70 年代初在柏林自由大学汉学系

问：你是从什么时候开始对中文感兴趣，并开始学习中文的？

答：我 1969 年开始学习中文。我之前在柏林学习，因为我家住在汉诺威（Hannover）那边，离柏林不远。那时候，我的哥哥已经在柏林自由大学学习政治学，所以我也很想到柏林学习。一开始我并不清楚要学习什么，所以我选择了戏剧学。一个学期之后，我觉得这个并不太适合我。然后我发觉我对政治社会学里的理论比较感兴趣。所以 1969 年的时候，我一边学习汉学，这是我的主修课程，一边学副科：一个是社会学，一个是政治学。同时学习这三个方面其实并不常见，因为一般语言学习是和历史联系在一起的比较多。但是那个时候是学生运动的时期，所以我对社会理论比较有兴趣，但是我认为社会理论比较抽象，所以我想要找一个社会模式来学习社会理论。所以我是从这时开始对中国当代社会感兴趣的。

柯兰君教授 照片 2：1981 年在北大图书馆前

问：那为什么会想到中国呢，在德国，更多想到的是欧洲社会吧？

答：那不一定，因为那个时候我们有东德和西德，并且将其进行比较。我对社会主义国家比较感兴趣，但是我觉得东德的社会主义模式不太好，可能会有别的模式。事实上我也不太清楚，所以我想了解一下。还有我对中国的历史文化也有兴趣。但是开始学汉语以后，我发觉没有合适的老师。因为，那个时候柏林自由大学完全没有中文教授，只有一个张老师教我们中文，还有一个德国人 Klaus Stermann 是我们的汉语课老师。而且学习中文的人很少，就七八个学生。第一个教政治的是魏博斗（Bodo Wiethoff）教授，他是 1970 年的时候来柏林的。1971 年的时候，郭衡玉教授来到柏林。他们讲的课都是历史方面的，所以我们跟魏博斗教授谈得比较多的是亚洲的生产方式，这是用马克思主义理论探讨过的一个概念，用来比较欧洲的历史和中国的历史。郭衡玉教授特别给了我们一些德国驻华使馆所了解的中国民国时期的一些外交方面的资料，让我们看。

问：你的意思是，你想了解中国民国时期的情况，德国当时驻华使馆拥有一些资料？

答：是的，这些第一手的资料，可以用来研究中德两国关系的历史。

问：所以他给你们看了这种资料？

答：是的，因此我们尝试着研究这些文件资料。所以，这并不是我本来想研究的方向，但是也没办法。还有一些学生跟我一样想了解一下中国当代社会的情况，所以本来我们从一开始就应该自己找出研究的方向。这个做法有一定的好处，如果比较早想清楚自己想研究什么，你就能计划你的学习。

柯兰君教授 照片 3：1986 年在北大，与儿子 Kaspar 及王阿姨

问：你的意思是，除了老师安排的学习，你自己还要考虑自己要研究什么？

答：是的。所以这个有好处也有坏处。因为我以后一直在想谁是最好的老师，因为我觉得我一开始并没有注意这些问题。后来我完成了我的硕士论文，它是关于人民公社的，特别是工分制，题目是《关于在人民公社里按劳分配制度的发展》。

问：你是研究某个省，还是只是做整体上的研究？

答：更多的是整体上的研究吧。因为那个时候找资料非常的困难，所以我不得不研究一些宏观的资料。那个时候，通信科技还不太发达，我不得不浏览一些中文报纸，包括地方报纸，但是我的中文水平有限。我主要使用翻译工具来翻译一些中文资料，但是并不多。

问：谁是你那时的导师？

答：不太记得住名字了。这位导师比较"左"倾，所以我们会有一些辩论。他对"大跃进"很赞赏，而我对其持批判态度。那时获取信息十分困难。在完成我的硕士论文之后，我得到资助来写我的博士论文。我想写关于中国社会结构方面的问题：社会阶级和社会结构，所以我想找一些实证资料。那是20世纪70年代中期，有很多关于阶级斗争和意识形态的文档，但是我对实证数据和理论方面如何定义中国社会各个阶层更加感兴趣。但那个时候很少有社会调查的资料，既没有数据也没有分析资料。香港一些大学服务中心也没有统计数据和年鉴。那个时候选这个题目可能是错误的。所以事实上，写这个论文我需要大量的时间。我1976年开始准备这个博士论文，到1977年也没有大的进展。1978年，我第一次去中国，同时开始在柏林自由大学社会学系讲课，我得到了一个社会学系的职位。

问：那么你是个汉学家，还是个社会学家？

答：是的，我是汉学家，但是是一个1978年之前从没去过中国的汉学家。

问：作为一个汉学家，你也可以在社会学系任教，教社会学是吗？

答：因为我这两方面都学过。社会学和政治科学是我的辅修课程，我在这两方面都很活跃。我申请了一个社会学系的职位，并且被聘用了。

问：你第一次去中国是在 1978 年吗？

答：是的，我 1978 年第一次去中国。那只是一次旅游，但是是和一群汉学家一起去的，如顾彬、罗梅君等。我们自己定的旅行路线，我们给旅行社写信，自己准备了这次旅行。我们想去毛泽东出生的地方，以及毛泽东工作和生活过的地方。所以我们不仅去了北京和上海，还去了长沙。

问：所以这一行不仅是观光旅游，心里还是有些其他打算，对吧？

答：是的。我们在很多地方都进行了讨论。1978 年时，中国还有"革命委员会"，我们看到了人民公社等。那是"文化大革命"刚刚结束的时期。

问：这次旅行是你们自己组织的，没有得到任何人的邀请，是吗？

答：是的，但是同行的罗梅君在北京大学留过学，在北大历史系，所以她组织我们访问北大，在北大进行了一些讨论。当时中国刚刚结束"文化大革命"，西方社会对中国的了解很少，所以这段旅行结束之后，我们出版了一本关于这段旅程的书，介绍了中国工业、农业、社会生活等方面的情况，书名是《走出孤立的中国：访谈笔录》（*China Weg aus der Isolation*：*Protokol eines Umberuchs*）。我认为第一次亲临中国对我来说是一个很重要的经历。1979 年，为了提高中文水平，我来到了北京语言学院学习。但是时间不长，只有 3 个月时间。然后，下一次去中国就是 1981 年年初了。那时候，柏林自由大学和北京大学有学术交流项目，这是相当早的。当交流协议签署的时候，我已经作为第一批博士生到北京了。

问：你是在这个项目之下，作为博士生来到中国的？

答：是的。我的博士论文主要研究当代中国社会阶级和阶层。那时，在中国官方话语中，"阶级"和"阶层"是高度意识形态化的词，对这方面的研究比较敏感,并且很难得到可靠的统计数据,比如不同社会群体的就业情况。后来是著名的来自政治科学院的赵宝煦教授指导我的论文,他还帮助我找了一些被访人和有关专家,与我讨论我博士论文所需要了解的情况,也讨论了很多有趣的问题,比如"干部"这一社会群体能不能成为一个阶级或阶层。我还有机会和费孝通教授交谈。我觉得他非常不喜欢我选的博士论文题目,因为他觉得太宽泛了。他说,如果我想要了解中国社会的话,应该做社区研究,而不是研究这么宽泛的题目。他建议我最好做社区研究,比如说北京大学社区。后来我才明白这是个非常好的建议,但是那时我只想继续研究我的课题。所以这些采访和收集的资料和讨论帮助我更好地了解了中国的发展和社会结构,使我得以完成我的博士论文。而对于我,这也是一个学习马克思主义与毛泽东思想对于社会阶级和阶层等特殊概念相关理论的过程。

问:那次你在中国待了多久?

答:时间也不长,只有两个月。因为我还要回去上课,我只能趁假期的时候过去。后来,我进行了博士论文答辩,并将博士论文出版。我在社会学系任教到1983年,然后我的儿子出生了。从1984年开始,我在汉学系做研究助理,我回到了汉学系。后来,我又开始准备博士后论文,是关于中国社会学的历史。我从德国DFG(德国研究基金会)中得到了一些资助,德国研究基金会是德国资助社会科学研究最大的机构。本来我打算去北京大学,但是DFG只与社会科学院有协议。所以,从1985年至1986年,我去社会科学院学习了一年的时间。那时,我采访了许多中国社会学家。当我1981年在北大的时候,我就在北大图书馆存有的资料里发现,中国社会学有着丰富的历史,而这些都不为人知,在德国,好像没有人知道中国社会学发展的这些历史。我觉得这是个非常有意思的题目,这个题目是我1981年在北大的时候就发现了的。所以1985年去中国时,我采访了在北京、上海的专家,继续这个题目的研究。

问:所以你选择了这个作为你的博士后研究主题?

答:那个时候博士后研究题目已经选好了。选好之后,我才申请的DFG

的资金，所以我才能来中国学习一年。

问：你的意思是，1981年在中国的时候，还在写你的博士论文，但脑子里已经有了关于博士后论文的这个想法，是吗？

答：是的。可能是因为对于我来说，了解中国社会十分困难。我当时想，如果我透过中国社会学家的眼睛来看的话，可能可以得到更多的一些情况。然后，我发现，20世纪30年代至40年代期间中国社会学研究范围广泛，有很多实证研究和社会调查。我的博士后论文是关于"中国社会学的发展历史"的，从19世纪末严复翻译《天演论》一直到20世纪80年代，大概是一百年的时间框架。

问：这个研究主题有点大，时间跨度也非常长，对吗？

答：这个主题确实比较大，但是我主要研究一些具体的观点。其中一个章节关于严复的翻译；还有一个章节是关于20世纪20—40年代中国社会学家的组织机构。然后是30—40年代社会学发展比较丰盛的年代。我调查了中国一些社会学家以及他们关于一些社会改革的观念和策略。

问：所以，虽然时间跨度很长，但是你只是重点关注了某些人和他们的一些观点。这就是你博士论文后的内容，对吗？

答：是的。然后，我研究了1949年后这段时间，因为只有在20世纪50年代初期这段时间里，社会学研究终止了。但是，如果大学里没有正式的社会学，是不是还存在一些非正式的社会学。这是我要研究的问题。另外，我一方面调查了20世纪80年代对小城镇的实证研究和研究例证。论文的一个章节是关于燕京大学的社会学，当时这个社会学系很大，重点关注社区研究。费孝通20世纪80年代对小城镇的研究是他早期研究的继续，我用此作为我的范例。我还访问了另一个著名社会学家李景汉，他重视定量的方法，与费孝通的定性社会人类学的方法很不一样。但是他们两位学者研究的都是中国30年代的农村社会。在理论方面，我谈到中国对马克斯·韦伯的引进。因为我觉得十分有趣的是，在1985年的时候，中国社会科学院要求我做一个关于马克斯·韦伯的演讲，讨论中提出的问题十分有趣。比如说，如何将马克斯·韦伯的理论用于中国？我想，这是个十分奇怪的问题。你可以分析研究他的社会学理论和研究方法，但你不能将一个理论运用于中国。但是这个也帮助我更好地了解中国是如何接受马克斯·韦伯和其他西方理论的。

问：你的意思是，那时候中国社会学研究已经停止发展了，那是哪一年？

答：从1952年一直到1978年或者1979年。在20世纪70年代末开始了是否重开社会学的讨论，80年代初，社会学研究重新开始了。

问：是啊，那些年这些部门都关闭了。

答：是的，很多教授去了其他学院。比如说费孝通教授去了人类学学院，一些人去了法律学院或者统计学院，等等。

问：这就是你的博士后学习经历？

答：是的，1991年完成博士后的学习。我的博士后论文1992年在德国出版，书名是《中国社会学的历史》。然后，我有一个由大众汽车基金会赞助的两年项目，关于"现代化与文化"，即一个国家实现现代化的模式。然后，我带着这个项目的资金去了香港，在香港大学亚洲研究中心待了一年。

问：是关于现代化和文化的项目？

答：是的。这个项目完成之后，我出版了一本关于"中国现代化政策和观念改变"的书。这是和一个中国同事一起完成的，他带来了一些实证资料。这个项目我是第二年回到德国做的。从1993—1999年，我在波鸿大学任教，因此我离开了柏林，来到了波鸿大学东亚研究所。职称是高校教师，教授级，但不是真正的教授。我主要教授中国政治和经济。但我的课会涉及比较多的中国社会内容。每次课的内容会不完全一样，但有几个题目每过几年就会讲一次，比如中德关系、中国妇女、中国统计等。关于中国统计的问题涉及怎么使用中国的统计数字，所以也可以说是方法论方面的问题。有时会介绍中国社会的一些基本情况和中国社会学学者长时间做社会调查的情况。

但是没有中国社会学作为一门科目的教授职位,虽然我很想教授这方面的课程。

问:直到现在也没有吗,为什么呢?

答:是的。当我教社会学的时候,柏林自由大学的社会学学院很庞大,但是后来越来越小。如今,人们不太重视社会学了。这个情况不仅在柏林如此。

问:为什么呢?社会学可是关于整个社会现象的学科。

答:社会学的研究在缩水,因为规模缩小了,所以更多的研究和资金放到了欧洲方面。我不知道什么原因,但是社会学并不只是研究某个具体的地区或者国家,所以我那时教政治和经济。

柯兰君教授 照片4:2001年在贵州做彝族妇女评估项目

问:那还是很遗憾的。毕竟你的专业是社会学,社会学是一个很大的学科。在美国,没有汉学系,所有研究中国的人分散在各个学科,包括社会学。

答:是啊,这是好的一方面,但是美国问题在于,他们做历史研究和社会科学研究,这两项是完全分开的。如果谈到美国对中国的社会学研究,那是对1949年之后的研究和当代的研究。但是由于研究体系的原因,他们对中国整个20世纪的研究非常少。

问：就是说，他们并不把社会学本身当作一门学科，他们只研究现代？
答：是的，他们并不研究形成目前状况的历史发展。

问：这更多的是政治科学的视角，好像与此没有太大的不同，对吧？
答：不同在于理论和方法论。20世纪90年代这段时间里，我也和瑞士发展组织有过合作。他们有一个由著名的德国社会学家皮特·阿特斯兰德（Peter·Artteslander）牵头的项目。这是个非常有趣的群体，因为20个人来自不同的国家，有不同的想法，并且都有社会学背景。我们讨论了法国社会学家涂尔干提出的概念"失范"（anomie），即一个社会失去了标准和规范。当社会从一种秩序发展到另一种秩序，比如说封建制度到资本主义制度的过渡阶段中，这个概念发挥了一定的作用。在社会过渡的期间，旧社会的社会规范没有了，新社会的社会规范还没有形成。我们试着用这些理论上的概念，对不同的国家进行对比实证研究，比如说中国、马来西亚和其他几个国家，如何在具体的实际调查中运用这个概念，用什么样的指标来界定是我们要解决的问题。我觉得"失范"这个概念很适合研究中国的社会变迁和农民工在大城市里的情况。

问：所以你们将几个国家在相同或相似的时期进行比较？
答：是的。我们为"失范"设计了一些指标，再根据这些指标对一些国家进行研究。我可以向你展示这个小组研究的成果，即《比较失范的研究：隐藏的障碍——社会发展的潜在可能性》这本书（由Peter Artteslander和John Western编著，1999年出版）。因此，通过这个小组的研究，我在想，就中国社会而言，如果我想使用这些概念，应该怎么做呢，我要分析哪个群体呢？那是20世纪90年代，我决定进行流动人口研究。那会儿，很多农村人口流动到城市，这是一个完全不同的情形。然后我又向DFG申请了研究项目资金，研究中国的流动人口和移民。我从该项目获得了研究资金，特别研究北京、上海、广州的移民群体，并对不同的移民群体进行比较。具体地说，我从1996年开始研究中国流动人口在大城市的生活情况，对这三个城市共600位农村外来移民进行了问卷调查，并以60个深度访谈进行了补充。我们把问卷调查的定量方法与个体访谈的定性方法结合起来。问卷和访谈内容涉及他们在城市生活的行为方式、居住情况、社会交往、流入城市的原因和以后的打算等各个方面。研究成果是与李汉林共同编著的《都市里的村民——中国大城市的流动人口》（2001年出版）。我们期望，通过这个调查和研究，能够对城市的农村外来人口有一个比较清楚和完整的了解，从而探讨如何制定一种趋向于整合外来人口的政策。在这个项目进行过程中，我和北京、上海和广州的社会科学院进行了合作。

移民项目做完之后，我为亚洲发展银行工作，作为亚洲基金会在中国的顾问，大概从1999年底开始到2002年。这是一个非常有趣的项目，但并不是我提出的，是他们找到了我。那正是我跟波鸿大学签的合同刚好到期的时候。我当时希望能继续在波鸿大学取得教授职位，可惜没能如愿。这时他们邀请我参与这个项目，项目名称为"社会评估能力建设"（Capacity Building for Social Assessment）。这是对一些大的工程，就像大坝工程或者铁路工程等基础设施建设进行社会评估。也就是说，我们对大型的基础设施建设项目做社会评估，评估这些项目产生的社会影响。社会影响指这些项目带来的社会风险和社会问题。我们从三方面来做出评估，其中一方面是贫困和扶贫，怎样把扶贫目标纳入比如说铁路项目的评估中。其他两个方面分别是性别平等和移民安置问题。我是这个项目的带头人，所以我可以选择做什么项目，和哪些专家一起工作。我选择了几个主要在中国西南地区的项目。然后，我和一行人做了实地考察。我们首先查看了一些文档，然后去到当地做采访。然后，各项目部和项目赞助人组织召开了一些研讨会。最后，在这些研讨会的基础上，我们召开了全国范围的研讨会。有趣的是，一开始只有一些领头项目，后来世界银行和中国国家项目等不同项目也被纳入进来。

问：所以，你从亚洲发展银行开始，然后又将世界银行纳入进来？

答：是的。因为这也很有趣。我从文献中得知20世纪90年代后半期，中国有一个这样的小组。我们开始在建设部里做社会评估。接着这个小组分散了，有人还留在建设部工作，有人去了世界银行等处。因为我曾经见过他们，在一起工作，他们都是社会评估方面的专家，他们很想继续这一工作。

问：你的意思是他们曾经在建设部工作，然后又去了其他部门？

答：是的，比如说环境保护部门。我想这就是为什么世界银行这么容易引进这样的人才，进行这样的项目。

问：这意味着这些人不属于建设部吗？

答：他们原来属于建设部。因为环境保护部门是个新部门，他们可以从其他部门调人。有一位女士仍然在那里工作，有一位男士去了世界银行做评估工作，现在他在华盛顿。

柯兰君教授 照片5：2002年与赵宝煦教授

问：你刚刚谈到了20世纪90年代末？

答：不不，这个项目是在2000—2002年期间完成的。在这些研讨会的基础上，我们后来编写了一个如何做社会评估的手册《社会评价指南》。这本小册子分九个章节，第一章介绍中国社会评价的研究现状及其过程；第二章介绍社会评价的范围和方法；第三章重点介绍参与方法；第四章有关扶贫；第五章关注社会性别问题；第六章有关少数民族问题；第七章谈移民以及社会风险；第八章探讨不同行业中存在的不同问题；第九章介绍了一些案例。最后还有一些附录，介绍一些具体的方法，如怎么做个人访谈，以及中英文词汇对照。我觉得是很有用的一本书。

问：中方用这个手册吗？

答：我想当时还是用的，特别对那些初来者和做这方面工作的人。那时候，中国国家发展计划委员会（现在叫国家发改委）有一些新的指导方针，这些新的指导方针规定，大的国家项目不应该只有经济评估、金融评估、环境评估，也应该有社会评估。因此，我们觉得中国也会像环境影响评估法一样制定社会影响评估法。但是到现在也还没有这样的法律。现在，有一些社会层面的评估包括在环境影响评估的法律条款之中，对于移民安置有专门的规定。然而，并没有关于社会评估的规定。如今，中国有一些关于社会稳定风险评估的规定，但是这与社会影响评估是不同的。因为社会稳定风险评估意味着如果你要进行一个项目，你要看是否有较多人反对、抗议这个项目的进行。社会稳定风险分为 A、B、C 三类，如果社会反对风险过高，项目就不能进行下去。

问：你的意思是为项目风险做评估？

答：是的。但并不是评估这个项目使人们受到什么样的社会影响。这个项目结束之后，我继续从不同的学术角度研究这个问题，也发表了几篇文章。我现在仍然在研究这个问题。

问：这也是你的教学内容吗？

答：是的，但是不是在柏林。从 2009 年底到 2012 年，我在中山大学的社会学和人类学学院任教，教授社会评估课。我一直尝试把自己的研究通过课堂介绍给学生，但是在中国，大学课程的内容一般设计得比较宽泛，所以很难在课上介绍到具体的研究问题和情况。

问：很遗憾，这里没开这种课。毕竟您在这里做了很多这方面的研究。

答：在这里，我可以教基础设施在中国的角色和发展策略等内容，我可以把社会评估的一些方面加进来，但是并不会讲如何做社会评估。这个项目结束后，我从波鸿大学搬回了柏林。1999 年，我在柏林获得了副教授的称号，但是并没有职位。他们评估了我之前所做的研究，授予我副教授的称号，但是并没有职位。2002 年，我在柏林当了一年客座教授。从 2003—2016 年 6 月我做代理教授，暂时替代 Sandschneider 教授。

问：是因为他退休了吗？

答：不是的。原来就是这样安排的。我知道他会回来，只是不知道何时会回来。这不是我合同结束的原因，我已经过了退休的年龄。他比我年轻五岁。他从德国外交政策协会回来之后，会在大学任教几年。因为他的职位是一部分教中国研究，一部分教政治科学。因此，我不仅有汉学学生，还有政治科学学生。两方面的学生在一起上课有好处也有坏处。政治系的学生对理论问题感兴趣，而且知识面比较广，但是他们对中国不熟悉，而且很多政治系的学生没有去过中国。汉学系的学生一般去过中国，对中国有更多的了解。如果我想介绍一些有关中国的概念，特别是谈到一些语言的特色，政治系的学生就没有兴趣。有时候，我得为汉学系的学生教一些特别的课程。

从 2007 年，我开始进行德国研究基金会资助的另外一个项目。那个项目很大，叫作"大城市，大挑战——全球变革的非正式推动力"（Mega Cities, Mega Challenges – Informal Dimensions of Global Change），包括 12 所德国大学，有两个区域研究重点，一个是孟加拉国的达卡，另一个是珠江三角洲。在这个项目中，我研究珠江三角洲的移民问题。

问：你的意思是广州、中山、深圳和其他城市？

答：其实主要是在广州，深圳只涉及一点点。我们采访了不同的移民群体，我们还关注了健康问题。我们采访了一些有身体残疾的移民。如何才能发现健康风险呢？如果人们只是正常地说我是健康的，一切都很好的话，我们就得找到进一步了解的办法。然后，我们采访了两个健康高风险人群，我们和 NGO 合作，我们采访了受伤的生产工人。

问：工伤？

答：是的，因事故受伤的工人。

问：所以一组是受伤的生产工人，另外一组是什么呢？

答：深圳的女性性工作者。我们研究了她们的健康风险，以及她们如何应对健康风险。关于女性性工作者健康风险的文章后来写成了博士论文。

问：你的意思是来自12所德国的大学的参与者也有博士生和学生？

答：是的。这个项目的侧重点是包括博士生，该项目从2007年持续到2013年。这段时间，参与者写出了大约48篇博士论文。坦白来讲，一些博士论文还在进行中，但我希望能尽快完成。两个高危群体，第一个是安置移民，例如在佛山，有一些来自三峡的人在2002年建立的村庄，我在2012年采访了他们。

问：所以他们被叫作库区移民，是吗？

答：是的。主要是了解对这些库区移民长远发展的影响。另外一个人群是来自农村的大学毕业生。在他们毕业之后，应该回到家乡，但他们更加想留在更加诱人的城市。这个研究后来也写成了博士论文。

问：对于来自农村的毕业生的叫法，你们有专业的术语吗？

答：一个出名的社会学家叫他们为"蚁族"。

问：我们还有一名词叫"北漂"，是一个意思吗？

答："北漂"也是一个带有中国概念的名词，但是我们通常称他们为"蚁族"，因为他们住在城市里很拥挤的地方，就是现在北京唐家岭的地方。唐家岭在2010年的时候拆迁了，这曾是许多毕业生"蚁居"的地方。

问：唐家岭？离中关村近吗？

答：是的，但是更北一点。我2011年5月去的时候，那里已经拆迁了。这个项目已经结束了，但是我现在仍在写一本关于这个问题的英文书。

问：是关于这两个群体的吗？

答：不只是这两个群体，还有些其他群体。

问：一个群体是关于来自三峡的移民者；另外一个是关于来自农村的大学毕业生，对吧？

答：是的，还有受伤的生产工人、女性性工作者等。因为，我们通常只谈移民，但是移民中又有很多不同的群体，不同的群体有不同的问题。所以，我认为展示这些群体不同的一面很有意义。

问：是的，你拿到了很多项目，并且都富有成果。但是，据我所知，申报项目并不容易，你却总是能一个接一个地申报到项目……

答：是的。

问：看来您申报项目非常有经验。2007—2012年的这个项目，你是领头人对吗？

答：是的。之前的社会评估项目和移民项目我也是领头人。

问：所以，目前你还在研究珠江三角洲这个项目，对吧？

答：是的。

问：您对德国的中国研究怎么看，有什么期望？

答：如果我只看学生数量的话，学汉学的学生在减少。将来，对中国的兴趣可能也会减少。另外，中国方面举办了诸多活动，比如说建孔子学院等。但是，我不知道，这是否能提高学生对中国的兴趣。

问：可能不会。因为孔子学院更多关注外国人对中国的一般兴趣，比如文化、烹饪等，而不是学术研究方面的。

答：孔子学院对外国人学习中文也有鼓舞作用。还有一些活动比如说在中学里教中文，大环境的改变，可能也会鼓励学生去学习中文。

问：从长远来看可能是这样的，让孩子从小就学中文。但我们讨论的是对中国的深度研究。在我们维也纳大学，硕士研究生数量在减少。现在德国和奥地利的大学也有本科了（不是本硕连读）。而与中国有关的企业很多。如果本科毕业后，能找到一份好工作，有不错的薪水的话，他们就不会再继续学业了。柏林的大学有这种情况吗？

答：这学期，不仅研究生的数量在减少，本科生的数量也在减少。我任教的大学是这样，其他一些欧洲国家的学校也是这样。所以，这可能是一种普遍趋势。对此我不确定，但我的印象是这样的。

问：中国的分量在增加，与欧洲的联系也在增多，中国投资很多。但我觉得德国应该做更多的研究，而不是仅仅提供一些劳力。

答：我才参加过"一带一路"的会议，我以前就有这样的印象，参加这个会证实了我的看法，即许多东欧国家对它更感兴趣，因为他们确实需要这些投资，想争取拿到这些投资。但是，对于一些小国家来说，他们没有真正的中国研究。所以，如果你想把研究中国的兴趣和这个投资联系起来，可能在东欧国家更加有效。现在我们有越来越多的来自东欧国家的学生。

问：就是说，德国的大学为东欧国家的学生提供教学服务？

答：是啊。现在你们有各种各样的卫星学校、联合项目等，所以一些中国研究项目可能也会到东欧国家去。这个可能对于维也纳也是一样的，你们有更多来自东欧的学生。

问：是啊。总的来说，学生想早点挣钱，缺乏学术精神，这是很难改变的。但是，我仍然希望中国研究后继有人，不要断代。

摆脱欧洲中心论，汉学才会有更好的发展
——文浩教授访谈录
（文浩 Felix Wemheuer，科隆大学汉学教授）

采访人：Jiagu Richter
采访时间：2017 年 7 月 3 日
整理人：齐菲
核改：Jiagu Richter

文浩教授 照片 1

问：你是怎么开始学习中文的？
答：1998 年，我十八岁的时候高中毕业去中国旅行。这是一个偶然，当

时我想去俄罗斯，我当时的女朋友想去中国，而俄罗斯签证比较难，所以就去了中国。其实，此前我一直对中国的历史和政治比较感兴趣，当时已经看了一些关于中国革命和毛泽东的书。我在中国旅行了两个月，去了四川、新疆、广西、湖南等很多地方，这以后我对中国更感兴趣了。回德国做了一年义工之后，我决定去波鸿大学学习中文和东亚政治。我原来是想学电影学的，但是我高中毕业分数太低了，没能如愿，东亚政治系没分数要求，所以我就去了。

问：东亚政治系的分数要求并不高吗？

答：不，这和人数有关系。比如法律之类的专业，很多人想学，他们就对高中毕业分数有要求；有些专业没有很多人想学，所以对分数就没有要求。

问：那也就是说当时学中文和东亚的人比较少。

答：对，不多，特别是波鸿大学的研究生课，我们经常只有两三个学生，如果有人不来或迟到，其他人还会等着。不过对于翻译课和用中文资料的课来说这样也很好，因为如果只有两个人上翻译课就经常会轮到你做练习。

问：这是什么年代？

答：我在波鸿大学开始上学是1998年，中间去中国人民大学留学两年，2000—2002年。当时我比较清楚，如果要学中文就必须去中国学一两年。现在的学生不一样，很多只去半年，还有人根本不去。

问：你去中国的时候已经学了几年中文了？

答：两年，之后又在中国学了两年。我在中国的第一年，天天上对外汉语的班，水平就够去上一些专业课了。我当时的专业是中国革命史、就到中共党史系选了一些课，我还记得有中国国民党史，还有农民问题，等等。

问：就是说在中国第一年学语言，第二年就学专业课了？

答：我第一年也上了专业课，但是有点困难，第二年就没有很大问题了。

很多中国学生对那些课都不太感兴趣,所以有一个外国人专门来学这些,那些老师很高兴。

问:你当时学了中国革命史、中国国民党史,还有什么其他课呢?

答:印象比较深的是两门课,一个是当代中国农民问题,一个是农村集体化,我对中国农民问题比较感兴趣,研究生论文也打算写关于"大跃进"的。我当时在人民大学开始采访一些1958年被送去搞"大跃进"的老师,从那时候已经开始对口述史和中国农村一类的题目感兴趣了。

问:你的研究生论文题目是什么?
答:《中国知识分子回忆大跃进》。

问:用中文写的吗?
答:不是,是用德文写的。我在中国待了两年后回德国,在波鸿大学又上了一年的课,2004年硕士毕业。

问:然后就开始读博士了吗?
答:是,然后2004年的时候,我到了维也纳大学读博士。博士毕业是2006年。实际上在中国,给我留下印象非常深刻的是一些日本留学生,他们对中国历史资料特别感兴趣,知道什么市场卖什么资料,什么旧书店有什么东西。实际上,收集那些中国历史资料我都是跟日本人学的,他们可以用大学图书馆的钱大量买资料,论文写好了就把书交给日本大学的图书馆,有人说大阪大学的中国历史资料比中国人民大学的多,我不知道这个说法对不对。

问:这是谁说的?
答:日本人说的,我相信,因为他们手上的资料特别厉害。他们的学生宿舍有一大堆关于中国的社会历史资料和文件,我们现在叫它们"垃圾资料"。垃圾资料是什么呢?当时有很多图书馆和档案馆觉得一些资料是垃圾,就按照废纸的价格把这些扔到收废纸的市场,当时在废纸市场和二手书市场你可以买到很好的东西，可能一百块钱一麻袋。当时那些人觉得那些东西都没有价值，但是现在那些东西都很贵，现在在孔夫子网卖的那些旧书都很贵。所以我在中国留学的时候，正好是今天所说的"垃圾资料"的黄金时代。

文浩教授 照片2

问："垃圾资料"其实就是作为垃圾处理的资料，并不是说它没价值。

答：对，比如我在北京大学的旧书市场十块钱买了内部参考的书，包括红卫兵的报纸，当时可能卖几毛钱，现在重要的可能就要一百多块一张。有些现在在市场上根本买不到了，当时一些个人档案都特别便宜，我没有买到很多，很多现在觉得很宝贵的东西，当时都是当废纸卖掉的。

我当时在人民大学的时候已经开始做口述，到维也纳大学读博士的时候也继续用口述，继续做饥荒研究，研究河南的农民和村干部，看看他们怎么回忆"大跃进"，所以我经常到河南的农村做调查。我一直比较感兴趣普通人怎么看待历史，很多中国、外国的学者都是坐在北京、上海的办公室里研究中国的历史，我觉得除了官方的历史以外，中国也有很多其他的地方值得研究。从今天来看，我觉得我的研究方法，我选内容、选题目都是中国人不敢做或者不感兴趣做的。当时在中国没多少人做饥荒研究，现在仍然有很多人不敢做，特别是博士生，所以外国人在中国研究中扮演什么角色？如果说中国人不敢做、不想做，那我们就可以做这个题目。有一段时间我在考虑要不要做关于民工的研究，后来我想那么多中国人研究民工，不用我来研究这个问题了。外国研究人员还有一个作用是收藏资料，现在去中国香港和美国的图书馆都会碰到中国的教授和学者，他们跑到国外只是为了研究自己国家的历史，所以我们外国人收藏一些资料，公开它，让人研究它，这对中国人也有作用。

问：你特别喜欢收藏资料，是吗？

答：不只是喜欢，因为如果现在在中国查不到，我们收藏了，至少在国外还可以查到。我觉得香港中文大学的中国中心资料也收集得很好。

文浩教授 照片3：在马克思雕像前

问：后来你博士论文的题目是什么呢？

答：关于河南的饥荒，因为河南是当时全中国饥荒最严重的省之一，我想了解普通农民的经历，他们怎么回忆这段历史。我第一次去河南做采访，做口述，当然也去档案馆查资料。

问：你比较喜欢用这种采访、访谈的方式，那会不会出现不真实的情况呢？比如有些人记忆出现了问题，或者不愿意说真实的情况，你怎么辨别真伪呢？

答：对他们来说基本上没有真实的和假的，你看到的那些档案资料文件也有主观因素，比如是谁写的，注意什么，不注意什么，也有省略的，作为资料总是有这个问题，总是有一部分没有被说出来。人的记忆当然也受后来经历的影响，所以我当时的目的也不是去调查1958年发生了什么事情，而是研究经历过这些饥荒的人，今天怎么回忆、怎么看待这个事情。他们会说很多事情，比如当时很普遍的偷东西，怎么活下来的，怎么逃跑，这些都会讲。干部会讲当时自己有什么特权，比如有自己的食堂。这些他们都会说，但也有他们不太愿意说的，比如说具体是谁当时做坏事，家庭里面的矛盾也不是很愿意说，所以当然也是有限制的。但如果这些人都死了之后，你无法采访他们，就无法知道他们的看法了。

问：就是说各种档案都会有主观因素，所以你对农民的采访并不是特别具有这个问题，都一样。但是这里有一个文化水平的问题，如果他有一定的思维能力，可能会说得比较清楚，那如果有些没有文化的农民会不会说得很乱，记不清楚，问题会不会严重一些，有多大的可信性呢？

答：我觉得那些普通农民可能对国家大事记得不是很清楚，但是对他们自己生活上的困难问题，比如当时公共食堂没有饭，人开始挨饿，开始饿死人，这些会记得很清楚，因为这是他生活方面的东西。很多知识分子可能记得的是国家大事，粮票啊，城市户口之类的，他并不是那么困难。而且我觉得那些知识分子，尤其是老知识分子受共产党的教育，总是考虑什么是内部，什么是外部，什么可以对外国人说，什么不应该说，但一个普通的农民一般很老实，愿意和你说。我认识那些中国人民大学的知识分子，一个个都要和中共党史系的办公室汇报：那个外国人是谁，我们可不可以说？所以不一定是有文化水平高的人更真实。

问：还有一个是，回忆会受后来经历的影响，在什么时候采访是个很重要的问题,比如你现在去采访他们和你二十年之前去采访他们,结果肯定是不一样的,你怎么来用这个材料呢?如果是现在说的,可能是现在的思维方式去思考,怎么能反映当时的看法呢?

答:只能分析现在的社会对他的影响怎样。当时还是在江泽民时代,农村有很多问题,包括很多老干部很不满意,他们搞了那么多运动,但是老了之后国家不管他,家里人也不理他,所以很多抱怨都和当时的情况有关系,我只能分析这些。但是我们看的那些文件也有同样的问题,比如以前说蒋介石百分之百是坏人,但一样的文件,现在可能有人说蒋介石也没那么坏,所以在分析历史问题时总会受一些当代的影响,不管是什么问题,什么资料。

问:还有一个问题是,你这样的采访有一个量的问题,多大的量才有代表性?

答:我做的采访没有代表性,这也不是目的,现在也不可能在这种题目上出一个有代表性的调查,可能政府不允许,也没有那么多学者去做。我当时通过采访了解了一两个村子的情况,对河南省我也用了其他的资料,不光是采访,还有其他的文件。

问:如果你说采访对象只是一两个村子,没有太大的代表性,那对研究有多大意义呢,是不是更像一种小说或者散文?

答:这是一个定性研究(qualitative research)和定量研究(quantitative research)的区别,定性研究的目的不是有代表性和有数字,它的目的是比较深入地研究一个地方,一个人或者一个村子的情况,有代表性的东西会有一些统计;定量研究的目的是得到一些数字,研究方法是不一样的。如果不做采访,很多问题你根本无法知道。有的学者做了采访之后才了解,比如说"吃青"问题,就是农民吃还没有成熟的粮食。然后可以用数据库查看这个新发现的情况是不是其他地区也有。你可以把研究继续扩大,但如果不去当地,很多问题你根本意识不到它的存在。

文浩教授 照片4：2014年在维也纳介绍其新书《左派与暴力》

问：所以你做的其实是定性研究，先发现这个地方在饥荒当中有什么问题，然后再做定量研究。

答：也可以说宏观研究。你可以先做小地方的研究，有新的想法、新的发现之后，再做更宏观的项目。很多人坐在北京、上海的办公室，不去地方，不问经验，不看地方的资料，那很多问题根本就发现不了。

问：博士论文之后，您的学术发展是怎么发展起来的？

答：后来我在维也纳大学有一个固定的工作位置。我先在那里工作，写教授论文，还是做饥荒研究，写苏联和中国的饥荒，后来就拿到了副教授的职位。2013年，我完成了教授论文，2014年，我得到科隆大学汉学系的教授职位。

我们和比较老的汉学家有一点区别，以前作为一个汉学家，中国的历史、哲学、文学，等等，你应该都大概知道。那些比较老的教授也觉得自己对从周代到现代的网络问题都有发言权。但是现在的中国研究已经很专业、很专一了，不像以前，特别在美国和英国，很多人只研究一两个专题。比方说，我虽然也做改革开放和民国时代，但我的重点是"毛时代"，现在出的关于毛时代的英文书我都看不过来了，所以现在一个人不可能从周代到现代都研究，什么都能得出结论。现在的资料太多、太丰富，我们现在写"毛时代"，用一个县的资料就可以写一本书，而当时就基本没有任何原始资料和档案，不做口述史，就只能用官方的东西，毛选之类的，和今天不一样。

文浩教授 照片5：2015年在维也纳大学的研讨会上

问：就是说现在的资料非常多，所以不可能再做很多的题目，而是要集中做一些专门的题目。当时只有官方的东西，材料少，做的题目反而比较多，你的意思是这样做得不太深，是吗？

答：对，做不了那么深。当然如果资料不多，自然比较容易得到概括性的结论，现在资料那么多，特别是第一手资料很多，就很难得出比较大的结论。当时汉学家可能还是想给外国社会介绍中国的国情、哲学的概念，等等，现在就不太一样。当然我们上课的时候还是有更多的题目，但是从研究上来看，现在年青一代的学者研究的题目都比较专一。

问：你的意思是说，以前还需要给外国人介绍中国的基本状况，现在这个已经太肤浅了，所以要做更深入的研究才可以。

答：是，现在研究也更难做，比如现在研究"文化大革命"的一个省，资料那么多，你很难简单地说"文化大革命"是什么，本质又是什么，所以很多人已经不问那些基本的问题了。还有，以前的老汉学家，很多古汉语都很好，还有人会日语，现在这种人不管是研究古代的，还是研究现代的，都很少了。

问：就是说现在研究古代的人比较少？

答：还有人在研究，但是两者都研究的人比较少，现在你得选择要专注古代还是现代，选择研究晚清、民国、毛时代还是当代，你需要做一个选择。但是我发现，我研究的是六七十年代的历史，我有很多同事研究的是当代中国社会，而他们要研究的是一些现在的社会现象，毛时代的东西他们认为已经过去了。

问：就是说研究当代的人对六七十年代已经不感兴趣了？

答：对。德国的汉学有三派，一派是用传统汉学的方法研究中国古代，读"四书"和《论语》，了解中国的本性；有一部分是用现在的政治学、社会学的方法来研究当代中国社会的问题，更加从专业的方法和讨论出发，比如解释为什么共产党没有垮台、地方干部和中央的关系是怎样等等这种问题；第三派是一部分人对20世纪的历史比较感兴趣的人，研究毛时代和民国，但是德国这样的人比较少，美国、英国比较多。特别是毛时代，因为以前研究毛时代的是政治学家，但现在有那么多地方资料，于是历史学家也开始研究毛时代，这么发展下去，改革开放的80年代也可以用历史的眼光来研究了。

问：你说的第三派实际上是研究20世纪以后历史的？

答：研究20世纪的历史。三派没有太多的共同语言，所以也不经常一起开会。

问：第三派在德国比较少，你属于这个少数。

答：对，但现在弗莱堡大学有个大项目，平反冤假错案，所以现在要比以前强多了。研究当代中国历史的只有柏林大学、弗莱堡大学、海德堡大学和科隆大学还有埃朗根大学，这些地方比较重要。比较传统的汉学研究是慕尼黑大学、明斯特大学、波鸿大学、汉堡大学、波恩大学，还有当代中国社会学和政治学方面比较强的是艾森大学、杜伊斯堡大学、图宾根大学、维尔茨堡大学。

问：那么第三派在哪里比较强？

答：海德堡大学、弗莱堡大学、柏林大学、埃朗根大学。埃朗根大学有一个大项目，他们拿到了一些上海大学 50 年代的科技手札，很多 50 年代的教科书，从科技史的角度研究 50 年代的中国。

问：科隆主要是你在做这方面的工作吗？

答：对。

问：说到第二方面，你的研究学术的发展。你一贯对农村的研究比较感兴趣，从"大跃进"到饥荒，那么，现在你在科隆大学主要研究什么呢？

答：我现在在写一本关于毛时代的社会学的教科书，将由剑桥大学出版社出版，这本书会谈到很多问题，包括社会变化、工业化城市化、家庭制度的变化；一部分是那些登记制度和划分制度，比如划分阶级、阶级身份、户口、民族身份，这些都是国家给人划了身份，按照身份分配；然后还有一些社会矛盾，农民和国家的矛盾；还有一些关于"文化大革命"的一些罢工，这是第三个部分。

问：你写在这本书，也在教这个课吗？

答：我还教很多不同的课，大部分都是关于当代中国的问题，还教学生怎么做采访、写调查。不一定是做口述史，他们也可以做中国移民问题或者学生调查，比如现在大学要收非欧盟学生的学费，那是不是中国人就不来了？很多问题，他们可以自己决定。

问：是教方法，教怎么做。

答：对。

问：你刚才说你的课大部分是关于当代中国的问题，都有哪些方面呢？

答：一个是公开课，是关于中国的阶级、性别和民族的，讲了很多社会问题。我还教中国全球移民问题（Chinese global migration），还讲一些和毛时代有关的课，比如"文化大革命"、西方国家的"毛派"，还有一些关于中国的教育制度和政治制度的课。台湾问题和香港问题我教的不多，我也没去过台湾，但是现在我们这里有一位新老师，他教"大中国"，也包括台湾。

问：我采访的很多人都去过台湾，你和他们是不一样的，你是集中研究大陆。

答：对。

问：你去年还当过汉学系的主任，对学生的发展应该也比较了解，在你看来，现在学中文、学汉学的学生有什么特点？

答：我当的是东亚系的院长。我们东亚系有三个研究中国的教授，两个研究日本的教授，没有研究韩国的。现在的学生和我那时不太一样，当时选择这个专业的人比较少，也没有本科这个学制，现在学生多了，还分本科和研究生。当时选择这个专业的人比较注重兴趣，现在也有这样的人，但还有一部分人是为了拿一个毕业证，这些人不管是什么专业，对专业本身都不是特别感兴趣。当然也有一部分人在我们科隆大学学地区研究（regional studies），包括中国和经济学、宏观经济学、微观经济学。这些人，一部分是准备去中国公司工作，另一部分虽然还没有真正在中国有关的公司工作的计划，但是如果简历上有一个和中国有关的学历，那对找工作也有好处，但是他们并不是真的想去中国生活。

问：就是说以前的学生是出于兴趣，现在不少学生只是想拿一个证书。

答：对，但这个情况每个专业都有，不只是在汉学。

问：一部分去中国公司工作，是指到中国去吗？

答：可能去中国，也可能是在德国的中资公司工作。

问：那这就影响了他们的学习质量？

答：对，但最不好的影响是很多人不愿意去中国了。很多人不愿意去一年，就只去半年，结果是一大部分人选择学汉学，但都没去过中国，我不知道有多少人，但反正有一部分，这和我自己的经历不太一样，如果不是先去过中国，我不太可能选择这个专业。

问：就是说他们选择这个专业，可能更多是受当地媒体的影响，而不是中国社会本身？

答：我觉得这个不一定，现在的学生不怎么注意媒体的报告，很多人连中国发生了什么事情都不是特别关心。

问：我的意思是他们在选择专业的时候，会选择当地媒体报道的比较多的话题，而不是他们自己去了解中国社会然后产生兴趣。

答：对对，但是现在有一个新的发展，德国很多汉学系的学生都比以前要少了，我们也很好奇是为什么。

问：什么时候开始的？

答：大概是从去年吧，你也可以问其他人，我认为这是一个基本的发展情况。

问：反正在维也纳我知道是研究生变少了。

答：怎么说呢，很长时间以来我们都习惯了中国发展很快，学生一年比一年多，人们对中国越来越感兴趣，我们已经习惯了这种发展。但是很多事情不可能一直往上走，不管是学生数量还是经济，所以到底为什么我也不是特别清楚，但是一部分原因可能是北京的空气和关于空气的报道，很多人想到要在那种环境里住一年就觉得不行。然后，还有现在中东话题天天出现在德国媒体上，如果一个人会阿拉伯语，那么，就很容易就能拿到一个在政府的工作位置，所以有人说现在的中东是比较热门的。

问：中东是热点问题，比较容易找工作。这个其实是个很严重的问题，影响到今后汉学会向什么方向发展，如果感兴趣的人少，又都不想做深入研究，就会影响汉学的发展。

答：对，但是有一些人会比较感兴趣，现在有一个学生写了很好的论文，关于北京学区房和房地产的关系，还是有学生比较认真的，在做比较有意思的题目。

问：总有好的学生，但是总的趋势还是在减少，是吧？

答：但是按照发展来看，在"八九政治风波"以后，中国研究在西方也有一些退步，然后就是最近十五年到二十年，我们都已经习惯了会一年比一年多，但是……

问：从去年开始又改变了。

答：对，我听说在德国的几个汉学系这都是普遍现象。

问：你说了，"八九政治风波"以后汉学研究在西方有退步，指的是？

答：学生数量和对中国的兴趣。

问：可以讲讲你的学术发展吗？

答：对现代中国研究发展得比较重要的还是美国和英国。二三十年以前，德国的汉学家都是用德文发表文章，但现在不一样了，想当教授是要看你在美国、英国的重要杂志上发表过什么东西，所以现在我们的工作语言和研究基本上是英语。现在美国有那么多人研究中国，你肯定能找到和你有共同兴趣的人。美国现在有个叫 PRC History Group 的网站，一些讨论和研究的方向当然都是迎合美国的意向。

问：就是说美英汉学的发展更快，影响更大，是吗？

答：第一，他们有很重要的研究中心，像哈佛大学、斯坦福大学、布鲁克林大学都有特别丰富的中国 20 世纪的原始资料，这基本上是欧洲没有的，所以做研究的话还得经常去那里；然后如果发表文章和书，也得看你的研究能否和那边的东西连得上。以前很多西方其他国家的汉学教授还看法国人写的东西，但是现在不一样了，法国汉学很多是用法语发表的，国际影响就不是很大。

问：以前用法语吗？

答：以前用法语，很多老教授也都能看懂法语，但现在的人因为不懂，所以也不看了。

问：你刚才说到二三十年前用德语发表论文，现在则需要用英文发表才能有世界影响力，那以前为什么德文发表也有影响力呢？

答：读者不一样啊，以前的受众读者可能都是德国汉学界的人，你看过他们讨论的内容之后，就会参与那些讨论。现在一个人发表的东西可能会有几千人看，以前很多传统汉学家则不是那么注意美国的讨论和发展。但是美国在当代中国和现代中国历史方面是很强的，特别是50年代的冷战时期，他们会讨论为什么我们在中国失败了。费正清研究中心有很多人研究中国，这一点和德国不一样，德国汉学家直到70年代才开始研究当代中国，以前很多人都不把中华人民共和国当一回事，只是继续研究古籍，比较晚才开始专门研究当代中国。当然，当时德国和中国还没有建立外交关系，很难去中国留学，这也是一个因素，如果研究当代却去不了中国，那就还是研究古代的东西，研究文学吧。

问：就是说德国70年代建立外交关系之后才开始研究当代中国？

答：当时东德也有一些关于当代中国，特别是语言学的研究，但是因为中苏分裂，中国研究比较政治化，所以研究起来也没那么容易。

问：可是当时中国与美国也没有建立外交关系，中美是1979年才建立外交关系的，1971年基辛格访华，开始解冻。

答：可能60年代初的时候，很多人不能去。但是因为二战，很多军人在中国和日本打过仗，他们也有很多外交的资料，冷战时期，他们觉得中国是敌人，必须要知道为什么国民党失败了，他们对这些问题都是比较感兴趣的，而德国五六十年代从政治上来说也没这个必要。还有一点就是美国人的钱比较多，大学的资金比较多，所以他们可以建立资料库，去查资料也很方便。也有很多中国人去那边查资料，现在中国国家图书馆什么的查资料特别难，有很多规定不方便研究人员的查阅需求。

问：对，我去过，非常难，一天查不了什么东西。

答：所以，美国那么重要可以说也有中国的原因，因为中国大陆自己没有很好的资料中心以满足研究需要，一般有比较好的资料都是个人收藏，但是没有很好的国家资料中心。所以需要到中国香港、到美国去。德国也没有这样的资料中心，因为德国的汉学太分散了，都是靠那些教授和他们建立的有关的图书馆，比如我对毛时代比较感兴趣，那我们图书馆毛时代的书就比较多。德国没有一个各方面资料都很集中的地方，稍微能提得起来的可能还是普鲁士国家图书馆（柏林国家图书馆），欧洲基本上缺乏这种研究中国的资料中心。

问：欧洲哪个国家在研究中国的资料方面比较好？

答：我只了解我自己研究的题目，比如说英国也没有很多毛时代的资料，他们主要是研究晚清的历史；瑞典的中国研究还是比较发达的，但是这可能是因为 Micheal Schoenhals，他有一个社会历史资料中心。还有一点我忘了说，台湾人对研究毛时代不是很感兴趣，以前台湾还有所谓"共匪研究"，但是现在研究中国共产党史的人少，参加相关国际讨论的台湾人也不多。

问：现在蔡英文当政只会更差，但是在马英九当政的八年里还是有改善的。

答：但是在学术研究上我没有感受到任何区别，在我出席的那些国际会议上，不管是在大陆还是在哪里，我很少碰到台湾的学者。

问：就是说你这个领域，感兴趣的台湾人特别少，是吗？

答：对。我觉得现在西方人研究中国有一个问题，比如德国的大学结构，现在专门有一个东亚系，但是一般的经济系、政治系和社会学系都很少研究中国，他们一般都是用西方社会的个案做他们的综合理论。我觉得，现在这个大学结构能满足以前传统汉学的需求，那时候汉学基本上是在解释中国，但是现在很多方法论的专业不研究中国，而我们的学生又没有学很多研究方法。这一点上美国的好大学要好一点，比方说历史系都会有中国专家、日本专家、墨西哥专家、非洲专家，等等，但是在德国的大学没有。当然，有一个全球性的环球历史 global history，但是这不是一个主流，主流的德国历史学家还是研究德国、欧洲。有些大学的历史系里有东欧、南美和非洲，这已经很不错了，很多历史系连这个都没有。所以这还是受黑格尔概念的影响，中国没有历史，所以历史系里不涉及中国。

问：黑格尔说中国没有历史？

答：对，他认为今天的印度、中国等第三世界国家都没有历史，因为它没有发展和变化，所以以前的人没法研究发展变化和历史，就只能研究中国的本性等等这种问题。但是中国现在那么重要，如果不关心中国的发展，很多事情就了解不到。举个例子，比如说经济学，很多说自由主义，什么都要让市场来管，国家不要干涉经济，但你看中国的发展根本不符合这个理论，中国还是国家领导着经济发展，有了二十多年飞快的经济发展，所以中国不太符合很多的说法和理论。但是他们不研究中国，所以他们可能意识不到这个问题。

问：说中国没有历史，或者说发展中国家没有历史，其实还是一种欧洲中心理论。

答：对，德国大学还是比较欧洲中心论的。所以我们研究东亚的是边缘学院，那些经济、法律、社会学都是欧洲西方中心论。还有一个例子，我有个朋友在一个大学的社会学系工作，其他人告诉他，如果只研究中国的话可能就没机会当教授，你可以研究中国，但是如果不研究欧洲和德国，不加一些其他西方的国家，那就没有什么希望。

问：那你的例子不就是一个反例，你不也当了教授吗？
答：我是说如果你是一个德国社会学家，重点研究中国，那就很难当教授，因为他们觉得你的水平不太够。你看历史系招聘的教授，95%研究的都是德国、欧洲的历史，在德国大学的经济系、历史系、社会学系和政治系里，都很少有人会中文，所以我在想，还要不要办汉学系，或者应该要求所有的系有一些会中文的人当教授？但是我知道这个可能性不太大。

问：就是说像美国一样，把汉学系放到其他专业系里？
答：对。

问：很多人说这是一种解决办法，但问题是，中国又有自己的特色，如果只在其他系里面分一部分人去搞中国，可能他们也没有学过中文，也没在中国待过，他们能研究中国吗？
答：不，我的意思是，比方说在美国，我就可以申请一个历史系的教授，说我是研究毛时代的专家，但这个在德国就不太可能。我的意思是，不是要逼迫学其他专业的人研究中国，而是让他们应该接受一些研究中国的专家。

问：以后你培养学生就可以这样啊，研究中国的也可能去其他专业。
答：当然美国的制度也有坏处，比如说有些人是历史学的研究生，对中国产生了兴趣，比较晚才开始学习中文、研究中国，那么，如果是一开始研究汉学的话，就是从头开始学习了。我基本上觉得美国这个制度更合理，但是我也说了，只是美国的名牌大学做得到，名牌大学有专门研究中国的系。普通大学也没有任何很专门的关于中国的课，最多有一个课叫亚洲史。

问：这样既要求学生学专业课，又要学汉语，等于两个专业，愿意这么做的人在现在的经济环境下可能不太多，大多数人都宁愿尽快就业，尽快有工作。

答：对，比如历史系招聘教授很多人都会申请，但如果更专业的话，可能对市场也有好处。

问：大学的体制需要改变，这样才能鼓励更多人来做研究。
答：对，但是这个希望不太大，主流还是研究德国历史的。

问：说到底，还是欧洲中心的思想，但随着中国的影响越来越大，不研究是不行的。
答：对啊，现在国际化也包括印度、包括中东，现在德国会阿拉伯语的德国人、研究伊斯兰教的人都太少了，所以可以说是越国际化就越有影响力，不研究是不行的。

问：你对民众或者说社会大众阶层比较感兴趣，这和你的家庭背景有什么关系吗？
答：可能有一点关系。我妈妈以前在工会工作，算是工会的积极分子，也是女权主义者，我从小就知道这些事情，也常常讨论劳工关系等方面的情况，对这方面的问题比较熟悉。我是从德国农村出来的，但是这不是我对中国农村感兴趣的原因，我对这个问题感兴趣，第一是在中国人民大学上课时受到了影响。第二是当时70%的中国人还是在农村，大部分中国人是农民，我觉得如果我不了解中国的农村，就不能了解中国，而且农村也有很多比较严重的社会问题。

问：所以选择了这样的题目，是吗？因为你认为想要了解中国必须先了解农村。
答：对，现在农民可能占50%，还是挺多的。此外，我对毛时代的历史特别感兴趣，很多回忆录都讲了反右派，和一些干部和知识分子的问题，但是饥荒是在中国农村发生的，大部分饿死的人都是农民，他们也没法写什么回忆录，我觉得这个事情对他们的生活和经历很重要，很值得调查。

问：还有一个问题我想补充问一下，对搞学术的来说有一个说法，叫"要么出版要么消亡"（publish or perish）。你十分重视出版，而且从博士毕业应该说时间也不长，但是出版了非常多的东西，还有很多英文的作品，你有哪些主要的作品，什么方向？你是怎么做到的？

答：我发表文章的战略是，最重要的东西还是用英文发表在杂志上或者出书，我最新的一本英文书是耶鲁大学出版社出版的《毛时代的中国和苏联大饥荒比较》（*Famine Politics in Maoist China and the Soviet Union*，2014），此外，还与别人合作编写过关于中国大跃进的书《吃苦》（*Eating Bitterness：New Perspectives on China's Great Leap Forward and Famine*，2011）。也有一些德语发表的，比如《毛泽东传》，有关河南大饥荒记忆的《石头面》（*Stone Noodles：Rural and Official Memories of the Great Leap Famine in the Chinese Province Henan*，2007），有关中国"大跃进"的书（*China's "Great Leap Forward"* (1958—1961)：*From the Communist Offensive to Famine – Intellectuals remember*，2004）等。我还用德语发表了很多一些给普通读者看的文章。

我在耶鲁出的书现在也出了中文版。因为我觉得，现在很多在中国研究当代历史的人，特别是四十岁以上的人，通常不会英语，也不看英语书，所以如果想让那些中国学者看你写的东西，那还是得用中文。

问：你的中文书是什么书呢？

答：就是耶鲁出版的《毛时代的中国和苏联大饥荒比较》的中文版，中文的书名是《饥荒政治》，是香港中文大学出版的。

问：你的英文书还有什么呢？

答：我现在写的英文书叫《毛时代的社会史》（*Social History of Maoist China*），计划2018年由英国剑桥大学出版社出版。那些重要的书，新的研究和新的资料我都是用英文的。

探索现代汉语教学的新方法
——石德曼（Klaus Sterman）先生访谈录

采访人：Jiagu Richter

采访时间：2016 年 11 月 9 日

整理人：黎博士

核稿：迟梓远

修改、核定：Jiagu Richter

石德曼先生 照片 1

问：第一个问题是，您为什么及怎么开始学中文的，学中文的动机是什么？

答：我学过很多专业，在大学修了许多课程，在一个艺术研究院学过六年艺术，还学过劳动教育，因此我学的职业有两个，取得了当高中艺术教师的资格。此外，我还得修师范和哲学专业的课程，为了学业，我必须勤工俭学。那个时候，在德国上大学还要交学费。为了上学，我去小农场打工。

问：是真正的体力劳动吗？
答：在小农场，我负责饲养44头公牛并做其他事情。

问：是的，当家庭没有能力资助学生学习时，学生必须自己挣钱。
答：在家的时候，我也必须经常帮着干活，所以很忙。那时是二战期间，美英空军常来轰炸，未成年人也得加入少年团干活儿。

问：你的家乡在哪里？
答：在鲁尔区，鲁尔河边，那是个著名的大工业区。

问：对，我知道，它在北威州。
答：过后的阶段是我刚才提到的职业教育之后，我开始在波恩大学学斯拉夫文学专业，主要是学俄语。我们课堂讨论的内容涉及斯大林自20年代以来的执政政策、清洗运动，等等。那个时候斯大林逮捕和处死了不少高官和将军。我要就这个题目作一个报告，因此进行了探究。我的报告重点讲的是当时正在接受审判的苏联总参谋长图哈切夫斯基受审的情况。

问：这是你的硕士论文还是博士论文？
答：不是的，这只是一个讨论课的作业，我想在这个基础上写硕士论文。在阅读了一些非常残酷的原始记录后，我放弃了斯拉夫文学专业，转到波恩大学东方语言学院学习汉语。我只是学汉语，不是学别的。这个学院当时是由外交部和波恩大学各出一半资金资助的。那个时候学生非常少。我们最初的动机是想了解中国古代文学，对诸如《今古奇观》、"四书"、《庄子》等非常感兴趣，对这些中国古典文学着迷，且完全没有考虑经济因素。在中国"大跃进"期间以及过后，对毛泽东的政策逐渐出现了政治批评。这是我们在东方语言学院学习的主要动机，因此我正式转学汉学。1965年，我到鲁尔的波鸿大学继续修汉学专业，那里有一个老师叫 Alfred Hofmann，他的中文非常好。

问：口语也很好吗？

答：他是全才。他在中国还举行过多次音乐会。他演奏的乐器你可能不知道，是古钢琴的小键琴。他有两架古钢琴，并且带着这个乐器游历了整个中国，在各处都举行了音乐会。我在他那里学习时，"文化大革命"开始了。那时，北京大学的校长叫陆平，他是一个历史学家，他不仅是北大校长，同时也是北京市副市长。他写了一部明朝著名大臣传记的剧作。在民国之前，这些大臣经常同时拥有三样东西：当时中国最好的教育、政治权力和金钱。

问：啊，《海瑞罢官》。

答：《海瑞罢官》是吴晗写的，1961 年 1 月在《北京文艺》刊载，说《海瑞罢官》是影射毛主席的，紧接着就爆发了所谓"文化大革命"。当时我买了《海瑞罢官》的剧本和批评文章的印刷原本，我仔细地把它全部翻译成了德语，我想把这个作为我的博士论文题目，想从政治学的角度弄清楚"文化大革命"的来龙去脉和进程。在波鸿大学，我每天做的都是这个题目的研究，霍夫曼教授很支持我，但告诉我：你看，美国的一家出版社出版了《海瑞罢官》的英译本。这让我对我的德语译本《海瑞罢官》没有发表感到沮丧，这个时候，罗致德（Ladstätter）教授找到我，要我去波恩和他一起做研究。他说，经费没有问题，我相信他，因为他的汉学研究项目得到了福特基金会、大众汽车公司基金会等的资助。

我们的项目是研究中国现代的标准词汇，来做出一个现代化的程序，这必须是非常现代化的。那个时候没有个人电脑，个人电脑还没有发明出来，但是那个时候在大学里面有一部很大的计算机，我们可以使用。我们的第一项任务是确定哪一个编码程序系统是最适用的，并且输入计算机里面。

任何国家的语言都不是静止的，而是变化的。汉语里有一些词现在几乎没有人使用，德语里当然也有同样的现象。为了把我们的课题范围压缩，我们把研究的重点集中在汉语词汇上。我们制定了基本概要，把 60 年代和之前的文学作品作为基本分析资料。在其他科学家的帮助下，我们开始研究比如说孙中山的《三民主义》、鲁迅的小说、菜单或者一个器具的使用说明书等正在流通使用的日常语篇。我们想要从科学的角度分析当时汉语里使用的词汇和汉字。

在10个大学生的帮助下，我们制成了14万张计算机卡片。为了让波恩大学的计算机接受这些卡片，我们需要一种字符的编码系统，就像中国电报通讯的电报码，转换成数字，并且把数字冲压到卡片上。所有这些技术都源于IBM公司。我们借助计算机，对庞大的汉语资料做了一个数据调查，最后确定出哪些汉字在现代中国，也就是中华人民共和国还在使用，哪些是过时的。

在"大跃进"时期，有一个扫盲标准：一个农民必须要学会1200个汉字，工人必须学会1500个或者1700个。

问：您是指一天一个词吗？

答：是的，或者一个符号。我们做这个调查当然比"大跃进"时晚多了。那时的粗略调查结果是：一个高校老师阅读一份水平要求很高的报纸时，里面可能会出现八千个不同的汉字符号。当他没有把所有字都记在脑子里时，比如只认识7000字，剩下的就不认识了，因此口袋里都装着一个小字典，快速查生词。大家基本有小字典，我也有。读一篇完整的汉语文章时，会遇到一些频率低于1%的汉字，每个人都可以去查字典。

因此无论是对中国人，还是对我们欧洲人，只有那些百分比高、值得去学的汉字才重要。这些汉字正好是8000个字符的一半。这就是说，我们必须像有文化的中国人一样，得学4000个汉字。这4000个汉字正是中国知识分子认识的。我们的调查结果表明，通常看报时，认识2500字就够了。这个结果很有意思。

还有一个结果更有意思：我们确定，所有普通文章15%的篇幅都被8个字占据了。也就是说，这8个字在文章中出现的次数，也就是频率，是如此之高。所有通常的文章里，15%的篇幅由它们构成。我举一个非常简单的例子，比如说"的"，"的"这个文字符号，这个字连接两个词语，语法意义上来说，它出现在每一个句子之中。或者说"个"："这个人""那个人"；"这""那""们""我们""咱们"。

问：但是这个词必须和其他词一起使用，当它单独用的时候是没有意义的，就像英语中的for、at、in、on一样。

答：对，这些词都是常用词字符，因此它们很重要。

问：是的，所有人都必须学习这些词，在四年教育的第一年。

答：对，是的，我们想要为学习中文的外国人编一本教科书，当我还没有听过中文的时候，我就不知道"们"是什么意思，以及"的""这""个""也"还有其他的词。它们是虚字，没有一个固定的意思，但是对于要参加汉字课的人来说，要学汉语语法，就必须学习这些虚词和虚字。这都是人们必须学习的文字符号，它们虽然没有固定的意思，但是在语法上是可以定义的，虚词是怎么起作用的，人们应该怎么使用，语法意义是什么，这些都非常的清楚。后来我们完成了这个研究。

罗致德教授要去维也纳就职，他申请了维也纳大学的职位。当我们的数据研究结束的时候，他得到了那边的教授职位。我不想跟着他去维也纳，那时我也在柏林自由大学得到了一个工作职位，然后我们两个人就友好地分开了。有趣的是，过后不久，北京语言学院公布了一个规模庞大的研究结果，出版了很厚的一本频率词典，与我们当时做的研究是相同的，他们在北京做了同一项研究。我们是选了10个德国大学生参与这个研究，北京的语言学院选了1500个高中生，来帮助他们做这个研究。他们没有现代化的计算机，但研究出来的研究结果却差不多。结果就是这个频率，所有的普通文章的15%的篇幅都仅仅由8个不同的文字符号构成，有差别的字符只有一个，其余7个都是相同的。我们做的所有研究得到了中国同类研究的证明，但是他们并没有发现我们也做了该项研究。

石德曼先生 照片2

问：您为这个项目工作了多久？
答：三年。

问：这三年的工作成果没有发表吗？
答：没有发表。但是如果我没有做这个研究的话，也不会得到柏林自由大学的职位了。那时的汉学部主任 Bodo Wittorf 教授请我去柏林工作。

问：他知道你做了这个研究是吗？
答：是的，他听说了所有事。我们在一个餐馆见面，他说要我来柏林。

问：是作为他的同事吗？不是学生吧。
答：不是，是当大学讲师，我和他是柏林自由大学汉学部里唯一有公务员职位的人。

问：他好像是研究中国政治的，他也研究语言吗？
答：都研究，不仅仅是语言，他是一个很有才华、很重要的人，我们不仅一起在柏林工作过，还在波恩的德意志学术交流中心（DAAD）一起共事过，一同当考官，我们检验在德国的中国年轻科学家们，检验他们水平怎么样。

问：之后您在柏林自由大学工作，是什么职位呢？
答：作为学术顾问（Akademische Rat）兼讲师。

问：您在柏林自由大学工作了多少年？
答：我1970年开始在这儿工作，1998年退休。

问：28年一直在这儿？
答：是的，多半在这儿工作。

问：之后您成为了教授？
答：不，我一直都是学术顾问和讲师，教现代汉语的讲师。在我开始学汉语时，我还学了普通语言学，没有语言学，根本没法胜任讲师这份工作。普通语言学是我的立身之本。之后我还在波恩大学进行了有关汉语词汇学的研究工作，出版了相关的著作。在此之前的 1963 年和 1964 年两年前后的时间我去台湾学习。

问：台湾哪所大学？

答：我从 DAAD（德意志学术交流中心）那儿得到了推荐，去了台北中文培训中心。当时不能坐飞机，对学生来说太贵了。我们坐船从德国出发到香港，当时香港还是英国的殖民地，然后再去台湾。

问：路上一共多长时间？

答：大概 3 个月都在路上，而且必须总要换乘不同的船，这都无所谓。当我到达培训中心时，接待我的是一个美国人。我原本以为，DAAD 同这个人事先书面联系过，但其实这个美国人什么都不知道。他问我从哪里来，我告诉他从德国来。他说："不行，你是我们的敌人。""我是一个德国人。""你们不能在这儿学习。这个地方只对美国人和英国人开放。"于是我试图在当地的"国立"师范大学学习，但我必须支付学费。然而我没有钱，于是我开始在台北政治大学教课，之后又在台湾大学教德语、拉丁语和英语。但这远远不够。那时在台湾有一所教普通话的国语实验小学。现在在台湾大家都说普通话，当时情况不是这样。台湾话，也就是闽南语非常流行。因此，我可以免费去这所学校学中文，而且不用交钱。学校的老师非常非常好，非常用心认真。

问：您在德国学过汉语了吗？

答：在德国，我在罗致德教授那儿开始学汉语，但只学了两个学期。当我到了台湾的时候，一下子变得相当贫困，一个人把我的钱骗走了。那些钱是我用来学习和回国的费用。回过头来看，有这个经历是件好事。

问：这是怎么回事呢？

答：当时的情况和现在能想象到的截然不同。当时，我和一群来自大陆的难民住在合租公寓里。他们自称是为躲避毛泽东的部队从中国各地四处逃亡而来的,蒋介石邀请他们,准许所有难民来台湾。大多数人很贫穷,大家都是幸免于难之人,其中有一个人力车夫,他一直在帮助我。这个人天天要用人力车拉人,工作很辛苦。每天早晨我起床,他都问我:"石先生,吃了早点没有?"我说:"没有钱。"他就从包里取出几个台币给我。隔壁有个卖豆浆的早点铺,人们可以选咸的还是甜的豆浆。每天中午我都会去一家超市,那儿有一个卖香蕉的朋友。天气热的时候,有几根香蕉到中午已经不新鲜了,那个朋友就把它送给我。然后我又从另一个朋友那里得到奶粉,不过不是真正的奶粉。之后我就回到家将奶粉和香蕉混合在一起,加水一起煮开,就变成了粥。我就吃这个,还是比饿肚子好。

问:天哪!那DAAD怎么能这样呢,他们怎么不管呢?

答:他们能做什么?他们给我的钱都没有了。那个骗我的人跟我一起同住。我太相信他了。他受美国的生活方式诱惑。我一直以为他不可能是这样一个坏人,事实上他是。

问:他是什么人?

答:他和我们一起住在难民公寓。那儿环境很糟糕,晚上有很大的老鼠跳到我背上。

问:他拿这些钱做什么?

答:他说,他有一个朋友要结婚,为了参加婚礼,需要一辆车,一套新西装,一份贵重的礼物,他跟我借钱,并答应以后还给我。

问:钱没了,他也跑了?

答:没有,他还待了一段时间。他虽和我们那里的人一样,也很穷,但他人品不好。

问:钱都被花了?

答:是的,一点也没还我。他回来之后我问他:"我的钱呢?"他说:"花光了。"

问：这个人不是骗子,通常所说的骗子表面上都显得比他善良,他是一个强盗!

答：那之后我变成了一个穷光蛋。但是没关系,这对我来说也是一件好事,因为无论如何我都要挣钱,干了各种各样的活儿,甚至上了教育电视的教学直播节目。

问：教德语?

答：德语教学。在教育电视上直播教德语是相当困难的,因为要掐时间。我盯着表,如果还剩几分钟,我会抓紧教一些简单的内容,在马上到点的时候就说:"好的,今天到此为止,祝大家一切顺利,再见!"拿到薪水后,就直接去电视台对面的小吃店吃一顿,于是就又没钱了。

问：这么少?

答：对,很少。但通过这样的方式我学写了一点汉字。有一天我病了,这个课也教不了了。

石德曼先生 照片3

问：好,现在我们回到您在柏林自由大学的题目上,您在那里工作了28年。这些年里您做了些什么,教学还是研究?

答：主要是教学,汉语教学。我的课程重点放在语法上。教汉字也是重要内容。正如您所知,汉字对外国人来说一直是学汉语的一个大难题。我也对汉字文字学有过研究,还配备了一个语言实验室,教学条件就更好了。我没有上司,大多是独立工作。我也筹集到了一笔钱,大约三万马克,准备同学生去做一个考察,打算去中华人民共和国,但没能成行,因为中国当局不允许我们入境。

问:哪一年,在"文化大革命"之后?

答:不是,这是在"文化大革命"期间,1971年。那时候我们到了香港,收集购买和研究了很多与"文化大革命"相关的资料,并且研究了一番。很有意思。我们为"文化大革命"的目标感到振奋。但那只是盲目地相信中国出版的报纸、杂志和文学作品。我们以为,那上面说的都是真实的,像"要文斗不要武斗"等,我们全信,根本没有去探讨个究竟。过后我们才注意到在"文化大革命"期间发生的事情的真相,但只能后悔不已了。后来在中国,听了很多人的讲述,那时我们也注意到,"文化大革命"实际上就是一个感觉像法西斯主义的运动,令人恐怖,就像我少儿时期在法西斯统治下所经历的那样。战争结束时我才10岁,也穿过制服,我们都有统一的制服,并且必须列队行军。我们就像士兵那样,就像"文化大革命"期间的中国青少年一般。

之后我也曾与一个非常优秀的中国科学家共事,那就是戴克强教授,他已不在人世。我们一起编撰了一部出色的教科书,非常现代,多媒体的。这本书的全名是《多媒体学汉语》(*Chinesisch Multimedial*),由胡贝尔(Hueber)出版社出版。胡贝尔是慕尼黑的一家大型的外语出版社。

问:这是你们一起做的?

答:是的,还有许多其他的中国同事。戴克强是德国北部吕贝克大学的一个教授,他在那里教信息技术。他是课题组的主任。这位戴教授很开放,是我认识的最出色的人之一。我非常喜欢他。

问:后来您就在柏林自由大学待了28年?

答:是的,所有的事都发生在这期间。语言教学是由许多方面组成的,不仅仅是语言实验室、日常教学,而是像我说过的那样,我们做研究,去亚洲考察，或是编教材。这些都是这期间令人兴奋的事。1983 年，我编撰和出版了德国第一本分类小词典 *Langenscheidts Sprachführer Chinesisch*（汉语语言指南）。当民族性语录"红宝书"面世的时候，中国也在准备编成德语版，不过在他们还没完成的时候，我们加快步伐，夜以继日工作，把它翻译成德语，因此我们是第一个出版德文"小红书"的。

问：是你们翻译的？

答：是的，与其他人一起。我们是一个由一些汉学家组成的团体。几星期后，北京的外文出版社才出版了德语版，而且比我们的便宜很多，林同事表示中国国家给予了大量资金资助。因为中国版本太便宜了，而且在德国的书店里销售，一下子就冲垮了我们的市场。这是一个不平静的年代，总有许多事情发生。

问：也就是说，你们把"小红书"翻译成德语并带到了德国？

答：是的，我们把一个中文样本带到德国，并且很快就把它翻译成了德文，并且当这本书的中文版出来之后几个星期，德语版就出现了。

问：但那只是在中国，而不是在德国？

答：在中国，也在德国出售。你知道《新汉德词典》吧？这本书在哪里都能买到。

问：您与中国的学术机构有联系吗？

答：我与北京语言学院一直有联系。并且我们去了中国。我在德国的大学休了学期假。我们住在北大，但是工作在语言学院。我的中国同事也是语言学院的。语言学院的一个领导还去过我父母家做客。我们一家包括我的两个孩子在中国生活了 9 个月。

问：在北大？

答：是的。在北大我们没有马上找到合适的住处。因此我们就住在西山，您可能知道潭柘寺。那里有非常好的住处给我们,在一段时期内除了我们一家,没有别的住户。

问:那是在 80 年代?
答:是的。那时候那里还没有发展旅游业。

问:外国专家吗?
答:不是,我们是唯一的外国专家。除了一些照管我们的人外就基本没有人来往。在这期间,我的孩子们没有去学校上学,尽管在北京也有德语学校,从小学到高中班都有。我们也有一辆汽车,但要穿过整个北京到使馆区的德语学校,太远了。我试过,从北大到德语学校要花费几个小时,每天要送去再接回来,简直不可能。

问:有德国大使馆办的学校吗?
答:德国大使馆开办的德语学校,那里有许多德国人。

问:但是,在 80 年代就已经有许多西德人了?
答:是的,我们也感到很吃惊。但是在潭柘寺就没有人了。在那儿我们都是自己教孩子德语。在潭柘寺我发现,寺院的记载等都是用中文写的,我就把它们都翻译成了德语,很多故事非常有趣。我把它们分成一段一段的,我的大儿子就必须把故事手写出来,因此写出了一本小故事书《潭柘寺的故事》,因此就有了德语版的。当小儿子也开始学德语的时候,我们也亲自教。北京太大了,我们很少开车去北京。从潭柘寺到市区的德语学校 60 公里远呢。

问:但是您在北大要做些什么呢,教书吗?
答:在北大我主要编词典、教课。那时候北大的住宿条件还不理想,学生宿舍一层全是女学生,另一层全是男生。当你一家人在那里住,两个小男孩夜里上厕所就得楼上楼下跑,很不方便。

问：因此您们没有在北大住多久，就搬去了潭柘寺？

答：没有。只是因为北大没有空的住处，所以我们才暂时住在潭柘寺。

问：您在潭柘寺住得久吗？

答：不久，只几个月。后来就去了北大。但北大的居住条件不理想。

问：这9个月您大部分时间都是在北大度过的吗？

答：是的。

问：在语言学院您做些什么？

答：在语言学院我与许多在柏林认识的人碰面，其中有一位东德的汉学教师。那时由于德国的政治原因，见面是禁止的。我们谈论了许多的专业问题，如怎样提高教学效率。

问：这应该说是学术交流。

答：是的，可以这么说。

问：在您这个年纪能说这么好的中文是很少的。很多人中文都是通过阅读学习中文。

答：您客气了。我的汉语口语能力很有限，对此我比别人都要清楚。因此在教书时，我总是对学生说，每个中国人说的汉语都比我好。但是我有唯一的一个长处：经验，那就是作为一个德国人怎么能学好现代汉语普通话的经验。

请让我说一下自由大学的特点，柏林自由大学没有自己的校地址。这个问题到现在也没有解决。

问：可是我刚刚去过柏林自由大学，那里的东亚学院很大呀，有很多房间。

答：这些房屋都不是自由大学的，都是租下来的。属于自由大学的只有一栋楼，那就是福特大楼，这是一个美国人出资的。其他的所有建筑都是租来的。自由大学有400个专业，其中汉学只是很小的一部分，也就是说，汉学系的教学点是分散的，有时我必须在一天内骑车走柏林的三个区，很远很远，每天，从早到晚，都是骑着脚踏车的。

问：现在仍然是如此分散吗？

答：一直这样。当然，现在汉学系有一栋漂亮的房子，但那只是租下来的，有租期的，可能租期是五年，并且大学要为此付款。我们还曾经租过地下室，或者一个超市的一间他们不需要的房屋，非常吵闹。

问：教书要到不同的地方去？

答：是的。大学试过让一个专业集中在一个地方。但是即使这个地方也是租来的。北非利比亚的上一任独裁者卡扎菲购买了我们学院当时所在的建筑。就在库当大街（Kurfürstendam，柏林市中心的一条大街）。一栋很漂亮的房子，就像一座宫殿，非常大，那时候是我们学院的地方，我在那儿工作了28年。在卡扎菲在世时把这栋楼买下来了。

问：这样的事可能在德国发生吗？

答：可能啊，他买下了，并且永远属于利比亚了。之后，我们就搬到了现在所在的地方。利比亚现在充满混乱。

问：那这栋楼属于谁呢？

答：它属于利比亚，这是不能改变的。现在我猜它是空着的。您设想一下，举个例子，在革命后的中国，1911年孙中山上台，那时候在柏林有中国大使馆，革命失败了，孙中山去世了。之后蒋介石上台，但是没能力开展真正的外交，什么都是很乱的。德国政府视这个使馆大楼为中国的国家财产，把它保护起来。他们也确实保护了。大使馆就在柏林，一栋非常漂亮的、庞大的、古老的、带门前花园的房子。车库里还有一辆使馆的奔驰车。之后德国就进入了纳粹时期。这时期，纳粹也保护了这个中国的财产，等到有一天再恢复外交关系。直到二战结束，这栋楼都得到了德国的保护。守着这栋房子的只有一个人，就是那辆奔驰车的司机。他必须每年一次把车开去工厂护理维修之后再开回来。这就是他需要做的一切。这是一个德国人，我想他的家人也住在里面。之后就是中华人民共和国成立，但是大楼的情况并没有改变。

"文化大革命"结束后，中国进入了正常状态。之后，中国派来的大使来到西柏林的老使馆楼。那里还有国父孙中山的肖像，当然也有蒋介石的，他看了说："没有意思，卖掉。"他根本就没有走进去好好看一下，就以极低的价格卖掉了这座建筑。在我的办公室里接到一个陌生妇女的电话，她是这座建筑的邻居，她对我说，有人进了老使馆了，他们把书画瓷器直接扔到窗外了。她说你们是汉学系的，一定对这些感兴趣，叫我们赶快去挽救。我们马上开车到了那儿。所有的东西都被扔了，包括原来使馆所存的中国外交文件资料，都被损坏了。

汉学不是我的谋生之道，却是我终身兴趣所在
—— 汉学家、目录学家魏汉茂（Hartmut Walravens）访谈录

采访人：Jiagu Richter

采访时间：2016 年 11 月 24 日

整理人：陈善帆

核稿：李婉玉

修改、审定：Jiagu Richter

魏汉茂教授 照片 1

问：我想，之前已经介绍过这个采访的主题，现在我们就从第一个问题开始吧，你是从什么时候开始学习汉语的，什么引起了你对汉语的兴趣？

答：高考（Abitur，德国高中毕业后的通考）结束后，我有两个选择来考虑，其中之一是物理，因为我很喜欢物理，中学里我的主科也是物理，这是一个理科学校。另一个便是汉语，那时候可能学汉语的学生很少，不像现在这么多。

那时候我读了一本中国古诗集，德语版的。这本书是一本很好的诗歌选集，是由两位当时的年轻学者翻译的。一位是得本（Günther Debon），后来成为了海德堡大学汉学教授，另一位是 Günter Eich，他没有留在大学里面任教，我印象中他甚至没有参加过任何正式中文学习考试，但是他成为了非常著名的作家，可能这个领域没有人不认识他。

问：那么，他肯定学了汉语。

答：对，他学习了可能两三年，同时学了其他东西。他是个诗人，非常有天赋，他翻译了很多古诗，后来又写了很多书。他做了大量的翻译工作，这部翻译集叫《来自东方的诗歌》（*Lyrik des Ostens*）。这本书是这两位年轻人翻译的。我记得应该是 1954 年出版的。这些诗歌充满乐趣，引起了我学习中文的兴趣。

问：所以你是在上中学的时候读的这本书吗？

答：是的，在此之后，高考结束时我就前往了科隆的亚洲学院。学院面积不大，但是有很多中文书。我很喜欢书，一直都很喜欢。而且人很少，有时候开研讨会都只有三个人。那时中国爆发了"文化大革命"，没有太多的人对那时的中国感兴趣。中国当时的局势艰难，我们觉得也不能去那儿，那里的生活没有什么选择，一定很枯燥，有的人去了香港、台湾。在我们学院则情况比较好，氛围比较宽松。我们的教授 Debon 是一位翻译学者，翻译了很多的中文诗歌。

问：这听起来像一个法国名字。

答：或许他的父母是法国胡格诺派教徒。他后来成为研究汉语诗歌的主要专家之一。

问：他是那里的大学教授吗？

答：他已经过世了，在世时是，但不是正教授。并且在1966年或1968年离开了，去了海德堡，具体时间我记不清楚了。跟他一起走的还有我们当时小圈子里的一个朋友，他是中文专业的学生。他叫 Lutz Bieg，他和 Günther Debon 一起去了海德堡，因为他对中国文学很感兴趣，也希望 Debon 能够指导他的论文。我们当时三个人一起学中文。还有一个同学就是孟德（Erling von Mende），他后来在科隆成为了教授的助手。他年纪略长于我，比我早一年完成博士学业。但是那时和中文相关的工作岗位比较少。所以毕业后，我来到图书馆工作，因为这对于我来说是当时仅有的在大学的岗位。

好，现在回到我学习汉语的话题吧。当时学起来有些困难，因为给我们上课的中文老师是一个法学博士，他觉得教一些基础的中文日常表达让他屈尊了，所以他一直坚持要我们阅读诸如经典名著、哲学书籍，比如荀子的著作，而这些对我们起步阶段的汉语学习帮助不大，然后我们就向校方反映这个问题。校方显然找了这位老师。

问：他叫什么名字？

答：陈育风（Chen Yuvoon），他退休后搬到柏林来了。他二战时和战后在法国居住了一段时间。他给自己取的中文名字姓陈，这个姓很常见，但是他的名字就比较特别，y-u-v-o-o-n。

问：这好像不是现在的中文拼音拼法。

答：他取这个名字的时候，人们还不知道以后会有拼音，他就用这种独特的拼法给自己取了名字。不过他已经过世了。那个学院有四位正教授，其中之一是福华德（Walter Fuchs），当时我们就是向 Fuchs 投诉了中文课的问题，他说这不是什么大问题，一般情况下，在完成一个阶段的学习之后，我们会到中国大陆或者台湾待一段时间，在那里跟着一位好老师学习三个月或半年，汉语便会很流利了。这是学习汉语最好的方法，不用担心。要试图去说服那些老先生改变他们的上课方式是很难的。

问：你也这样觉得吗，你也认为这位老师不可能改变吗？

答：他不愿意改变，我们曾经试过多次，说我们需要学习汉语口语。他总是支吾其词。一般大学里会有教语言的讲师，语言讲师的任务是对学生进行适当的语言训练，发音、对话练习，等等。

问：你是说那时候这样的课很少？

答：Chen 不愿意这样上课，在其他的大学会有很多这样的课程，有很好的语言老师。所以这是一个个人的问题（不是体系的问题），我们没办法改变。因此，直到现在我也说不了汉语，因为我没有机会在中文环境中待稍长一点时间，没有语言学习环境。

问：你没去过中国大陆或者台湾？

答：去过，但不是为了学习汉语。我还记得第一次去中国大陆刚好是 50 岁生日那天，去的原因是与中文完全无关的。嗯，我提到的三位学生都介绍得差不多了。多年以来，我们都是好朋友，关系很好，经常见面聊天，虽然我们在不同地方工作。Lutz Bieg 在科隆当教授，Erling von Mende 在柏林也成为了教授。

这就是我们当时很好的小圈子。就当时的教学情况而言，Debon 教授真的很厉害，能够感受到学生的需求，并且有针对性地给我们很多不同的建议。他清楚地知道我们的语言老师无法教授我们口语，于是他就为我们开了这样一堂课。不过因为他是上一代的人，难免会因为战争等原因，从来没有得到在中国学习的机会。他第一次去中国是在 50 多岁的时候，进行了两周非正式访问，当时去了中国和日本。这并不利于他把汉语说得非常流利，他自己学口语的条件也很艰难，我不知道他能不能用汉语自如地进行交流，他可以在饭店餐馆点餐，但是其他的我就不确定了。但是他很聪明、很善良，并且非常认真负责。他能够预知学生的需求，所以他给我们开了一堂课。他布置我们读了一本关于中国艺术的书，但是因为时间的原因只读了一半。这本书的作者是郑德坤，他是一名考古学家，住在伦敦。他写了很多这方面的书，这是一个介绍中国艺术家的小册子，主要关于瓷器、国画等，为课程学习打下基础。从我的角度，我确实从 Fuchs 身上学到了很多，他指导了我的博士论文。他专门研究清代的中国，也是极少数知悉满族语言及其文学的人之一。所以在他的影响下我也萌发了一些兴趣，但不是刻意去学习，因为那会贻笑大方。就比如你的父亲是一名著名的画家，你不可能还坚持想成为画家，和你的父亲竞争。当时，我写的论文是关于历史的。

问：是硕士论文还是博士论文？

答：博士论文。那时候还没有汉语方面的硕士，从开始一直读到博士学位。我的论文是关于在 17 世纪 70 年代中国人对德国的了解。

问：1670 年？

答：对，是的。我不想读当时的教科书，因为很多内容都是翻译过来的。有的书很有趣，比如传教士写的书。

问：如汤若望（Adam Schall）？

答：对。特别是比利时传教士南怀仁（Ferdinand Verbiest）和意大利传教士 Giulio Aleni。此外，还有很多，比如 19 世纪初的清教传教士。比如，你看，这本《职方外纪》。

问：他们用中文写的吗？

答：对啊！

问：那你读的是中文版本，是文言文还是现代简化的汉语？

答：是 17 世纪 30 年代的语言，应该是古汉语。它不像小说《金瓶梅》那种流行的风格。我增加了这样的读物。你看书上，我对这些陌生的动物旁标注添加了很多信息，他绘出来整个的世界地图版图，几乎覆盖了全世界。另外一份由 Father Verbiest 做的地图也是类似的，只不过更新了一些东西。是在 1684 年出版的。地图包括了很多插画，沿用了当时的欧洲使用地图标识的习惯，海洋用鱼的形状来表示，还有其他很多的动物，比如蛇。

问：但是这个和汉语有什么联系？

答：这是中文版的世界地图，全部是用汉语标注的。Verbiest 收集的这些资料和图片不仅来自世界地图，也来自书本。他试图向中国人展示这些动物，告诉他们这些是什么。比如这里，这是一种想象出来的动物，传说居住在南美洲，实际上并不存在。中国人一直非常喜欢这种想象出来的动物，当你翻阅古典文献时，你会看到相当多像这样的奇幻角色。

问：对对，比如龙、凤、麒麟。

答：你说的这些只是那些非常有名的，可以说在文献中至少有上百种这样的奇幻生物。所以我翻译了一些相关描述性的文章，译成了德语。这是其中一个研究方向，另一个 Fuchs 的研究方向是有关清朝的地理环境，传教士群体以及古汉语文本，尤其是元朝时期的蒙古语。但是后来他没有继续这一研究。事实上，我感觉他对教学并不感兴趣，对于学生，他只是尽他应有的职责，耐心回答问题，这不是说他对汉语研究无感，他对研究非常感兴趣，只是厌倦这种简单枯燥的教学而已，特别是教那些不完成作业的学生，他完全没兴趣。我考完试的第二天，他就退休了，我加快了速度，赶在了他退休前完成了由他指导的学业，不然我就要和其他学生一起由其他老师指导了。

问：所以说，在他退休的前一天，你完成了博士学业？

答：是的。之后，他请我去他家，让我告诉他都在干些什么，有没有什么问题。他完全变成了另外一个人。他对我说的我都很感兴趣。我们聊啊聊啊，一直从中午聊到晚上，最后他拿出来一些和汉语研究相关的笔记，并且给我说他没有时间和兴趣继续研究，如果我感兴趣的话，把这些笔记拿回去看看，如果有用，继续研究。这些都非常有用，他也非常慈善。可惜的是，没过多久，我就从科隆搬走了，因为我在汉堡找到了工作。此后我和他只是偶尔见面。而且夏天他常常不在科隆。他在意大利的南提洛尔租了一个公寓，那里很宽敞，空气很新鲜，房租很低廉。如今那里也很拥挤，房屋很昂贵。但那时不一样。我去那儿拜访过他，我很喜欢那里的舒适。在他 79 岁过世之后，我一直很忙。一些同事来找我，比如海德堡研究所研究中国艺术的 Ledderrose 教授。他说他正在柏林准备一场展览,那是 1985 年,想要展出一些关于乾隆时期军队的绘画作品。我说我从来没有创作过相关的东西。他反驳道:你是 Fuchs 的学生,而他就研究传教士的活动,包括乾隆时期的绘画。在 1944 年,Fuchs 在北京出版了著名的相关作品。早期,他还发表了其他作品。你作为这类大师的学生,你肯定知道。我说,我怎么能和我的导师竞争呢?他说,如果你拒绝我的请求,那我们就只能忽略跳过这一部分,因为没有人有这个意愿和能力去完成。然后,我答应他说我试试,为了我的导师我接下了这个任务。我开始进入这个领域,读了很多的资料,写了编年目录,我这才发现这个领域很有趣。

问:你写的是书还是论文?

答:在 1985 年,写的展览目录。之后我又得到了 Fuchs 留下的一个课题的手稿,而且手稿尚未完成,这是 10 年前的事。后来我在杂志上发表了。我并不完全赞同 Fuchs 在未完成手稿中的观点。但是这是历史的一部分,我们不能忽略其他教授专家的观点,或许他们也会疏漏,也会存在错误。

问:有时候,大家的思维、想法不一样,每个人可能都只看到事物的一面。
答:有时候错误比成就更重要。

问:甚至有时候都说不清楚孰对孰错,只是角度不同而已。
答:对。就这样,我对满洲的研究在进行着,我再次沿着 Fuchs 的脚步走,因为他也是个了不起的图书馆学家。这或许就是连接我们两个人的连接点,我们都喜欢图书,都做图书编目工作。如果你读 Fuchs 的一些文章,你会发现他的研究是沿着一位法国著名汉学家 Pelliot 的研究方向进行的。在 Fuchs 和 Pelliot 的文章中,有时候正文只有两行,其他都是脚注。

问:你也是这样吗?你读他们的书,Fuchs 是 Pelliot 的学生,你是 Fuchs 的学生,那是不是你的研究与 Pelliot 同属一个模式?
答:Fuchs 并没做过 Pelliot 的学生,在那个时代,Pelliot 是在欧洲有着很大影响力的汉学家、法国教授。他所在的是一家国家级的、最高级别的公共学院，但不是研究院。如果你被选为学院的一员，你的地位就会像是道家的圣贤一般，众人敬仰。所以，你看到一本上有属于这个机构的作者，你会发现，Pelliot 也是其中一员。他没有进行很多的教学活动，他也不需要，只是做研究、发表文章。他提出的观点非常著名，一般没人敢反驳。这是一本非常著名的汉学杂志《通报》（T'oung Pao），在法国和荷兰出版。

问：《通报》现在还在发行吗，是月刊、年刊还是季刊？

答：是的，现在还有。过去是系列连载发行，在 20 世纪 20—30 年代。现在是一年发行两次。他 1945 年去世了。那时，有时这个杂志的所有文章都是他写的，有时是一半。我之前说过，书上有很多的脚注，几乎一半页面都是脚注，最有用的内容都在脚注里。你可以很快地读完正文，很短，其他部分都是脚注。Fuchs 也继承了这种风格，这是一种简明和精确的风格。

问：那你也是一样的风格吗？

答：我也有一点。这里还要提一下另外一位老师，他也是 Fuchs 的学生，叫 Martin Gimm。他先去台湾学习汉语，后来当了德国驻台湾文化机构的负责人，这样的非官方机构在很多国家和地区都有，实际上履行了领事馆的职责，具有一定政府职能。在德国，也有这样的台湾机构，类似于领事馆，只是称呼不同。他在那里一直工作到 1963 年。Martin Gimm 现在也住在科隆。他已经 86 岁高龄了。他知识渊博，汉语很好。他在这个职位上待了 6 年。他是我们的下一任老师。他一从台湾回来，就提交了博士论文，600 多页的长篇论文，题为《论唐代的戏剧和音乐专家》。后来又做了 Fuchs 的助理。1970 年，Fuchs 退休后，他就成了我们的老师。

问：哦，我想起来了，前几天采访另外一位教授的时候也谈到了他。他非常内向，但是很擅长音乐，他每次上课，都给学生展示不同的乐器，甚至还会弹奏。

答：对对对，他学过音乐，音乐一直是他的主要兴趣所在。这比他对戏剧兴趣更大。这样一来，他和 Fuchs 形成很好的互补：Fuchs 是历史学家，Debon 是文学家，特别是对于诗歌的造诣，而 Gimm 精通音乐戏剧，同时，他毕竟是 Fuchs 的学生，他也研究满语。现在，我们还时常联系，因为他还在发表作品，还活跃在相关研究领域。

问：现在吗？
答：是的。

问：要是我能采访他，那就太好了。
答：我不敢保证他会接受采访。因为我已经和他相交 50 年了，但是我只去过他家一次，并且不是他邀请我，而是一次机缘巧合。一次台湾专家的访问交流会，陈捷先教授应邀参加。因为陈教授是研究满语的专家，所以陈教授想和他聊一聊。我要陪他去，因为他家距离科隆很远，没有地图并且不熟悉路线的人是找不到他家的。所以我主动说，送陈教授去他家。这是我唯一一次去他家，并且只进过客厅，没有进其他房间。他真的很特别，我不敢承诺他会接受采访。

问：那你有他的邮箱吗？我想试试给他发邮件。
答：有。对，你应该试试。

问：要是不能采访到这样的专家，那该有多么遗憾啊，现在这样的专家已经不多了，这就是为什么我要采访相关的专家，记录下他们的经历经验，今后或许不会再发生类似的故事了。
答：这就是关于 Fuchs 的一些事。之后，我将 Fuchs 与他人的一些通信发表了三卷，有他写给别人的，也有从不同地方发来给他的信件和一些材料。这些信件都被我变成了作品，只是可能人们不喜欢。

问：这也是一种资源和文献，发表这些东西也是需要经济支持的。现如今，获得资金支持也是很关键的。
答：我不需要任何补助、资金支持，我为自己而做，很简单。

问：但是，出版社也需要出版资源。

答：确实，但是今天打印、印刷非常便宜，也不会被出版社的各种手续流程所限制，可以在没有任何经济支持的情况下完成。作品的 PDF 文件可以直接发送到打印店直接印刷出来，不经过任何人的检阅修改。所以，这很容易。

问：那这样看来你真的是 Fuchs 的好学生！

答：以东亚的风俗习惯，我确实是。

问：我们说：一日为师，终身为父。只要做了你一天老师，那么，一辈子他都像你的父亲。

答：是的。我进入 Fuchs 的兴趣领域，并且继续深入研究，这也是联系我们两个的纽带。我向他学习画画、铜版雕刻、制作不同的军队武器图片。早期在巴黎制作铜版雕刻，后期在中国制作。

问：那么他是完成了基本准备工作之后，其他人负责雕刻，比如工匠。这些雕刻和他有什么联系，他设计，然后其他人雕刻？

答：他对单个作品进行最后的润色，然后其他人雕刻。还有大版本的雕刻由中国的宫廷雕刻绘画家放入北京故宫，皇帝想要炫耀，墙上的巨幅画作，足足四米，这也是由宫廷画家负责的，其中包括传教士郎世宁。在从西方引入铜板雕刻之后，皇帝觉得铜板雕刻更好，又召相关的专家重新雕刻一幅。他们在巴黎的最高艺术学院由一流的艺术家完成缩小的画，19 米×50 米的，战场题材的画，然后送到北京再放大。还有其他一系列军队和作战的作品是在北京制作的，因为从巴黎全部送到北京费用很昂贵，而且要很长时间，所以艺术家们直接在北京工作，并且得到了报酬。当时要为将军和特别勇敢的人制作彩色的画像。当时彩色很贵。画上有诗歌，有满文和汉文两种文字。对最重要的人，诗歌是皇帝自己写的。

问：Fuchs 和这些有什么关系？

答：他是这方面的专家，正如我之前所提到的，他发表了很多这方面的文章，在一本创立于北京的杂志上。

问：他也做相关的研究？

答：这是他的研究领域之一。并且我加入了 Ledderrose 教授的一个项目，做一个展览，之后我就被有趣的作品深深地吸引了，开始喜欢那些画像，那些英雄的画像，等等，都是与真人等身大小的画作。我给你看看。还有这个诗歌，很多是满语汉语诗歌，都是皇帝自己创作的，他是一位很努力的诗人，一生中，他大概写了上万首诗。

问：乾隆皇帝？

答：对，这还只是他成就中的一小部分，他还做了其他很多的事。

问：他是用汉文还是满文写的？

答：他的汉语也很好，他两门语言都精通，他更感兴趣的是他的母语蒙古语，他来自满洲的家族，但他母亲是蒙古族。他经常使用字典等工具来研究重要的文献，比如两种语言写出的军队防御、战役的术语，清朝朝廷的行政文档等各种档案等。大量的材料，这是很大的工作量。并且他坚持要自己检查校对。

问：你是说皇帝自己查档案？

答：不是档案，而是书。比如，他委托一位学者用满语写一部关于解剖学的书，这个人是法国神父 Parrenin。乾隆对医学科学特别是欧洲的医学很感兴趣。这位法国神父一共用了 5 年时间完成这本书。

问：然后皇帝自己审阅所有的内容吗？

答：对，他审阅了全文。我们有一份他修改、批注的文本保存在巴黎自然历史博物馆，是 Parrenin 送给博物馆的礼物。在文本里，我们可以很清晰地看到所有的修改痕迹都是皇帝的笔迹。

问：汉语还是满语？

答：满语，全书用的都是满语。但是他的汉语也很好，有很多用汉语做的批注，朱笔。他喜欢好的写作风格，其他人也要喜欢并遵循，不然就要受到惩罚，不像现在，人们想写什么就写什么，没人在乎，有很多垃圾作品。

问：很少有皇帝能做到这么认真仔细负责，所以我们说"康乾盛世"，在康熙和乾隆时期，都非常重视学习研究。乾隆真的很值得我们尊敬！

答：当我研究这个画像时，我发现耶稣会士（Jesuits）不得不画，先要很快地画这些军官，画的是油画。

问：画像都是油画？在那时的中国，油画并不……

答：这一幅画是油画，这是出于特殊的原因，因为乾隆并不喜欢油画，他的宫廷画家里有一个叫王致诚（Attiret）的，他是特别有经验的肖像画家，但他最擅长的是油画，皇帝让他用中国的水彩画画人物肖像，但效果不好，然后皇帝说你肖像画得这么好，就用油画来画吧。这位艺术家画了大约200幅油画肖像。我也可以给你看看。画都挺好的，但是尺寸只有真人的一半大。从历史的角度，这些都很重要，可以通过画像知道18世纪的人是什么样的。否则根据中国画的风格，你不知道画中人是否真实。

问：都是满族人吗？

答：不，还有一些汉族人，大多数……

问：大多数是满族英雄？

答：不，大多是蒙古族，有很少几个西藏人，还有两个维吾尔人。

问：维吾尔人，他们站在宫廷一边参与和新疆的对抗？

答：对。

问：没有汉族人吗？

答：有一些，很少。

问：可能汉族没有好的战士、军人。

答：我也不知道，可能只是巧合。70%都是非汉族。后来也画了一些高官，而不是军官，但不是因为他们特别勇敢。比如，有两幅画像，有一个是和珅，在乾隆时期最后二三十年的时间里，他是乾隆的爱臣之一。

问：和珅受到乾隆的恩宠不是因为他的勇敢。

答：只是由于他有心机，那时候皇帝做什么都要听取和珅的建议，可以说，皇帝被和珅蒙蔽了，和珅自己私下积累了无数金银珠宝，富可敌国。当时皇太子对此十分愤怒，但他怎么说乾隆皇帝也不听。乾隆驾崩之后第二天，新登基的嘉庆皇帝立刻逮捕并处死了和珅，他罪有应得。不过不管怎么样，并不是所有油画都保存下来了，最初有280幅左右呢，保存下来的不多，其他的不知去向。我对剩下的这些编了目录和说明，在展览上展出了。

后来，皇帝想要在紫光阁展出这些画像，因此，他们必须扩建宫殿，因为那些战场画非常大，相比之下，肖像画太小，看起来比例不好看。之后，艺术家得上交手稿、制作，最后呈现成品。都是一些技术一流的艺术家。你看，这些肖像都很生动，这个单手背后，有各种不同的姿势，因为皇帝担心都是正襟危坐的太无聊，像美术馆里的作品一样。根据权威文件，有一幅如他真人一般大小的立轴画，整幅画大约有1.9米，近2米。在欧洲的很多博物馆都藏有这幅画作的画轴，因为在1900年，八国联军入侵北京，他们洗劫了故宫。那些侵略者虽然看不懂中文，但是他们会欣赏画作，他们觉得这些画作不错，是很好的纪念品，所以有很多中国的作品流落到欧洲国家的博物馆里。柏林博物馆就曾有32件中国的文化瑰宝，但是在1946年都被转移到了苏联作为他们的战利品，现在都只有照片了。有些转交到了圣彼得堡的艾尔米塔什博物馆。我觉得有些可能到了莫斯科。苏联没有那么大方，可能还有部分没有归还给中国。

我们来看这本书，里面的参考文献列出了Pelliot的很多书，是他终身成就的一个目录。他有一个来自匈牙利的助手，这个人战争期间在巴黎度过。正式地说，Pelliot并没有教书的任务，所以这个助手去他家拜访他，得到了一些指导，并给Pelliot带去一些需要的东西，比如书里的这些话："这是战争时期，Pelliot 有严重的烟瘾，需要从香烟黑市上买香烟。"还有一个叫 Sinor 的人，他成为了阿尔泰语研究的教授，你知道阿尔泰山吗？就是蒙古和中国新疆的接壤处。

问：喔，阿尔泰。

答：Sinor 后来成为英国剑桥大学的戏剧学研究教授，他在美国 Bloomington 的印第安纳大学发展得很好。有一次，我和他聊到 Pelliot。你知道，我对 Pelliot 也很感兴趣。Sinor 亲自接触过 Pelliot，在他还只是一个小艺术家的时候。（翻书）书的这一页就有写到。当我们说到 Pelliot 的时候，我说这些东西都很重要，我会出版的，他说你要发表出版？之后，他给我寄了一些手稿。

问：那么，你出版的这本书里有一些来自他给你提供的手稿？

答：没有没有，只是一些介绍和回忆，并且有的已经出版过，这些只是再版而已。我对这些很感兴趣，出版了很多书。这里还有一本。

问：这本是 Fuchs 教授的书？

答：不过这不是关于 Fuchs 教授，而是 fox，真正的狐狸。你知道，狐狸在东方都是被描述成很有才华的动物。

问：对，在中国被看作很狡猾。

答：还很会伪装，尤其还会变身为美女，所以……

问：所以之后您没有写教授资格论文？
答：我在柏林获得了教授资格。

问：那教授论文的题目是什么？
答：在柏林，如果你没有时间去专门为了教授资格去写一本书，你可以提交其他的出版物获得这个资格。我不在乎写教授资格论文，但我实在没时间。这本小册子是我至 2009 年出版作品的目录。

教授资格（博士后）我是在 von Mende 指导下做的，花了很多时间，一般最多几个月，但是这个情况不一样。

问：但他是你的同学，你不在意吗？
答：这不是为了得到工作，我当时已经有工作了。而我在大学教书是免费的，我只是出于兴趣。一般我都不喜欢去大学讲课，特别是年纪大了点之后。但我会让学生来找我，我们围坐在一起看材料讨论，因为我想让他们看这些材料，我可不想提着一行李箱的材料去柏林自由大学。我的教授资格有些周折，不是因为我，而是因为其他的事，所以拖了很久，我开玩笑说我的资格认证是历史上最耗时的，因为已经跨越了一个千禧年。

问：哈哈，跨越了千禧年，确实耗时。
答：只是开个玩笑，但对于我并不是什么大问题，因为我并不是无事可做，不是没有工作。我只是出于兴趣，因为把自己的经历经验传递分享给学生，然后看他们的反应，他们还会有新的不同的想法，之后一起讨论，这很有趣。

问：就是说没有教授资格，就无法教书，所以你需要取得这个资格，来把知识传授给学生？
答：没有教授资格，你也可以教书，但是，作为合同教师，在这种情况下，你可以因此得到点收入。而得到资格成为讲师以后，你每个学期必须要教课，如果没有教课也没有正当的理由，那么，你会被取消教师资格。所以大学更喜欢这样的有资格的讲师，因为学校不需要付工资，而他们必须教课，这样可以省钱。在取得教授资格之前我在汉堡大学呆了11年。

问：你在那儿教了11年书？
答：不，我是在那里工作了11年，工作的同时作为合同教师教点课，大概教了6年课。

博士毕业后，我四处找工作。有的人说："图书馆的工作不错。"我也觉得图书馆的工作对我挺合适，因为我爱书，也喜欢写书。我给这个机构写了封信，现在叫应用科学专科大学的图书馆。

问：在汉堡吗？

答：不是，仍在科隆。你知道。但他们答复我说他们不能录用我，因为他们在等其他自然科学领域的候选人。因为申请这个图书馆工作的人很多，包括语言学家，德语的、英语的；社会学、心理学家、艺术家，但其实他们真正需要的是懂科学、医药、技术的。只要有可能录取有这些技能的人，他们总是优先选择。当得到这个消息的时候，我很难过，他们不打算录用我。之后，我又收到来自同一个人的另一封信，信里说："很抱歉，目前我们不能录用你，但是将来可能有机会，希望您能给我回复。"

问：现在，这样的话都只是借口。我也经历过同样的事，还说他们会保留我的简历，但是就再也没有下文了。

答：嗯嗯，信写得很客气，但是我后来并没有回复，又去找其他工作，在科隆亚洲博物馆工作了半年。四个星期后，又收到了那个人的来信说："我很遗憾你没有回复我之前的两封信，如果你愿意或者感兴趣的话，未来我们可能会考虑你的。"我考虑了一下，如果我不回复是不礼貌的，这样不好，所以我写了一封回信，说："很抱歉，我对这份工作很感兴趣，但是我已经找到了其他工作。"

问：那如果你去图书馆的话，你是做图书管理员吗？

答：可以做图书管理员，如果要有体面的职位，必须专业培训两年。你知道，在德国，从事法律及公共事业的都要有专门的培训。图书馆工作也要培训，它也属于公共事业。那个写信的人说为什么不来当面聊聊，所以我去见了他，谈完之后，我觉得他是一个很好的人，如果他半年以后给我提供机会，我应该接受。之后，我在科隆参加了两年的培训，并且在汉堡大学找了一份工作。

问：所以你没有在科隆图书馆工作，而是在汉堡？你是在科隆参加的培训。

答：对，我是在那里培训的，但是没有说一定只能在科隆工作。

问：你在汉堡哪里工作，大学吗？

答：那是70年代初，汉堡刚刚创建了一所大学。现在，这所大学叫施密特大学，以一任总理的名字命名，同时创建的另一所大学是国防大学，设在慕尼黑。那是一个很有趣的工作，所有的都是从一无所有开始的，白手起家。

问：是在那里的图书馆吗？

答：在大学图书馆，学院图书馆，每个大学的学院都有图书馆。我和我另一个年轻同事从无到有创建了一个图书馆，那是最有趣的工作。我就在那里工作了11年，有时候教一点课，关于图书馆的，或关于东亚语言研究的。后来我在柏林国家图书馆得到了一个职位，当然是更好的工作职位。

问：是在哪一年？
答：1986年。

问：1986年，那么你当了国家图书馆馆长，是吗？
答：最高的是一位图书馆馆长，我是副馆长。

问：有几位副馆长？
答：和我同一职位的有五人。

问：所以有一位总馆长，五位副馆长？
答：对。

问：你主管东亚方面的事务吗？
答：不，我从未获得东亚方面的正式职务。东亚是我的兴趣领域，我还有很有趣的工作在柏林，一个是社区对外服务。

问：社区对外服务？

答：在图书馆，主要的工作是给别人找到需要的书。这是基本的工作，但是柏林博物馆还有很多全国性以及国际性的服务活动。其中一项活动是联合目录检索，可以几个图书馆分工，分管不同专业。如其他图书馆需要，可以相互借用。有很多书仅有少数人需要，无须大家都买。我负责这部分数据。另一工作是国际书籍编号（ISBN）。过去20年，我是这个国际标号协调人，我负责向中国大陆和台、港地区，还有澳门介绍这种标号方法。为此在我50岁时第一次去了中国，为中国新闻出版署做引入这个书籍管理的方法。这是我赖以生活的工作。但我一直不想把自己以前的兴趣和研究都丢了，所以除了工作之外，我同时还在兴趣领域教书，发表文章。

问：你的意思是通过教学吗？

答：教学，发表出版文章都做，本质上，我是一个喜欢研究的人。只有喜欢，我才能去做这样的事，我可以从凌晨4点研究到晚上10点。只是我不能把学生在晚上10点叫过来，如果要给学生讲，我需要材料和知识，所以我必须认真研究去获得这些知识。

问：当你有一个全职工作的时候，你必须利用空闲时间了。

答：不过这也不是什么大问题，我是2009年退休的，就是出版这本书的时候。退休之后干什么呢？就是喝喝茶、喝喝酒、到处旅游、看看电视吗？不，我已经开始了很多有趣的事，我要利用剩下的时间去完成，所以我还有一柜子的文章、资料，我要一步一步地解决它们，否则的话，这些资料就浪费了。我自己的经验告诉我，如果手边什么资料都没有，根据自己的想法写书是很容易的，你知道你要写的是什么，你想要的是什么，写完之后出版就好。但是如果有人告诉你，有一些Fuchs留下的资料和手稿，你要去看、去读，那非常耗时间。因为你必须要研究里面的话，得到其中的思想，而且他们在写手稿、做笔记的时候，一般是不给出材料出处的，他们自己知道是从哪里来的，没想过这个会成为今后发表文章的材料。这样一来，你看这些东西的时候，脑袋里全被装满了一叠一叠的纸、一箱一箱的纸，然后去使劲想它们是什么意思，这段话来自哪里，反复地做这些侦探做的事。特别当你需要一份工作、一个机会的时候，带上你的博士或硕士学位证去面试。而我不需要所有这一切，我有一份很好的工作，我的研究只是为了学术上的兴趣。我觉得我做的很多事还是值得去好好完成的。

问：所以你还有很多事未完成？

答：可能还需要 10 年。嗯，我想说自己的一个想法。比如，我现在在编辑 19 世纪的一位语言学家的学术论著，他在圣彼得堡工作。19 世纪中期，他给其他著名的语言学家写信。我在不同的地方，根据不同的记载和不同的档案找到这些信件，进行转化、注释和编辑。他是一位很棒的学者，从这些信件，我们可以看出……

问：他写信的主题是什么，领域是什么？

答：他主要是做西藏研究，同时他也管理圣彼得堡的学术图书馆的一部分，是科学院的成员，他还是高加索语言研究的先驱。因为他在如今是爱沙尼亚的地方长大，他会说好几种当地的方言，他的爱沙尼亚语很好。

问：他是爱沙尼亚人？

答：他是德国人。

问：他会说爱沙尼亚语，做相关研究吗？

答：他在那里长大，就是今天的塔林。整个地区当时都属于俄罗斯，但是它有特殊的地位，由于它整个地区都说德语，而且位于这个地区的大学也是德语大学，所以并不是所有人都说爱沙尼亚语，有的说立陶宛语，有的地区说拉脱维亚语。当然还有德语和俄语。除了爱沙尼亚语之外，他还学习了芬兰语，因为芬兰离这里很近。他是第一个把芬兰的民族史诗翻译成德语的人。他也研究爱沙尼亚的语言的发展，是爱沙尼亚文学之父的好朋友。

问：那是你的下一个研究课题？

答：不，当然不是我做的。那时是 1954 年，我才 10 岁。第一集已经出版，第二集是在奥地利出版的，我现在在做第三集的工作。

此外，我还在做另一个工作。一个叫 Fritz Weiss 的德国驻华领事，一战前在成都领事馆工作，1917 年离开。因为战争，德国与中国的外交关系中断了。在他的回忆录中记录了很多有趣的东西。他将第一个熊猫的标本介绍到欧洲，现在还在博物馆里，当时欧洲人不知道这种动物。我希望整理他的回忆录。

问：看来，您退休后还有很多有意义的事要做。非常感谢接受我的采访。

研究当代中国需要了解历史和古典文化
——汉斯·屈柏纳（Hans Kühner）教授访谈录
（Hans Kühner，洪堡大学汉学教授、《老残游记》德语本译者）

访谈人：Jiagu Richter
采访时间：2016 年 12 月 15 日
整理人：文彤玮
核稿：黄舒怡
修改、审定：Jiagu Richter

Hans Kühner 照片 1：2012 年

  问：我们可以从这几个方面来谈，首先是您何时及怎么开始学习中文，然后是您的学术发展过程，以及主要学术关注点。据我所知，您主要研究中国现代文学以及晚清历史，对吗？

答：是的。从我对中国感兴趣和决定研究汉学说起吧，这要追溯到很早以前的 1968 年，和我的童年经历有关。我童年时期很爱读书，读过关于中国的儿童读物和青年读物。有一位德国作家 Fritz Mühlenweg 描写过一个德国年轻人在中国内战时期的经历。他是一位很好的作家，写得十分有趣。这本书对我有一定的影响，也让我对中国有了一些了解。这是我对中国感兴趣的原因之一。然而，1968 年，中国大陆正在进行所谓"文化大革命"。西方国家也爆发了抗议越南战争的运动，在这场抗议运动的背景下，很多人、很多年轻人开始关注中国，因为中国是在越南战争中抗击美国的国家之一。很多年轻人认为中国站在抗议运动一方，是越南反抗美国侵略的同盟。这是我对中国感兴趣的又一原因。除我之外，许多年轻人也因此开始关注中国。第三个原因要归于对西方资本主义思维方式和社会组织方式的批判，在这样的社会里，对自然的利用与所有的人类活动都是为了寻求物质和利润。我们读过马克思等人的批评理论著作，想超越用工具主义角度来克服大自然的方法，寻求另一种对社会和大自然的态度，想从工具主义角度寻求克服人与环境之间问题的方法。

问：您刚才提到当时的年轻人读马克思的书，您指的是卡尔·马克思吗？

答：我们读马克思，也读批评理论，读卢卡契（Georg Lukacs）、阿多诺（Theodor Adorno）、马尔库塞（Marcuse），等等。现今，他们被称作传统马克思主义的哲学家和思想家。我们从书中了解到毛泽东和"文化大革命"的红卫兵想通过简单的方式实现一种乌托邦。他们批判苏联和东德的制度，想寻找一种替代的制度。而当时我们也是不能接受苏联的制度，也不能接受东德的制度。正是这些原因使我决定开始对中国的研究。当然，我们无法直接接触到中国大陆，不能亲自踏足，也不能直接看到那里的真实情况。同时，我们也不相信西方新闻所介绍的关于中国的一切。所以中国对于我们来说是一个谜。我们不知道看到的究竟是真实的，还是经过反社会主义者加工过的，所以我们不太相信西方作家笔下的"文化大革命"。但是从另一方面来讲，我们当时也没有另外的渠道了解真相。直到好几年后，我才了解了真实的"文化大革命"，与我想象的不一样。

Hans Kühner 照片 2：2013 年在香港

问：您的学术发展，您何时、在哪所大学开始汉学研究及您的研究领域和题目？

答：如果你对通过"文化大革命"寻求一种西方社会制度的替代感兴趣，那么，你关注的就是当代中国。我当时就对这个领域感兴趣。我一开始在法兰克福读书，后来又在慕尼黑大学继续学习。在大学，我们要学习中国古文，阅读经典文集、晚清文学文本以及民国时期的当代作品。事实上，当时的学校没有针对于当代中国的课程。

问：您是哪一年读的大学呢？

答：我1968年、1969年前后在慕尼黑大学，但是那里没有设置关于当代中国研究的课程。于是在我们大学和大众汽车基金会（Volkswagen Foundation）的支持下，我1973—1974年在伦敦大学亚非学院（School of Oriental and African Studies）做研究生，那里有当代中国研究院（Contemporary China Institute），有研究毛泽东政治生涯的专家Stuart Schram。我在那里可以研究当代中国，我也是在那儿着手写作我的博士论文：20世纪50年代，中国反右倾运动和"大跃进"时期的思想文化碰撞。当时，当代中国研究院常常举办有意思的研讨会，很多来自英国、德国、美国的学生也对这一时期的中国感兴趣。当然，学校也有很多优秀的老师鼓励学生。就是在那里，我开始了我的学术研究。

问：所以您的博士论文是关于反右倾运动和"大跃进"，是吗？

答：不是，我的博士论文写的是中国理论家和哲学家关于经济基础和上层建筑的关系的讨论。"上层建筑"指的是政治文化生活的方方面面。马克思主义认为，经济决定一切，文学、思想之类都是由经济决定。20世纪50年代的中国正在讨论包括思想、政治、文化在内的上层建筑是否也会影响经济基础，从根本上来说，就是中国是否能够通过政治手段、宣传、大规模运动等方式加快社会主义转型或者是否有必要跟随苏联模式进行社会主义转型、先发展经济再转型。

问：就是说您的博士论文是关于中国学术界对经济基础与上层建筑关系的讨论？

答：是，就是，就是这个问题。我回到慕尼黑大学之后也在继续完成这篇关于当代中国的博士论文。我的导师鲍吾刚（Wolfgang Bauer）对传统中国非常感兴趣，但是他很开明，也鼓励学生从事当代中国研究。接下来谈谈我的学术发展。完成博士论文之后，我想亲自去中国看看。从1970年至1971年，我在台湾师范大学学习，基本汉语的课程。之后我觉得有必要亲自体验我写作的内容、接触真实的中国。

Hans Kühner 照片3：2002年在湖南

问：您先去了台湾学习汉语，然后才完成了博士学业，对吗？

答：是的，获得博士学位之后，我在 1977 年去了中国大陆。

问：那期间有很长一段时间呢。您 1975 年开始写作博士论文吗？

答：我 1973 年在伦敦着手写作博士论文，1973—1977 年之间有四年时间，挺长的，但是我花在博士论文上的时间是三年。

Hans Kühner 照片 4：2006 年在青海

问：所以您是 1977 年完成的对吗？

答：对。然后我去了上海，在华东师范大学担任德语老师。在那里，我第一次真正体验了中国的社会主义制度以及"文化大革命"之后的共产党。在当时，信息比较自由化一些，中外报纸上也刊登了"文化大革命"的一些信息。我终于了解到中国的真实情况，贪污腐败、知青下乡的可怕遭遇等都清晰地展现在我面前。我曾有过疑惑，但那时我看到了真实的中国。那时的中国很贫穷，我们到小城市和乡村，那里还有很多乞丐和饥荒。这样的中国社会是我从未了解过的，此前我除了香港以外从未到过中国大陆。我在那里教了两年半书，直到 1980 年。我当时写了一些文章，但并没有一个明确的计划要进行某一个领域的学术研究，文章主要在德国的报纸上发表。回国后，我在德国政府资助的自治科学组织马克斯普朗克学会（Max Planck Society）从事科学管理工作。马普学会就相当于中国台湾的"中央"研究院（Academia Sinica）和大陆的中国科学院。我为组织这个机构和中国科学家合作工作了好几年。

问：中国科学家也在马普学会工作吗？
答：双方在天文学、激光物理学、生物遗传学、工程学、社会科学等各个方面都有合作项目。

问：您的意思是马普学会不仅有自然科学研究，也有人文科学研究？
答：都有，它是一所综合性的研究机构。

问：所以，它和中国科学院是不一样的。中国还有社会科学院，二者合一才等同于马普学会。
答：这是"文化大革命"之后的划分。在1967年之前，中国科学院也从事社会科学研究，"文化大革命"之后才一分为二的。言归正传，我的工作是协助项目展开，帮助德国科学家、学者去中国做研究，也帮助中国学者来德国做研究。

问：您在马普学会的工作是负责这种双边合作项目？相当于项目管理工作。
答：对，对。我渐渐不满足于仅仅帮助他人完成研究计划，而不是做我自己的研究，所以在1982年，我毫不犹豫地决定离开马普学会去做我自己的研究。因为我有科学管理方面的工作经验，所以参加了一个关于民国时期中国科学院即"中央"研究院发展及其科学先驱的研究项目，该项目也是大众汽车基金会资助的。1983—1985年，我在波鸿大学（Ruhr‑Universität Bochum）做研究。那里的马丁教授是中国研究的负责人。我主要就是在那里研究中国科学院、"中央"研究院等自然科学和社会科学研究机构。

问：所以您一直专注于这项研究？
答：我出版了这个项目的研究结果，我忘记是哪一年出版的。我也去中国采访了很多老一辈科学家，他们曾活跃在 20 世纪 50 年代的各个学科，为中国科学发展做出了很大的贡献。这差不多是我的学术生涯回顾。我那时与波鸿大学的马丁教授有联系，他对中国文学极其感兴趣。通过他，我对中国文学产生了更多的兴趣，开始翻译一些汉语文本。马丁教授建议我将清末五大重要小说之一的《老残游记》翻译为德语。这部小说写于 1903—1906 年，作者是刘鹗。从 1986 年至 1989 年，我花了 3 年时间翻译它。岛屿出版社（Insel Verlag）出版了我的译本。就在那时，我又去了中国大陆，在 1986—1989 年期间供职于北京外国语学院，现在的北京外国语大学。我那时一边翻译《老残游记》，一边教书。1986—1989 年的中国正值对外开放，也是文化批评、反思和政治自由化的时期。在某种程度上，这次和我 1977—1980 年第一次到中国时相似。我前一次在中国正碰上北京、上海爆发的"民主运动"，当时还有秘密发表的文学期刊和新闻报纸。我既经历了 70 年代末上海的"民主运动"，又感受了 1986—1989 年的公开讨论以及知识分子的言论自由。我也接触了中国的诗人和作家。我在 1986—1989 年期间比在 1977—1980 年期间更加深入地了解了中国的知识分子圈和文化界。我近距离接触了中国文坛，进而有更多机会进行中国现代文学、文化的学术研究。

问：1989 年，您离开了北京，回到德国？

答：是，我们当时回国其实是因为学潮和北京等地发生的"政治风波"，德国驻华大使馆让所有持德国护照的人乘飞机回德国。对于我来说其实很困难，因为那个时候我的研究项目已经展开了。我需要的文献在福建福州，我已经计划多次去福州了，那次我本来决定从北京飞福州的。我的同事在福州帮我准备了文献的复印件，当然，那时离开北京去福州是不可能了。

问：您在从事文学研究，也在福建工作？

答：不是，有点复杂，我解释一下。我翻译的那部小说的作者是刘鹗，我听说他的孙子是福建师范大学的历史学教授，叫刘蕙孙。我还认识另外一位学者，盛成，以前在台湾，后来回到大陆。他们二人向我介绍了 19 世纪末 20 世纪初十分活跃的一个新儒学学派，包括刘鹗在内的许多晚清学者都推崇这个学派。这个学派对晚清有一定的影响，但是却遭禁，推崇者的著作也没能传世多久。1949年之后，他们受到了迫害，被归为反动会道门，他们19—20世纪期间的著作都由福建、江苏各地的私人收藏。我对这个学派产生了兴趣，因为他们不同于传统的儒学，是自由主义的儒学研究。福建的刘蕙孙教授答应给我提供该学派大师的一些著作复印本，这正是我所需要的。我本来决定6月4号早晨从北京飞福州，但是没能成行。我必须要离开北京，然而我需要的资料又在福建，真的很为难。不过我1989年8月又返回北京，然后去福建拿到了我的资料，在德国研究基金会（Deutsche Forschungsgemeinschaft, GFG）的支持下开始了对这个新儒学学派的研究，这个学派叫作"太谷学派"。

问：也就是说，1989年8月您又回到北京，然后去福建拿到了您的资料？
答：是的。

问：我很惊讶，那个时候的中国交通不便，尤其是对于外国人来说。
答：不单是外国人，很多中国人出行也不便。我的中国同事十分慷慨，我要的那些文献在中国都是没有出版的，三套太谷学派著作的全本在当时都是手稿。这就是我1989—1993年期间的主要研究领域。这期间我多次去中国。

问：1993年您又去了中国吗？
答：1992—1993年之间。我去见了刘蕙孙教授以及其他深受太谷学派影响的学者，继续我的研究。1993年还是1994年我记不太清了，我参加了江苏泰州举办的太谷学派学术会议。我的太谷学派研究是我的博士后研究，后来出版成书，并因此获得了教授资格，在大学任教。

问：您1993年还是1994年完成的教授资格论文？
答：1993年。

问：是关于太谷学派？

答：对。

问：您原本是做文学研究，现在研究儒学，对吗？

答：对。我先后研究了当代中国知识分子的政治辩论、科学史和科学管理历史、晚清文学和晚清小说翻译、晚清思想文化史和儒学。我对太谷学派的研究主要属于清末民初思想文化史和文学研究，是我的主要研究方向。太谷学派只是一个方面，我还关注19世纪末20世纪初日本和西方的思想文化对中国民族主义发展的影响。我随后就在研究19世纪末20世纪初兴起的民族主义。这仍是我现在所研究的领域。

问：您关注的是19世纪末20世纪初的思想文化发展还是整个社会的发展？

答：思想文化发展。

问：思想文化发展，特别是民族主义？

答：对。

问：除了学术研究，您也在各个大学从事过许多教学活动，对吗？

答：是的。我在慕尼黑大学和美因茨大学（University of Mainz）教过几年书，担任过洪堡大学的客座教授。

问：您教哪门学科呢？

答：就说我在洪堡大学的教学经历吧，我在那儿执教的时间最长，从1998—2012年，有十四五年的时间。我教授的肯定是我感兴趣的领域，晚清文学、康有为、梁启超等发起的晚清思想文化运动，以及民族主义思想发展，包括"国粹学派"、改良派和革命派的争论、同盟会、"五四运动"、新文化运动、陈独秀、新文化开端和民国早期的重要作家鲁迅等、文学运动、文学潮流。这就是我当时教学的重点。同时，我也教授当代中国、中国台湾、中国香港的思想文化、文学、电影方面的课程，以及中国学者对中国文化的反思，譬如著名台湾学者李敖、中国大陆作家刘晓波及 80 年代、90 年代的大陆作家。

接下来谈谈我 20 多年执教生涯中指导的研究项目。在德国高校担任教授期间，我发现学生大多愿意做文学研究，尤其是中国大陆和台湾民国时期的文学和当代文学。当然，我的教学也会考虑到学生的兴趣。学生的研究兴趣明显倾向于当代中国，包括大陆和台湾。

问：您的意思是学生对民国时期的文学更感兴趣？
答：还有当代文学。

问：哦，还有当代文学，涵盖的内容很多样。相比古代文学，他们更关注现代文学吗？
答：对，现当代文学。洪堡大学的当代课程比较多。虽然其他大学也有关于中国古典文学、历史的课程，但是总的来说，愿意做现当代研究的学生更多。

问：对于喜欢做现当代研究的学生来说，洪堡大学比其他大学更有吸引力，因为现代是他们关注的重点，对吗？
答：对，洪堡大学我在的时候，很多学生愿意做现当代研究，但是也有部分学生更喜欢古典研究，专门研究中国道教。柏林还有自由大学，他们也关注现当代中国历史，吸引了很多学生。但同时也有其他大学诸如慕尼黑大学、明斯特大学（University of Münster）和汉堡大学更侧重古典研究。

问：您在洪堡大学待的时间挺长的，是同时也在慕尼黑大学、美因茨大学或其他大学任教吗？
答：有一段时间是同时在几所大学兼职，我大概每两个学期会在慕尼黑大学做一次讲座。

问：您同时也任职于其他大学吗？

答：不是同时。我2012年从洪堡大学退休，此后在慕尼黑大学兼职，也在威尼斯国际大学上过一学期的课。

问：威尼斯，他们也做中国研究吗？

答：是的。威尼斯国际大学是几所大学合办的，比如说慕尼黑大学、波士顿大学、东京的庆应义塾大学（Keio University）、中国的清华大学、威尼斯大学、以色列的特拉维夫大学等国际知名大学。这些大学都把学生送到那儿去学习。我在那里两次任教一个学期，应该是2006年和2015年。

问：他们也做关于中国的研究？

答：他们有各种学科的课程，从社会学科到人文学科。但是威尼斯国际大学不提供学士或硕士学位课程，所以一两个学期之后，学生们必须回到自己的学校完成学业。现在，也就是2016年冬季学期和2017年夏季学期，我在汉堡大学担任客座教授。

问：您在汉堡大学教授什么课程呢？

答：我这学期在教中国历史入门、中国文学和民国印刷媒体，也就是民国时期的各种期刊，它们的发展、定位及影响，我也教中国古代神话及其现代改编，比如，大禹治水和女娲造人，还有鲁迅在《故事新编》里对古代神话的改编。这就是本学期大致的课程。

问：您还在继续做研究吗？

答：教学和研究不可兼得，所以我一般在假期和修科研假时集中做研究。目前我计划为刘鹗作传，应该是很有趣的项目。刘鹗是《老残游记》的作者，我已将它译成德文。但目前还没有任何西方语言的"刘鹗传记"，也没有日本语的，还收集了很多关于刘鹗的文献资料。这项研究可以揭示晚清的思想文化、文学以及政治方面，因为刘鹗其人当时活跃在很多领域，即经济、政治、外交、新闻、艺术、文学，并跟当时的重要人物有来往。

问：您打算用哪种语言写这本书呢？

答：我打算用英语写作，因为在德国汉学市场太小。在德国，如果要想更多人看的话，就只有用英语写。

问：但是不用汉语写，还是有些遗憾。中国也有很多对那段历史感兴趣的学者。

答：没错，但是我可能没有那么多时间用汉语写了。

问：但可以翻译成汉语。

答：是的。说到这里我就要提到两年前我就在修订《老残游记》译本了，因为上海的出版社打算出德汉对照版本，明年出版。我很好奇德汉双语本是什么样，读者又是哪些人。

问：汉语原本和德语译本都是现成的，就是把它们放在一起吗？好像没什么特别的，加上英语译本才算新颖。

答：已经有英语译本了，后来才有的德语译本。德汉对照译本将由上海外语教育出版社出版，作为"大中华文库"中的一册。这家出版社出版了很多中国经典文集。

问：上海外语教育出版社是个严肃的出版社，口碑很好。

答：通过它，文库的编辑委员会希望向世界介绍中国丰富的文化遗产，也表明中国对传承文化付出很大努力。这是该项目的政治背景。

问：我们这个项目是关于德国汉学家史，您看是否可以谈谈您对德国的汉学研究及其发展的看法？

答：这个问题很难回答。我必须承认我对德国的汉学研究了解得不够透彻，因为过去20年我们都太忙了，忙于大学教育改革。我们采用了布隆尼亚进程（Bologna Process）的发展，采用美英制度的本硕学位课程，三年学士，两年硕士（而不是原来的本硕连读）。这些改革浪费了很多时间。我们学校教授当中的少数人抵制这种改革，人们对我们这些研究中国学的人说，这些改革不会影响中国研究。但我们有的人反对改革，尤其反对三年的学士课程改革。仅仅三年的时间不够做中国研究。这种限制性的管理方式影响了学生对中国研究的兴趣。很明显，新制度的引入并不成功，我们总在处理新改革、新变化，疲于应对组织任务和责任。从根本上来说，这些改革对汉学学生的思维发展和新一代汉学研究者的创造性都产生了非常消极的影响。我发现博士学位论文的数量在下降，越来越少的人愿意做汉学研究。

问：是的，我在维也纳大学任职，攻读硕士学位的学生在减少。我教授的硕士课程都已经取消两次了，就是因为学生不够。我的同事也遇到这样的情况。我想，不仅仅是一所学校面临这样的情况。

答：是的，这样发展下去很危险。这就是大学教育改革造成的两个方面的消极影响。但是也有一个例外。

问：什么例外，是汉堡大学吗？

答：是汉堡大学，这里的学士学位课程是4年，学生可以进行更多的古典文化学习以及语言学习，所以这里的学生比其他学校的学生更能够深入汉学研究。

问：可以这样吗？所有的大学都采用布隆尼亚制度，汉堡大学可以独善其身吗？

答：事实上，布隆尼亚改革并没有规定学习时间长短，学士学位课程一般是3年或6学期，学校可以自行决定设置4年还是3年的课程。但是很多高校太想证明改革的合理性了，于是缩短学习时间，这就是布隆尼亚改革的动机。所以很多人认为缩短学习时间更高效，就能够获得政府部门的青睐。人们只考虑市场需求，不会去想改革的后果。

问：但是我想是应该改变的。三年时间学好汉语是个笑话，在中国都是四年，怎么能只学三年，还获得学士学位？本硕连读另当别论，但是三年时间获得学士学位，还是学汉学，太可笑了。

答：是应该改变，但是目前来看毫无迹象。高校老师这些年忙于根据这个进程做课程改革，现在不想再来一遍。但是我想 2030 年应该会有所改变。

问：为什么是 2030 年？

答：在真正的危机出现之前，没人敢中途撒手。当高校真正出现危机的时候，人们才会反思，才会有所改变。

问：但是您为什么说危机会在 2030 年到来呢？

答：我想到 2030 年，行政管理人员、学校领导人会意识到问题。也就是说，没有新一代学者，没有人再从事教育，这才是真正的危机。也许，危机会提前到来。

问：这不仅仅是德国的危机，是整个欧洲的危机，对吗？

答：我们可以看看其他国家的情况。以同样处于艰难时期的英国为例，他们的人文学科也受到了影响。市场导向的办学和研究由第三方机构出资，没有钱花在人文学科上，所以英国也面临危机。你说得对，其他国家也不能幸免，我知道，西班牙的情况也非常糟糕。

问：尤其是中国研究，对吗？

答：至于未来中国研究的方向和境况，我觉得这方面的课程设置远超政府真正的市场和经济需求。所以，学士学位阶段的中国与财政、中国与外贸、中国与环境等课程从一开始就缩小了学生的研究关注点，让他们无法整体地了解中国历史文化。这不是一个好的发展方向。要想做中国研究，实现与中国的沟通，一定要了解中国古典文化。如果你不知道屈原，不知道孔子，你就不能和中国同行讨论这些问题。基于很实际的原因，我们也应该关注古典文化的学习。

问：对，即便是出于实际的原因。但是现在很难改变，对吗？要等到危机到来，然后才……

答：恐怕是的。

问：就是说要等待出现了一个空白，还有至少十几二十年才能等来新一代人。
答：对，这就是我对现状的看法。

问：您的研究领域呢？比如儒学，是当今的研究热点，因为人们关注中国的文化外交、软实力。
答：是的，德国的汉学研究者也在研究这个领域，但是不少对这个领域感兴趣的年轻一代学者都在台湾做研究，因为在德国的大学获得教职不太容易。于是他们选择出国，很多人去了英国、美国、中国台湾、日本，也去中国大陆。我知道一些青年学者想去中国，虽然并不愿意，但没有别的选择，因为不能在德国的大学任职。有时候，即便德国的大学有了空缺的职位也很难让他们回来了。

问：为什么，有空缺的职位为什么不让他们回来呢？
答：他们在美国、英国或其他国家有了名气，就宁愿待在那边，吸引力更大，毕竟回国可能会面临很多麻烦的事情。

问：那是已经在国外站稳脚跟的人，但是有的人还在成功的路上。如果您说的危机提前到来，就会很需要人才。有没有可能让他们回来呢？
答：这就有可能。

问：看来中国研究在德国的发展也不太顺利。但是很多紧急问题，像您刚才提到的环境保护、经济、外贸等，却有很多人在关注。人们对热点问题的关注一点也没有减少，关注减少在基础性研究、古典研究等方面。
答：是的。比如，德国研究中国文学的学者很少，这是过去一些年发展的结果，人们不关心文学需求，他们关心的是当代政治经济等问题的需求。从大学的概况可以看出极少数人现在还在做文学研究。

问：我们正需要您这样的人。
答：我已经过了活跃的年纪。

问：但是您仍然在传道授业。

答：是的，但是我已经是老一辈人了，对现在的发展已经没有太大的影响了。

问：您1968年的时候在读大学，应该是"40后"吧。

答：我出生于1950年。

问：十分感谢允许我对您进行采访。我们将会把它整理出笔录发给您核阅。

汉学跨学科交流：存异求同，事半功倍
——维也纳大学汉学系副教授石安娜（Agnes Schick – Chen）访谈录

受访人：Agnes Schick – Chen
采访人：Jiagu Richter
采访时间：2016 年 8 月 16 日
整理人：齐非
核定：Jiagu Richter

答：我先根据你给的问题单介绍一下自己。我出生在奥地利南部的格拉茨，爸爸是格拉茨大学法律系的教授，妈妈在博物馆工作，我有一个弟弟。我在格拉茨读了小学和中学，奥地利的中学是八年学制，我 1987 年中学毕业后，马上就搬到了维也纳，开始在维也纳大学学汉学。那时候我们有主修课和辅修课，我的主修课就是汉学，辅修课是罗曼语言文学，除了中文之外还学了西班牙语。我之前和在奥地利长大的台湾华裔结婚，我们有两个儿子。

问：你为什么会选择了汉学？
答：一个原因大概是我从小就对语言很感兴趣。我非常喜欢其他国家的语言，所以很早就开始学外语，并且一直觉得长大以后要学一门欧洲之外的、比较重要的语言。那时候很多人觉得英语、法语、西班牙语等语言已经有很多人会了。很多人都说中文太难了，你不可能学会，但我不知道为什么，还是想学。我家里没有人和中国文化有任何关系，但是家里有一些赛珍珠（Pearl S. Buck，1892—1973，美国旅华作家）的书。她是一个移民去中国的美国人，在中国长大，写过一些关于中国的小说。

问：你看过她的书？

答：我很早就开始看一些写给大人看的小说。八九岁的时候，我看了好几本她的书，所以开始对这个完全陌生的国家感兴趣。当时在格拉茨除了一两家中国餐厅之外，我们没有任何关于中国的概念。80年代开始才在媒体上看到比较多的关于中国发展的消息，我爸爸知道我对这个感兴趣，生日和圣诞节就会送给我一些关于中国的书，我就越来越感兴趣，后来就自然而然地想学习中文和中国文化。虽然我那时候也在考虑学别的学科，比如医学和翻译学，但最后觉得，最想做的还是学汉语，想了解中国的情况。后来我开始在维也纳大学学汉学。那几年开始学汉学的学生不算少，跟我一起开始的可能有六七十个人，之后很快就减少到二三十个，后来只有十到二十个同学和我一起上课。

问：就是说一起入学的有六七十个人，但很快他们就退出去了？

答：是的，原因和现在差不多吧，不过那时候这个人数已经算非常多了。70年代，刚成立汉学系的时候学生很少，到了80年代，可能大家都觉得中国是未来的市场，所以学生突然多了起来，还有学生从一开始就知道以后还可以去中国继续学，那当然很多人感兴趣，所以可以说我们属于"爆炸的一代"（boom generation）。后来1989年的事情让欧洲人吓了一跳，但是也不是突然就完全没人学汉学了，只是变少了一些，90年代很快就又恢复了。不过我是在此之前，1987年开始学的，算是"爆炸一代"中的第一波，第二波就是90年代的那批。那时候和现在不一样的还有，我们的老师大部分是外国人，只有中国政府每两年派一位中国老师来奥地利教语言。当时应该是教育部派来的。他们派一个人来，教两年再回去，我学习的时候一直有。

问：从80年代就开始了？

答：对，不知道1987年之前有没有，我认识的第一位中国来的老师，开始教我的时候已经带了一年课了，所以我觉得教育部最晚是80年代中期开始派老师来维也纳教中文。后来就没有了,我不知道是哪一年终止这种委派。我记得从开始就至少有一位老师,不过那时候他们对我们的影响除了语言教学之外也没那么大。

问:他们教什么课呢,口语课还是写作课?

答:我记得我们那时候有两本教材,一本是 70 年代的 De Francis(作者 John DeFrancis,耶鲁大学出版社 1977 年版)。这是夏威夷大学汉学教授编的一本书,今天看来很老,我们那时候的学法我觉得还是不错的,比如说对话和句型模式练习非常多。我们和奥地利教授和老师们学语法、怎么使用词汇和语法,和中国来的老师用北京编的教材学习听力和口语。我们从那时候开始就已经有了语言实验室,这个似乎不是每一个教中文的大学都有,所以我觉得和别的地方比起来,我们学习条件是不错的。那时候要在这里学三年才能申请奖学金去中国,所以我们都是三年之后才去中国继续学。去中国的时候,我们的口语已经不错了,刚到的时候听力比较困难,不过还是适应得比别的国家的学生快一点,所以到中国去的时候,我觉得语言方面我已经准备好了,不是很大的问题。我是 1990—1991 年第一次去中国,在南京师范大学学了一年。我本来就想去南京大学。我听说北京是大城市,外国人已经不少了,南京也是大城市,但当时外国人很少。

问:是你自己选择去南京的吗?

答:对,南京是我自己选的,我后来也觉得是一个好选择。我们都说南京是一个两百万人口的大村子,但是很好,适应之后就是一个还不错的学生生活。虽然那时候大学管理部门对我们会有些监管,因为刚好是 1990 年夏天,那时候情况还比较紧张,我们和中国学生虽然有来往,但是不太容易。

我认识一位学钢琴的学生,因为我自己很喜欢弹钢琴,所以在她中午去吃饭的时候,我借用她的琴房。琴房是在外面盖的一个小小的铺子,没有暖气,所以我们带了一件大衣。她人很好,我跟她算是朋友。还有我学吹箫的老师和一家大学外认识的当地人的家庭,跟他们来往感觉很好也很有意思,不过有些事不会直接谈——我们自己也不太想讲,因为怕他们可能会因此惹上麻烦,他们也不太想说敏感的政治问题。

我觉得这是我生活里最重要的几年之一。以前上中学的时候我也去过西班牙几个月,住在西班牙北部的一个家庭,所以我已经习惯了自己一个人去别的国家,但是中国还是很不一样的。那时候真的更不一样,所以对自己的成长帮助很大,虽然当时已经二十岁了,但是我觉得自己真的是在中国长大了,很有意思的经验。我从中国回来的时候就觉得,我对中国这个国家、这个社会的发展很感兴趣,但是,完全没想过以后自己也做汉学方面的工作的可能性。那时候我们奥地利的汉学和其他国家的汉学联系不是跟现在一样密切的,我们学生不太可能进入欧洲汉学圈,甚至是德语国家的汉学圈。还有就是维也纳的工作机会很少,基本没有,因为这里有一位教授罗致德(Otto Ladstätter),还有皮尔兹(Erich Pilz),有李夏德(Richard Trappl),除此之外没有其他固定的职位。办公室还有方古德(Gudrun Alber),她那时候在办公室工作,同时也教语言课。语言老师还有几位。

问:就是说没有助教?

答:Erich Pilz 那时候已经是副教授了,因为他已经获得了教授资格,李夏德那时候很年轻,还是助教,之后才写完了他的教授资格论文;后来还有一位助教,Helga Natschläger,所以虽然我爸爸也在大学里工作,我对大学里的环境比较熟,知道里面的工作是怎样的,但是在汉学方面,我没想过有工作的可能性,也没想过如果奥地利没有机会的话就去德国或者其他国家之类的,好像都没有这个意识。

问:当时是想做哪一方面的工作呢?

答:因为我很喜欢书,喜欢语言,喜欢翻译,硕士论文是写关于中国翻译理论的,所以我觉得出版社方面的工作最适合我,后来硕士毕业后,我也选了一个和出版社有关的博士论文的题目。我从中国回来后在维也纳待了差不多一年,觉得我在中国待的时间其实还不够,但是那时候再申请奖学金又不太容易,还有其他学生需要去。当时去台湾的学生非常少,他们一直在找人去台湾,所以我觉得,好啊,那我趁这个机会去台湾吧。在台湾的时候,在台湾的美国人一直在讲著作权，我突然发现，著作权不仅是在中国大陆，在台湾也是一个大问题，所以我开始对这个题目感兴趣。因为著作权问题文化背景很重要，和出版社也有密切的关系，所以我觉得这是个很好的题目。我想写关于中国著作权问题的博士论文，但是刚开始研究的时候，突然有另一位美国汉学家，安守廉（William P. Alford，哈佛大学法学院教授，哈佛大学东亚法律研究中心主任，中国法专家）出了关于中国著作权的书，所以我只好把题目改为中国大陆与台湾之间的著作权关系：在两岸开始恢复关系的时代，他们怎么解决著作权问题也很有意思。后来我在法兰克福苏尔坎普出版社（Suhrkamp Verlag）实习了两个月，通过他们认识了一个台湾版权代理公司的人。他们的老板一个以前是美国汉学教授，另一个是台湾女婿。他们一起做版权代理的公司，买卖版权，后来也和中国大陆的出版社有很多来往，所以我在这个台湾的版权代理公司做了一年。因为我想了解版权的事情，著作权在实践方面如何应用等。

那之后我没有回来，第一是因为我那时候的男朋友在台湾工作，另一个是因为我还不太想回奥地利，博士论文也还没有写完，所以我后来在奥地利驻台商务办事处找了工作——做了快两年，周一到周五在那边做，周末和晚上写我的博士论文。那时候从台湾到中国大陆还比较麻烦，但还是比奥地利离中国大陆近多了，所以我去中国大陆找资料或者和人做访谈容易多了。后来，刚好在我博士论文快写完的时候，维也纳汉学系的 Natschläger 助教突然离职了。当时我的博士导师 Erich Pilz 写邮件告诉我："这里有一个职位，你为什么不申请一下？你的博士论文也快写完了，试试看吧！"当时我觉得奇怪，我为什么从来没想到过？当时在法兰克福还有一个德国基金会也在招人，招一个汉学方面的研究员，我也去面试了，不过后来他们还是选了比我了解中国亚洲军事的人。我在汉学系这边也申请了职位，虽然已经离开了四年了。除了写博士论文之外，我好像离奥地利的汉学比较远，但是最后因为我的博士论文已经写完了，所以我也拿到了这份工作。刚开始我觉得非常好，因为这份工作的三个部分我都觉得很有意思：一个是教书，一个是管理，一个是做自己的研究，我觉得都不错。晚一些才发现，在一个这么大的大学里做管理工作，也会很辛苦。

博士论文写完，准备出版也需要近一年，那本书出来之后，就要找一个新的题目写博士后论文。因为我研究著作权问题的时候，对影响著作权发展的历史、政治、社会、文化方面的因素非常感兴趣，所以常常碰到和考虑法律文化这个概念。我发现，尽管研究者用这个词不少，但似乎想过这个词代表的法律文化到底是什么的人少。为什么会用这个概念？好像不是在说一个概念，而只是一个词而已。后来我发现，在中国不一样，在中国有人确实考虑法律文化是怎样的，所以最后，我觉得为了了解中国法律文化，我可能应该把它当成一个从学术话语中发展的现象。我对这个理论、方法方面也很感兴趣，所以后来选择了"中国法律文化论述分析"（话语分析 discourse analysis）来当我博士后论文的题目。

博士后没有导师，时间也很短，我知道在一两年之内没有把论文写完，也就没有办法留在维也纳大学工作。我记得我和魏格林教授（Susanne Weigelin – Schwiedrzik）谈了这个问题，她说："你想试试看的话，你就试，别想那么多，你去试试看。"后来我真的去试了，去中国找了两次资料，如果时间更充裕的话我可能还会做得更丰富一些，但是我真的在很短的时间内完成了研究，也写完了论文，我真的做到了，我也因此可以留在这里。那篇博士后论文通过之后，我拿到了维也纳大学汉学系的副教授职位。

问：是博士毕业就拿了这个还是博士后才拿了？

答：博士毕业后有了助教职位，在一个特定的时间内完成博士后论文就可以拿到终身副教授的职位。但在我刚拿到了副教授资格之后换了新的规定，现在和那时不一样了。我是以前的制度，所以我 2006 年拿到副教授职位的时候，就知道我可以留下来了。不过，如果只住在奥地利的话，中国大陆和台湾的发展状况都很难及时地了解和研究，觉得还是应该回中国大陆那边待一段时间。因为我丈夫在中国大陆投资的奥地利公司工作，刚好他们要在香港找一个人，我自己也找到了一个在香港浸会大学（Baptist University）的招聘广告，所以趁着这个机会我们就决定去香港待一两年。很可惜，我最后没得到浸会大学的工作。这使我在香港的生活和本来计划的不一样。

问：那你后来做什么呢？

答：我在香港找大学里面的工作不容易，适合我经验范围的工作不多。因此我找一个新的研究题目。因为我自己是奥地利人，历史评价和转型正义一直是我个人很感兴趣的题目。当时刚好有同事和我说，虽然"文化大革命"这个题目有人在研究，但是冤假错案的平反就没人做研究。我觉得很好，这是个和政法文化也有着很密切关系的题目，后来也发现，香港是一个做该方面研究的好地方。我在香港一共待了一年半，最后半年因为生第二个孩子，没做太多研究，但是我在一年之内，一方面把我的博士后论文变成了书，另外一方面做关于平反冤假错案的研究。那时候我也去了中国内地几次，还常去香港中文大学的中国研究服务中心，用他们的图书馆，参加他们的午餐研讨会。有一些很有意思的学者，有奖学金到中国研究服务中心待一两个月，都会做一次研究成果报告。

问：这个午餐研讨会有多频繁呢？

答：我在香港的时候可能每个月两三次吧，我大部分还是去听一下，参加讨论。

问：他们都是做什么研究的？

答：大部分是关于中国历史、社会、政治，法律方面也有，但不多。

问：你也做过报告吗？

答：我做过一次。我看，如果我不在香港待一年的话，大概是没办法做平反研究的。

问：香港之后你就回来了是吗？

答：我2007年底去的，2009年六七月回来了。回来时我的小儿子还很小，半年的时间在家里带他，也帮大儿子适应奥地利的学校。我2010年回到维也纳大学汉学系，从三月开始当这里的教导主任（Study program director）。这个是一件比较辛苦的事情，因为那时候魏格林教授已经是学院主任了，后来又去当大学的副校长。那时候教汉学的还没有第二个教授，李夏德弄孔子学院的事情，很忙，所以算是我一个人。当时我没有时间做自己的研究，那两三年差不多都没有做研究的机会，我觉得可惜。虽然是教导主任，但还是要教书，每个星期要教八小时的课。我觉得当教导主任的好处是，我终于真正地了解了奥地利维也纳大学具体管理方面、政治方面的情况。虽然我在维也纳大学当了那么久的学生、助教，但是直到当教导主任之前都还没有真正了解维也纳大学是什么样的地方，从现在来看，那还是很有意思的一段时间。而且那刚好是有些比较大改变的时候，比如有了入门考试（STEOP），就是学生第一个学期的课，一定要考过才可以继续学其他的。还有我们开始有语言教学法的课程，对外汉语教学成了我们另外一个硕士专业。这些开始的时候，管理方面的工作压力很大，这两个比较大的改变对学生们来说影响很大，对老师们来说也比较复杂，大家的压力都比较大吧，一方面我觉得很辛苦，另一方面也很有意思。

这之后我还继续关于平反的研究。除了我之外，可能欧洲只有一位学者，弗莱堡大学的丹尼尔－里斯（Daniel Leese，弗莱堡大学汉学系教授，著有《崇拜毛泽东——中国"文化大革命"中的言辞崇拜与仪式崇拜》，香港中文大学出版社出版）在做真正的关于平反的研究。我觉得这个题目应该有更多人来做，可是这里研究它的人很少，在中国也不多。

问：没有想过自己带博士做？

答：我们这里的习惯是博士生比较习惯由正教授来带。我以前有两位学生，本来想跟我读博士的，一个是奥地利人，他本来想写关于法律环境保护方面的博士论文，后来不写了；一个是中国台湾的博士生，很有意思，他通过了博士论文项目介绍之后突然返回台湾，没有消息了，很可惜。

问：他如果继续做的话你可以带他吗，副教授可以带博士生吗？

答：可以带。这个和是否是副教授没关系，而是和教授资格有关系。你知道 Venia（授课许可，教学资格，源自拉丁语 Venia docendi）吗？只要你有授课资格（Venia），你就可以带硕士和博士。所以其实我都可以带，但是这里的博士生一般来说会去找正教授。

问：除非有学生对这个题目特别感兴趣，比如说对平反，或者对法律文化，那可能会找你。

答：法律文化方面，我有几个选了中国法律或法律文化相关题目的硕士生。不过，大部分我带的硕士生是写关于其他题目的论文。有一点可惜，我们跟维也纳大学的法学院的合作还没那么密切。我觉得学中国法律或者法律文化的人，最好是同时有着两方面学习经验的人，这样的人现在还比较少，有学生两边都会学，学士也在我们这里学完，但汉学硕士跟法学硕士这样的比较少。

问：应该可能要先学法律，再学汉学，可这样的话年纪大了学中文又比较难。

答：还有我们对中国法律研究的想法和态度，和他们在法学院学的"我怎么来学法律"的想法和态度完全不一样。我之前在法学院也学完了第一个阶段，是已经在这边教书的时候，才去学了几个学期。因为我觉得研究法律文化一定要有这个基础，所以那时候我也觉得适应他们的研究方式也不容易；当然了，如果先学法律，再来我们这边也不容易适应，但是我们需要这样的人。我真的希望我们可以慢慢地跟法学院合作更密切一些，培养一些能从两个角度来看有关中国法律问题的年轻人，来做真正的关于中国法律和政治之间、法律和社会之间关系的跨学科的研究。

问：现在你去中国的时候多吗？

答：最近比较少。我跟中国学者大部分情况下是在欧洲开会的时候来往，我去美国的次数也比较少。一方面觉得很可惜，另一方面觉得，有时跟中国学者在国外谈一些题目可能会比较容易。我还觉得，自己最感兴趣的跨学科的研究领域在欧洲和中国都一样，都没多少人在做。比如说，我对中国法律与电影感兴趣，但是在欧洲，我很难找到人跟我一起来做这个题目，在中国也不多。

问：法律与电影的关系，有很多这样题材的电影电视，既然有人把它搬到荧幕上，那这个问题研究起来就应该有很多材料的。如果有很多这样的作品，就可以研究中国人怎么把法律问题表现在电影和电视上。现在电影电视剧有很多法庭辩论的内容。

答：对，但是研究这个现象的人比较少，我觉得可惜。

问：你刚才说对中国法律发展的叙事性作研究，那是什么意思？

答：我不知道你是否听说过叙事认同理论/叙事认同身份（narrative identity），就是说我需要一个属于自己的故事来建构自己的身份。这个故事会有变化，适应新的生活情况，我也会受到他人口中的"我的故事"的影响。

比如，现在中国人说他们是一个法治国家，还有人说是一个中国特色社会主义法治国家，对不对？这个对我来说也是一种叙事适应事实的情况。在中国，虽然有宪法，政府也说要保护人权，但依法治国，建设完善的法治国家还是要有一个过程的。为此我如果有一个大概的故事，就自然能够理解为什么了。基于这些故事，你的处事方法也会不同。这对我来说是个新的研究领域，所以我还是需要依靠一个途径来更好地诠释它的真意，比如研究电影就是一个很好的途径，你可以在其中看到各种论述、各种认知，也可以看到它们如何影响叙事的过程。

问：这是特殊的吗？我的意思是说，认同感和概念之间的联系需要通过一个叙事来建立，你认为这是中国特有的现象吗？

答：不，这不是中国特有的。

问：如果这个原理是共通的，并不是中国独有的，那么，你就必须了解其他文化或者大概念，然后再试图找出中国框架下的特殊之处，是不是？

答：我比较喜欢从中国开始。在找题目的时候，我一般还是从中国开始找，从台湾和香港——地区华人也是一个很有意思的题目范围。我觉得，这正是我们和那些对中国感兴趣、做研究的政治学者、社会学者等的不同之处：我们从中国开始，他们从理论开始；他们是在中国寻找能应对某个理论的现象，而我们汉学家是出于对中国的兴趣，如果碰到问题，首先会想的是，世界上哪些现有的理论能够帮助我来理解这个发生在中国的问题呢？最重要的是，我们和政治学家的研究成果应该合在一起，最后到达的很可能是一个相似的终点。我们的结果是类似的，但不是完全一样，因为我们的出发点不一样。我认为，只有将双方的结论合在一起，才能对中国的现象和问题有一个真正的了解。现在汉学和其他学科的合作程度还不太让人满意。如果你搞清了中国的一个问题，那么，就会突然发现，我们一直以为这个问题只对中国而言很重要，但其实并不是这样。所以我觉得中国确实是一个好的出发点，尤其是在研究方面。

问：刚才你说了，在你担任教导主任的时候，有两个改变，一个是STEOP，另外一个就是对外汉语教学的硕士专业，这个你怎么看待，现在情况怎么样，今后发展怎么样？

答：我觉得STEOP制度，虽然那时候是政府强制要求的，给我们准备的时间很短，但最后我还是觉得，这个对学生有好处，对学校也有好处。因为当一个年轻人面临学什么专业的选择时，没有人来帮助他们，有时候他们可能想多尝试几个不同的东西，而STEOP就是来帮助他们做选择的：我是不是真的对汉学感兴趣，我能不能做到、想不想做到，我的兴趣足够支撑接下来四年的学习吗？对外汉语教学硕士专业方面我不太清楚最近发展得怎么样，但说到底我认为，在奥地利也能有一个拿到中文教师资格的机会，这是很好的，只是目前的情况是汉学和对外汉语教学两个教学计划在同一个硕士大纲里，管理上这就有点复杂了。

问：就是说没有单独学师范的专业？

答：它们不是彼此独立的两个硕士教学项目，而是一个硕士项目下的两个分支。

问：如果要对奥地利的中国研究进行比较，我觉得和其他大的国家肯定没法比，毕竟这里规模比较小，但和差不多大小的国家比，你感觉怎么样？

答：我们现在和德语区的其他大学汉学系的关系很密切，有很多人才交流，所以已经很难相互比较了。美国一样也有很多有名的教授是从别的国家过去的，或者是他们的教授去欧洲、澳大利亚教几年，所以我觉得整体来说做比较都越来越难。还有很多中国人也在美国读书，后来留在美国，不知道他们算不算是美国汉学家。

总的来说我觉得，汉学的融合比以前多。我们欧洲最近几十年就有些美国化了，我们学习了不少他们的方式，所以没有以前那么容易区分这个是欧式的，那个是美式的，现在就比较难。我想我们也受到了中国学者的影响，同时，我们也影响着在中国做的研究，所以要在不同风格的中国研究之间做一个清晰的区分就难了。几十年之前，欧洲汉学重视古典汉语、文学、文化这些东西。晚一些之后，才有人开始认为，从汉学的角度了解中国的发展还不够，还是需要以社会科学的理论和方法来做另一方面的研究。

问：原来欧洲更注重古代中国和文学，对于政治尤其是现代政治的关注可以说是美国对这边的影响，现在这边也在加强这方面。

答：我觉得这也是中国自身的变化带来的一个结果。要和现在的中国打交道，要进行国家之间经济、社会、文化方面的交流，就必须了解现在的中国；而了解现在的中国，就算是了解政治、经济、社会和现在的文化。这当然对汉学也有影响，所以我觉得一个学科发展的影响，一个是内部，一个是外部发展的影响。

问：我同意。从两方面来说，一方面是不同国家的学术界的影响，另一方面也是因为中国的发展。你要和现在的中国打交道，光研究古代是不够的。

答：对啊，以前的研究不是为了建立真正的来往，他们虽然想了解，但是中国只是一个万里之外的研究对象，但现在目的不同了，当然要有不同的角度。不过我还是觉得，一方面，为了了解中国，也的确需要理论方法；但除此之外，仍然需要一些汉学家对历史文化背景有更全面的了解，了解中国的全部。但是问题是，如果他们不跟其他学科的学者来往，不一起研究，也不把结论结果合在一起，那他们的研究就可能降低学术和实用的价值。如果不互相合作，那将很难得到一个理想的成果。

中国的美学、哲学和中西文化对话是我终身研究与兴趣所在

——卜松山（Karl – Heinz Pohl）教授访谈录①

访谈人： 金美玲
时间： 2012 年 12 月 10 日
地点： 特里尔大学汉学系
整理： 王意鑫
翻译： 金美玲

卜松山教授 照片 1：2013 年 10 月在北京，提供此照

问： 卜教授，您是什么时候开始学习汉学的？
答： 我是 1970 年在汉堡大学开始学习汉学的。当时师从刘茂才先生，我

---

① 标题为收入此书时所加。因篇幅有限，收入访谈录时有所缩略。全文请见 http://politics.ntu.edu.tw/RAEC/。

的老师还有关愚谦和赵荣朗两位。我的三位老师都是中国人,我非常尊重他们、崇拜他们。与关愚谦我现在还保持着很好的朋友关系。刘茂才、赵荣朗两位老师可惜现在都已不在人世了。

问:那时候的学习是以当代汉语为主还是以古代汉语为主?

答:两方面都有。我们首先要学习现代汉语的语言,同时也跟刘茂才老师学习古代汉语。我非常喜欢刘老师的课,他讲古汉语的方式很鼓舞人。赵老师和关老师给我们上现代汉语,他们教得也都非常好。在讨论课上,我们讨论的题目既涉及现代中国,也涵盖古代中国。

问:您是怎么想到要学习汉学的?在您的家庭或者朋友圈中,有没有人影响您或者鼓励您学习汉学?

答:在中学的时候,中国的一些东西就开始吸引我,首先是佛教的禅宗。在我还上中学的时候,不知从哪儿得到了一本 Alan Watts 的书,书名叫 *The Way of Zen*,这本书令我非常着迷。直到现在,禅宗对我的吸引一直未减。另外,对我影响很大的还有林语堂的 *The Importance of Living*(《生活的艺术》),这本书非常成功地介绍了中国文化的独特之处,描述了中国人的心理特点和处事哲学。就是这样的东西,促使我放弃了已经开始学习的地球物理学专业,改学汉学。

卜松山教授 照片 2:2014 年 3 月家中,书法"(孟子)乐道"为无锡顾琴所书

问：在德国的中学，学生就得读这样的东西吗，还是这只是您的兴趣？

答：在中学，有关中国的教学内容几乎没有。那只是我自己在课余产生的一点儿阅读兴趣。当然，现在中学的教科书中也出现有关中国的内容了。但是上个世纪五六十年代时中国还完全远离我们的视线。

问：您家中有任何兄弟姐妹学习汉学或者从事与中国有关的工作吗，您是多大开始学汉学的？

答：没有，我那时应该是25岁。

问：您开始学习汉学以后，是非常高兴自己选择了这个专业，还是发现汉学并不那么有意思？

答：促使我学习汉学的还有一个原因。我曾经在近东和北非地区旅游过半年，我到过北非的摩洛哥、阿尔及利亚、突尼斯这些国家，这使我想认识、了解其他文化的愿望更加强烈。这是完全不同的文化，也是我第一次亲身体验欧洲以外的其他文化。这些经历给我留下了很深的印象，因为摩洛哥、阿尔及利亚的生活跟我们这里的完全不同，这也促使我放弃理科，而改学文科，当然我选择了中国文化。选择汉学专业，我一天也没有后悔过。对我来说，每学习一个汉字，都像是打开了一扇通往一种全新文化的小窗。我学的时间越久，对它的好奇心就越强。

问：这个专业当时在德国吃香吗？

答：并不吃香。那是1970年，中国还在"文化大革命"时期。我的许多同学、同事那时都是受政治的影响，受毛泽东等人的影响而选择学习汉学的。当时正是"六八"学生运动时期，所有的大学也受到影响，但是我的学习动力不在此，我更多的是对中国文化、文学、哲学一类东西感兴趣。我们班那时有20个学生。刘茂才教授曾提醒我们，不要幻想将来毕业以后能在本专业找到什么工作。

问：但是您还是继续坚持学习汉学，不但找到了工作，而且还这么成功。您刚才说到"六八"学运,它是否对很多年轻人产生了影响,继而对中国感兴趣?

答:当时流行一本书,埃德加·斯诺的《红星照耀中国》,他曾在延安拜访过共产党的领导人,在这本书中他非常正面地报道了中国的共产主义运动,这当然也促使很多学生对中国产生好奇。但是不能说这就是当时真正的趋势,当时对中国感兴趣的人并没有多到这种程度。

问:您第一次去中国是在什么时候?

答:我是1975年去台湾的,呆了大概一年零六个月。我首先去了新竹,那里有辅仁大学的分校,当时叫汉语研究所,是耶稣会传教士的培训地,但是他们学校也对其他人开放,比如学汉学的学生等。那时有来自不同国家的学生,人很多,很热闹,也很愉快,我非常享受那段日子。那时我的妻子也在那里学习汉语。当时她还只是我的女朋友。她在台湾待了两年,我当时患了肺炎,必须回家养病,只待了一年半就回德国了。最后那段时间我在台中找到了一份小小的工作,在逢甲学院教德语。

为了完成大学学业,我回德国后到波恩大学东方语言学院。那时,乔伟教授是我的老师,他是我的第四位中国老师。我也非常尊敬他,只是师从于他的时间只有短短的一年,我就大学毕业了,拿到了硕士文凭后我去了加拿大,那是1977年。在那里我在一年之内做完了硕士,之后又读了四年的博士,获得了博士学位。

卜松山教授 照片3:在家中,书法"大自在"为北大教授杨煦生所书

问：您是在加拿大读的博士？

答：是的。那里的博士学习是一个正规的学习，我必须先上两年的课，然后再参加一种被称为 Rigorosum 的博士学位的口试，最后再有两年写博士论文的时间。也就是在这段时间，我第一次有机会来到中国大陆。1981 年，我拿到多伦多大学的奖学金，去中国留学，在南京待了两个月。此时，我已经确定了博士论文的题目，是关于郑板桥的。其实，这个题目我在台湾的时候就基本有了。在台湾我给在汉堡的刘茂才教授写信，问可不可以将郑板桥作为我硕士论文的题目，当时我还没想到有朝一日要攻博。他说，当然可以，郑板桥不仅是诗人，也是书法家和画家。这样我就更觉得他有意思了。于是，我在台湾就开始关注郑板桥，搜集有关他的资料，翻译他的东西，在多伦多也同样。1981 年到中国以后，我开始追寻郑板桥的足迹。我参观了郑板桥到过的城市，山东潍坊是他做过官的地方，扬州是他度过大半生的地方。

问：您刚才提到，您很尊敬您的老师。这些老师肯定对您也有很大影响吧？

答：那当然，影响非常大。我的老师们可以说都是榜样人物，按照儒家的说法就是君子。他们的品行值得人们敬仰、钦佩，刘茂才老师是这样，赵荣朗、关愚谦也是这样。只是关先生性格更活泼一些，他现在虽然已经 80 岁了，但是依然很活泼、活跃。乔先生也同样如此。这些老师都深深影响着我。

问：您是什么时候开始在汉学领域工作的？

答：那是我做完博士论文之后，也就是 1982 年。我在加拿大已经待了 5 年，当时我的父母年龄已经大了，我和妻子想，回德国也许会有更好的工作机会。当时还没有具体的目标，只是一个随意的决定，没想到却做得很值得。在德国，我很快就在维尔茨堡大学找到了一个教授助理的位子，我跟当时的教授并不认识，能得到那份工作，完全是出于幸运。在维尔茨堡我一干就是 5 年，做科研员、教授助理。这时候我开始发表论文、写书，跟我的学生一起翻译陶渊明的诗，然后出版。这是我出版的第一本书，虽然很薄，但我却非常自豪，因为陶渊明是中国文学史及思想史上我最喜欢的人物之一。

问：作为科研员，您一定也得上课，您所上的课是哪个方向的？

答：当时，我首先必须给学生上文言文、古代汉语，另一方面我也要上有关现代文学的讨论课。我在维尔茨堡的老师是石泰宁（Steininger）教授，他对道家思想非常有研究，他只讲授中国古代的东西。但那时候的学生当然也对现代中国感兴趣。我做学生时古代和现代的东西都学过，对两方面都比较熟悉，所以我也跟学生讲现代、当代的东西，比如现当代文学、现当代历史等。我认为，一个完整的汉学专业必须这两方面都要兼顾。我当时这样做，也很受学生欢迎。

卜松山教授 照片4：2015年3月在利玛窦雕像前，澳门

问：您在维尔茨堡大学做过科研助理，在那以后您在哪里工作了？

答：我从1983—1987年在维尔茨堡工作。在此期间，我申请过不同的教授位子，但都没有什么结果。后来在图宾根有一个C3教授位子，我申请了。他们竟然邀请我去做报告，这当然是一个难得的机会。当时我正在翻译一本有关文学理论方面的书，是清朝文学理论家叶燮的书，名字叫《原诗》，就是

"诗的起源"。于是我就作了有关这方面的报告。看来我的报告还不赖,图宾根要了我。这样我于 1987 年转到图宾根大学,在那里做了 5 年的教授。这是我的第一个教授职位。

问:您以后又写了很多有关思想史的论文,做了很多这方面的研究,上过这方面的课。您是什么时候开始研究这个题目的呢?

答:实际上对这个题目的研究,我在维尔茨堡的时候就已经开始了,但主要还是在图宾根,我到特里尔以后,也做了很多这方面的研究。我一开始是研究文学和美学,具体讲就是郑板桥、绘画、书法、诗歌。这些都可以归纳进美学这个大的范畴。但是,绘画、艺术、诗歌是不能孤立于其他哲学思想之外来研究的,所以我也一直将哲学考虑在内,而且越做越喜欢。在图宾根,我跟 Hans Küng 有了初次接触。他对伦理道德范围内的超文化、跨文化以及文化间问题、跨宗教对话等等都很感兴趣。在那里,我积极参与了关于中国与欧洲、中国与西方文化对话这方面的研究工作。到了特里尔以后,我仍继续研究这方面的问题。

1992 年来特里尔以后,我首先将特里尔大学与武汉大学之间的校际交流继续进行下去,我也多次去武汉拜访。1997 年和 1998 年,我在特里尔举办了两届学术会议。一次关于哲学问题,题目叫"中西对话",第二次会议的主题是"社会的伦理学基础"。两次会议都有来自国外的重要人物参加。第一次参会的有余英时、张隆溪,第二次参会的有杜维明、刘述先。这些重量级人物能够参加会议,可以算是相当成功的会议。在图宾根的时候,我和我的学生一起翻译了《美的历程》这本书,我也邀请了该书的作者李泽厚到图宾根讲学。我到特里尔以后,我又一次邀请他到特里尔来做报告。

问:您转到特里尔的原因是什么呢,您在特里尔待多久了?

答:首先是因为这个位子比原来的好,是个 C4 位子,人往高处走嘛。第二个原因是,特里尔离我的家乡更近。我来自特里尔附近的萨尔州。那个时候我的母亲还活着,如果能在特里尔工作,几乎可以说是回到故乡了。第三个原因是,当时在图宾根大学,我的同事 Tilemann Grimm 退休了,为了找一个继任者，我们费了很大的劲。三次不同的聘任程序，最终均以失败而告终，这让人非常头疼。我是在第二次聘任过程中得以脱身的，我很高兴能够摆脱此事。上述这三个原因促成我转到特里尔来。我 1992 年来到特里尔，到现在整整 20 年了。我已经退休两年了，在特里尔任职也已经是 18 年了。

问：特里尔的汉学系是如何发展起来的？

答：特里尔汉学系一开始能有乔伟教授作为创始人，真是一件非常幸运的事。我来之前，乔先生已经在这里工作了好几年，把这里的汉学系已经建设得非常好了。在此基础上，我可以较为轻松地继续工作下去。最开始的时候与学生之间存在很大的问题。虽然我已经在聘任过程中过五关斩六将得到了机会，但是学生们认为，我只会搞古代中国的东西。尽管我都已经收到聘任书了，学生们还是给我写信，建议我不要接受这个职位，这使我非常苦恼。我不想一来到这里就跟学生没有良好的关系。所以，我首先跟学生们谈话，向他们解释，我其实是赞成古代中国与现代中国两个方面都做的。我现在依然这样认为。我虽然更喜欢古代的东西，当然也认为现代很重要。学生后来没有再继续反对，我想他们是接受了我的看法，或许他们也学会了欣赏我的观点。当然，到底是不是这样我无从知晓，也没有人告诉过我。

问：只是特里尔汉学系偏重现代中国，还是当时整个德国的汉学专业都想从古代转向现代？

答：我认为当时正是一个转折时期，古代中国已经不像以前那样处于前沿地位了。乔先生在特里尔建起了一个以现代中国为主的汉学系，当时的专业也被称为现代汉学。但乔先生也还是做了古代的东西，他也总跟学生阅读新儒家的文章和类似的故事。当时甚至有个规定，在什么情况下才可以免修古典课，等等。对大部分学生而言，古汉语太多了，他们不想对此感兴趣。我试图告诉他们，中国不只是一段短短的现代历史。如果要阅读比较高深的文章，总是会碰到一些古代的典故及名人引语，等等，即使只读报纸，也绝对离不开古代汉语。

问：您能讲讲学生人数在过去 20 年里发生变化的情况吗？

答：学生人数的变化非常大。我是 1992 年来特里尔的。以前每年新入汉学系的人数可以达到 90 人，也正是出于这个原因我才得到了图宾根的工作职位。1990 年，新生人数一下子降到 9 人。80 年代，乔先生在特里尔的时候，新生人数大约 40 人，但是到了 1992—1993 年冬季学期，新入校学生人数只有 4 人，降到有史以来最低水平，其中三个学生不久之后也放弃了汉学，唯一坚持下来的就是 Dirk Kuhlmann，他现在已经博士毕业，在 Monumenta Serica[①] 工作。后来由于奥运会的缘故，学生人数又有所上升，但是接着又降下来了。这都是因为政治、经济波动的原因。

很可惜，当时中国的形象在这里非常不好，很负面，而且可以说是很具缩减性。也就是说中国形象只缩减到几个在媒体中多少起点儿作用的方面了。由于媒体的偏见的影响，这就直接导致对中国感兴趣的学生没有那么多。中国在我们的媒体中，总是以负面的形象出现。但是，我一直在努力，努力通过我的报告来使这种倾斜的形象重新得到矫正，回归到中国真正的形象上来，即使只有一点点的改变，我也不放弃。

问：您认为中国在媒体中的倾斜形象，只是跟德国媒体有关还是跟中国本身也有直接关系？

答：当然，这也跟中国有直接关系，跟中国的实际情况有关系。但是我觉得，中国的实际情况，在我们这里并不是以其完整的形式而被认知的。这里的媒体报道，只把焦点限制在有限的几个关乎政治的方面，比如人权问题、法制问题，目前还有大家关注的经济发展问题。之所以如此，只是因为德国也是一个经济强国，而中国则是被当成我们的主要竞争对手来看待的，而且是一个不按我们的游戏规则出牌的竞争对手。目前有一个电视节目叫 Hart a-

---

[①] Monumenta Serica. *Journal of Oriental Studies*（《华裔学志》）：是一本国际性的汉学学术期刊。现时由德国华裔学志研究中心（Monumenta Serica Institute）在圣奥古斯丁（Sankt Augustin）发行。该刊把中国文化历史的遗迹介绍给西方人。《华裔学志》杂志从 1934 年由北京辅仁大学汉学家鲍润生担任主编，当时的辅仁大学校长陈垣（1880—1971）十分重视这份刊物，并为之定名为《华裔学志》，一直沿用至今。

ber fair①（残酷但是公正），主持人是 Plasberg。那里传递出的是一个完全扭曲了的非常片面的中国形象，因为参加讨论的没有一个中国人。一个关于中国的讨论，至少应该有人能从中国人自己的角度去谈论吧！总是只有那些批评中国的人被聚集在一起谈论中国，他们的谈话方向只能有一个。通过这种方式，不可能产生完整的中国形象，也只能被限制在那几个我们自己认为重要的方面。

问：您认为，德国的汉学专家为改善中德两国之间的理解做得足够吗？

答：我觉得不够。这一直是一个问题。我前面已经说过，仅从媒体对中国的报道这一方面就可见一斑。我刚刚听说，一位波鸿大学的同行罗哲海（Heiner Roetz）写了一篇有关德国汉学界是"同伙"的文章②。他这里所说的"同伙"意思是指，德国的汉学界让自己成为中国政府的同伙，是中国政府思想意识上志同道合的朋友。我想，他所认为的中国政府是毫不考虑人权等类似事情的。这样就在德国汉学界内部引发了一场讨论。我觉得，在德国人们所看到的、所知晓的就是艾未未、廖亦武或者刘晓波这几个中国人，而那余下的十四亿中国人，却基本上被忽略不计。而这几个政治异见者所传递的，当然只是一种视角。这就是我前面所说的"缩减主义"。整个中国完全被缩减到这一个方面，这样当然无法呈现真实完整的中国形象。

问：在德国《明镜周刊》③ 上曾有一篇文章，认为"中国学生都是间谍"。

答：对，正是这样，都是类似这样风格的报道。试想一下，廖亦武，他旅居德国大概也就一年吧，可是马上就把我们所能给予的最高奖项④颁发给

---

① Hart aber fair，是德国电视一台的一个栏目，其主持人为 Frank Plasberg。该节目从 2007 年 10 月 24 日开始播出，每周三晚上 21 点 45 分播出，时间长达 75 分钟。

② 这里指罗哲海的下面这篇文章：Heiner ROETZ (2011)：Die Chinawissenschaften und die chinesischen Dissidenten. Wer betreibt die "Komplizenschaft mit der Macht"? 载于：Fakultät für Ostasienwissenschaften der Ruhr–Universität Bochum (Hg.)：Bochumer Jahrbuch zur Ostasienforschung 35/2011 (Themenschwerpunkt：Dissens in China)。

③ 这里指《明镜周刊》2007 年第 35 期上刊载的一篇题为 Die gelben Spione – wie China deutsche Technologie ausspäht（黄色间谍——中国是如何刺探德国技术情报的）。该文作者为 Jean–Pierre Kunkel。

④ 2012 年德国书业和平奖。

他，而他的故事甚至连真实性这一点都谈不上。但是这些政治异见者，他们当然也知道，似乎我们的街道上到处铺满了黄金，他们来这里不会白来。当然，如果谈起这个话题，那今天我们就没个完了。

问：德国对其他国家，比如非洲、南美洲的国家，也是采取这样的态度吗，还是只对中国这样？

答：这个问题提得好。我总是提到我们的媒体报道太片面了。就拿巴勒斯坦问题来说吧，那里对人权的侵犯、被强权占领等问题是何等的严重。本来那里才是我们应该关注的地方。诚然，由于德国过去的历史，没有人敢涉足此处，这个问题太敏感了。由此可见，我们所谓"参与全球范围内的国际事务"其实根本就谈不上全球性。我们有选择地关注某些国际问题。如果一个以色列人，为巴勒斯坦地区的和平而努力奋斗，为放弃对该地区的占领而奔走呼吁，如果他得到诺贝尔和平奖，那我会非常高兴，而不是什么达赖喇嘛，什么刘晓波之流。诺贝尔和平奖应该授予那些为确确实实需要和平而又难以得到的地区努力奔忙的人，这样的人才有资格获得和平奖。不过我觉得，这样的事在短期内还不可能发生。我们不是有中国吗？这是我们最喜欢的地区，在这里我们可以充分发泄我们的人权良知。

问：那您认为，德国的媒体报道为什么会出现这种情况？

答：这个问题比较复杂，不是一句话就能简单回答的。首先应该注意，德国高度重视新闻自由，在新闻报道中也习惯于批评自己的国家与政府。这种习惯也表现在对其他国家的报道上。你看看，我们有多少关于美国前总统布什的负面新闻？如果布什只想看到有关他的正面报道，那么，他肯定每天都是铁青着脸。但我相信，布什肯定对此无所谓，因为他所关心的是美国的强权地位，在他看来，媒体尽可以想说什么就说什么，想怎么说就怎么说，而美国只须按自己的利益行事即可。

首先，我们的媒体专业人士所信奉的金科玉律是"坏消息才是好新闻"。从这一点来看，关于中国的负面新闻对于媒体界来说就是好新闻。总体而言，西方记者所热衷的是诸如人权、民主、新闻自由等话题。如果他们看到某个国家的真实现状与其固有观念不相符合，那么，他们的报道就是负面的。在德国，这当然也与纳粹时期有关，这种习惯也导致某些记者与政治家，尤其是在此类问题上，表现出过多的说教与历史使命感。关于中国，历史上的中国形象一直摇摆于正面与负面两个极端之间。现在则是两种形象有所交融：总体来看以正面报道居多，但由于受自身政治利益的驱使，有时也表现出较多的负面。其次，媒体也必须顾及自己消费者的预期。《南德意志报》或《明镜周刊》的读者总是喜欢读到有关中国的负面新闻，因为顾客已为此买了单。这些报纸的中国新闻报道员，也就服务于一个带有特定期望的市场。但遗憾的是，其报道时常有失公允。

此外，人们总是以自我为中心，因为他们对世界的看法，总是受到自身文化、政治倾向的影响。我经常引用一句犹太箴言："我们看不到事物的本来面目，而只看到我们自身。"换句话说，德国媒体上的中国形象映射的是德国自己的政治倾向，他们所说的，往往并不代表中国的真实情况。再次，我认为另外一个观点也很重要，而这与西方的自我理解格格不入，实际上，这个观点是不能公然说出来的：西方（也包括德国）媒体几乎疯狂地追捧一些政治异见者，他们是媒体的宠儿。如果能在西方获得一个异议人士的身份，他们在当地就会赢得极高的关注度，也许几年之后他们就能获得很多资助。有些人因此使出浑身解数，拼命想弄到这种标签，比如2009年法兰克福书展，邀请了从美国来的贝岭。据我所知，贝岭是在1988年前往美国并待在那里的，好像拿的是美国护照。那么，一个美国公民发表了一些批评中国的言论，能不能因为他曾经是中国人，就被冠以"中国持不同政见者"的身份，这确实是一个根本上的问题。还有，廖亦武，2011年夏天他才得以来到德国，一年以后就授予他最高文学奖"德国书业和平奖"，就因为他发表的一些有关出版物而被当成"持不同政见者的楷模"。他本人在颁奖仪式上，也借机极力抨击中国，因此赢得在场德国知名人士的热烈鼓掌，其中也包括德国联邦总统高克。

另外一个例子是，在西方有一定知名度的中国艺术家艾未未，其父亲被当作一位中国的异议诗人，在我们这里可以随意读到他的简历。这其实是非常滑稽的：诗人艾青，其实是一名忠诚的共产党士兵，只是在1957年的反

中国的美学、哲学和中西文化对话是我终身研究与兴趣所在

"右"运动中，像其他所有知识分子一样，被下放到边疆地区。1978年获得平反以后，转而成为一名文学领域的保守派，比如在对待当时新兴的"朦胧派"诗人北岛等人的态度上采取较强硬的立场。中国的作家与艺术家们深知，如何才能在西方国家获得大笔资金：没有什么比其著作（或艺术作品）在中国被禁更好的了。而西方译者或赞助商也深谙此道，这使得中国作家或艺术家在西方社会的知名度随之提高，从此他们便走上了一条金光大道。然而，德国媒体对这些中国持不同政见者的恩宠，偶尔也会受到讽刺，不过讽刺得也许太少，讽刺歌曲创作者 Funny van Dannen 的那首"中国持不同政见者"[①]就是最好的例证。

问：您认为德国的汉学家，在改善中德、中西相互理解方面做得不够。那么，他们为什么做得不够？

答：我不知道他们是否真的做得不够。我认识足够多的同行，他们有跟我相似的观点，只是他们难以在媒体找到倾听对象。那些不断在媒体抛头露面的人不是我们，我们在德国公众面前不起任何作用。那些在媒体中有一席之地的是像罗哲海（Heiner Roetz）这样的人，他们对中国持谴责批评态度。这样的人时不时地可以在电视上出现，他们懂得如何利用人们的期望，电视台当然不希望邀请那些质疑人们期望的人。就说"残酷但是公正"这个栏目吧，被邀参加论坛的一共有六个人，唯一一个对中国持有正面态度的，是那位击剑手 Britta Heidemann。可她几乎没有说话的机会，也没有特别大声地争取发言权。那些有望更正人们对中国偏颇形象的人，在这样的节目当中根本

[①] 歌词大意如下：（第一段）我想找一个永久的笔友，他尽可以是同性恋，但必须很敏感，他的兴趣不能只是爱穿、爱玩儿、爱今天的音乐。他尽可以来自第三世界，一个无人知晓的国家。但我最想要的还是一位中国持不同政见者，中国持不同政见者，中国持不同政见者，中国持不同政见者。（第二段）我觉得中国魅力无穷，那里人口众多，可惜都没有自由，哦哦哦。我不是里根，我不说"城墙必须拆掉，但人权到处一样"。我觉得中国无与伦比，那里有古老的文化，很难的语言，他们不是偶然发明了瓷器和火药，那里蕴藏着一股疯狂的力量，我们现在用 Z 来代替，但你立即可以看到，他就藏在 Potenz 这个词里。是啊，词语是我的东西，没有了词语我什么也不是，没有了电子邮件我无法生活。可是至今我还没找到真正的伙伴。（第三段）因此我想找一个永久的笔友，他尽可以是同性恋，但必须很敏感。他的兴趣不能只是爱穿、爱玩儿、爱今天的音乐。他尽可以来自第三世界，一个无人知晓的国家，但我最想要的还是一位中国持不同政见者，中国持不同政见者，中国持不同政见者，中国持不同政见者。原文歌曲：http://www.youtube.com/watch?v=uacuzj3X_Og。

就派不上用场。

我们的媒体总是同一个声音,同一个方向。在这种情形下,无论你写多少,说多少,做多少报告,都不管用的。我做报告的时候,当然也有自己的听众,但那是很有限的。关于中国,我们国家有自己已经建立起来的政治思想意识形态方面的工作重心,认为这样才是正确的。而我呢,却试图对这一点提出质疑,这恰恰是我们的"政治正确性"不感兴趣的地方。

问:德国的汉学家,因为种种原因无法真正为改善东西方理解做出很多贡献。那您认为中国的知识分子在提高东西方理解方面做得够吗?

答:我想,他们不太有机会改变什么。因为,这里人们的看法完全建立在我们国家的政治偏好之上,在这样的大环境下,要想改变什么,是非常困难的。当然他们可以试着将中国的正面东西展示出来,比如说在脱贫致富方面所作的努力,等等,但是这里的人们更愿意听的是其他的东西。

问:您跟中国的知识分子也有很多联系。除了刚才有关两国理解的这个题目以外,您对中国的知识分子有什么看法吗?

答:这可是一个大的问题。我不知道,有无可能就此问题作一个概论,因为有太多、太大的差异。但也许有一点可以概括出来,那就是,中国当今的知识分子,在经历了殖民时代所带来的问题、"文化大革命"所带来的浩劫以后,他们对重建中国有很强烈的兴趣,他们试图将西方与中国以某种方式有意义地联系起来。曾经有很长一段时间,由于受"五四运动"的影响,人们认为"越西化越好","五四运动"时期人们说得更多的是"扔掉",提出"打倒孔家店"的口号,包括中国的文字,也要像垃圾一样扔掉。这个时代已经一去不复返了。我认为这一点至少已经是非常正面的事情了。现在的情况是,"西化?行,但是必须具有中国特色"。这种中国特色的意识,认同自己传统文化价值的意识,在知识分子当中普遍提高了。

问:刚才我们说到学者这个话题。您在汉学系的学生中,只有德国学生呢,还是也有来自其他国家的学生?

答：我们现在也有中国学生，这是近五六年来的一个变化。近几年来，我们这里学习汉学的中国人越来越多。这当然也为我们带来一个问题，因为我们的专业，其中很重要的一部分是汉语语言知识的学习，而这些他们已经有了，不需要再学了。那么，我们如何组织安排我们的课程，成绩单方面怎么要求，等等，才能使汉学也成为中国学生的可学专业呢？这不是一件容易的事。

问：就学习习惯而言，德国学生与中国学生有什么不同吗？

答：那当然有。这些中国学生非常努力，学习很有劲头，跟我们德国的学生完全不同。我得说，对我们的学生我比较失望。幸好不只是我一个人有这样的看法。我不久前在法兰克福做过一个报告，报告结束以后我跟韦荷雅教授（Prof. Wippermann）、阿梅隆教授（Prof. Ivo Amelung）一起去吃饭，席间大家说起这个话题，他们跟我的看法完全一样。德国学生，可以说也许最多只有20%是有学习动力的，其余的人几乎可以忽略。这样的学习态度，本不应该来上大学的。不仅如此，在基础知识方面，他们也很差劲，即使是很普及的知识，他们也不懂，这样你就必须总是从头开始。我们学生的这种状况实在难以令人满意，我觉得，他们的学习态度太差劲。当然也有一些学生，很有学习动力，为他们工作，值得。

问：中国学生，由于他们早已养成的学习习惯，在课上常常比较沉默，不太喜欢发言。这样课上就有不同的学生，有的比较沉默，有的没有学习动力。那么，老师上课的时候，如何鼓励这些有不同学习习惯和学习态度的学生继续学习呢？

答：这是一件很不容易的事。中国学生的问题常常在语言上。我们的课如果不是汉语语言课的话，都是用德语上的，而大部分中国学生的德语不够好，再加上他们本来就不太喜欢发言，所以课堂上就更加沉默。德国学生喜欢说话，喜欢发言，但是知道得却并不多。中国学生却恰恰相反，他们知道得很多，但是由于语言上的障碍，干脆不发言。

问：您刚才说到，特里尔大学与武汉大学是姊妹学校，两校之间的交往多吗？

答：是的。我们与武汉大学的校际交流是从乔先生开始的，因而可以说是有一段历史了。我呢，也一直努力将两校之间的交流持续发展下去。我们每年邀请一位武汉大学同事前来特里尔访学，为期一个月。这是一件很受欢迎的事。曾经有一些著名学者通过这种方式来过特里尔，比如刘纲纪、郭其庸。目前张洁正在特里尔。我们每年派送两名学生前往武汉大学学习，武汉大学也有学生来我们这里学习。现在我们跟厦门大学也建起了校际交流，双方关系也发展良好。

问：除了武汉大学和厦门大学的学者以外，还有其他人来过特里尔吗，您也在中国讲过学吗？

答：我们这里也来过其他大学的学者，但那都是偶然情况。我作为客座教授到过武汉，其中一次为期一个月，还有一次为期两个星期，我刚刚在上海复旦大学做过三个星期的客座教授。

问：您跟台湾也有交流吗？

答：我跟台湾有一点联系。我跟"中央"研究院有过联系，我曾经邀请李明辉、刘述先来特里尔，我也在台湾参加过大型学术会议。最近一次去台湾是在2001年，那是去参加一次大型汉学会议，是"中央"研究院组织的。不过自此以后我没再去过台湾。我很想再去，毕竟那是我留学的地方。

问：您前面说过，当您来到特里尔的时候，学生担心您会只讲古代中国。那您在课程设置、课堂计划方面是如何做到古今兼顾的呢，您都上过哪些课程？

答：我曾有规律地上过有关现代中国历史的讲座。我也上过有关现代题目的讨论课，比如现代文学、现代儒家思想、儒家思想于现代，也就是说现代哲学、今日中国宗教等，这些都与古代中国有着千丝万缕的联系。我没有讲过中国的经济问题，这不是我的研究范围，我只是讲一些中国目前存在的

中国的美学、哲学和中西文化对话是我终身研究与兴趣所在

与历史文化有关的现象，这些现象是中国历史传统长期发展积淀的结果。

问：您已出版了一系列的专著、论文、书籍、翻译等不同形式的出版物。刚才您也提到您翻译了李泽厚的《美的历程》这本书。您能就出版作品这个问题再多谈一点吗？

答：我所组织召开的那两个会议，都编了论文集。其中一本叫《全球化语境下的中国思想》，是有关中国与西方不同的哲学方法这个主题；另一本叫《全球化语境下的中国伦理》。这两本书都是我与另外一位哲学系教授一起编撰的，当时也得到德国阿登纳基金会的赞助。这两本书都是关于"跨文化对话"这个主题的。另外，就此题目我还撰写了一系列论文，在不同的学术会议上做了报告。除此之外，我也就其他哲学思想方面出版了一些东西，但是我的主要研究方向还是美学。我刚刚出版了一本关于中国美学与文学理论的论著，书名叫《中国的美学和文学理论：从传统到现代》。这本书是顾彬（Wolfgang Kubin）关于中国文学史系列丛书中的第五卷，该系列一共十卷。我撰写的另外一本书是《中国介绍》（*China für Anfänger. Eine faszinierende Welt entdecken*）。

问：您译成德文的《美的历程》，也已被翻译成多种不同的语言出版，它们是从德语翻译成其他语言的吗？

答：据我所知，不是。我想，英文版应该出版在先。不过，我可以说，我们的德文翻译比其他语种的内容要多，甚至比原文还要多。因为我们为李泽厚书中的所有引言、名家都作了详细注解，并加注了引言出处，而李泽厚自己却没有做，英文翻译也都没有。我们的德文翻译有很多脚注。

问：儒家思想一直是您研究的兴趣所在。关于这个题目您也做了多场报告，写了多篇文章。您认为什么是儒家思想的精髓，或者说您对什么最感兴趣？

答：对我影响很大的是杜维明的书。在我看来，杜维明让儒家思想中长期失去光泽的一面重新发光闪耀了，那就是：儒家思想不只是一种智慧的传

统，而且也具有很高的道德标准，它也是一个关乎精神情操的传统，那就是强调修养——修身养性。这基本上可说是儒家思想的核心，而不是那些有关等级社会、歧视妇女等方面的论述。有关等级社会的思想固然属于儒家学说的一部分，但这种形式现今已经不需要了。儒家学说不是一座教条式的建筑，不允许有任何的改动。它是丰富的文化资源，人们当然可以提出问题：儒家丰富的文化资源对我们今天而言，哪些是有趣的、重要的，哪些是可以被遗忘的、摈弃的？儒家其实并不比前现代欧洲的基督教更加歧视妇女。在欧洲的前现代时期，妇女也同样没有任何地位。无论你看世界上的哪个地方，前现代时期都是以男人为主。男人有更多的肌肉和强健的体魄，他们去战场作战，那时的社会是以战争为导向，当然也就以男人为导向。而如今，没有人想要战争，因而以男人为主的时代已经过去了。如果在研究儒家思想的时候，仍然以"儒家等级社会、歧视妇女等等"为主，那基本可以说是偏离了儒家思想的核心。儒家思想中，还有其他实际上更有价值的东西。在中国就有一位女士，名叫于丹，她在电视上做的一个节目非常受欢迎。关于儒家思想，她写了一本书①，在五年以前就已经卖到 1000 万册。这是多大的一个成功啊！简直可以说是世界上最成功的书籍之一。现在都有德文翻译了，其他语种的翻译也有，更不用说英语了。人们不禁要问，原因何在？当然，也有专家对此嗤之以鼻，他们说，这是对儒家思想的简易化、简单化。诚然，这确实是对儒家思想的简化，但这并没有影响如此众多的人对它的喜爱和迷恋，她的成功只能证明儒家思想的魅力所在。

问：这也说明，很多人依然对儒家思想有所认同。您认为儒家思想在当今社会依然起着很重要的作用吗？

答：对此问题的回答可以说"是"，也可以说"不是"。一方面，儒家思想作为一种学说，被人重视、研究，有各种学派出现，但是规模范围还是太小，从这个角度讲，儒家思想所起的作用还相当小。但是另一方面，如果把儒家思想作为一种下意识作用于人们思想的定位模式和价值体系来看，我认为它的作用还是存在的。在我的文章和专著中，我把它称为"后儒家价值体

---

① 这里指《于丹〈论语〉心得》这本书。

系"。儒学在思想文化中至高无上的统治地位，已经随着封建帝国的灭亡消失了，但是作为一种价值体系，比如如何看待家庭，如何对待老人长辈，如何对待师长，等等，儒家思想还是起着很大作用的。曾经也有一位懂行的人告诉我，就是那些高级官员、高级干部，他们的头脑中，依然存在着儒家思想的秩序观念，他们也从儒家的角度来思考。从这个角度讲，儒家思想的作用，更多的还是无意识的。儒家思想还是一直在起作用。杜维明，是一位很多人都知晓的人物，知识分子都知晓的人物。现在他离开哈佛前往北大，这已经说明了一些问题。自然，也有很多信仰马克思主义的中国人，对儒家思想持批判态度，因为他们还延续着"五四"的传统。因此，在当今中国，儒家思想呈现出的是一个多样的画面。

问：中国近阶段的经济与政治发展，从根本上开启了对儒家的重新评价。您认为，儒家、经济与政治三者之间构成什么样的关系？

答：儒家、经济与政治三者之间的关系，近三十年来一直受到人们关注。这首先与其他深受儒家思想影响的东亚国家的经济崛起是分不开的，比如日本、韩国与新加坡等。在欧洲，对资本主义经济最流行的解读模式是马克斯·韦伯[①]在一百年前所作的描述：资本主义的发展结果受新教伦理的支配，尽管不是自愿这样。就是说，韦伯将宗教及价值与经济发展联系起来。尽管教廷在西方已经走向没落，但后基督价值仍大行其道。同样的关联也可以在东亚国家找到，儒家思想发挥着与新教伦理同样的功能。准确地讲，在中国与东亚必须谈到后儒家，也就是说，其价值体系（比如次生道德：勤奋、节俭、为后代着想等）在1911年推翻帝制"打倒孔家店"之后在民众间依然充满活力。

问：您对中国的儒、道、佛三家都很有研究。您认为哪一学派对您影响最大？

答：由于我长期研究汉学，当然也就受到中国传统思想的影响。我不能说，

---

① 马克斯·韦伯（Max Weber, 1864—1920），德国学者，其经典著作为《新教伦理与资本主义精神》，中译本，广西师范大学出版社 2007 年版。

儒、道、佛三教中哪个更好。我的想法是，三教所蕴含的智慧在生活实践中并不相互排斥，而是相互补充。比如在不同的生活阶段或时代，它们都有各自不同的贡献。中国古代的知识分子都毫无例外地强调"三教合一"。笼统地讲，我认为"中庸之道"这句箴言对于现代人的生活实践，还是很有意义，且富有裨益的，尽管这种观念在时下被认为是非常"传统"与"守旧"的。

问：自 2002 年开始，您是 Académie du Midi（Institut für Philosophie e. V.）这个协会的主席。您能谈谈这方面的情况吗？

答：这是一个由来自不同领域的专家学者组成的协会，致力于跨文化方面的研究。协会是一位名叫 Günter Wohlfahrt（沃尔法特）的同事发起的，他曾经是德国乌珀塔尔大学的哲学教授，是一位欧洲传统意义上的哲学教授，是阿多诺（Adorno）和哈贝马斯（Habermas）的学生。后来他发现了东方，发现了中国哲学，首先是佛教的禅宗和道教以及道家哲学，这使他非常着迷。他后来完全转变到了这个哲学阵营，只研究东方哲学，就此著书立说，而且用东方哲学的眼光来批评西方哲学。他发起成立的 Académie du Midi，成员每两年在法国南部聚会一个星期。来自不同国家的人聚集在那里讨论，有中国人、日本人、韩国人，有研究汉学、日本学的学者，当然也有研究哲学的学者，他们从各自的研究领域出发，讨论问题，每次讨论都有一个跨文化的主题。后来我们将这种聚会发展成为学术讨论会，并将参会论文汇集成册，出版发行。

每次聚会都很愉快，不只是因为那个地方环境优美，能给人以启发与灵感。Midi 的意思就是法国南部，所以这个协会可以称为"南法学会"。自从我退休以后，协会的主席由 Hans – Georg Müller 担任，他也是一个在爱尔兰工作的德国人。现在加入这个协会的也有很多美国人，有汉学界的名人，比如说 Henry Rosemont, Jr.（罗思文）、Roger T. Ames（安乐哲），他们也加入我们的行列。他们可都是汉学界的名人哪！

问：跨文化已经成为当前世界人们谈论的重点话题，您也在这方面做过很多研究。那么，在全球化的今天，您是怎么理解"跨文化"这个概念的？

答：我想谈谈"大文化"，因为这对一位人文科学工作者来说当然最具吸引力;但我也对富有生活气息的日常文化深感兴趣,这可以从人们的日常行为举止方面折射出来。因此我相信,日常文化同样带着"大文化"的烙印,尽管大多数人对其影响已感受不再强烈。例如,尽管现在很多西方人根本不再进教堂,但其人生观、价值观仍然深受基督教的影响。在中国,儒家思想在人们的头脑中同样根深蒂固。在全球化背景下,随着现代媒体作用的不断加强,人们的世界观与行为模式自然而然地被逐渐"西化",而"西化"实际上就是美国化。但同时也存在另外一种反全球化运动,即区域化。这就意味着,人们也总是愿意接受与其自身文化相符的东西。

问:在跨文化对话过程中,应该遵循什么样的原则,中德双方在哪些领域进行了对话?

答:关于"跨文化对话"这一话题尚存许多争议,有些甚至是自命不凡却毫无实质内容的。因此,首先要问:应该在何处以及哪些人之间开展对话,如何对话才能成效显著?不过,"对话"这一概念不能狭隘地去理解,而是应从更广义的角度去理解,即:为了理解而努力。对话首先是不同人际行为之间的对话,这就是说,我们周围需要"他者",以使我们作为"自己"来体会世界。在这一点上,文化也同样如此,只有当人们在对照异域文化时,才能更好地体验自身文化。如果我开始学习一门外语,则首先要考虑到我的母语。从这一点看,跨文化对话应当是尽可能地去理解对方,而这种理解存在于一切可能的情况之下:个人之间,政治家之间,不同宗教信仰之间,媒体之间(比如脱口秀等)。这样的理解首先需要建立在平等的基础上。中德之间几年前就已开始举办"法治国家对话",这是前总理施罗德力主的,以期帮助中国建立起公民法体系。但必须注意,这样的"对话"不能演变为"独白",也就是说,如果只是一方像老师一样讲,另一方像学生一样听是不行的。

问:您主持过不少项目,您认为哪些是特别有意思的呢?

答:我觉得跟媒体专业的同事 Hans-Jürgen Bucher(特里尔大学媒体专业教授)合作的一个项目非常有意思,是有关中国互联网这个主题的。我们研究了中国互联网的文化特点。互联网本来是从西方发展起来的媒体形式,那么，西方的媒体是如何中国化的，是如何从文化方面入乡随俗的？我们追踪了一系列问题，也组织了这方面的学术讨论会。

当时参加这个项目的还有一位非常有意思的中国同事，叫方维规，他现在已经成为北师大一位有名的教授。他是仅有的几位在德国取得教授资格的中国人之一，是在埃尔朗根（Erlangen）大学取得的。

问：您还做过其他有意思的项目吗？

答：还有一个项目，就是"跨文化交流的建立"，这个项目带来的成果就是，我们开设了跨文化学习班，目标群体是那些要去中国的科研技术人员或者工程师，可以说是赴华预备班。与此相关的就是 China für Anfänger 这本书的产生。这也是一个我非常喜欢的项目。

问：关于中国的美学、唐诗您做了很多研究，写了专著与论文，您希望通过这些作品达到什么预期？

答：我想告诉这里的人们，中国有着跟西方完全不同的美学传统。这一点，不只表现在艺术领域、绘画领域，也表现在文学、诗歌方面。在中国，诗歌在文学领域的影响是最大的。在我们欧洲，影响力最大的起初是戏剧，是希腊的悲剧，后来才是小说。在中国最具影响力的却是诗歌。那么，诗歌的魅力何在呢？中国的诗歌有一定的形式要求，翻译的时候，这些特定的形式就失去了，不存在了。会中文的人，当然可以理解并且欣赏原诗，阅读它带有特定形式的内容，欣赏它的内容美、形式美，那是多大的乐趣啊！我尝试通过自己的努力，让西方读者知道，中国人的文学艺术审美观是什么。

同样，在我的另外两本有关文学理论以及美学的著书中，我讨论了中国文学中唐诗的标准，不断尝试去跟踪我们自己的文化传统。这不是真正意义上的文学比较作品，也不是文学理论比较，我是从哲学史出发，儒家的、道家的、佛教的或者其他一些与之相关的思想现象出发，将这些丰富多彩的、完全异样的文化背景知识介绍给德国读者。

问：那您认为唐诗有可翻译性吗？

答：当然有，我个人也在不断尝试翻译一些唐诗。问题是你如何翻译。作为翻译，你必须明白，翻译永远不可能达到原文所传递的内涵，因为形式上的精巧你首先就达不到。就以对仗这个形式特点为例吧。汉语中比较容易产生对仗，因为每个汉字基本上就代表一个语言单位，可以用一个音节来表示。对仗作为一种修辞手段，我们的语言中也有，但是跟其在汉语中的重要性却无法相比。在中国，到处都可以看到对联，有对联也就有对仗。但是，要想构思出很有品位、很有味道的诗句，那可是伟大的艺术。杜甫、王维、李白这些人，他们在诗作中所创作的对仗，当然也应该在翻译中被体现出来。我在翻译的时候，尽量通过使用短句、改变词序这些方法，以便在翻译中也能看到对仗的存在。但是，这不是一件容易的事。

问：20世纪初，"五四"时期，有很多的西方文学被翻译成中文。您认为，从中文翻译成德文的翻译作品多吗？

答：这是问题的根本所在。中国与西方的互知知识是非常不对等、不平衡的。自从鸦片战争以后，中国被迫与西方发生关系。他们试图向西方学习，而且越多越好。他们学习西方历史、哲学，将西方历史作为他们自己教学内容的一部分。在学校里，大学生要学，中学生也要学，更不用说来自我们特里尔的卡尔·马克思了，他在中国可是被赋予了很高的价值。但是，要想理解马克思，必须要先读懂黑格尔，等等。从这个意义上讲，中国人对两个世界都很了解。而在我们这里，西方的知识分子对西方世界以外的知识，比如中国、日本、印度等，却是少之又少。这也正是我们成立 Académie du Midi 的宗旨所在，我们正是想通过这样的活动来推动与其他世界的交流。但是这些活动仅限于协会内部，在公众社会还没有起到什么作用。在我们国家，中国哲学没有任何地位，甚至都没有被当成哲学来看待，中国古典文学几乎无人知晓。当然，现代文学已经开始有人读了，但也主要是廖亦武等人的东西，很遗憾。莫言也许因为诺贝尔文学奖也会有人读。

问：近来也有很多现代文学作品被翻译成德语，只是在作品的选择上也还是非常具有选择性。

答：是的，非常非常有选择性。

问：您认为，您为中国及中国研究这方面所做的最大贡献是什么？

答：我不认为我所做的是什么大贡献。我所做的那点事情是微不足道的。我只知道，我不断地努力了。用孔子的话来说，就是"知其不可为而为之"。为了促进中国与我国人民之间更好地理解，我努力了。为了介绍中国的美学与文学理论，我努力了。特别是介绍中国文化的独特之处，中国文学的美之所在，以及人们的审美喜好，等等，这些只有极少数人注意到了。China für Anfänger 这本书，一度卖得非常好，我也得到了很多赞誉之声。为此，我非常高兴。

问：您对中国的未来怎么看，您认为德国的汉学将会怎样发展？

答：对中国的将来很难预测。我想，对于中国将来怎样发展，我持谨慎乐观的态度。很多在媒体露面发言的人是比较悲观的。他们说，中国的问题太大了，解决不了。对此，我有不同的看法。我个人也认为中国的问题很大，也正是因为这个原因，中国必须面对这些问题，解决这些问题，除此之外，没有别的选择。过去的三十年里，他们已经证明了，他们有能力解决问题，虽然也是一步一步地，不可能一下子全部解决。政治是什么？就是不断地解决问题。我们这里，也同样是这样。你看，这里的政治是如何运作的，不就是解决一个一个新问题吗？中国也一样。中国只不过是另外一个数量级的。中国有近14亿人口，他也就有相应量级的问题。而德国只有8000万人口，相比之下这只是一点点。因此，中国必须不断地解决问题，让整个国家保持稳定。假如中国不稳定了，这将是一个灾难，不只是对中国，也是对整个世界。它的冲击波我们这里也会感觉得到，而且是非常强的，因为中国与外部世界，已经像齿轮一样紧紧地啮合在一起了。我们只能希望中国继续成功下去。

德国的汉学如何发展，这跟中国的发展息息相关。当然也取决于接下来中国如何被这里认知。如果中国继续这样被负面认知下去，汉学专业当然也会受到影响，因而也就会有较少的学生被吸引学习这个专业，或者从事这方面的研究。所以，能鼓励更多的人去认识、了解中国，也是很重要的。因此，我希望旅游业能够发挥自己的功能，让这里的中国形象能够有所改变，因为我常常碰到这样的情况：那些曾经到过中国的人，对中国的看法跟没有去过的人完全不同。他们也说，我们这里媒体有关中国的报道，不是中国，只是中国的一部分。所以我希望，旅游业在改变人们对中国的认识方面，也能做出一点贡献。

问：您认为，德国媒体也会有所改变吗？我是指至少不再那么只有一面之词，而是比较客观地报道。

答：我希望如此，但我无法预言，可惜我们也不能强逼他们这么做，这只能是自发形成的。既然如此，我们必须以道家的平和来面对了：是怎样，就是怎样。宁可无为，也不能太过，以致矫枉过正。

问：您肯定去过中国很多次了。您多久去一次，是因为学术会议吗？

答：我想至少一年一次，有的时候一年两次，有时候甚至一年三次。每次去中国的时间也长短不等。但是，这么多年我一直都没有中断过，并且将努力继续坚持下去。我去中国，大部分是因为参加学术会议，但是我也总想办法能多待一段时间，这样我可以借机旅游，以便更多地了解中国。

问：您第一次去中国大陆是什么时候，您在中国感受最深的是什么？

答：第一次是1981年。我在中国感受最深的就是，中国人接待"西方人"时的盛情与礼节，不过遗憾的是，在西方并不同样如此。

问：那您对中国的印象发生了变化吗？

答：当然，非常非常大。我想，在我们有关中国的形象方面，这一点也正是问题的关键所在。我观察中国已经30多年了，亲眼看着中国是如何发生变化的，又如何继续发生着变化。但是，我们的观察家和媒体总是只关注中国的现状,只把中国现在的情况与我们国家现在的状况进行比较。以这种方式比较,他们只能得出不太令人乐观的结论。诚然,中国是从一个完全不同于我们的起点开始的,他们当然没有达到我们现在已经达到的水平,这一点是无可辩驳的。就说法律方面吧,必须考虑到,30年前中国根本就没有规范的法律,"文化大革命"时期在这方面是零,什么都没有,当时执法模式,那根本就不能算作法律。那时没有民法,后来人们才发现了这个问题,然后才开始建立法治系统。没有职业法官,没有律师。但是现在这些都有了。换句话说:即使法治事业没有达到我们国家现在的水平,但是如果考虑到他们是在二三十年内所取得的一切,那已经是非常大的进步了。从这个意义上讲,我们必须也考虑到历史发展,不能只简单地说,他们的水平不够我们现在的水平。大家必须看到,那里的法律制度是从零开始的;而我们的法治体系可以追溯到罗马时代,我们的法律制度是建立在罗马人的法律基础之上的。

我发现,中国现在有很大的自由空间,大家基本上可以想写什么就写什么,想说什么就说什么,只是不能从根本上对党的政权提出质疑,可以说这是一条红色警戒线。如果有人不厌其烦地对这条红线进行影响,那会招来麻烦。像刘晓波、廖亦武这样的人,他们就是对这个根本提出了质疑。当然,像这样的人,我认为,也只是极个别的。大部分人都认可、顺应这个政治局势,努力争取得到最好的结果,这一点在我们的媒体上却没能得到介绍。在我看来,中国从根本上发生了变化。如果想到80年代我们这里都在为中国欢欣鼓舞的时候,当时中国的人权状况比现在要糟得多得多,但那时候却没人谈论这个问题。我根本就不赞同有任何人因为这样的事情而受迫害。但是,这里需要提出的问题是:是不是只要一提到中国,总要把这样的事情放在首要位置?

问:也就是说,中国也在不断变化,不断完善。在您看来,中国什么时候或者多少年以后可以达到现在德国的水平?

答:呵呵。这个问题提得很好,我也不知道怎么回答。我认为,这当然也是一个我们的水平如何保持的问题。我觉得,我们的水平也不可能一直固定不变。最近OECD(经济合作与发展组织)有一份研究报告出来,我没有仔细阅读过这份报告，我只看了标题。这份报告预测，德国经济到 2060 年将大幅下滑，经济实力甚至会退居墨西哥等国家之后。当然，这些只是预测，也可能不会发生，没有人能肯定地知道。现在的问题是，我们的水平能不能长期保持下去。我不知道怎么回答。在很多方面，我们不太努力，不是吗？

跟中国的大学相比，我们这里仅仅刚够维持正常教学。就拿特里尔大学来说吧，州政府只能支付大学工作人员工资预算的 93%，另外 7% 必须由大学自己来想办法。大学怎么想办法的呢？如果有工作职位空下来，他们马上就将这些职位先冻结起来，停一段时间再雇人，或者干脆取消一些职位。我退休的时候，我的职位空下来了，他们就将这个职位空置一年。中国人对这样的事情肯定会说：怎么可能?! 不可思议！在这种情形下，受影响、受损失的只能是学生了。而在中国，情况又是怎样的呢？我刚刚从昆明回来。云南大学的校园变得太小了，他们就在昆明市郊数公里以外，建起一座大学城。不只是给云南大学，还有针对少数民族学生的民族大学和师范大学等，一共五所大学在这里建了新校区。这里有最好的设备配置、最好的基础设施，建造了地铁，有了所有该有的一切。中国就是这样给教育、给学校投入的。我们这里呢？紧缩，紧缩，再紧缩。

问：就德国的汉学研究这一话题，您还有什么要说的吗？

答：目前德国的汉学有一个发展趋势，就是基本上只关注现代中国。这样，学生对语言系统的掌握就得到了重视。这样做自然没有什么不对的，但却因此留下一些空白。如果一代代汉学学生成长起来了，他们对具有几千年丰富文化历史的过去却知之甚少，这不是非常令人遗憾吗？因而我希望，汉学专业的设置，也要重视中国的过去，这是理解现代中国的基础。试想一下，一个日耳曼语言学者，他只了解现代德国，从没听说过歌德、席勒，更不知道康德、黑格尔是何许人也，那我们可能会说，他对德国的知识面太过狭窄，应该增加对历史的了解，因为只有了解了历史，才能更好地了解现代。中国也同样如此。所以我认为，专业课的设置，不能顾此失彼，而应该两者兼顾。

问：您认为，高校从本硕连读改成学士/硕士的这项改革措施与此有关系吗？

答：当然跟这个有关系。因为，我认为，以前的汉学专业设置比较自由一点。虽然那时候也有规定的学制时间，但是大部分学生实际需要的时间要长一点儿，学校对学生的要求也高一点儿。我们这个专业跟英语语言文学专业不一样，英语专业的学生开始学习专业课的时候，已经会说流利的英语了；而我们的专业，学生必须从零开始学起。我一直反对本科汉学专业只学三年。三年是很难学完那么多东西的。很多国家都有四年的本科，比如在中国、美国等。反对四年本科者一直认为，他们的学校教育只有12年。可是在我们这里中小学也在改成12年啊。因此我认为，三年本科的设置完全是一个错误，尤其是对我们这样的专业。我们需要更多的时间去传授给学生语言知识，再加上在中国学习的时间，因为只在这里学习语言是远远不够的，学生还必须去目的语国家学习一年，才能更好地掌握运用所学的语言。

问：我还有最后一个问题。学习汉学的人都有一个中文名字，您也不例外。您的中文名字"卜松山"是怎么来的，有什么含义吗？

答：我的名字"松山"是我从中国诗歌中挑选出来的。"松"是一种富有象征意义的树种，在严冬时节仍然坚定挺拔。而"山"，比如在陶渊明的诗歌中，也象征着坚定甚至仁爱。《论语》中有句话："仁者乐山，智者乐水。"所以我选择了这个名字。

汉学之路与奥地利汉学研究的发展及对中国未来的展望

——欧普雷塔博士（Helmut Opletal）访谈录

采访人：David Emminger
采访时间：2016 年 10 月 1 日
整理人：迟梓远
核稿：黎博士
修改、核定：Jiagu Richter

欧普雷塔博士 照片 1：1974 年在中国（后排中）

问：欧普雷塔先生，您的家庭背景、汉学之路以及学生时代是怎样的？

答：我并非来自一个学术家庭——我的父亲是建筑技师，母亲是家庭主妇，我从未从我的家人那里获悉有关中国的一星半点。中学时期我开始对中国有了浓厚的兴趣。那时候恰好是 60 年代中后期，中国正处于"文化大革命"，而 1970 年我刚好进入大学。在这个情况下，中国开始使我着迷，我无意中读到了报纸上的一篇文章，它节选自雨果·波尔蒂施（Hugo Portisch，奥地利记者）写的有关中国的一本书，我不知道你是否知道，它在当时发行量很大，成为畅销书。因为 1965 年的中国正处于"文化大革命"前夕，所以那段时期仅有极少数的西方记者能够前往中国。而这本书激起了我对中国和记者工作的兴趣，我不久之后就开始了记者生涯。我阅读各类报纸、杂志上的一些文章，收集关于"文化大革命"、关于毛泽东的各种文字片段。说不上我还对其他什么感兴趣，但是我确实被汉字深深吸引。然而，当时我并不是非常有目的性地去尝试理解汉字的知识，并掌握它。在我的记忆里，我更多的是去图书馆，那里有两三本中文字典，我尝试着把这些字照下来、临摹下来，当然并没能做到。

欧普雷塔博士 照片 2：1975 年在北大宿舍

我在 1970 年进入维也纳大学，那时候还没有汉学这门学科，于是我选择了新闻学作为主修专业，政治作为辅修。在这之后，学校开设了语言课，上课的是一位来自上海的中国教授，Piek 女士，她历尽周折在战后来到了奥地利。那时候中文课只是作为一些学科的辅助课程。我立刻注意到并选择了这门课。我记得第一节课大约有三十人，第二节课大约二十人，等到了学期结束时，就只剩下五到十人了。第二年人数继续减少，而我坚持完成了三年的课程。这是我汉学学习的开端，它在我三年的大学生活中占了很大的比重，仅次于我的主修——新闻学和政治学。而且这使我成功地获得了奥地利科技部设立的中国留学奖学金。那是在1973年的夏天，我9月放假回来，看到了关于奖学金的公告。然后我马上进行了详细的了解，然后申请，并最终获得了奖学金。1973年12月，我前往中国开始为期两年的学习。那时坐的是火车，因为当时几乎就没有人坐飞机，飞机是相当昂贵的，而且我的奖学金并不会支付这种花费。

问：您去了北京的哪所大学？

答：第一年的学习是在语言学院，现在叫语言大学，第二年在北大。我要补充的一点是，1972年维也纳大学的汉学学科就开始进入初步规划和建设了，这个语言课就是雏形，但并不算真正的汉学学科，因为直到1973年它才真正建立。但那时它还只是一个冷门的专业。我开始了解中国，完成学业，并在两年后回归学术生涯。这段中国学习没有打乱我的规划，也可以说这是完全出于我自己的兴趣。在这儿我完成了这样的一些额外的学习，没有落下随后的任何的课和练习。1975年和1976年我开始写博士论文，主要是新闻方向的，同时也包含了有关中国的话题：关于"文化大革命"时期的媒体新闻和政治等。1979年我完成了博士论文，并踏进了大学的学术领域。

我去中国时，正值多年来中国第一次再次邀请外国、西方的学生们。"文化大革命"的气息在那时的中国还是能感受得到的。人们说这是周恩来的一个提议——在这场文化浩劫之后尝试小心地敲开国门。因此，一些外国留学生来到中国学习，同时一部分中国学生被送去国外深造。在这之前的50—60年代中国和东欧也进行了大量的学生交流活动，比如与苏联、东德、捷克斯洛伐克，等等，但是并没有和这些西欧国家进行交流，所以这可谓前所未有。这是一个先锋时期，但我不能这么绝对地说，因为很多年轻人并不这么认为。但是那段时间深深地吸引了我，我开始关注中国，比如开始学习汉语，等等。1970年时，去中国真的是不敢想的事情，那时候人们顶多会想，或许在很久之后的将来他们能自由地到中国旅行，但在当时这完全不现实。因为那时能去的只有极少的官方委派者，或者是毛泽东的崇拜者，然而我并不是。对于普通的中文学习者来说去中国是很难的。但是1973年，我得到了这个机会，并且借此近距离接触了毛泽东领导下的中国，体验了中国的生活。我不得不说，这马上改变了我以前对中国的印象——从积极到批判。因为，在那里的日常生活中处处能感到贫穷和政治压力，从与中国人和其他外国人的谈话中，可以深刻感受到。同时，从当时的政治压力以及过去发生的种种事情来看，"文化大革命"确实是一场灾难。这迅速改变了我对中国的印象。而且，所有当时在国外盛传的有关中国的政治宣传中所描绘的景象，在这里是看不到的。

欧普雷塔博士 照片3：1975年在北京郊区参加开门办学

问：您的第一职业是记者，那么，您是现在还为奥地利广播电台（ORF，Österreichische Rundfunk）工作吗？

答：简单说一下我的记者生涯。1976年，当时我还没有完成我的博士论文，我成功地获得了一个暑期工作助手的职位，随后在奥地利广播电台做了几年的临时职员。这也是因为一次中国行而得到的。1976年，奥中友好协会组织了一次中国行。这个团队类似于一个社团，随行者都是对中国感兴趣的人，一共有十来个人。他们问我能不能给他们做导游随行，没有工资，但可以免费游中国。在我去中国留学回来一年后，能再去中国，我当然很高兴。此行中我还认识了电视台的一个副主编，他也参加了这个团队，后来他要就这次中国之行和中国的情况写个报告,这与我在旅行中想要做的不谋而合。我找到他,问我能不能在他这儿得到一份假期工作。他们有一定的要求,但最后我还是得到了这份工作。那时候我只做了暑假的两个月,但后来又做了四年,并在此期间完成了我的博士论文。

欧普雷塔博士 照片4:1974年与访问北京语言学院的奥地利外交部长(左二为欧普雷塔本人)

问:您在此期间一边工作一边完成了您的博士论文?

答:是的,我也有小段的假期,大约两个月。我去了香港,在那儿的图书馆里查阅资料。

问:您的论文里具体是关于什么?

答:我的论文是关于中国"文化大革命"时期的信息政治,从"文化大革命"开始到1976年毛泽东逝世,我特别分析了一些"参考消息",也就是那些刊登国外媒体简讯的报纸。50年代之后中国就有这个报纸,内部发行,外国人接触不到,而且就算在中国也只有个别的国家干部以及读者能够接触到。然而,相对来说它们的发行量并不少,虽不属于机密文件,但是发行量在当时是受限的,人们不能买到这类读物,报亭里是没有卖的,也不能随便订阅,因此它几乎是仅限于干部群体。我通过偶然的机会得到了这份报纸,在我留学期间带回奥地利。我很确信当时没有人对此做过分析。这成为了我的论文中信息政治论题的佐证，它涉及当局者是出于何种目的、对什么人进行信息传达，并将信息分类告知不同的群体。

问：是的，我也曾听说过，那时候不同的消息会传递给不同的圈子。

答：没错。我筛选了这些"参考消息"上当时的新闻消息用来分析。这是我博士论文的基础，包括了过去的和当时的、相应的理论依据，列宁主义的信息及论点，社会主义的政治宣传，等等类似的内容。

问：据我所知，您的主要职业领域在新闻媒体方面，我曾经在"东亚节"听了您的演讲。您那时说，您的职业生涯是双轨并行的。我们对您的学术道路很感兴趣，你能向我们谈一下吗？

答：那是在70年代，在我完成我的博士论文前不久，当时在波鸿的赫尔穆特·马丁教授——他后来去了汉堡的亚洲研究所，当然他现在已经去世了——他问我，我是否愿意参与他的翻译项目，准确地说是对当时已有的毛泽东选集以及四五六卷未公开的文章的翻译。这意味着——虽然一开始并不明确——我可能要进入汉学学术生涯。但那时候我对新闻学更加感兴趣，它向我展现了一幅美好的愿景，或者说是我所想象的愿景：去中国做驻外记者。我的博士论文一写完，我就去中国待了两个月，大约是1979年初或者夏天的时候，目的是为了看看在那里为奥地利广播电台以及报社做涉外记者情况怎样。最终一切进行顺利，并使我颇受启发。

欧普雷塔博士 照片5：1989年在ORF电视台报道

问：您那时候算是在中国做现场报道，是吗？

答：是的。在 1979 年 5 月和 6 月，我曾跟同在中国的记者们交流过，那时候那里已经有德语国家的记者了，但数量极少。改革开放之后，所有大的媒体都开始派人去中国。在之前是很难的，几乎不可能。我听说，德国的一些地方报纸在找驻华记者，像《法兰克福报》（Frankfurter Umschau）、《科隆城市报》等，于是我马上给他们写信，并附上我发表的文章。在学生时期我总是匿名撰写一些文章，因为这是很有风险的事情，当然后来我就开始署名了。后来我很快收到了回信，去法兰克福和科隆参加了面试。他们注意到我会说中文，了解中国情况，并也知道大概需要多少费用，那是 1979 年秋天。1980 年 6 月我就作为驻华记者来到中国，为七八个德国地方报纸和奥地利广播电台提供新闻报道。正式登记的是作为奥地利人和奥地利广播电台的员工派驻中国的。但我也为上述报纸提供文章。我回来后，实际上在我 1979 年为期两月的中国之行时，我已经接触了当时的民主运动，并且我不仅为新闻报纸写稿，也为一些学术性的杂志供稿。我不敢对学术性下什么定义，可能不符合当今的学术标准。主要是写一些分析这场民主运动的文章，不仅仅是在每天发行的报纸上，而是在专业杂志上。在 1980—1985 年，我在中国做记者的时候工作量很大，没有太多的精力。

当我 1985 年回国之后，我开始继续致力于有关中国的学术研究，主要是当代史、时事政治和社会，还有文化艺术领域、艺术史以及中国的艺术开放，还包括中国的外交政策和国际关系，并对此发表了一些文章。之后，1986 年的时候，维也纳大学的政治学院问我是否愿意开设一个课程，我答应了。那时候我在维也纳的奥地利广播电台工作，第二年在电视台，然后去了广播电台，这算是我的主业。因此可以说，学术生涯中，如担任政治学和新闻学的教学任务、发表著作、参与新闻工作以外的研讨会——这些算是我的副业。必须说的一点是，在新闻工作上我仍然经常与亚洲打交道，去过中国几次，并撰写通讯报道送回国内。

之后的 1990—1993 年我暂停了一段时间，也就是 1989 年之后。当时我也在中国做了为期四周的报道，但不是在 6 月 4 日，在这之前两三天我就回奥地利了。之后三年多的时间里我去非洲地区做了驻地记者，基本上与中国没有任何关系。

问：您在那个关头去了非洲是因为当时中国发生的事情吗，还是说只是偶然？

答：也并不完全是偶然，两方面的原因都有，当时我也只是正好有了这样的一个机会。既然有这样一个去其他地方继续从事我的新闻事业的机会，我为什么不欣然接受呢？况且东非也是很吸引我的地方。

问：具体是哪里？

答：内罗毕（肯尼亚首都）。这是那期间主要驻留的地方，另外我游历了除地中海沿岸的整个非洲，并完成许多通讯报告。后来我又回国，重新回到了 ORF 编辑部，并马上重返电台。于是又像 80 年代中期一样，我开始做中国和亚洲方面的新闻工作，但也并不是只做这方面的报道，此外我也继续担任我的教学任务，发行出版物。

问：教学任务和出版物主要是在汉学领域，是吗？

答：没错，几乎是只做与中国有关的研究工作。我也说不清楚我具体是何时开始进入汉学领域的，但它最终贯穿了我的一生。之后的一两年我一边在政治学系教学，一边在汉学系教学，在汉学系是在罗致德（Ladstätter，维也纳大学汉学系建系教授）教授离开之后，魏格林（Weigelin，维也纳大学东亚研究所教授）教授来到这里之后。魏格林问我，是否有兴趣担任汉学方面的教学任务，我当然很愿意。我与魏格林教授相识是在学生时代之后，她比我晚一些去了中国，我们有一些共同的熟人。我们开始了教学上的合作，一直持续至今。2009 年，我停止了在奥地利广播电台的工作，算是提前退休了。此后我继续我的教学任务，做了半年的客座教授。

问：据您所说，您 1973 年第一次去中国，并待了两年。在这之后您开始了汉学领域的深造。那么您在那段时间或者回国之后有什么收获吗？

答：是的。那段时间算是我汉学学习的唯一时期，之前我仅仅在 1972 年、

1973 年选了汉学系的课程，上了 Piek 教授的几节语言课。此外在罗致德教授那里我也做了一些相关的学习和研究，但也只是短暂的学习，并不是正规的课程或项目。那时候开始我跟汉学研究所有了一定的联系，卡明斯基（Kaminski）教授也在其中。后来 1973 年、1974 年，我已经出国了，卡明斯基教授和罗致德教授出现了争执，并持续了有数十年……我不知道您有没有听说过，有关的事情您也可以查阅一下。卡明斯基教授的中国研究所——现在那里叫作奥地利中国及东亚研究所，以前是玻尔兹曼研究所（Boltzmann-Institut），再之前是私人研究所，它与奥中友好协会连在一起，实际上与卡明斯基教授本人有关，他是研究国际法出身的。在我中国行之后他经常邀请我去他的研究所做讲座。一开始他们还进行一些合作，大约在 1972 年、1973 年，但在后来某个时间断绝了。关于这个您可以另外调查一下，我就不提了，这跟我的故事没有什么关系。

回国后，我一直尝试与双方都友好相处，不与任何一方树敌。我跟卡明斯基研究所合作得相当愉快，他们一直请我去做讲座。除此之外，我还在他们出版的杂志上发表我的中国研究报告。但我也一直尝试和罗致德保持较为良好的关系，至少在交涉方面。但我 1975 年回国之后，我还是没有以汉学为专业学习的想法。博士论文的撰写已经让我精疲力竭，而且我自 1976 年已开始了记者工作，虽然那时候还只算是兼职。此外，因为我在中国学了汉语，所以也没有必要在维也纳再上语言课了。汉学系那时主要致力于研究中国古典文学，这并不是我的研究方向，我研究的是现代中国社会。罗致德从没有问过我，我是否想要在他的汉学系研究些什么。可能因为他的研究主要是古典方向，正如我刚刚所说的；也可能因为我与卡明斯基研究所合作较好吧。

问： 那么，您现在对奥地利的汉学发展有什么看法？现在的发展状况是怎样的？您还提到了卡明斯基博士的研究所以及维也纳大学的汉学系。据您所知在奥地利还有哪些研究所？

答： 在萨尔斯堡有一所研究所，那里的教授是一位女士，名字我记不太清。

问：是的，我认识这位，我不久前刚有和她交流过，发过电子邮件。但据我所知，她的研究所主要致力于历史学。

答：是的，但是他们在"黑蓝"联邦政府执政时期得到了大量的资金，因为，我听说，他们与部长格拉（Gera）女士关系很好。他们提出了"因斯布鲁克"倡议，说实话，我现在并没有系统地跟踪萨尔斯堡参与的这个倡议，之前我曾与她有过短暂接触。这是一个与中国大学合作的倡议，看起来确实有意义。但是现在这个倡议有些许懈怠之意，可能是由于资金周转上遇到了问题。这我并不了解，因为我并没有跟踪这件事。

问：您认为维也纳大学汉学系在过去几年中发生了什么变化，现在是不是更简单一些了？

答：最重要的一件事应该要数魏格林教授的接任了。她接管汉学系后，积极地开展了两件事：其一是消除了汉学系与卡明斯基之间的矛盾和冲突，因为这本身就是罗致德教授的个人问题。卡明斯基教授在当时十分精明地与奥地利的一些政治家们搞好关系，而罗致德教授没有这么做过，因为他并不是一个善于创造广泛人际网络的人。这为人们研究和开展新的课题开辟了道路，并提供了更多的可能，不必为基金和人事问题争吵不休。

但更重要的可能还是魏格林教授在现代中国社会、历史和政治的方向上的开拓，而不仅仅是之前很受欢迎的语言课程，后者在罗致德教授时期就已经开设了。关于现代中国的研究成为了汉学研究不可缺少的一部分，它使更多的人有了学习汉学的兴趣，尤其是在中国经济方面，因为这个领域为毕业生就业开阔了更宽广的空间。所以这个新方向非常非常重要，而且相当的成功。学生数量在当时增加得异常迅猛，研究所也成为德语地区一流的汉学系。而之前在罗致德领导下，系里出版的刊物屈指可数，几乎没有什么合作项目，也几乎没有举办过汉学话题的会议。虽然它提供了很好的语言培训，但是并没有什么毕业生，因为它的办学理念并不吸引学生。但魏格林教授改变了这种情况。后来我到了这里，同时汉学系还引进了大量的教师，并定期请客座教授前来讲学。除此之外，还与中国大陆和台湾的高校建立了合作关系。

问：外界对汉学系一直有一个印象：德国现在有很多做汉学以及东亚研究的研究所，甚至连很多规模不算大的大学都有汉学系。但在奥地利却要少得多，虽然萨尔斯堡算是一个，但是也是小型的，较大的汉学系就只有维也纳的这一个而已。

答：现在奥地利的汉学研究还是有些不太成熟。据我所知，在奥地利，汉学专业仅仅在维也纳（大学）有开设。但是萨尔斯堡的中文课也很有前景，他们更倾向于经济学方向，中文并不是作为主修专业，而是其他专业的一个方向。在萨尔斯堡，他们的通讯学也开设了中国媒体等方向的课程。目前，在奥地利绝大多数的中国研究不是作为专业，但是还是有很多这类研究，虽然没有德国那么多。但不得不说的是，从四十年前中国改革开放以来，中国政治、经济的崛起，中国研究以及汉学越来越有国际市场。同时这也创造了很多有利的条件，使汉学在奥地利普及，并得到资助，其中还包括政治支持，等等。因此汉学在奥地利变得更受重视，至少现在已经不再是冷门学科了。而且中国是一个正在崛起的世界大国，因此越来越多的人开始学习中文。但是我确信维也纳大学本身的功劳也不容小觑，它吸引了很多大学生，因为这里有很多语言活动，有不断扩大的教师团队。

问：您刚才说到，维也纳大学汉学系在魏格林教授来了之后有一个大的变化，像是吹来了一阵清风。那么，现在的总体汉学研究与之前相比是不是也发生了新的变化？您觉得，在奥地利或整个德语地区，现在的汉学研究领域总体上状况是什么样的，或者说，汉学研究正在进行一场革新吗？

答：革新是很难讲，不过我相信这一领域会有各种不同的发展。但是有一个方面可以肯定，汉学研究各处都是这样，而不仅是在维也纳，更加专业化和科学化，而且其重心也从古代中国转移到现代中国上来。这个领域将变得更加的实际化，但也不会完全放弃古典研究。当然还有一方面，各地的汉学系会普遍致力于有关中国的政治问题和政治利益的话题，不仅是奥地利和德国，中国大陆也对这些问题感兴趣，一定程度上台湾也一样，这些话题都是很热门的。同样，中国大陆也在这一领域的经济和人事上的资金投入有所上升。中国大约开始于十年前成立了孔子学院，同时在奥地利也有对汉学系的资助。这些并不是我的研究课题，我只是观察到了而已。

除此之外，学生群体也有一些变化，这里有很多华裔的学生，他们或者是有两三代都生活在维也纳或者奥地利的其他地区的华人后代，或者是在这里学习一两年的中国留学生，他们在此期间选了汉学的一些课程进行学习。人们可以注意到，这对汉学领域产生了一定的影响和改变。

与此同时，座谈会、研讨会以及出版物有所增加；维也纳汉学系的成员在专业杂志上发表的文章也明显增多；维也纳也吸引了很多知名的座谈会专家。比如，在今年6月初，这里举办的一场座谈会上有很多为毛泽东作传的知名传记作者与会。他们是去年写毛泽东传记的作者，是这个领域的精英。而且不仅仅在政治方面，在学术上的对话也迅速增多。当然这可能也有赖于政治上的发展，这在现在看来变得又有一丝困难了。但是这种对话仍不断开展，比如，通过那些在这里做有关中国大学方面工作的人员，或者从中国来这里的人等等。同样，德国的汉学研究所的情况也类似。我敢肯定的是，在80年代——那时候我已经开始了中国相关的研究——这些交流和对话是几乎不可能实现的。

问：据您所知有哪些中国大陆和台湾的机构或者组织对奥地利的汉学研究进行了资助，您对此怎么看？

答：中国大陆对汉学研究的直接资助我并不太清楚，毕竟我主要致力于研究领域的工作，并不直接接触这些。台湾也偶尔有相应的基金和奖学金，但是经常也是受限的，大陆的研究基金也是一样的。我不知道里面是否包括经济、物质上的资助，或者去中国做研究的可能，以及与中国的研究所的合作，等等。在奥地利，除了大学资金联盟，我也仅仅知道，比如奥地利科学研究基金会（FWF，Fonds zur Förderung der wissenschaftlichen Forschung）、国家银行、维也纳研究及高校庆典基金会，还有两三个其他的基金会。我的项目就得到过高校庆典基金会两次资助，都是很小金额的。

欧普雷塔博士 照片6：2011年参加在格拉兹举行的研讨会（右一）

问：我听说像哥廷根大学的相关研究得到过中国的资助。在这里有这种来自中国大陆的经济支持吗？

答：没有。我稍微提一下，如孔子学院、台湾的研究所，他们似乎会资助一些研究。我个人从未获得这些机构的资助，特别是中国大陆，因为这个课题太过敏感。台湾近期有向我提供一个在台湾当地研究的机会，但是我现在还没有这样的计划，一方面是由于时间安排上的问题，另外也因为这是一项很受限制的事情。他们提供的资助主要是帮助研究者们，为他们开辟研究的道路，提供就地研究的场所，使研究更加便利。具体的我就不细说了，因为这是一件正在考虑还未成定论的事情。但是在这个层面上，这种资助跟大学合作并不挂钩。

问：现在汉学专业的整体趋势是，很多学生都有中国背景，而且汉学越来越倾向于现代中国的研究。这种趋势是德国和奥地利共有的吗？

答：是的，几乎是共同的趋势。我并没有在维也纳以外的其他大学待过，但肯定也有一些大学更倾向于古典研究，比如柏林自由大学。

问：奥地利汉学与德国汉学相比有什么特殊之处吗？

答：我们汉学系并没有特殊之处。但是卡明斯基的研究所，从他们发表过的文章，组织的活动、展览和研讨会来看，他们的汉学研究更侧重于奥地利方面。奥一中关系问题不仅在出版物中，也在他们组织的展览中被当作重点话题，现在在纯科学领域以及大众科学领域都能发现他们强烈的奥地利倾向。我们汉学系现在不仅致力于学术研究，还兼容了大众领域，基本上没有特别的以奥一中关系作为话题。在资助方面，欧盟有类似的项目，比如顾克礼教授（Christian Göbel）现在得到了一个大型欧盟项目的资助，这是他现在研究的一个资金来源。但其他一些领域难以获得这样的资助。

问：奥地利科学研究院也提供这种资助吗？

答：我觉得科学研究院应该没有提供这样的资金。我不知道，我没听说过。在奥地利主要有三个研究基金会，我之前说过：一般资助小型项目的高校庆典基金会，以及国家银行的基金会，和大型的国家基金会，如科学研究基金会。这一大型的官方研究资助基金会，面向所有的领域，因此汉学研究项目也曾经从中受益。

问：最后我想问一下您个人对中国未来发展的看法，愿意谈一下吗？

答：关于未来发展这样的话题的确值得好好考虑一下，因为任何这种言论在当下都是不能证实的。我确信中国已经成为了除美国之外的最大的世界强国，这是肯定的。中国的进步有目共睹，而且将继续逐步扩大其在国际事务以及军事领域的政治、经济影响力。这种趋势将会继续，并渗入各个领域。比如，在国际机构中，中国的影响力不断增强。同时也有不利的方面，就现在而言，中国政治、社会的发展肯定会导致中国民族主义以及民族自信的增长。民族自信常常会冲击中国的政治及国际交往，中国代表会强烈要求扩大或巩固本国的权力、领土主权和经济地位，中国与邻国的边境冲突会越来越多，比如与印度。我认为这些将在一段时间之后被人们所察觉。

同时我也相信，民主和自由将越发不受重视。换个角度考虑，中国人将越来越专注于个人发展或者从事经济活动，逐渐对政治话题失去兴趣，因为在这方面费心思是没有意义的。像二三十年代时那样致力于社会民主和自由的人们，将再也看不到了。在我看来，西方的现代化主义不适用于中国，或者说，在接下来的时间里，中国不会发生有关民主问题的争论。从另一方面来说，还存在一些不确定因素、不稳定性，比如在贫富差距、贪污腐败等问题，而且事实上一些情况不被这种严格的一党制以及监管机关所允许。也许会有一天反对运动或者社会动荡将会爆发，中国经济增长和国际军事行动将会在某个时刻崩塌——这只是一个有可能的发展方向，对它的发生与否人们还不得而知，起码现在还并未如此。

桃李不言，下自成蹊
——半世纪的中文教育之路

——胡思蒙访谈录

（胡思蒙，洪堡大学、柏林自由大学退休教师，现德国外交部中文教师）

访谈人：Jiagu Richter
时间：2017年11月25日，2017年7月10日
地点：维也纳大学汉学系
整理人：齐菲、Jiagu Richter

胡思蒙 照片1：1960年与丈夫的结婚照

问：您能讲讲您的经历吗？您是怎么和德国有了关系，后来又怎么开始做中文教学工作的？

答：我丈夫是东德人，50年代他在北京大学留学，我在北京外语学院学习法语，因为大家都是学生，他的一个中国朋友也是我的朋友，我们就这样

认识了，后来我们在中国结了婚。

问：当时允许和外国人结婚吗？

答：非常难，50年代的时候我们还没有结婚，1960年结的婚，但那时候反正也都一样，通过结婚，他回国，我就跟他来到了德国。

问：您什么时候来的呢？

答：1961年，我来的时候还没有柏林墙，柏林墙是1961年8月建的，我1961年年初就来了。那个时候非常困难，不允许和外国人有任何关系，我们冲破了很多障碍，具体的我不想说，但是有很多困难。最后他们还是同意了，我们1960年在海淀结的婚，1961年来到了德国。

问：在柏林吗？

答：第一年我丈夫还要回北大学习，因为他还没有毕业，所以第一年我在马格德堡和他的父母在一起，我不会德语，带着一个女儿在他们家，跟他们讲法语过了一年。1962年，我到了东柏林，对于中国人和其他社会主义国家的外国人来说，边境是可以跑来跑去的，比如匈牙利、保加利亚、罗马尼亚，还有很多其他国家的人都可以去西柏林。因为柏林墙主要的目的是不让东德人去西面，但是外国人还是可以的，我也可以。因为我还是持中国护照，需要去东德的外交部的相关部门去登记一下，然后可以拿到一个半年有效的通行证，过期之后再去申请。在东德的华侨基本上到西面去，甚至有人在西面工作，早上去工作，晚上回来。你认识李丁一吗？他在西面的柏林自由大学东亚学院工作。我们曾经在一起编词典。

问：那这样是每天都跑吗？

答：那当然，你有了这个通行证就可以随便来去，每次都要经过海关，所以你得注意不能随便带东西，有些东西不能带。李丁一很可惜，他是很有意思的人，可以给你介绍很有意思的生活经历，看电影的时候会给电影配音。我觉得他很可惜，其实他应该成为一个很好的演员。当时华侨举行国庆活动，请中国使馆的人来，他常担任翻译。当时的华侨要么说德文，要么说青田话，有时要经过两个翻译才能翻译成普通话。

问：但是他现在不可能接受采访是吗？

答：他已经去世了，他跟我年纪差不多大。

问：您今年高寿？

答：82岁。

问：但是您看上去一点也不像。

答：那是因为我还在工作。

问：您还在工作，还在做什么工作呢？

答：还是教课，在德国外交部，我昨天不能来，因为有四节课。我一直在工作。

问：那您1962年刚来到柏林的时候在做什么工作呢？

答：刚来时我不工作，因为当时我不会德语。我先去了东德的高教部，问他们我可以做什么，因为我不能一直在家里待着。我在中国第一外语是法语，第二外语是英语，但水平都不怎么样，因为你知道，五六十年代的时候中国和苏联关系不好，批判苏联是"修正主义"，不是真正的社会主义。为了防止我们这些青年人受到西方国家和苏联的影响，我们学的法语都是中国人写的法语，内容是"三面红旗""人民公社万岁"还有"总路线"，学的都是这些中国人的政治词汇，连"我肚子饿了"都不会说，直到70年代都还是这样。后来到了东德以后，有人卖法国的《人道报》，我就去买这个报纸，想看看法语，可是都看不懂，因为我学的法语和他们写的不一样，都是中国人写的、很容易懂的句子。我自己也知道我学得不怎么样，所以高教部的人跟我说，我们不需要你的法语，最好还是先学习德语，以后再看情况。所以我就在洪堡大学和那些外国人一起学习了三年德语，当时也没有毕业文凭，及格了就通过了，那时候只学德语，不学别的。

问：三年集中学习语言还是不错的。

答：我的笔试比口试好，你知道为什么吗？我跟那些北欧国家的人一起学，他们口语好，但是听写的时候就不如我，因为德语对我来说完全是新的，所以非常注意，对他们来说和自己的语言差不多，反而经常犯错误。后来他们跟我说，我们大学里没有中国人，如果你愿意在这方面发展的话，那是最好的。毕竟我也是学语言的，虽然不是汉语专业。所以我就到洪堡大学兼教中文课，1962年就开始了的。

问：是一边读书一边教书吗？

答：对，教书是一个星期几节课，因为我也不是很懂得汉语的语法，没有办法教其他内容，只能教教口语之类的，是临时性的。

问：1962年就开始的话，等于是您一边学德语，一边就开始上课了。

答：对，那个时候他们科学院已经开始编写词典了。他们找了许多德国汉学家，看大量的中国杂志、报纸，从中找词汇，我也去帮忙。我的工作是给他们注音，所以我那个时候就开始学汉语拼音了，我们这一代人一般是不会汉语拼音的，我会，是因为他们这个工作，所以要学。此外，我还给他们做顾问，他们问我一些词汇，我来解释这个词怎么用，因为每一个词在不同的句子里都有不同的意义。所以我刚来德国的时候，虽然还没有赚什么钱，但是工作还蛮多的。我还是比较喜欢教书，编词典的工作不是特别喜欢，但是因为没有其他人。以前东柏林没有多少中国人，特别是上过学、上过大学的中国人很少，只能我去帮忙。他们也给我钱，我已经记不得给我多少了，但没有很多。

问：以当时东德的标准来说可能不多，但对当时来说还不错？因为物价很便宜。

答：对，物价一直很便宜，基本食品由国家补贴，不允许涨价。1961年，马格德堡坐一次电车，车票才两毛钱，一直到1989年统一的时候还是两毛钱，涨价是不允许的。所以东德垮了，主要的原因是经济搞糟了。

问：但是东德的经济在当时的社会主义阵营里还算最好的。

答：但是东德人不跟其他国家比，只跟西德比，因为他们是一个国家。

问：对，他们觉得差距太大，所以老百姓要抗议。

答：我到今天还是这个看法，我知道很多人不同意：东德的大部分老百姓跑到西德，并不是因为要自由民主，而是经济难民，但统一后，很多人的说法就变了，说是为了民主，为了自由。当时我们有一个邻居，他是物理学家，他的孩子和我们的孙女是很好的朋友，所以我们经常见面。他和我们说，申请去西德就是因为经济，因为买车、旅游这类事请。特别是旅游，东德人当时除了社会主义国家之外，哪里都不允许去，甚至连去苏联都不容易。你们大概以为我们是兄弟国家，去捷克、波兰没问题，但是去苏联必须跟旅游团，或者去苏联使馆递交个人申请，你必须要有一个苏联朋友担保才能提出申请，不能简单地说我就是想去。我两次都想去苏联旅游，主要是想跟东德的旅游团一起去莫斯科和列宁格勒，他们就没有批准。那是 80 年代，中国和苏联的关系还很不好，直到 1986 年以后才好起来的，我是中国公民，所以他们就不通过，我的护照送到苏联的外交部，被扣留了四个月，四个月以后再告诉我说不行，也没有什么理由。我拿的一直是中国护照，那时候同事还有丈夫都说让我换东德护照，因为这样一家人更方便，去社会主义国家也比较方便。那时我们学校组织去波兰远足，大家都过了桥，到了波兰边境，只有我一个人留在这边，因为我拿的是中国护照，不能过去。他们一直说要我换护照，60 年代末 70 年代初的时候，我本来也是想要换的，问题在于，我父亲 60 年代还在劳动教养，他没有工作，我的弟弟妹妹还有我妈妈，他们的生活都是靠我每个月寄钱。我去东德的对外贸易部问他们，如果我是东德公民，还能不能寄钱给我的家人？他们说不可能，如果我是德国公民，不但不可以寄钱，也不可以去看望我的父母。所以为了每个月寄生活费，我也不能换护照，从 1963 年一直到 1981 年，我一直寄生活费给他们。1981 年之后父亲平反了，又可以拿工资了，他那时候已经退休了。

问：那你现在还是持中国护照吗？

答：不是，后来改了，还是为了旅游的事情，这次是因为我自己的原因，我发现中国护照太麻烦了。1990 年，或者说 1989 年年底，还分东德、西德的时候，我就申请了换护照，先当了半年东德公民，后来才自然而然变成德国公民。在警察局，警察给我东德护照和身份证的时候，对我说："Gasde 女士，您做东德公民不会太久了。"那个时候他们已经知道了。我是 1989 年年底申请的，1990 年拿到了东德的护照和身份证。

问：等于说当了不到一年的东德公民，后来就成了德国的公民？作为东德公民，你有没有收到一百马克的"欢迎钱"？

答：我不知道，因为那时候我还在申请护照，我应该是有的。其他那些住在东德的外国人，只要有东德的证明身份证，就一样可以领，但是那时候我不知道。一百马克，对我们来说是很多钱了，和西德马克的比例在黑市上是 1∶10 的，官方比价也是 1∶3，一个西德马克等于 3 个东德马克。这件事是我后来从其他人那里听说的，别人问我怎么没有拿钱，我说我不知道，我不敢，因为我是中国人。

问：那您开始的工作是在洪堡大学教课？

答：开始是临时的，和现在一样，有课就去上，没课就不上，有课就给课时费。

问：那是按一学期一学期算吗？

答：一学期订一个合同，和现在的情况一样。

问：所以说你从来就不是洪堡大学的长期员工，一直是短期的吗？

答：只是开始的时候是短期的，1962 年起我给那个词典的编写做资料员，给他们解释词意，写拼音，做了 8 年。到 1970 年 9 月，我就是洪堡大学的正式老师了。

问：是语言老师吗？

答：对，高等院校语言教师（Hochschule Sprachlehrer），这个职位统一以后改为"有特殊任务的语言教师"（Sprachlehrer mit besonderer Aufgabe）。我也不知道这个特殊任务指什么，其实就是在高校教语言课。

问：这些词典的汉字都是你写的吗？

答：不是我写的，是一个叫 Gunnar Richter 的德国人用手写的，非常不容易。那时候还没有计算机，是在数字化之前做的这个工作，特别困难，但是做得很好。这种工作只能在社会主义国家完成，因为他们这些工作人员都是十几二十年地在那里工作，在这儿（西德）不可能让你拿二十年的工资，做这一件事情，所以每个制度都有它的优缺点。

胡思蒙 照片2：70年代初与史明德（左一，现中国驻德大使），思蒙左二

问：叫作《汉德词典》吗？

答：一共有两本，是最大的汉德词典，之前从来没有这么大的，里面包括一些专业词汇、医学词汇、植物学词汇、动物学词汇，等等。这个词典好在哪里呢？每一个词有很多不同的释义。现在没有很好的词典，都是互相抄来抄去的，如果这个词我不知道，看了词典很可能还是不知道。

问：现在可以用电脑来查。

答：但是电脑上的答案常常也不对。这本词典对初学汉语的人不是很合适，而对那些已经会汉语的人来说很好，因为那些汉语很好的汉学家都说这本词典很好，但是汉语不怎么样的人，他们不用这本词典，因为没有例句，其实例句可以补充进去。

问：那就得另外做一本。

答：这个工作没有人做，因为不赚钱，还得花很多时间。我觉得中国现在很有问题的是，标点符号和语法规则都用得很乱，比如说注音符号，什么时候写在一起，什么时候应该分开来写，现在都很随便。

问：这些基本的基础研究工作没有人愿意做。

答：现在有时看网上写的东西，我就特别生气，中文怎么能写成这样子？语法错误都很多。后来我常常想，如果我的学生这样用汉语，我就会说，这样是不对的，但是这些都是中国人写的。

问：现在有很多新小说，标点符号的使用就是很不规范，随便读者理解。

答：这个跟我们中国传统也有关系，因为古代汉语没有标点符号，除了顿号之外，其他标点符号都是从国外学来的。现在的汉语很乱，特别是那个定语的"的"，状语的"地"，补语的"得"，我看电视的时候经常发现使用错误，这方面我很有意见。

问：其实还是有规律的，我上课时会和学生讲使用规则。

答：是的，你跟学生会讲，但是一般的人不会注意，不好好去管。我觉得中国有很多事情要做，但是大家都不愿意去做，因为做这种工作第一不赚钱，第二得花很多时间，可是自己国家的语言不能让它这样下去。

问：这本词典是1985年出版的，编写用了20年时间？

答：20多年的时间。

问：那有多少人参与这个工作呢？

答：五六个人从头到尾参与了，其他的都只是临时的。另外还有几个中国人。比如我，还有三个从布拉格来的中国人，我是一直都在，他们是一年来一两次。那个时候在国外的中国人很少，特别是上过大学的中国人，这里的中国人一般是饭馆里的老板、服务员，不像现在上过大学的到处都是。

问：那就是说，从 1970 年开始，您就在洪堡大学有固定职位了？

答：是的，而且都是"公务员"。东德的时候售货员也是公务员，都是有固定的工作岗位——其实是开玩笑的，因为现在在德国，一般只有公务员才是终身制，因为我们都是终身制，所以我们都开玩笑说自己是公务员。在东德的宪法里有规定，每个公民都有工作和住宿的权利，我觉得这个非常好。

问：在中国宪法里也有这样的条例吧？

答：中国是保证每个人都有这样的权利，但是不保证你有这个位置，不像东德会保证每个人都有工作和住房。我觉得中国这方面和西方是一样的，只保证你有这个权利。中国没有这么多社会福利。在东德，只要你家里有一个人工作，那么，全家都公费医疗。这个在中国从来没有过，你只有工作，才能享受医疗服务。

问：您从 1970 年开始在洪堡大学工作，工作到什么时候呢？

答：一直到 1996 年。1991 年两德正式统一，因为东德的科学院和大学都没有临时编制，所有人都是正式编制，工作人员很多。洪堡大学汉学系教授、副教授和教师、助理加起来有 20 多人。研究文学的有 Eva Müllller、Fritz Grunar 教授，研究历史的教授 Rolland Felber，教语言的副教授 Klaus Karden，研究现代文学并专门翻译老舍作品的 Iremtraud Fesen，还有研究中国经济的 Birgit Scheibner，研究中国对外关系的有好几个，如 Dr. Bernardt Kaufmann。他们大多在中国留学过多年。当时学汉学的要在中国连续学习 7 年，所以中文水平很高，对中国情况也很了解。东德只有 1500 万人口，但对中国研究很重视，科学院和社会科学院都有汉学研究机构。因此东德的汉学研究水平是很高的。西德搞汉学研究的对这个都很羡慕。统一后，西边来人对原有人员进行评估，并进行大量的精简。这可能与政治无关，两边的教育体制不同，统一后要按西部的模式改编重建。当时，55 岁以上的要退休，快到退休年龄的鼓励自愿退休，很多人不得不离开大学去找其他工作。洪堡大学跟我签了一个工作到 1996 年的合同。1996 年，我离开了洪堡大学，1996—1997 年我做了一年的义务劳动，还是教汉语。

问：给谁做呢？

答：给柏林的一个中学，教十一年级到十三年级的孩子。他们想学中文，但是学校没有请老师的经费，然后这个学校就给我打电话问我。我说我不要钱，我现在有时间。

问：那您当时还没有退休，难道就没有工资了？

答：我有失业金。

胡思蒙 照片3：80年代与同事

问：那您1998年又在自由大学找到工作了？

答：不。1998年我65岁，就可以退休拿退休金了。但我还是继续去找工作，我去劳工局找需要中文的工作。结果有两个职位要我，但都是要去中国的公司，我跟他们说这种工作我不会做，不能说我会中文—德文，就等于会做这种工作，我不敢做。我跟他们说，你们找年轻一点的，我不行。

问：那您在洪堡大学26年来都教些什么课呢？

答：翻译课、语法练习、口语课。因为那儿就我一个中国人，我主要是教低年级的，低年级需要德语解释。洪堡大学还有从北大来的专家和教授，我常常开玩笑说，其实不需要教授来教我们低年级学生，但是中国就派教授来，那么，他们就教高年级，和一些已经懂汉语的学生。我这一辈子基本上一直教一年级。我总是开玩笑说我提高不了，因为一直在从头开始教语音、语法和写字，永远是从头开始。

问：那后来是怎么到了自由大学呢？

答：1998年，自由大学听说我退休了，他们就想找我去。当然，这是没有编制的，等于说是每半年和我签订一个合同。

问：那是教些什么，还是教这些课吗？

答：还是这些课，没有翻译课了，只有语法练习课和口语课，其他的课我就不上了。我一个星期只上四节到八节课，不是很多。很多人从洪堡大学去了自由大学，教文学的 Müller 教授，还有搞经济学的 Brigitte Scheibner，我教语言，我们三个人都去了那儿。

问：洪堡大学以前在语言方面的师资力量是很强的。

答：对，我们以前学生的质量是很高的。东德很注重语言基础的训练，语言还是得这么学。而且都是专业水平非常好的老师在教，都是固定的老师，都有经验，西德的老师都是临时的，经常换，所以效果不一样。而且西德的学生也是一会儿来，一会儿不来，有时候只学一年就走了。东德这边不可以这样，你只要来了，就必须要学够五年。制度不一样，在西德任何人都可以学汉语，东德不行，你必须德语和外语（英语和俄语）非常好才能学汉语，如果你的母语不好的话就不行。

问：那您教了26年课，当时的学生多吗？

答：不多，我们是这样的，一个班不能超过12个人，所以每年只招12个人，六个是学翻译的，六个是学政治的。刚开始这两批人一起学，之后就分开了，学翻译的要学德译中，学政治的不用上翻译课，主要是看中文书，不单看现在的，还要看文言文以及19—20世纪的书。因为这些书不容易看懂，他们需要和老师一起看。学翻译的主要是看报纸做翻译，我们的翻译课是两个老师上课，一个是我，一个是德国老师，我改中文，他改德语。我们是两个人上课，条件和现在不一样，现在是50多个人一个班，你说这个作业怎么改？

问：现在比如在维也纳大学，我们硕士研究生的学生少于三个人就不开课，一定要超过三个人。

答：德国大学都是必须要有三个人才能开课，这个规定许多年前就已经有了。而且还有一个习惯，就是说，如果一个中国人在德国已经生活了很多年，那他也就不能教汉语了。这是以前海德堡大学的人告诉我的。

问：为什么呢？

答：因为你已经离开母语环境太久了。当然，这是以前的情况，现在已经不一样了。

问：所以你们一个班不允许超过12个人，每个学期12个人都能招满吗？

答：对，都能招满，有时候也会发现这个学生学不下去，学不好，那就必须请他去学别的东西，这种情况也有，但是相对比较少，因为我们入学都要经过考试。刚学语言时他们在一起，后来就分开了。学中文的人那个时候还蛮多的，你知道为什么吗？因为学政治的人（也会中文的话），以后都可以成为国家干部，可以去外交部，去党中央，去各种各样的部门。我的那些学生后来都在这些地方。统一后，他们虽然不能在国家机构工作，但都去了大银行、保险公司或企业，作为德方代表在中国工作，发挥了很大的作用。80年代前，我跟他们的联系还比较紧密，但后来慢慢控制越来越紧，以前我跟他们的私人关系很自由，在哪儿工作都一样。后来不行了，他们不能跟我有私人来往。

胡思蒙 照片4：2010年与学生

问：因为你是中国人吗？

答：当然，因为我是持中国护照，还经常去中国使馆参加国庆节、春节的活动。

问：那您这个后来指的是什么时候呢，80年代开始就不行了？

答：对，因为我记得70年代的时候就比较松一点，有亲戚在西面好像也无关紧要。后来到80年代，因为中国和东德、苏联的关系不好，如果你有西面的亲戚，你就不能学中文。那时候什么文化交流都没有，所以有时候我可以去西面，就经常把西德电视杂志上关于中国的报道消息记下来，我不可以把杂志带到东德。但是我可以把播出信息记下来，然后上课的时候我就告诉学生，下个星期电视台会播这些节目。

问：他们在东德可以看到吗？

答：都可以看到，没有问题。除了德累斯顿，在那里他们什么都听不到，其他地方都可以听西面的广播。

问：他们没有北朝鲜领导人"聪明"。

答：我非常同情去北朝鲜的学生，他们真的像在监狱里一样。你知道吗？在北朝鲜他们建了一个地铁，外国人只能坐一站，第一站可以坐，之后外国人就必须下车。我也不知道为什么，这是我学生告诉我的。

问：有人说东德的语言是像中国"文化大革命"期间的语言一样，有很多政治语言，是吗？

答：统一以后我们才发现语言方面没有很多区别，除了个别的一些词汇外很少有区别。

问：可能生活在西边的人和生活在东边的人感觉和看法不一样。

答：这当然，一直到现在都还有不同，但是这也在变化。我周围的这些人变化很大，他们虽然也发牢骚，对现在的很多制度也有些不满意，但是他们总体来说还是都已经进入了现代德国。

问：那当然，否则统一就算失败了。我觉得两德的统一显示了这个民族的伟大，别的民族可能做不到。

答：我也觉得，而且一个人都没有受伤，也没有仇恨。这有很多原因，我们常常这样说，因为我们运气不错，虽然我们也对统一有很多看法，但是总的来说，运气还是不错，因为我们认为我们是和一个很富有的国家统一了，而不是和落后的国家统一。

问：但是对西德人来说不是这样，我在西德工作时，我们每个月都要交统一税。

答：其实东德也要交统一税的，从一开始就必须交。

问：有人在抱怨这方面的事情，可能西德交的多一些？

答：没有，是完全一样的比例，收入低当然交的少，西面也有低收入的人，但是比例是一样的，这个很多人不知道。这里我想说一下，这是西德的一个特点，他们各个州之间，富有的州支援落后的州，一直以来都是这样。拜仁州以前也得到了其他州的帮助。

问：后来拜仁发展起来了。

答：对，人就是这样，自己发展起来之后就不想再帮助别人了。这一点我不理解，怎么这么多人都不知道，总以为东边人不付钱呢？我们一开始就要付同样比例的钱，关于这个，媒体很有问题，他们怎么不介绍呢？总是片面地强调西德的贡献。

问：可能因为本来东德就小，发出的声音弱，好像也没有人愿意去听东德说了些什么，毕竟西德比较大，最后就是它的声音成为了主流。这边的人，尤其是统一以后成长起来的年青一代，他们也不在乎了，都是德国公民，也不分东和西。

答：像我的外孙女，她们已经无所谓了，他们已经不分什么东面西面了，主要是你这一代和我这一代。因为我们以前在东德的时间长，而且我们对有些问题的看法和西面人不一样。东德以前的文化文娱节目和西德人看的也没太大的区别，主要还是政治方面的不同。这是我们这两代人看问题不同的原因，我经常说，是我的想法有问题。当我对现在一些问题不满意的时候，就常常去问一些年轻人，听听他们跟我是不是一样的想法。我经常觉得自己年纪大了，受以前的影响又比较深，所以无法确定我的看法对不对，我想要是年轻人也这样认为，那我就是对的了。

答：那您后来怎么又去外交部教课了呢，什么时候开始的？

问：因为外交部1999年从波恩搬到了柏林，原本的那些老师都住在波恩或者科隆，一时间也不能搬过来，哪怕过来也没有职位，所以他们需要找教中文的老师。那时候我已经退休了，所以他们就找我。我那时并不想去外交部工作，因为我觉得我一直在东德工作，不适合去现在的外交部，所以我在电话里就说我不合适。他们说我们要找个有经验的汉语老师，我说经验我有，但是我不合适，但是他们还是请我去了，给了我好几份表格，要填写我在中国所有亲属的状况，我当年在东德都做过什么工作，等等，所有关于我的信息甚至包括我曾经短期当过工会的收费员。说实话，那一刻我有种非常熟悉的感觉，好像又回到了中国。三周后他们还是给我打了电话，说我们需要您，请您来吧。你知道是谁介绍我的吗？又是我的一个学生，他后来在外交部工作，除此之外，还有一个洪堡大学的蒙古语教授，他以前专门陪政府代表团去蒙古，给外交部政府代表团去做翻译，蒙古差不多所有的重要人物都认识他。他也把我介绍给外交部。我的这些过去的老师和学生都非常了解我，他们都说应该让我去，所以我就去了。

问：这也是个固定的工作吗？
答：不是，有课就去，没有课就不去。

问：他们有固定学习汉语的班吗？
答：也不是，每年都不一样，有学生就上课，没有就不上，但是一直都有学生。我教了17年了，到现在还在上课。

问：现在是一礼拜多少课呢？
答：现在课不多，我不愿意上太多的课，应该慢慢休息休息了。我的健康更重要。现在是每周八节课。

问：那也不少了，每周八节课很多了。
答：以前我还有每周二十节课的时候呢。

问：你的工资是按照小时算？
答：按课时算。

问：可是您已经拿退休金了，不影响吗？
答：不影响，我缴税就行，个人所得税。现在我们那里有很多老师，在柏林外交部有六个中国老师。但是在外交部上课和大学不一样，你要知道怎么吸引学生让他们能够学下去。我们一个班最少是四个人，如果你开始上课的时候是十一二个人，但因为你的课没有意思，没人想上了，最后只剩三个人，那你的班就没了。

问：你有单人班吗？

答：单人班的学生一般是要去中国工作了，必须学中文，一到四个人都可以开；兴趣班就必须四个人以上。我觉得在外交部上课对我来说是最好的，因为这些学生都很用功，很努力，有目的，有纪律，而且他们学得都很不错，我很愿意教他们，教他们不累。如果你和他们说，"孩子唱着歌跳着舞欢迎来宾"里的"着"就等于德语中的第一分词（Partizip I），或者状态被动态（Zustandspassiv），他们就懂了，所以不累。

胡思蒙 照片 5：2018 年 2 月的胡思蒙（84 岁）

问：他们本来的文化程度也比较高。

答：对，他们本来就会很多外语。而且他们人都很好，对我非常好，所以我很愿意教他们，这样对老师也比较轻松。如果学生总是不理解你教的东西，那就会很累，我之所以一直到现在还能教，也是因为在这里教课比较轻松，在其他地方我可能现在已经教不了了，会很累。和学生们在一起很开心，我们不但一起学习，还一起吃饭，一起去中国市场，让他们练习怎么买菜，讲一些中国人的习惯，好的和不好的都应该讲。我讲的都是些小事情。

问：您培养出来这么多学生，以后中德关系要靠他们的。

答：他们都是很好的人。我以前就是这样，不在意谁是我的领导，这和我没关系，因为我只是做最基本的工作，只是上课。所以和我关系最好的是学生，然后才是同事，领导我一般都不太管，他们也很忙，我和他们也没什么直接的关系。我和以前的学生到现在都还有联系，最老的学生今年76岁生日庆祝，我也去参加了，下个星期我就专门和这些60年代、70年代、80年代的学生一起，庆祝我的生日。我每年生日不和家人过，都和学生过，还有一次是和同事一起，所以每次过生日很累。年纪大了以后我和他们说不要再过了，他们是好意，但是过完后总是很累。

问：真是了不起，您一直坚持做最基础的工作，不去追求其他的，但是这个工作很有价值。

答：问题就是，我也不会做其他工作。我们学校的领导当时和我说过，让我写博士论文。70年代的时候经常有很多学语言的人，写博士论文的时候来问我这样行不行。但是我说我不是这块料，因为我知道有的人为了写博士论文很痛苦的，总是延长时间，我觉得干吗要折磨自己呢，应该实事求是，能做什么就做什么，所以我每次都是希望做我觉得自己能做好的事情，这样才能感到满意。

问：您这是很传统的中国知识分子的想法，很谦虚，但是做什么事会把它做好。

答：这是最主要的，我没有写博士论文，因为我也不会写。我不是做科研工作的料，我喜欢做实际工作，希望能马上看到成就。另外我觉得，正是因为我对所有的同事都不是威胁，不是竞争对手，只是一心把课教好，帮助我的学生，所以同事们都对我很好，一直到今天。我的学生也对我很好，因为我一天到晚和他们在一起，甚至还参加他们的生日会，参加他们的婚礼，我一直到今天都和学生关系很密切，这是我最高兴的事情。